Supertrails Gardasee

»Suche dir eine Arbeit, die du gerne tust. Dann brauchst du keinen Tag in deinem Leben mehr zu schuften.«

Konfuzius (um 551 v. Chr. bis 479 v. Chr.)

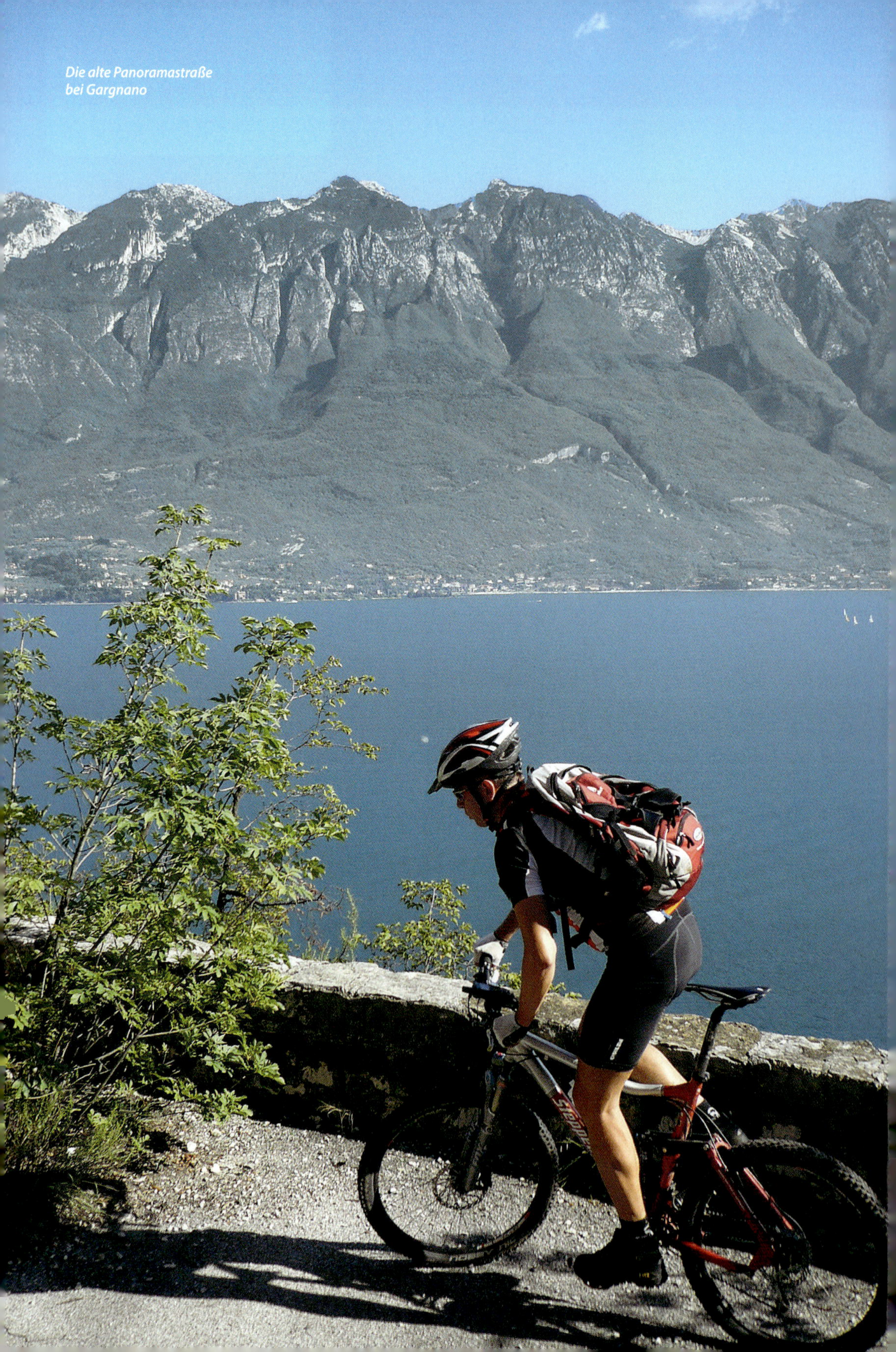

Die alte Panoramastraße bei Gargnano

Andreas Albrecht

SUPERTRAILS GARDASEE

29 adrenalingelade MTB-Touren
rund um den Gardasee

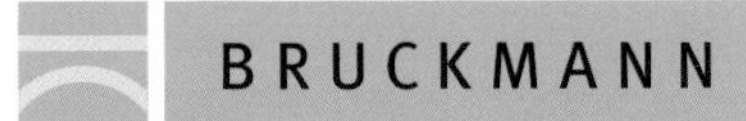

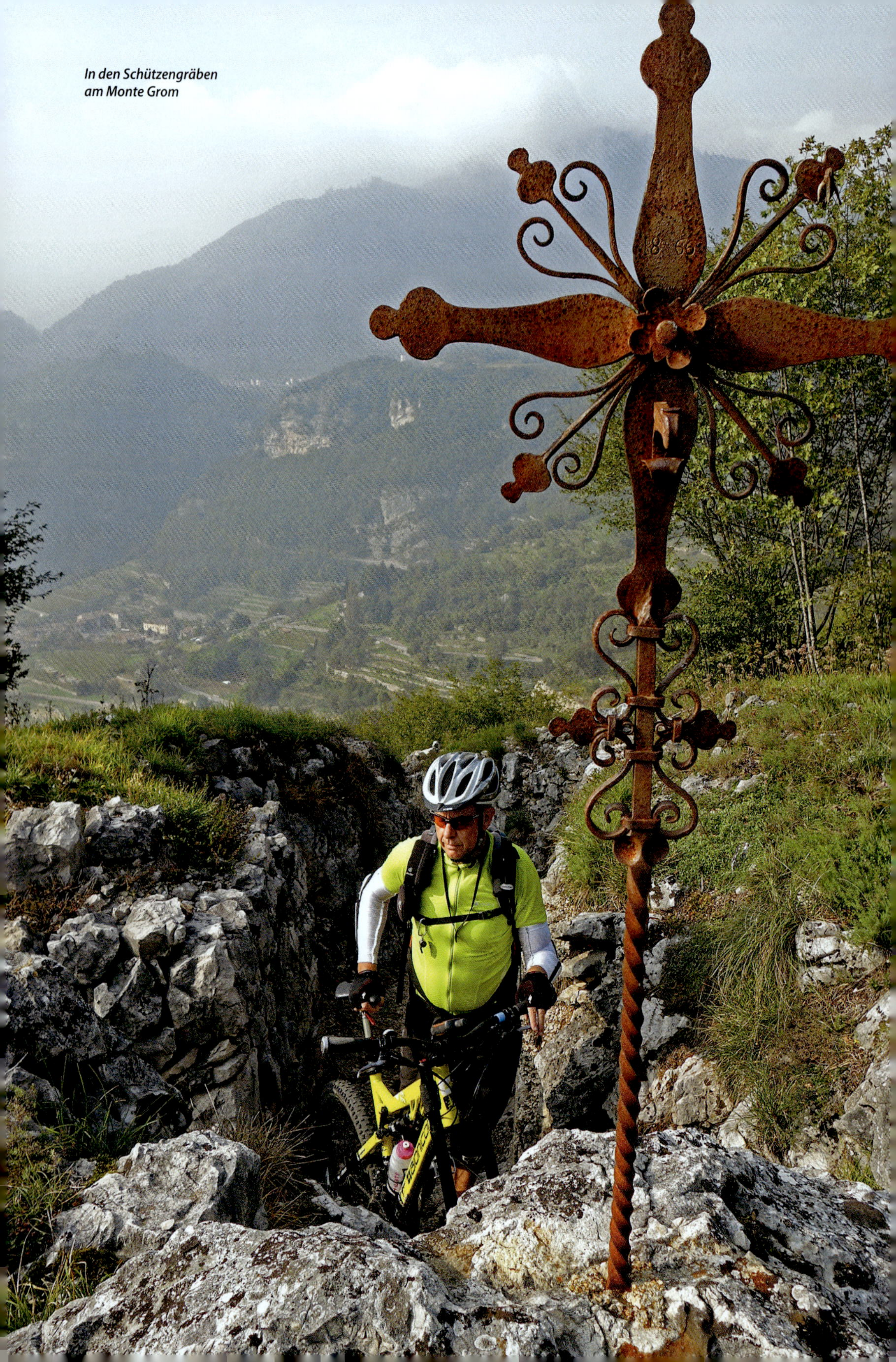

In den Schützengräben am Monte Grom

Inhaltsverzeichnis

Unterwegs am südlichen Monte Baldo

Inhalt

Altissimo - on the Top am Gardasee

Am Passo Rocchetta

Rechte Seite oben: Wasser für die Trinkflaschen gibt es zum Glück reichlich am Gardasee.

Rechte Seite unten: Hinweistafel auf die erste offizielle Freeridestrecke am Gardasee

MOUNTAINBIKEN AM GARDASEE

Radfahren und speziell Mountainbiken am Gardasee boomt, und der Trend scheint ungebrochen. Von Ende März bis Oktober kann man mit ziemlicher Schönwettergarantie Traumtouren am Lago unternehmen. Selbst im Januar und Februar gibt es häufig Sonnentage, an denen man aufs Rad steigen könnte. Und für Entspannung nach der Radtour ist ebenfalls gesorgt. Die touristische Infrastruktur ist hervorragend, trotzdem kommt nur selten das Gefühl auf, im massentouristischen Rummel zu versinken. Die alte Siedlungsstruktur der Orte tut dazu ihr übriges. Der Gardasee war schon immer ein Schmelztiegel der Völker und Kulturen, was der Region einen ganz eigenen Charme verleiht. Über die Jahrtausende ist ein dichtes Wegenetz entstanden, das Radtouren für jedes Anspruchsniveau bereitstellt. Nicht zuletzt die Lage an der ehemaligen Grenzlinie zwischen k. u. k Österreich/Ungarn und Italien war der Grund, dass zahlreiche Militärstraßen in die Berge getrieben wurden, die nach einer langen Zeit des Dornröschenschlafs durch das Aufkommen des Mountainbikes einer späten, zutiefst friedlichen Nutzung zugeführt wurden.

Dieses Buch enthält meine Lieblingstouren, für die ich aus einem Pool von nahezu 200 Mountainbiketouren schöpfen konnte. So finden sich Mountainbiketouren in allen drei italienischen Regionen, die Anrainer des Gardasees sind: Trentino, Venetien und die Lombardei. Natürlich sind die »Big Five« für Mountainbiker über dem Gardasee enthalten: Tremalzo, Altissimo, Monte Casale, Monte Caplone und Monte Pizzocolo – Tourenziele, an die man sich einmal im Leben herangepirscht haben muss. Ein weiteres Highlight ist die erstmals beschriebene Gardasee-Umrundung für Mountainbiker, die an einem Tag machbar ist. Mit fast 200 Kilometern und reichlich 4000 Höhenmetern an einem Tag sicher nicht jeder-

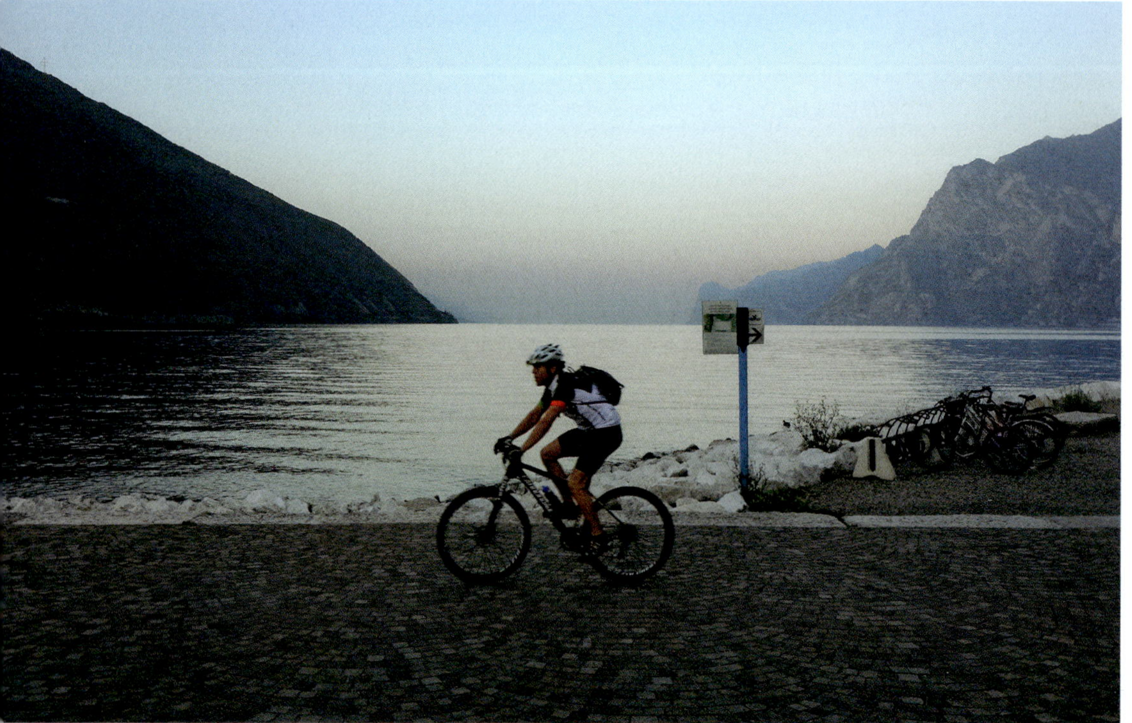

Im Morgengrauen am Gardasee bei Torbole

manns Sache – aber man kann sich ja auch Zeit lassen und die Etappen auf zwei oder drei Tage verteilen – auf jeden Fall ein großartiges Erlebnis!
Die Zusammenstellung der Touren in diesem Buch richtet sich an ambitionierte Mountainbiker, die den Spaß des Trailfahrens entdeckt haben und sich auch an den einen oder anderen Trail mit schwierigeren Passagen herantrauen wollen.

Inhaltliche Hinweise

Schon früh hatte ich erkannt, dass nur die konsequente Nutzung von GPS sinnvollen Fahrspaß in Regionen ergibt, in der das Wegenetz so fein verästelt ist wie am Gardasee. Verfahren ist nunmehr fast unmöglich, denn zu jeder Tour gibt es GPS-Tracks, die beim Befahren der Routen aufgezeichnet wurden und nicht künstlich am PC entstanden sind. Die Touren sind ursprünglich bewusst und ausdrücklich für GPS-Bikeguides konzipiert worden. Das hat sich bei den nahezu 200 vorliegenden Touren bewährt, die ich bisher veröffentlicht habe. Die Tourenbeschreibungen sind nicht als Roadbook gedacht, in dem jeder einzelne Abzweig beschrieben wird. Das ist nach meiner Erfahrung auch nicht sehr hilfreich, wenn das Wegenetz so vielfältig ist wie am Gardasee. Sie sollen vielmehr Lust am Nachfahren der Touren wecken.
Die angegebenen Fahrzeiten sind nur grobe Näherungswerte. Je mehr Höhenmeter auf einer Tour zu fahren sind, um so mehr streut der individuelle Zeitbedarf. Die konditionellen Leistungsniveaus sind einfach zu unterschiedlich, um allgemeingültige Aussagen treffen zu können. Man kann sich jedoch an folgender Faustregel orientieren, die sich auf die Höhenmeter im Anstieg bezieht: Ein durchschnittlich trainierter Mountainbiker kann etwa 500 Höhenmeter pro Stunde fahren; ähnlich verhält es sich bei der Abfahrt. Je höher der Trailanteil und je schwieriger der Trail, desto mehr klafft aber auch hier der Zeitbedarf auseinander.
In den Tourenbeschreibungen finden sich Übersichtskarten und farblich gestaltete Höhenprofile. Aus denen lässt sich ablesen, wie der Untergrund beschaffen ist, ob zum Beispiel die Abfahrt ein Trail ist oder eine Schotterpiste.

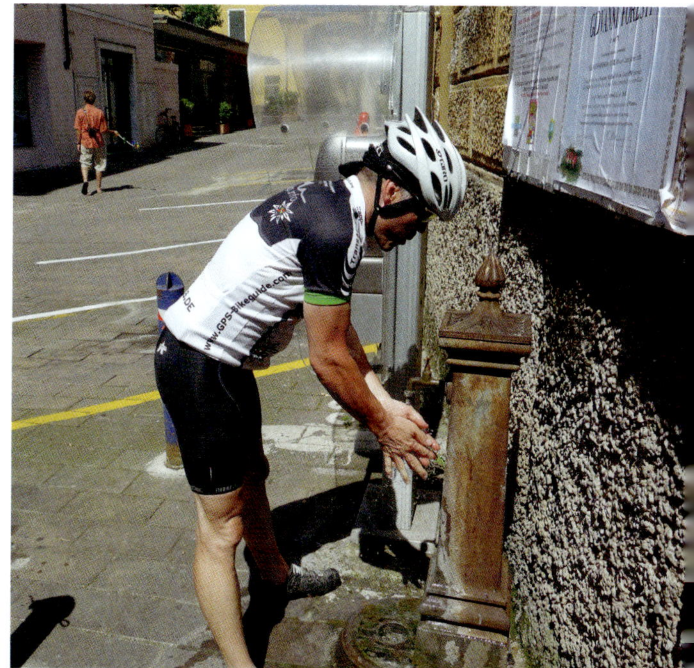

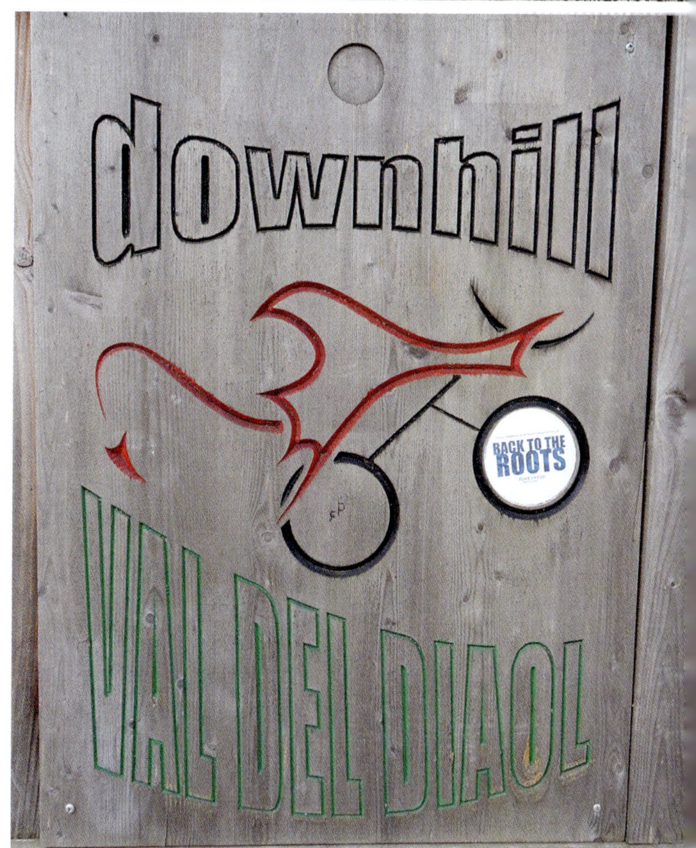

Dabei gilt folgende Systematik:
blau: Straße (auch mit Autoverkehr, geeignet für alle Radtypen)
grün: Radwege, Teer (auch Nebenstrecken mit sehr geringem Autoverkehr, geeignet für alle Radtypen)
rot: Feldweg, Schotter (kann auch recht grober Untergrund sein, in der Regel eher für Mountainbikes geeignet)
schwarz: Trail, Pfad (schmale Wege, Trails; können auch sehr anspruchsvoll sein, in der Regel nur für Mountainbikes geeignet)

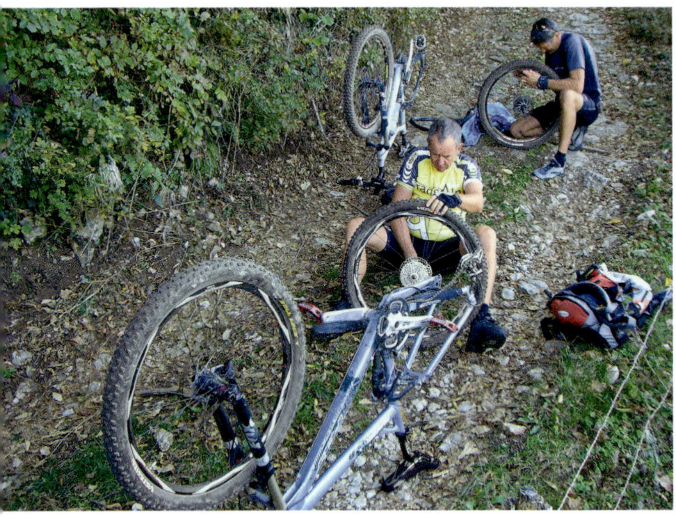

Ein platter Reifen kommt selten allein.

Die Einstufungen der technischen Schwierigkeiten von Trails orientieren sich an der Singletrail-Skala (www.singletrail-skala.de), die sich inzwischen als akzeptierter Vergleichsmaßstab bei Mountainbikern durchgesetzt hat. Detaillierte Informationen zu dieser Skala finden sich im Anhang.

Wichtige Regeln für das Radfahren in Italien!

In Italien müssen Kinder unter 14 Jahren beim Radfahren einen Helm tragen. Alle Radfahrer müssen im Dunkeln außerorts reflektierende Warnwesten tragen. Dies gilt tagsüber auch für Tunnel. Bei Nichteinhaltung droht ein Bußgeld!

GPS-Daten

Rechte Seite: Alter Karrenweg bei Vicari

Zu allen Touren gibt es GPS-Daten im universellen gpx-Format, die vom Autor selbst beim Befahren der Routen aufgezeichnet wurden und nicht künstlich am PC entstanden sind. Die GPS-Daten wurden mit Hilfe digitalen Kartenmaterials nachbearbeitet. Dadurch wurden offensichtliche Ausreißer eliminiert, die insbesondere dann entstehen können, wenn der Weg an Felswänden entlang und durch Tunnel verläuft.

Die GPS-Tracks sind mit einem Zeitstempel nach internationalem Standard versehen. Damit ist gewährleistet, dass sie geräte- und plattform-unabhängig funktionieren. Leider ist es bei der Vielzahl der neu auf den Markt drängenden Anbieter nicht möglich, die Kompatibilität mit jedem einzelnen GPS-Gerät zu testen. Im Zweifel hilft www.alltrails.com weiter. Hier können die verschiedensten Formate online umgewandelt werden.

Auf ein GPS-Gerät müssen die Tracks mit Hilfe eines PCs oder eines PC-Programms übertragen werden. Das kann u. a. mit Hilfe folgender Programme erledigt werden:

- ***Quo Vadis*** (früher Touratech Quo Vadis)
- ***integrierte Software*** der digitalen Kompass-Karten
- ***Für Garmin-Geräte:*** BaseCamp (Nachfolger von MapSource, das nicht mehr weiterentwickelt wird und nicht mehr sauber kommuniziert mit den Geräten der neuen Generation ab 2012). Basecamp gibt es inzwischen auch als App für Smartphones.
- ***Garmin-Geräten der neuen Generation*** werden als Wechseldatenträger erkannt, wenn man sie an einen PC oder Laptop anschließt. Dann kann man mit dem Datei-Explorer die GPS-Tracks direkt in das entsprechende Verzeichnis übertragen (siehe Dokumentation der Geräte).
- ***diverse Freeware*** aus dem Internet, z. B. G7ToWin (Download über www.gps-tour.info)

Immer mehr setzt sich die Nutzung moderner Smartphones durch, welche alle mit einem GPS-Empfänger ausgerüstet sind. Das gängigste Format für Tracks sind gpx-Dateien. Diese können von Smartphones mit Hilfe von Apps gelesen werden und zeigen die Tour dann auf einer Karte an. Für die Verwendung als Navigationsgerät am Fahrrad gibt es eine Vielzahl von Apps für iPhone- oder Android-Smartphones. Bei den Apps ist darauf zu

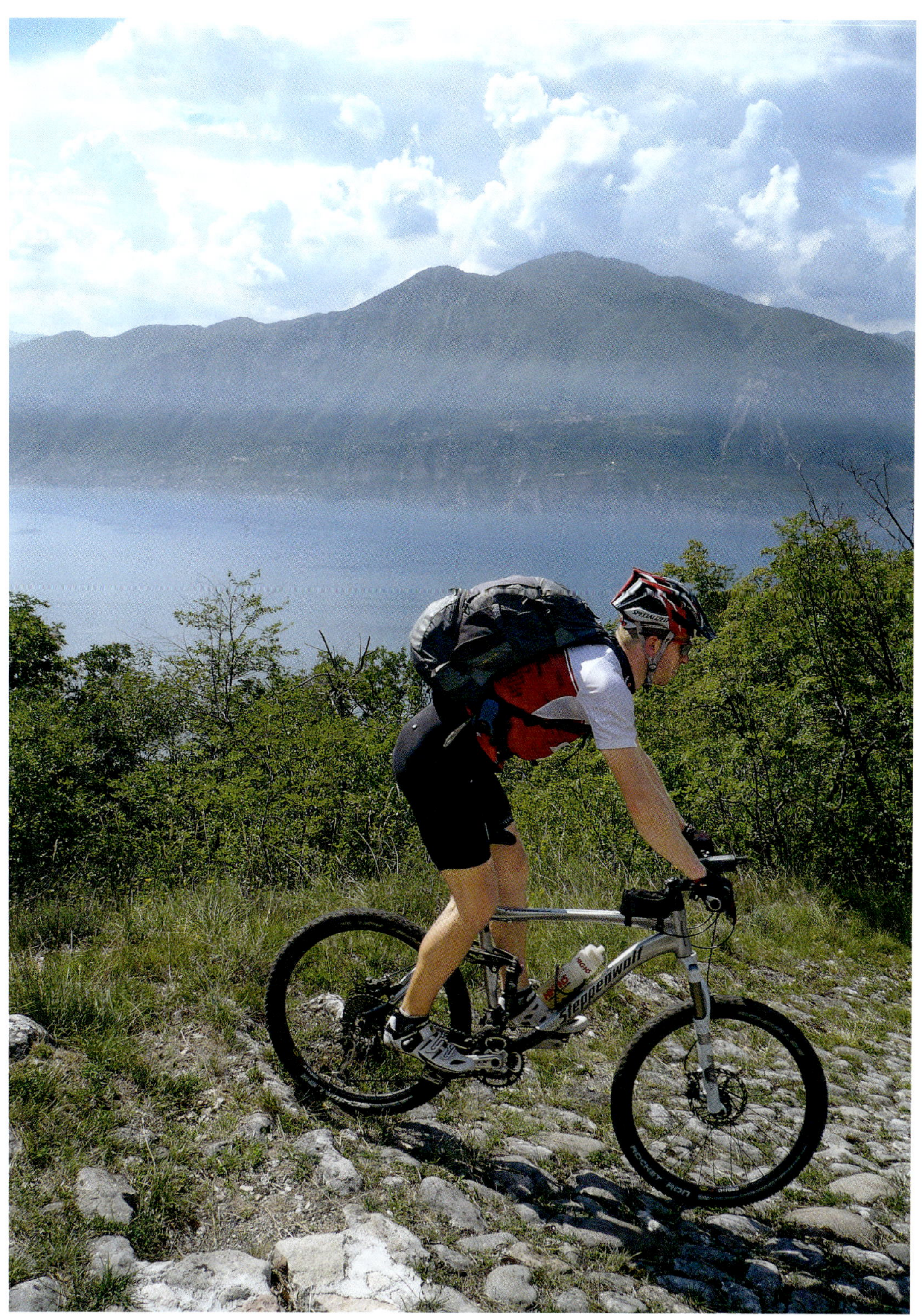
Steppenwolf

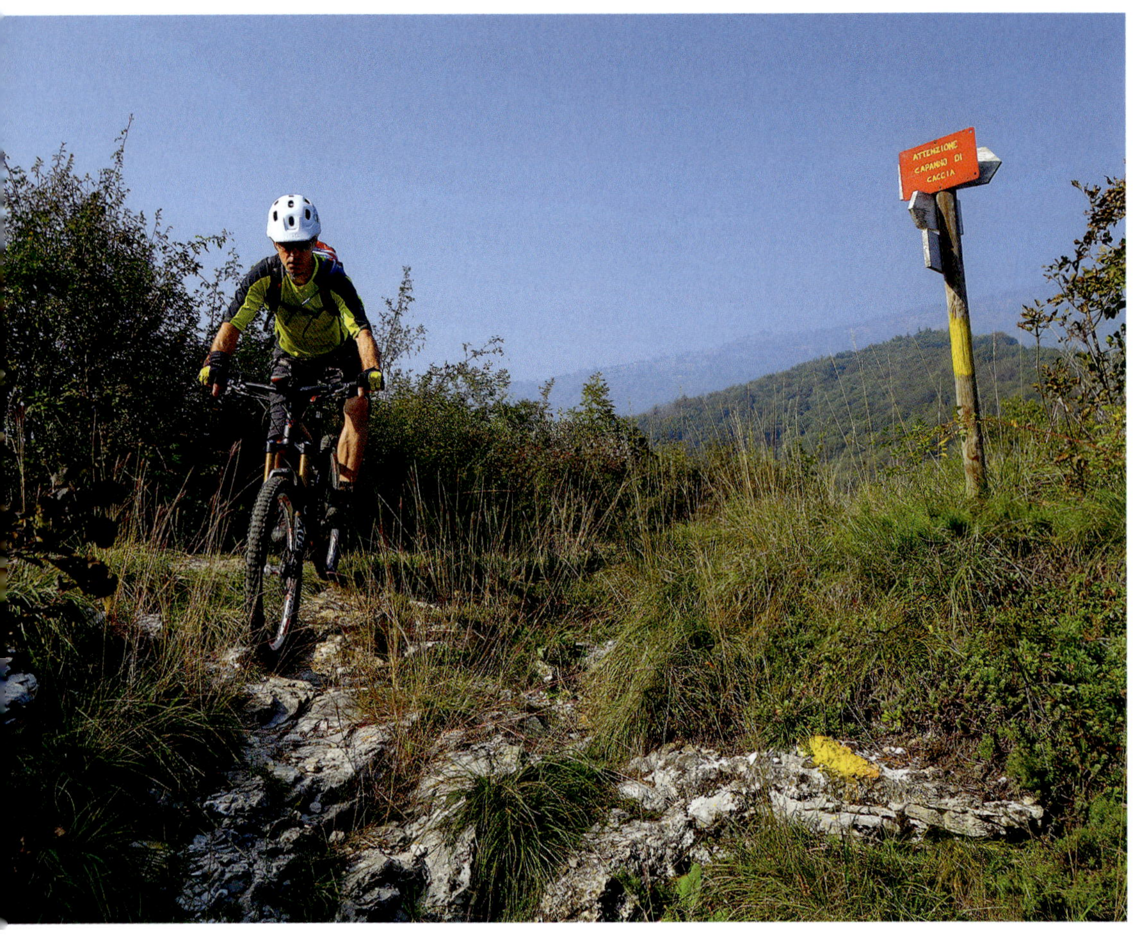

Unterhalb des Monte Pizzocolo bei Buelino

achten, dass Karten auch im Offline-Modus funktionieren, denn im Gebirge ist der Mobilfunkempfang nur eingeschränkt verfügbar. In diesem Fall würde dann lediglich der Track, aber keine Karte angezeigt. Die Trackdateien müssen meist in das entsprechende Portal eingelesen werden. Von dort können sie dann direkt auf ein Smartphone übertragen werden. Ob ein Smartphone allerdings am Lenker des Mountainbikes anstandslos seine Dienste verrichtet, steht noch auf einem anderen Blatt.

GPS-Informationen

Die Welt des GPS verändert sich so rasch, dass es mir wenig sinnvoll erscheint, in jeder Veröffentlichung ausführlich auf einzelne Themen einzugehen. Dazu sind Webseiten besser geeignet, die Dinge aktuell zu halten. Mit dem Suchwort GPS findet man sicher die passenden Informationen. Mancher hat aber immer noch gern ein Buch zum Nachschlagen in der Hand; dazu empfehle ich die Neuauflage des Standardwerkes von Thomas Froitzheim, »GPS für Biker« (Bruckmann Verlag, ISBN 978-3-7654-4981-9).

Topografische Karten für GPS-Geräte

Auch wenn sich inzwischen auf dem heiß umkämpften Markt für Navigation am Fahrrad zahlreiche Anbieter tummeln, geht am Marktführer Garmin kein Weg vorbei. Für den Bereich Gardasee gibt es inzwischen einiges an ordentlichem Kartenmaterial, das in Garmin-Geräten eingesetzt werden kann und das auch für die Verwendung abseits der Straßen sehr gut geeignet ist.

Komplett wird der Bereich Gardasee abgedeckt von der Garmin-Karte »TransAlpin« in der jeweils aktuellen Version. Die Handhabung hat sich stark vereinfacht, seitdem die Karte auf Micro-SD-Karte ausgeliefert wird. Zur Nutzung im GPS-Gerät nimmt man einfach die Micro-SD-Karte aus dem Adapter, legt sie in das Gerät ein und los geht's! Außerdem kann man die Karte auch zur Tourenplanung am Computer nutzen, und das ohne vorherige Freischaltung der Karte; dazu muss man nur die aktuellste BaseCamp-Version installieren und starten. Dann verwendet man entweder direkt die Micro-SD-Karte über einen Kartenleser am PC oder man schließt ein Garmin-GPS-Gerät mit der eingelegten Karte an den PC an.

Auf seiner Website www.garda-gps.de stellt Albert Krementz kostenlose TOPO-Karten für die Regionen Gardasee, Lessinische Alpen und Asiago zur Verfügung. Die aktuelle Version »Como–Garda–Grappa« vergrößert die Karte im Norden bis zum Passo Verva, Gavia und grenzt im Val di Non an die freie TOPO-Karte von Südtirol an. Im Westen reicht die Karte nun auch bis an den Comer See. Neben Straßen und Forststraßen sind auch eine Vielzahl von Wegen und Pfaden eingezeichnet. So sind alle Trails meiner am Gardasee und Comer See recherchierten Touren auf diesen TOPO-Karten enthalten. Grundlage dafür sind die Originaltracks, die ich Albert Krementz zur Verfügung stelle und die er in die Karten integriert. Handwerklich sind diese Vektorkarten hervorragend realisiert. Durch den Verzicht auf buntes Einfärben (zum Beispiel von Waldgebieten) sind sie auf dem Display sehr gut zu erkennen. Durch die Verwendung sog. Typefiles werden Pfade deutlich dargestellt. Die Karten von garda-gps.de können uneingeschränkt frei genutzt werden. Um sie auf ein GPS-Gerät zu laden, muss man sich allerdings in die Materie einarbeiten. Wer dazu keine Zeit und/oder Lust hat, kann fertig konfigurierte TOPO-Karten für Garmin-Geräte auf Micro-SD-Karte beziehen über meinen Shop: transalp.shop.

Im Jahre 2004 wurde von Steve Coast in London das OpenStreetMap-Projekt, kurz OSM (www.openstreetmap.org) ins Leben gerufen.

Am »geheimen« Fototrail bei Pregasina

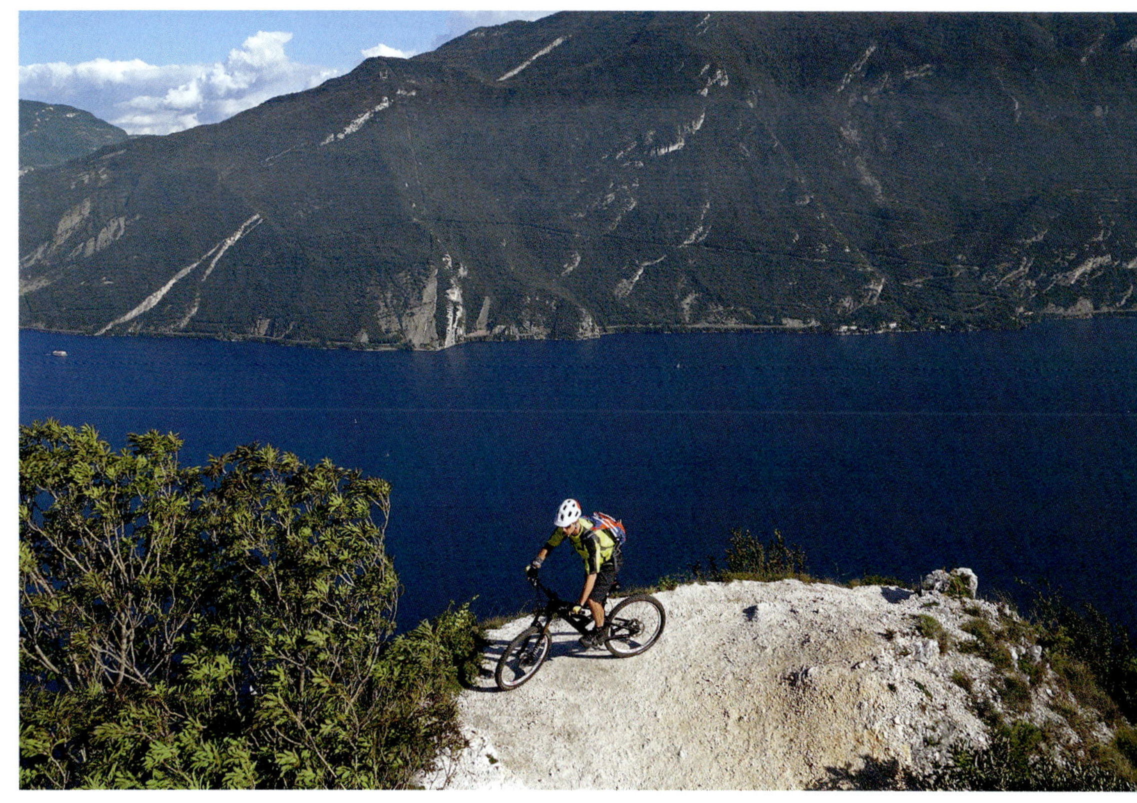

Dessen Ziel ist es, mit Hilfe einer weltweiten Community ein digitales Online-Kartenwerk ähnlich GoogleMaps zur Verfügung zu stellen. Schnell hat das Projekt Fahrt aufgenommen und in manchen Regionen übertreffen die Ergebnisse schon die der vergleichbaren kommerziellen Produkte. Im April 2009 stellte dann Felix Hartmann aus Österreich in privater Initiative das Projekt OpenMTBMap.org ins Netz.

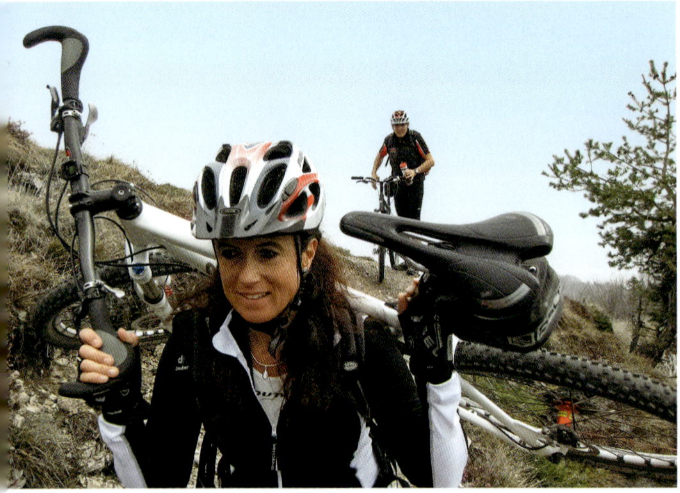

Tragepassage auf der Tour zur Bocca di Fobia

Die Daten basieren auf OpenStreetMap und werden regelmäßig aktualisiert. Das Besondere an diesen Karten ist, dass Pfade und Wege abseits der Straßen sehr deutlich dargestellt werden. Soweit vorhanden, lassen sich auch Informationen über die Wegebeschaffenheit, das Gefälle und den Schwierigkeitsgrad ablesen, die sich an der Singletrail-Skala orientieren. Die Downloadfiles enthalten nach dem Entpacken gleich eine Routine zum Einbinden in MapSource bzw. BaseCamp. Das sind die derzeit am weitesten verbreiteten Programme, um topografische Vektorkarten auf Garmin-GPS-Geräte zu laden.

Wanderkarten

Es empfiehlt sich auf jeden Fall, immer auch eine gedruckte Karte dabei zu haben, um sich auch dann orientieren zu können, wenn das GPS-Gerät ausfallen sollte oder man von der geplanten Route abweichen muss – aus welchen Gründen auch immer. Die neuesten Auflagen der folgenden Kompass-Wanderkarten sind qualitativ hervorragend, GPS-tauglich und viele Radrouten sind bereits eingezeichnet.

Rechte Seite: Alte Panoramastraße bei Tignale

Maßstab 1:50 000
WK 71: Adamello, La Presanella
WK 071: Alpi di Ledro, Valli Giudicarie
WK 73: Gruppo di Brenta
WK 100: Monti Lessini, Gruppo della Carega
WK 101: Rovereto, Monte Pasubio
WK 102: Lago di Garda, Monte Baldo

Maßstab 1:35 000 (meine Empfehlung)
WK 697: Gardasee und Umgebung (3-teilig)

Maßstab 1:25 000
WK 096: Alto Garda, Ledro, Valle del Sarca
WK 647: Trento und Umgebung, Trento e dintorni
WK 687: M. Stivo, M. Bondone, Rovereto
WK 688: Gruppo di Brenta
WK 691: Monte Baldo Nord
WK 692: Monte Baldo Süd
WK 694: Parco Alto Garda Bresciano
WK 695: Gardasee Süd, Basso Garda

Digitale Karten liegen derzeit von Kompass folgende vor:
GPS 4102: Gardasee
GPS 4310: Über die Alpen

Von diesen digitalen Karten lassen sich beliebige Kartenausschnitte zusammen mit den GPS-Tracks ausdrucken bzw. auf ein Smartphone überspielen. Die entsprechende Software von Kompass ist integriert.

Haftungsausschluss

Die sorgfältig recherchierten und sauber dokumentierten Tourenvorschläge spiegeln den Zeitpunkt der Erstellung wider. Für die Aktualität und Richtigkeit der Informationen kann ich aus verständlichen Gründen nicht garantieren. Das Nachfahren der Routenvorschläge geschieht auf eigene Gefahr, jegliche Haftung aus der Benutzung der Tourenvorschläge und/oder GPS-Daten ist ausgeschlossen.

Das gilt vor allem für Unfälle, angerichtete Flurschäden oder begangene Ordnungswidrigkeiten. Einzelne Streckenabschnitte können zwischenzeitlich einem Fahrverbot unterliegen oder nur für Fußgänger erlaubt sein. An diesen Strecken muss das Fahrrad geschoben werden.

Zur Auswahl der Touren

Bei der Auswahl der Touren habe ich mich ins-

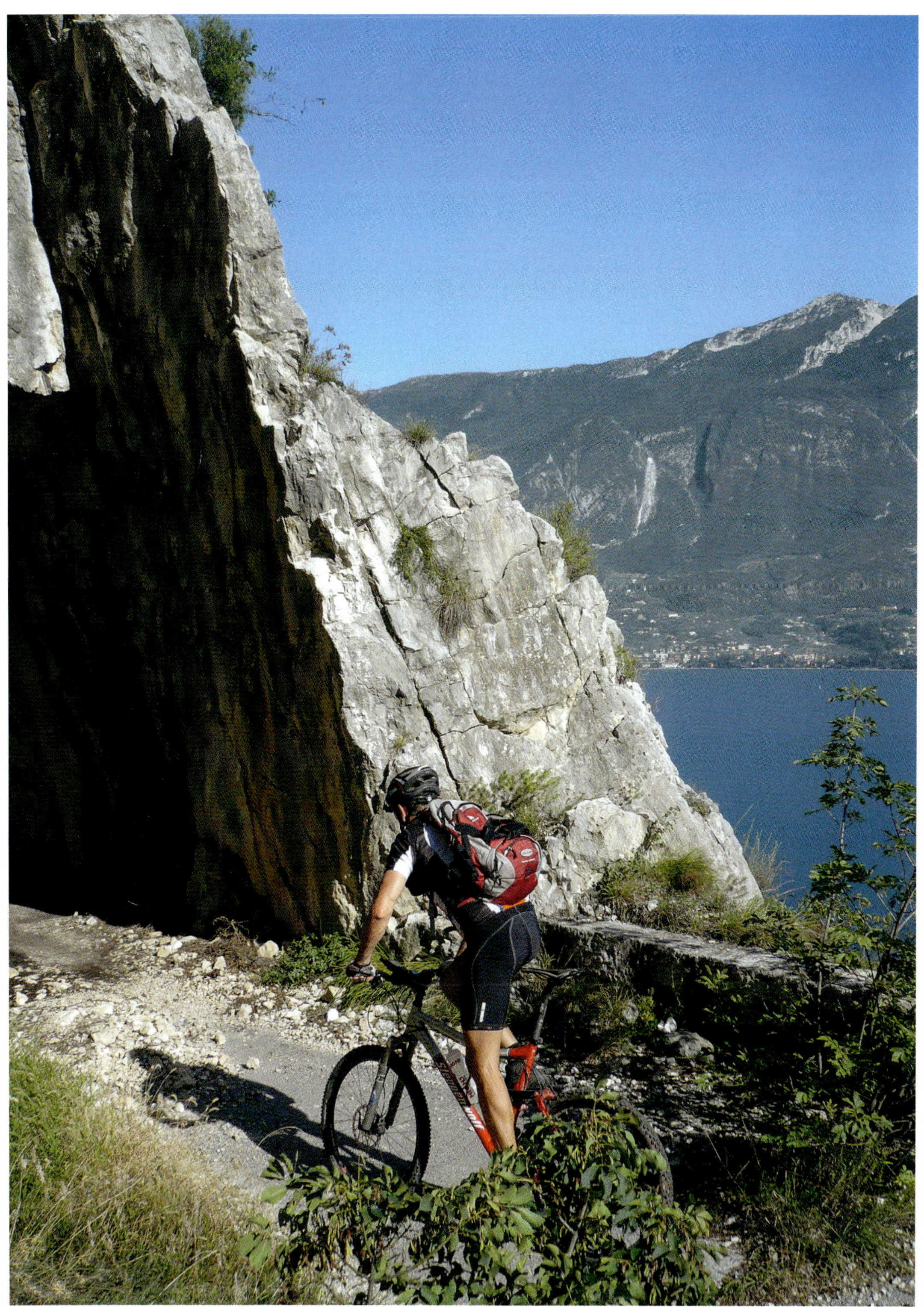

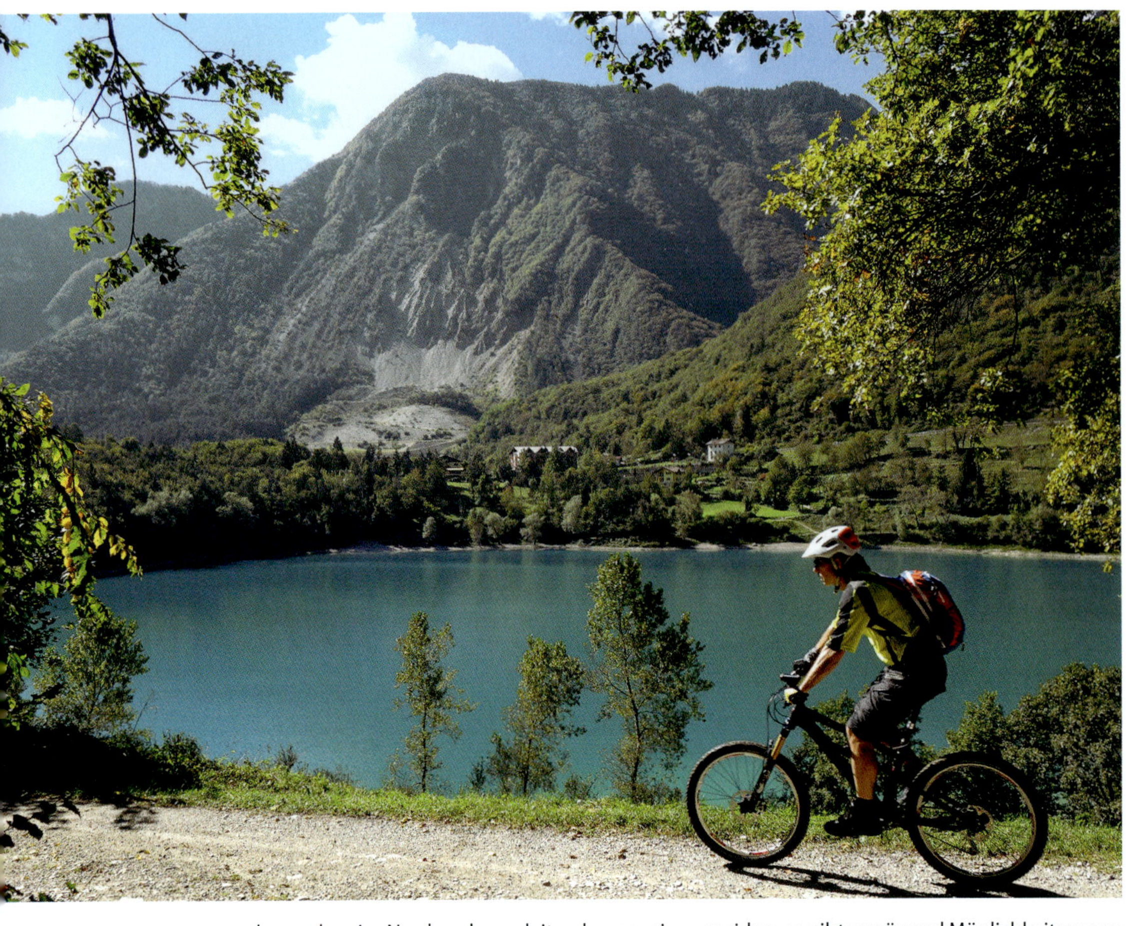

Unterwegs am Tennosee

besondere im Norden davon leiten lassen, einerseits die Klassiker vorzustellen, die auch zu meinen Lieblingstouren zählen, und andererseits die bekannten Spots in neuem Licht zu präsentieren. Das betrifft die von Mountainbikern viel frequentierten Auffahrten nach San Giovanni, Monte Velo/St. Barbara und auf der Monte-Baldo-Straße ab Torbole bzw. Nago. Dort sind oft Heerscharen von Bikern unterwegs. Sobald man aber von den Standardrouten abweicht, die in den einschlägigen Bike-Zeitschriften und Internet-Foren ständig neu vorgestellt werden, ist man plötzlich allein im Gelände. Und das auch zu Zeiten, wenn der nördliche Gardasee wieder einmal von Bikermassen überschwemmt wird, wie es oft an Ostern, Himmelfahrt, Pfingsten oder dem alljährlichen Bike-Festival Anfang Mai der Fall ist. Dann sollte man die Ponale-Straße, den Tremalzo und den Dosso dei Roveri tunlichst vermeiden; es gibt genügend Möglichkeiten zum Ausweichen.

Die in einschlägigen Internet-Foren immer wieder gern genannten Downhill- und Freeridestrecken, wie etwa The Hammer, Coast Trail, Naranch Trail, Sentiero 601 oder die Dalco-Trails zählen sicher auch zu den Supertrails, allerdings der sehr anspruchsvollen Sorte und können mit gutem Gewissen nur Experten empfohlen werden können. Außerdem ist der Hype um diese Trails so groß, dass sie keiner zusätzlichen Publicity bedürfen. Deshalb habe ich sie bei der Auswahl der Touren für dieses Buch bewusst weggelassen. Außerdem wird mit diesen Trails teilweise das leidige Thema Wegenutzung berührt. Die Gesetzeslage in den drei Anrainerregionen des Gardasees ist zum Thema Mountainbiken durchaus unterschiedlich, teilweise unklar und widersprüchlich. So gibt es einerseits Fahrverbote, die aber durch die Gemeinden wieder aufgehoben werden können. Andererseits gilt in manchen Regionen: Was nicht ausdrücklich verboten ist, ist erlaubt und umgekehrt. Dabei kann sich die Situation aber auch immer ändern. Die aktuelle Lage lässt sich am besten vor Ort in Erfahrung bringen oder gegebenenfalls auf der Website (auch auf Deutsch) www.visitgarda.com. Darüber hinaus gibt es im Internet zahlreiche Portale, die versuchen, sich ein Stück vom Tourismuskuchen des Gardasees abzuschneiden – einfach den Suchbegriff »Gardasee« eingeben, und man findet eine nahezu unendliche Auswahl.

Anreise

Mit dem Auto

Wer sein eigenes Fahrrad mit an den Gardasee nehmen will, wird in den meisten Fällen wohl mit dem Auto anreisen. Das geschieht am besten über die mautpflichtigen italienischen Autobahnen.

Aus dem Norden über die A22 Brenner – Verona, Ausfahrten Trento-Nord, Rovereto-Sud, Ala Avio, Affi

Aus dem Süden über die A4 Milano – Venezia, Ausfahrten Brescia Est, Desenzano, Sirmione, Peschiera

Mit der Bahn

Die Anreise mit der Bahn ist bei Fahrradmitnahme etwas umständlich, aber durchaus möglich. Aus dem Norden kommend, muss man in Rovereto aussteigen und kann dann mit dem Bus an den nördlichen Gardasee gelangen. Das Rad wird, falls Platz ist, im unteren Kofferraum der Busse verstaut; darauf verlassen kann man sich allerdings nicht. Wenn man das Gepäck am Fahrrad transportieren will und/oder kann, gibt es ab Bahnhof Ro-vereto einen durchgehenden Radweg bis Torbole/Riva/Arco; das wäre die perfekte Einstimmung auf den Urlaub am Gardasee – aber durchaus etwas exotisch.

Hat man kein Rad dabei, weil man es vor Ort ausleihen will, ist die Anreise mit dem Zug durchaus eine überlegenswerte Alternative; Bahn- und Busfahren ist in Italien recht preiswert.

Bahnhöfe direkt am Gardasee sind Desenzano und Peschiera.

Wetter

Das Wetter am Gardasee ist grundsätzlich mediterran geprägt mit heißen Sommern und niederschlagsarmen, milden Wintern. Dabei gibt es durchaus deutliche Unterschiede zwischen dem Norden und Süden des Gardasees, obwohl der See sich in dieser Richtung nur über ca. 50 Kilometer erstreckt. Der Süden ist insbesondere im Februar bis März bereits deutlich wärmer als der Norden. Das hängt auch mit den Windverhältnissen zusammen. Am nördlichen Gardasee gibt es die berühmten Winde Pelèr (aus Norden) und Ora (aus Süden), die für Segler, Surfer und zunehmend auch Kitesurfer interessant sind. Die Konstanz dieser Winde wie auch die Stabilität des Wetters hat in den letzten Jahren merklich nachgelassen. Das hängt meist mit einer typischen Wetterlage zusammen, die von einer Süd- bis Südwestströmung geprägt ist. Dieses berühmt-berüchtigte Genua-Tief sorgt dann unter Umständen für längere Phasen einer trüb-regnerischen Wetterlage.

Wetterprognosen über drei bis vier Tage liefern meist ein recht genaues Bild; alles, was darüber hinausgeht, ist wie »Rühren im Kaffeesatz, Umstülpen der Tasse und Interpretieren des Ergebnisses«.

Zur aktuellen Einschätzung der Wetterlage sind Webcams gut geeignet, die mittlerweile in großer Zahl rund um den Gardasee positioniert sind. Viele Portale und Hotels stellen einen Blick auf den See zur Verfügung. Gut gepflegte Übersichten findet man hier: www.addicted-sports.com, www.gardawebcam.net (auch mit Wetter und Regenradar).

Um ein Gefühl für den Wettertrend in den nächsten Stunden zu bekommen, eignen sich Wetterradare sehr gut. Man kann damit folgende Dinge live und in der Rück- und Vorschau betrachten.

- ***aktuelle Regensituation***
- ***aktuelle Bewölkung***
- ***Regenprognose***
- ***Windrichtung***

Ich selber nutze die folgende Webseite – auch als App verfügbar – www.meteoswiss.ch. Die Prognosen reichen in der Randzone bis zum Gardasee und liefern Daten mit gewohnter Schweizer Präzision.

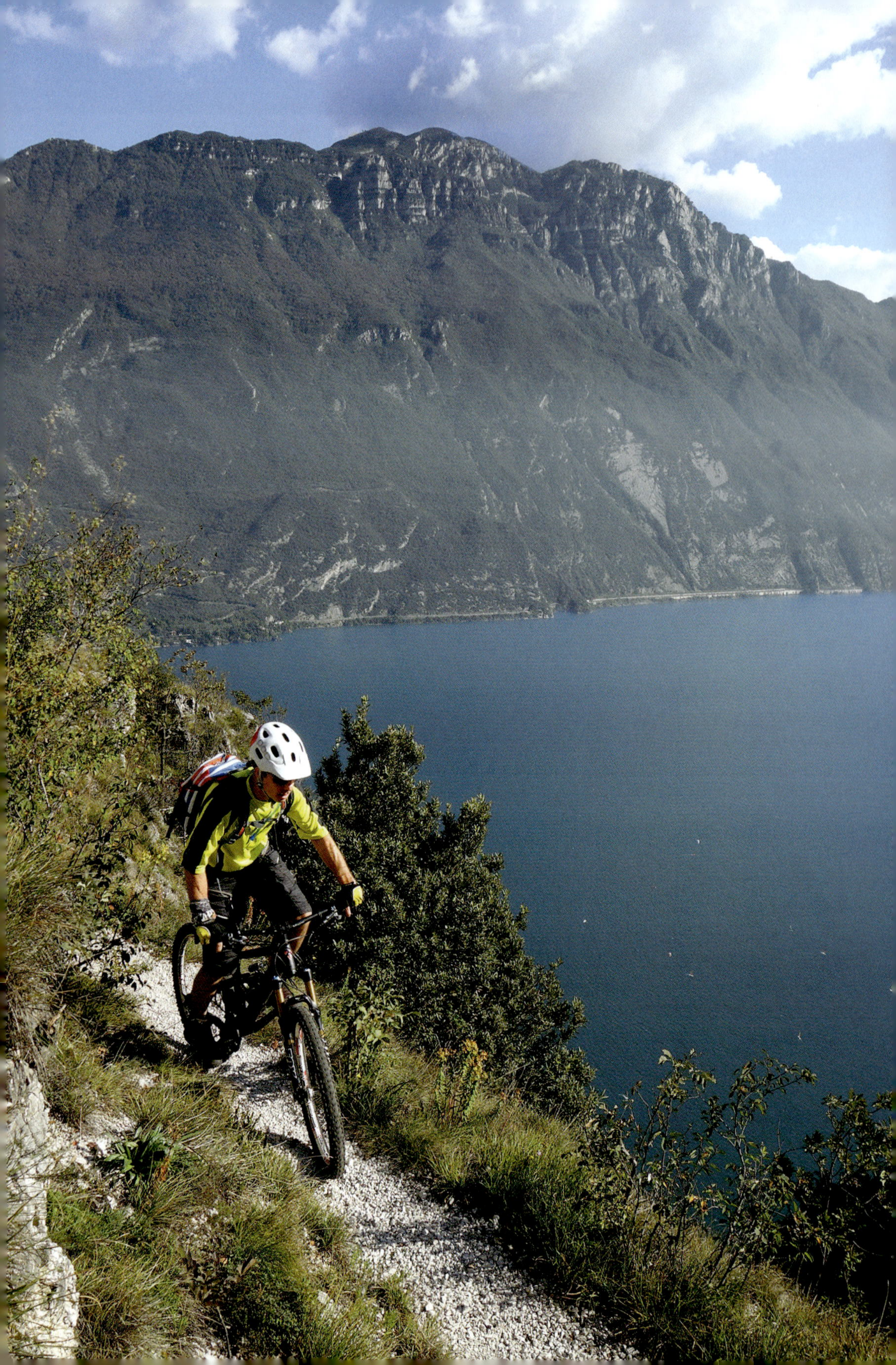

GARDASEE-NORD – TRENTINO

Die meisten Mountainbiketouren finden sich im Norden des Gardasees. Das Dreieck Riva – Torbole – Arco ist dafür ein idealer Ausgangspunkt; man kann quasi aus dem Stand in die Berge radeln. In nördlicher Richtung gibt es einen Radweg, der den flachen Bereich entlang der Sarca bis zum Lago di Toblino erschließt. Dadurch ergeben sich gute Transfermöglichkeiten für diverse Touren im Norden. Auch zwischen Torbole und Rovereto existiert ein durchgehender Radweg abseits der Straße.

Die touristische Infrastruktur im Norden ist ausgezeichnet. Es gibt eine Vielzahl von Unterkunftsmöglichkeiten vom Campingplatz bis zum Fünf-Sterne-Hotel, so dass für jeden Geschmack und Geldbeutel etwas dabei sein sollte. Einige Hotels haben sich teilweise schon seit langem auch auf die Zielgruppe Radfahrer/Mountainbiker spezialisiert, wie zum Beispiel:

Villa Stella in Torbole, www.villastella.it
Aktivhotel Santalucia, www.aktivhotel.it
Hotel Santoni
www.hotelsantoni.com

Im Norden finden sich viele Services für Radfahrer, wie Bikeverleihs, Bikeshops, Shuttle-Services und Anbieter von geführten Biketouren. Unter denen ist stets eine gewisse Fluktuation zu beobachten, sodass es wenig Sinn ergibt, an dieser Stelle eine vollständige Liste zu platzieren.

Eine gewisse Beständigkeit über die Jahre, gepaart mit einer guten Qualität des Angebots, habe ich bei folgenden Anbietern feststellen können:

Carpentari Bikeshop in Torbole,
www.carpentari.com
Bikeshop, Bikeverleih, geführte Touren:
3-S-Bike in Torbole, www.3s-bike.com
Bikeverleih:
The Lab in Riva, www.the-lab.it
Bikeshop, Bikeverleih:
Gardaonbike, www.gardaonbike.com
Bikeshuttle
Velolake, velolake.com

Weitere aktuelle Infos erhält man am bestens vor Ort in den örtlichen Touristinformationen (Riva, Torbole, Arco) bzw. auf der Website des offiziellen Tourismusverbandes der Gardaseegemeinden im Trentino (auch auf Deutsch): www.gardatrentino.it, www.visitgarda.com

Die ***beste Reisezeit*** für die Region Gardasee-Nord ist März bis Oktober.

Top Secret: »geheimer« Spot bei Pregasina

1 PONALE-STRASSE RIVA – PREGASINA

Ein MUSS für jeden Gardasee-Biker

2 Schwierigkeit

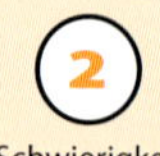 Erlebniswert

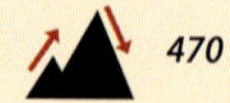 470 Höhenmeter

 13 Streckenlänge (in km)

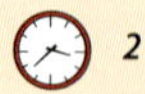 2 Zeit (in Std.)

TOURENCHARAKTER

KURZCHARAKTERISTIK
DIE Traumtour am Gardasee für MTB-Einsteiger

AUSGANGS-/ENDPUNKT
Riva

KONDITION

FAHRTECHNIK

UNTERGRUND
Straße: 27 %
Feldweg, Schotter: 42 %
Radweg, Teer: 31 %

HÖCHSTER PUNKT
528 m, Pregasina

NIEDRIGSTER PUNKT
67 m, Gardasee

EINKEHR
Hotel Panorama in Pregasina, Bar Ponalealto Belvedere, diverse Eisdielen in Riva

KARTE
Kompass-Wanderkarte 1:50 000, WK 096 und 697-1

GPS-TRACK
tour-01_Ponalestrasse.gpx

Wenn es einen Klassiker für Mountainbiker am Gardasee gibt, dann die alte Ponale-Straße. Nach einem Erdrutsch jahrelang gesperrt, steht sie nun wieder im Brennpunkt des Interesses. Dass ein solcher Klassiker zu Stoßzeiten hin und wieder zu »Überfüllung« neigt, ändert nichts an seiner Attraktivität. Auch Trailfreunde kommen nicht zu kurz beim fakultativen Abstecher zum »geheimen« Fotospot.

Wer zum ersten Mal zum Mountainbiken an den Gardasee kommt, muss einfach mit dieser Tour anfangen. Die alte Ponale-Straße ist ein Klassiker und empfiehlt sich auch für erfahrene Mountainbiker, die ihre Begeisterung fürs Biken an andere weitergeben möchten – sei es der Partner, die Partnerin, die Freundin oder die Kinder. Wer an dieser Strecke keine Freude empfindet, für den ist Mountainbiken definitiv die falsche Freizeitbeschäftigung. Ein Verfahren ist bei dieser Tour praktisch unmöglich, denn sie verläuft auf der Ponale-Straße von Riva durch die Felswand in Richtung Ledrotal. Nach einem Erdrutsch im Jahr 2000 war sie zum Leidwesen aller Mountainbiker bis ins Jahr 2004 gesperrt, denn sie ist gleichzeitig auch der ideale Zubringer zu Touren am Ledrosee bzw. der atemberaubende Abschluss von einigen Tremalzo-Touren. Lange war es nicht sicher, ob die Strecke überhaupt wieder für Radfahrer freigegeben wird. Schließlich wurde sie im unteren Teil zurückgebaut und ist nun ein geschotterter, kombinierter Wander- und Radweg, auf dem die Spaziergänger Vorrang haben. Das sollten wir alle beherzigen und die nötige Rücksicht walten lassen, besonders an den Tagen, an denen viel Betrieb auf dieser Route herrscht. Wenn man das kleine Stück

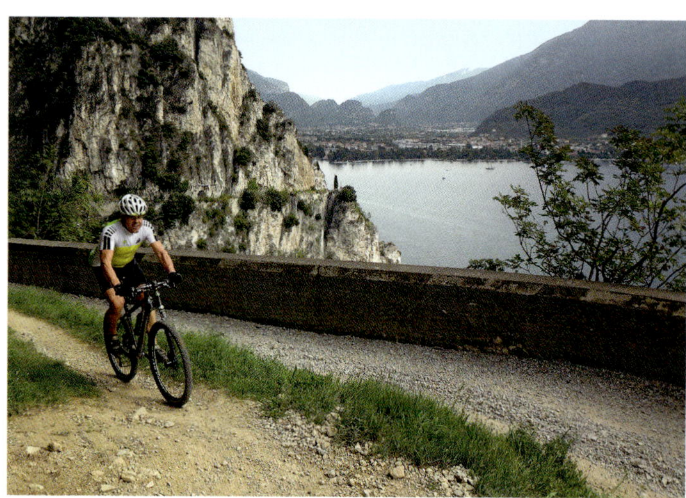

Auf der Ponale-Straße

470 Hm	13 km	2 Std.

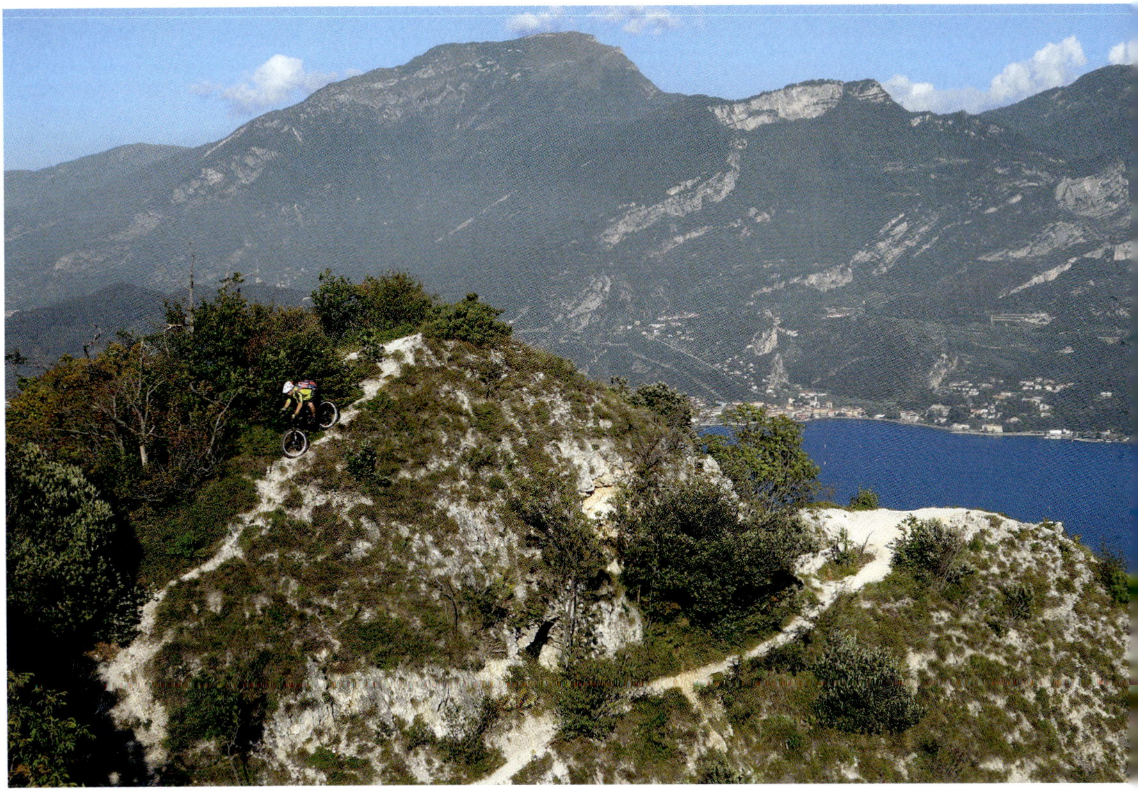

Trailspielplatz bei Pregasina

von Riva auf der Küstenstraße bis zum Anfang der Ponale-Straße hinter sich hat, weiß man auch, warum. Schon der Einstieg in die Straße durch die Felswand beginnt spektakulär. Gleich geht es durch einen Tunnel, dem noch einige weitere folgen. Teilweise sind Sichtöffnungen durch den Fels geschlagen worden, sodass sich immer wieder interessante Ausblicke auf den Gardasee auftun. Langsam schraubt man sich nach oben – der Lago liegt einem während der Auffahrt in seiner ganzen Schönheit zu Füßen.

Manchmal geht es hier zu wie auf dem Kurfürstendamm nach der Maueröffnung. Wenn man aber einen Tag während der Woche erwischt, frühzeitig losfährt und den Weg fast für sich alleine hat, ist das Glück vollkommen. Die Steigung des Weges ist moderat, da es eine alte Fahrstraße ist. Am Canyon des Ponale-Baches gabelt sich die Strecke, und der Belag wechselt zu Grobasphalt, der teilweise am Zerkrümeln ist. Wir halten uns nach der Bar Ponalealto Belvedere links und fahren in vielen engen Kehren in Richtung Pregasina. An der oberen Tunnelöffnung der Fahrstraße kommen wir heraus, und weiter geht's bergauf. An der Marienstatue macht man unwillkürlich Halt und nutzt den Stopp zum Fotografieren. Nun sind es nur noch ein paar Höhenmeter auf

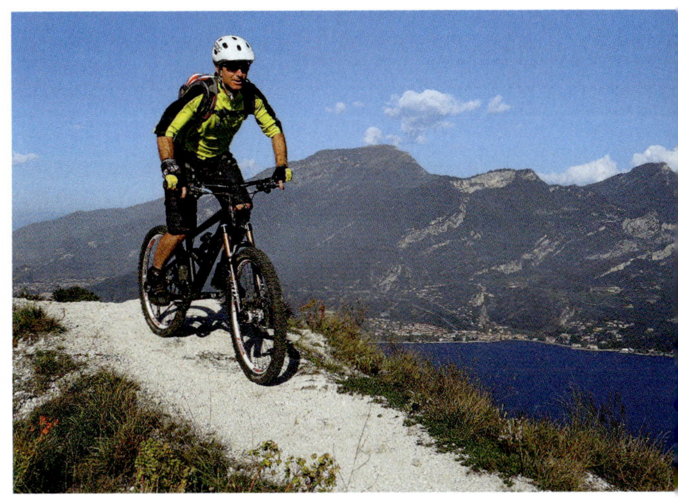

Von solchen Tagen am Gardasee träumt man …

Ponale-Straße Riva – Pregasina

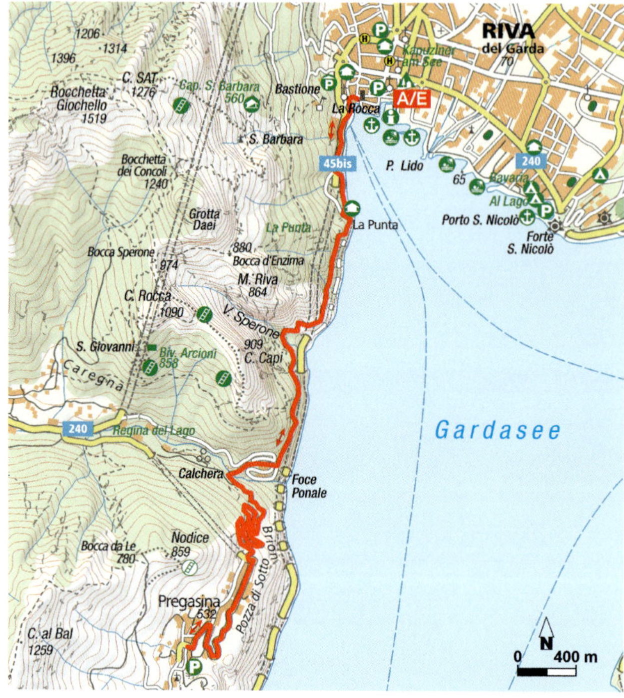

dem Sträßchen bis nach Pregasina. Die Straße endet dort für Pkw, sodass sich nur wenige Autos hierher verirren, aber auf jeden Fall sollte man mit etwas Verkehr rechnen – insbesondere bei der Abfahrt, die auf derselben Strecke zurückgelegt wird. Aber vorher gibt es zur Belohnung noch ein Tiramisu oder einen Apfelstrudel auf der Terrasse des Hotels Panorama, das seinen Namen zu Recht trägt. Die Rückfahrt nach Riva erfordert ein wenig Konzentration und Übersicht beim Bremsen, denn die Kurven sind eng, und man muss immer mit radelndem Gegenverkehr rechnen.

Ach ja, das Buch trägt ja in seinem Titel den Namen Supertrails. Wo findet man die nun auf dieser Tour? Ganz einfach! Bei der Auffahrt verläuft in der letzten Kurve vor dem Hotel Rosalpina in Pregasina ein unscheinbarer Pfad über die Wiese und verschwindet in einem Wäldchen. Von der Straße aus meint man, dahinter verstecke sich ein unscheinbarer Hügel. Doch es wartet auf den entdeckungsfreudigen Mountainbiker weit mehr. In zwei, drei Richtungen verlaufen Pfade, die bei guter Sicht gigantische Ausblicke auf den Gardasee erlauben. Dieser Ort ist schon lange kein Geheimtipp mehr, wird aber immer wieder gerne als eindrucksvoller Ort für Fotoshootings ausgewählt. Höhenangst sollte man keine haben, sonst wird man auf den sehr kurzen Trailschnipseln keinen Meter fahren können und wollen. Auf jeden Fall ein WOW-Erlebnis, das man sich bei guter Sicht auf keinen Fall entgehen lassen sollte – sei es auf der Hin- oder der Rückfahrt.

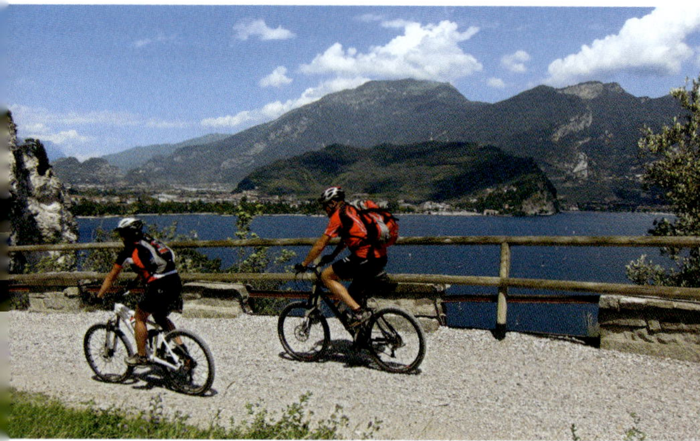

Immer wieder lädt der Gardasee zum Träumen ein.

Ponale-Straße: Auf- wie abwärts ein Genuss!

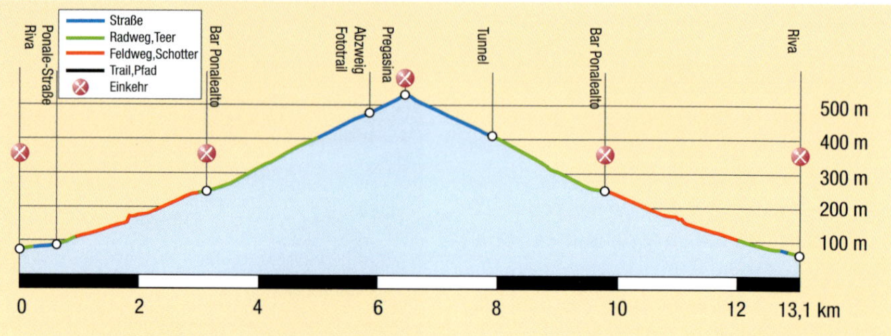

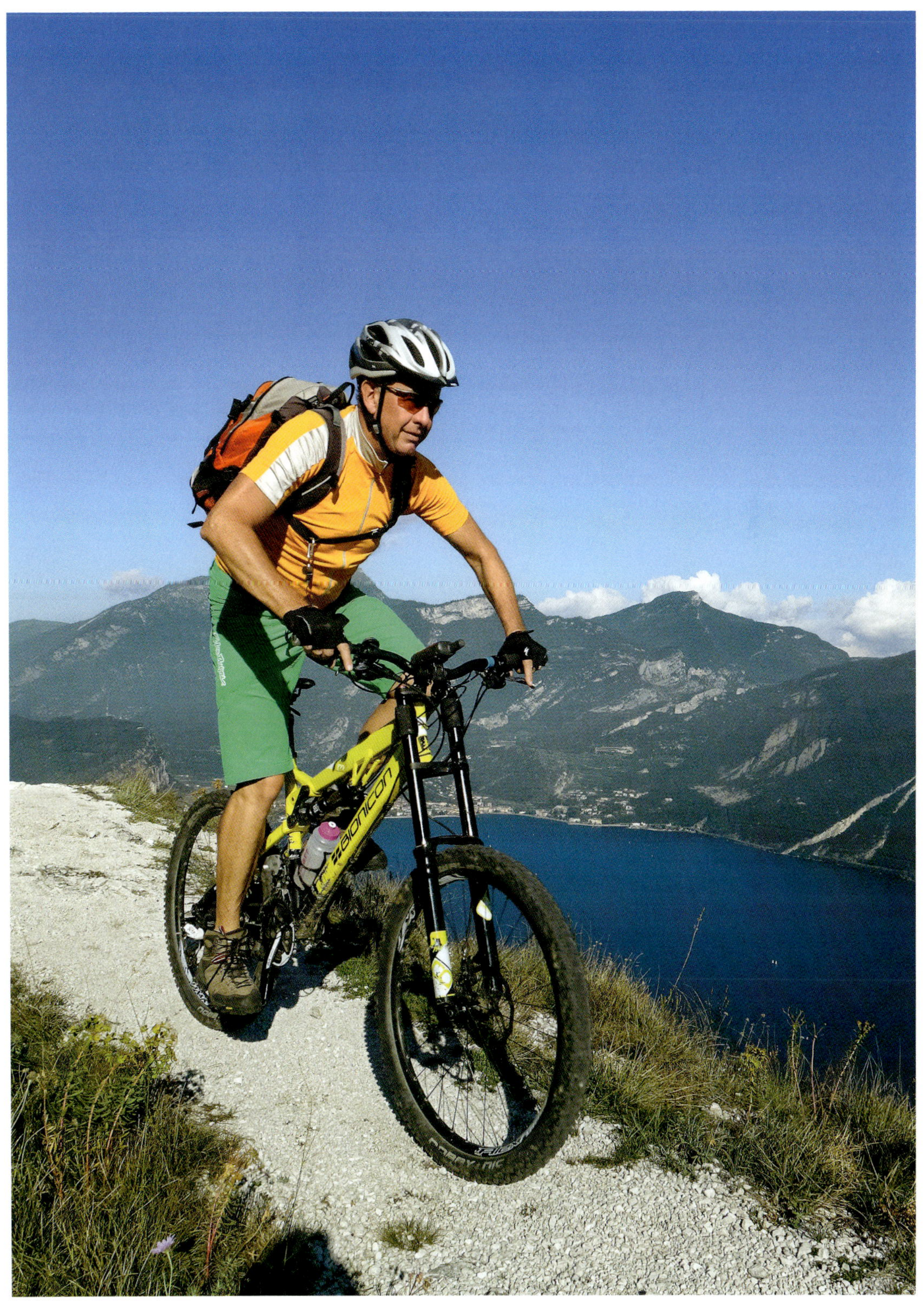

2 TREMALZO ÜBER DEN LEDROSEE

Big Five – Part 1: 2000 Höhenmeter plus Panorama vom Feinsten

Schwierigkeit

Erlebniswert

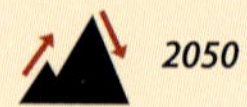
Höhenmeter

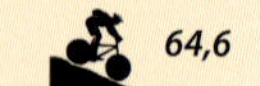
Streckenlänge (in km)

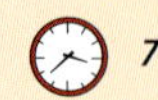
Zeit (in Std.)

TOURENCHARAKTER

KURZCHARAKTERISTIK

Konditionell anspruchsvolle Tour mit grandiosem Panorama bei der Abfahrt auf der berühmten Tremalzo-Straße

AUSGANGS-/ENDPUNKT

Riva

KONDITION

FAHRTECHNIK

TRAILS

Ø S1, max. S2

UNTERGRUND

Straße: 29 %
Radweg, Teer: 24 %
Feldweg, Schotter: 36 %
Trail, Pfad: 11%

HÖCHSTER PUNKT

1836 m, Tremalzo-Tunnel

NIEDRIGSTER PUNKT

67 m, Gardasee

EINKEHR

Rifugio Garda, Malga Ciapa, Rifugio Passo Nota, Baita Segala, Hotel Panorama in Pregasina, Bar Ponalealto Belvedere

KARTE

Kompass-Wanderkarte 1:35 000, WK 697-1, 096

GPS-TRACK

tour-02_Tremalzo.gpx

Zugegegeben – diese 2000 Bergauf-Höhenmeter sind verdammt lang und zäh! Wer sie locker bewältigt hat, kann sich eine gute Kondition bescheinigen – und er kann sich sicher sein, mit einer der schönsten Downhillstrecken über dem Gardasee belohnt zu werden, mit der genialen Tremalzo-Straße …

Der Tremalzo ist ein weiterer Klassiker unter den Touren am Gardasee. Diese legendäre alte Militärstraße hat viel dazu beigetragen, dass sich der Mountainbike-Tourismus am Gardasee etabliert hat. Interessanterweise durfte die kurvenreiche Strecke bis 2015 auf teils grobem Schotter vom Gipfeltunnel bis zum Passo Nota von Autos befahren werden. Der Oberknaller war ein tiefergelegtes BMW-Cabrio, das ich dereinst knapp unter dem Gipfeltunnel in einer Kurve angetroffen habe. Ob das darin sitzende Paar sich und dem Auto damit einen Gefallen getan hat, weiß niemand… Ich bevorzuge es eindeutig, diese Strecke mit dem Mountainbike zurückzulegen und zwar mit der etwas längeren Auffahrt über den Ledrosee und den Lago Ampola; dadurch kann man die Abfahrt in Richtung Gardasee genießen.
Die Auffahrt vom Startpunkt Riva aus erfolgt auf bekannter Strecke über die Ponale-Straße bis zum Ledrosee (siehe auch Tour 1). Ab Pieve di Ledro gibt es einen sehr schönen Radweg bis zum Lago Ampola. Nun liegen gut 1000 Höhenmeter am Stück vor uns – zunächst auf der Teerstraße bis zum Rifugio Garda und dann noch knapp 150 Höhenmeter auf leichtem Schotter bis zum Gipfeltunnel. Die meisten Biker werden wohl am Rifugio Rast machen, obwohl das nicht unbedingt ein kulinarisches Highlight ist. Ein

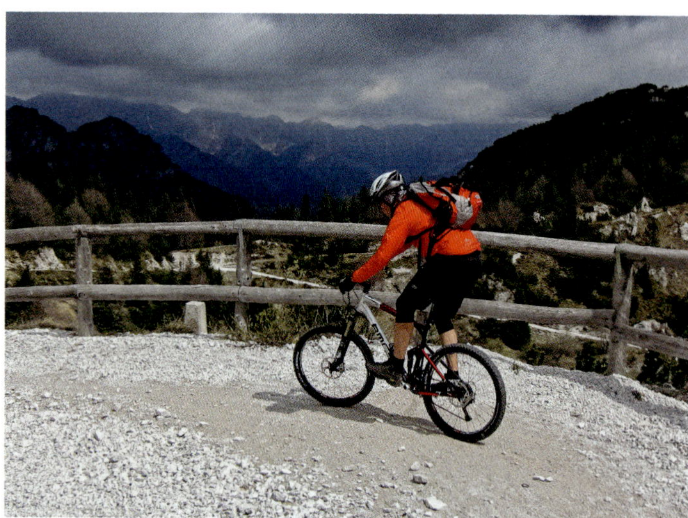

Bei der Abfahrt zum Passo Nota

2050 Hm	64,6 km	7 Std.

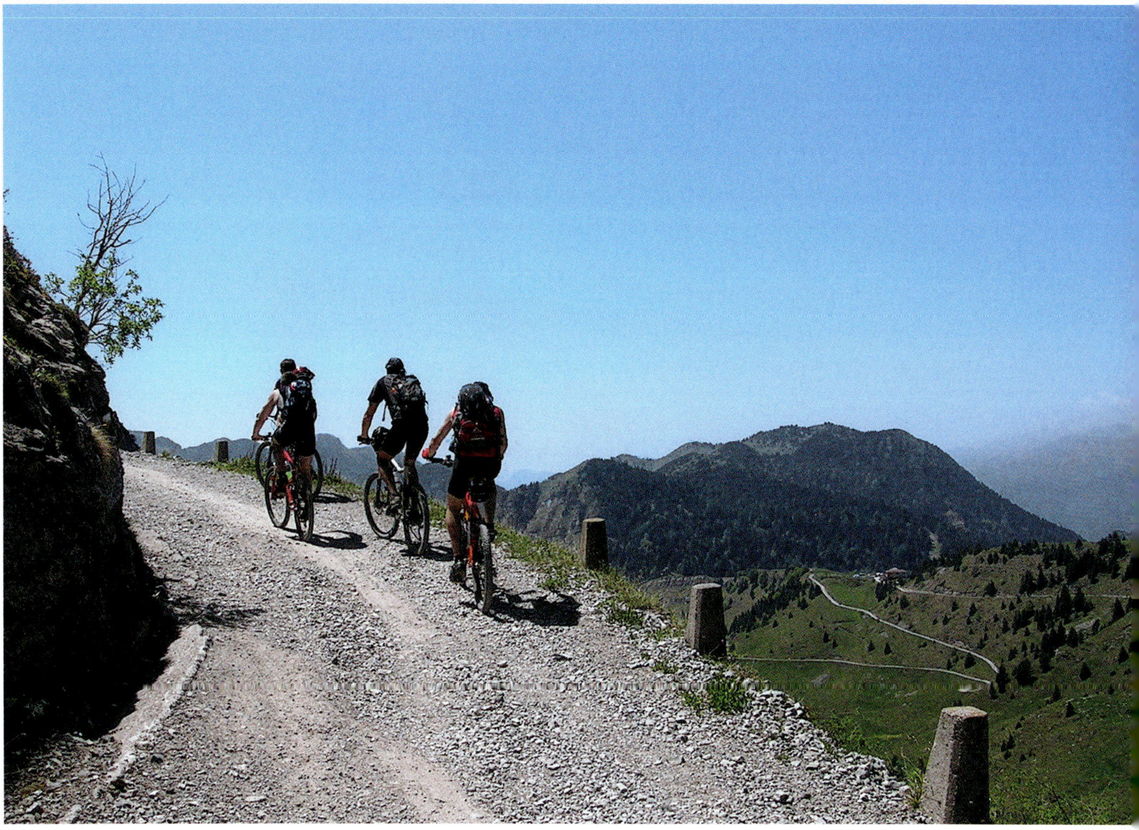

wenig unterhalb liegt die Malga Ciapa – früher ein Geheimtipp, nun meine persönliche Empfehlung.

Nach einer Rast fühlen sich die Höhenmeter bis zum Tunnel meist sehr zäh an. Oben ist das dann vergessen, denn nun folgt eine der schönsten Abfahrten am Gardasee. In vielen Serpentinen schlängelt sich die von italienischen Alpini gebaute Militärstraße bis zum Passo Nota; hier gibt es ebenfalls eine Rastmöglichkeit. Weiter geht der Weg in Richtung Passo Rocchetta und Pregasina. Auf der Strecke warten einige knackige Gegenanstiege, sodass es sich anbietet, an der Baita Segala

Schotterpiste zwischen Rifugio Garda und Scheiteltunnel

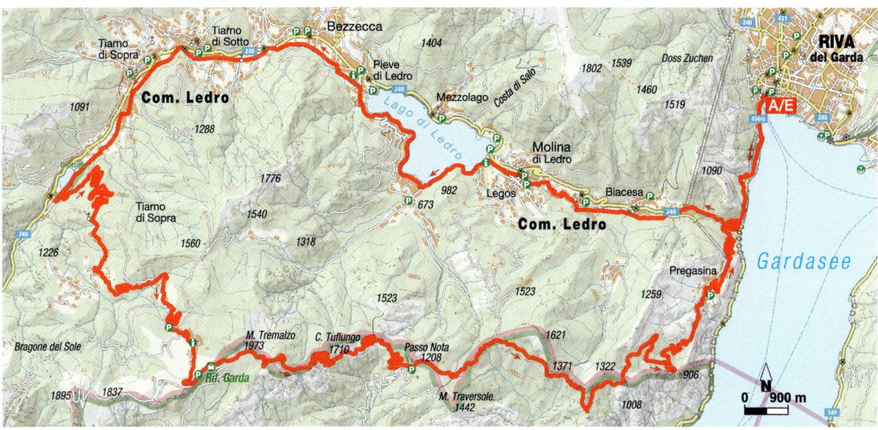

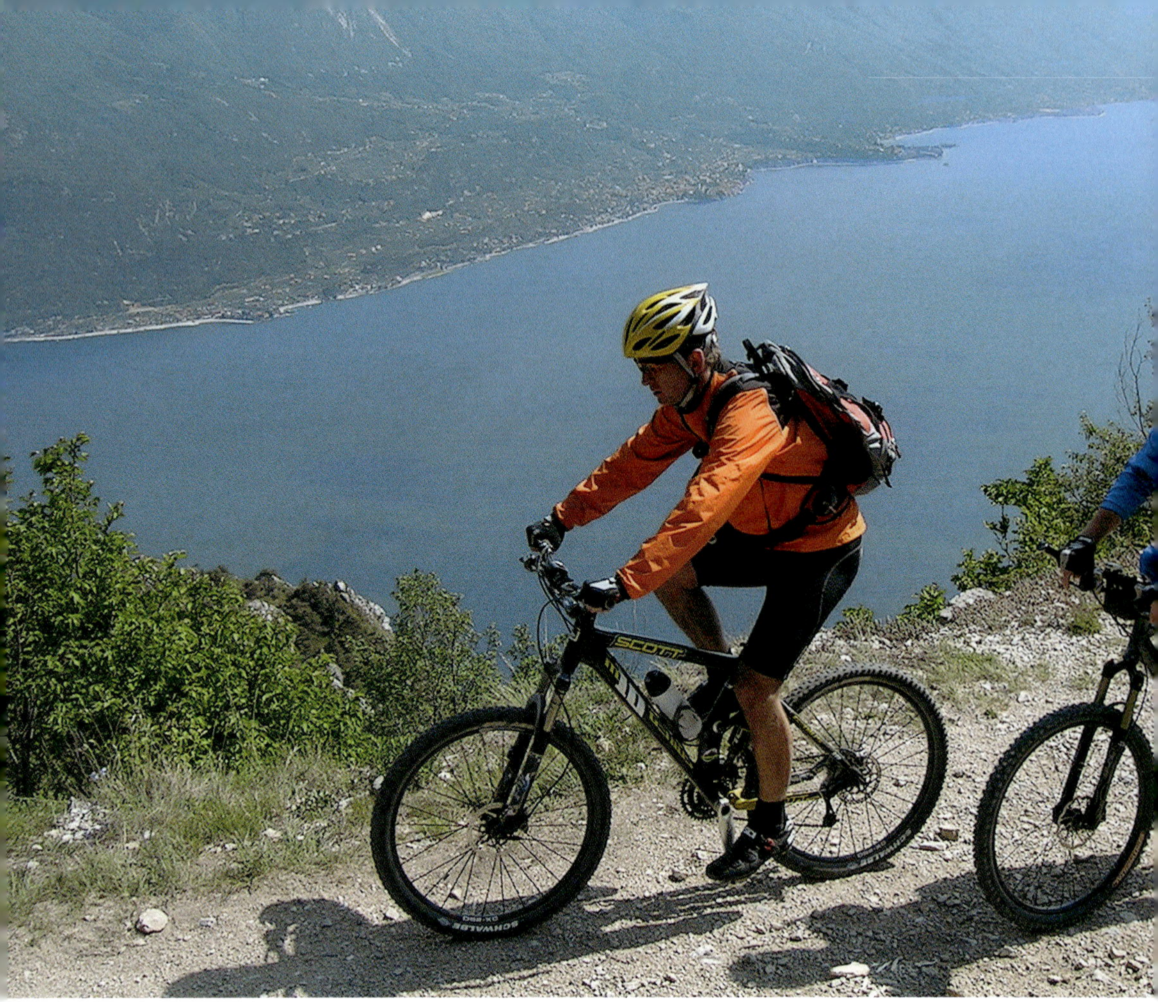

Am Passo Rocchetta

eine Pause einzulegen. Diese besondere Hütte ist eine Selbstversorgerhütte, die von der Sektion Limone des CAI, des italienischen Alpenvereins, liebevoll betreut und gepflegt wird. Im Inneren der Hütte findet man immer Wasser, meist Rot- und Weißwein in kleinen Flaschen, Bier in Dosen und alle Zutaten, um sich selbst etwas zubereiten zu können, sei es etwas zu essen oder ein Espresso. Auch eine Flasche mit Grappa steht immer herum. Ob man daran nippen sollte, muss jeder selber entscheiden. Ich habe das einmal gemacht – nie wieder! Der folgende, leichte Trail mutierte damals für mich zum Hoppelmonster …

In der Hütte lässt sich ein Herd mit Propangas einfach bedienen, und bald habe ich die spezielle italienische Espressomaschine in Gang gebracht. Wenig später ist das duftende Ge-

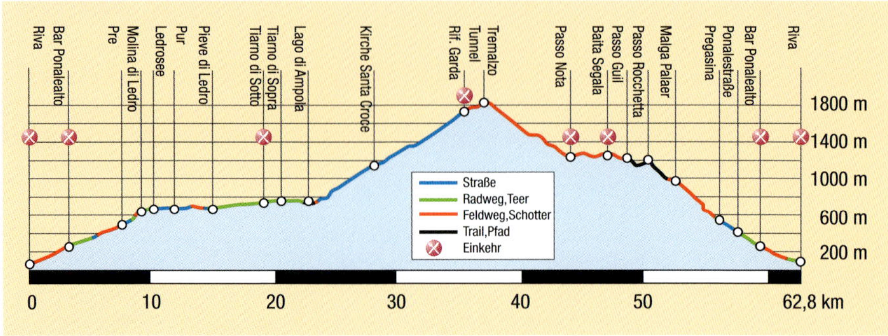

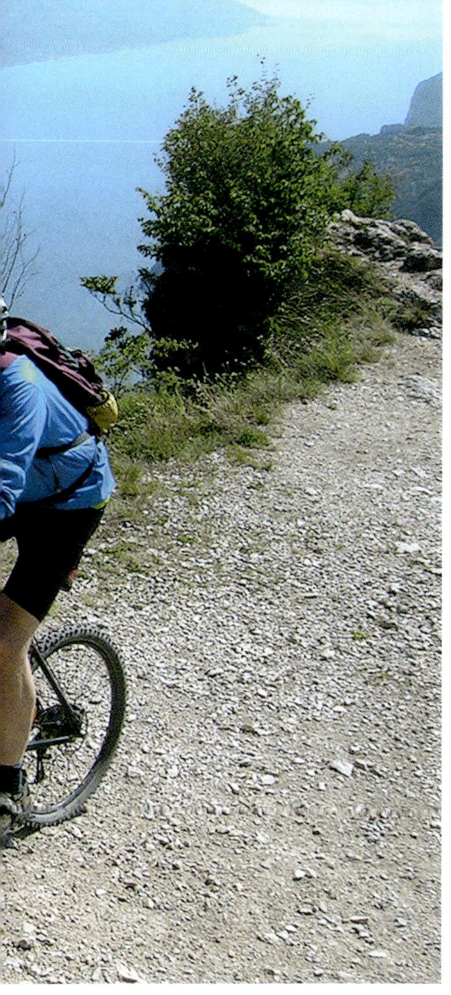

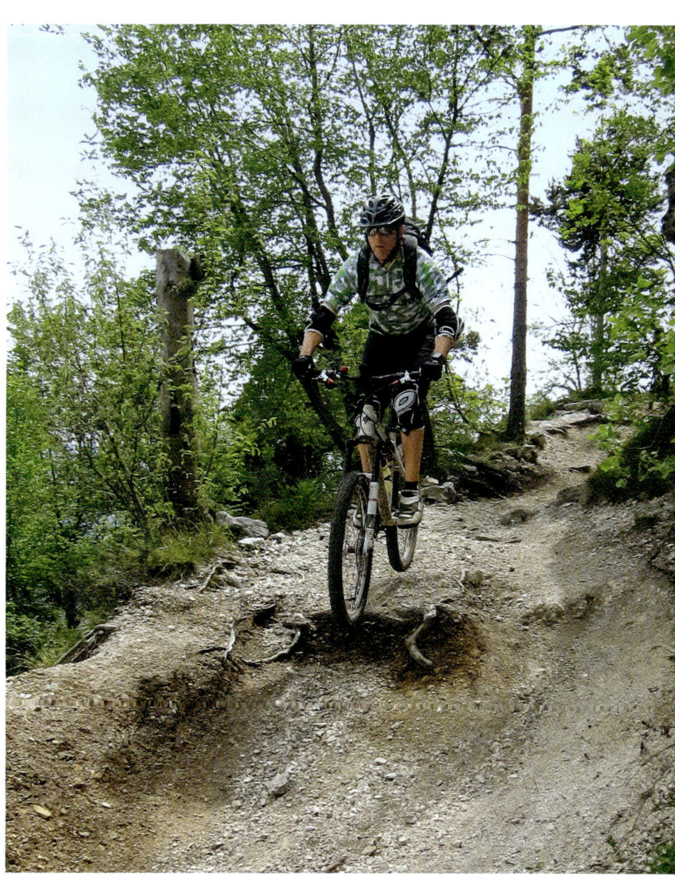

Abfahrt auf Wurzeltrail vom Passo Rocchetta; Fahrer: Stefan Hammel, www.sportsinteam.de

bräu trinkfertig, und wir genießen es nebst Aussicht auf der Terrasse. »La vita è bella« – das Leben ist schön! Der Gipfel des Glücks ist es, wenn sich jemand findet, der in seinem Rucksack eine ordentliche Brotzeit mitnimmt. Nach der Rast spült man das benutzte Geschirr ab und räumt alles wieder ordentlich auf; dann werden wir lange unsere Freude an dieser Hütte haben. Es versteht sich von selbst, dass man für diesen einmaligen Service einen Obolus in der Kasse des Vertrauens hinterlässt. Dazu ist in der Hütte eine Geldkassette in die Wand eingemauert, in deren Schlitz man ein paar Euros hineinsteckt.

Weiter geht's! Die Strecke wird bald zum Pfad und später zum schmalen Singletrail, bis am Passo Rocchetta eine kurze Schiebestrecke wartet. Mitunter ist hier mit einigem Gegenverkehr zu rechnen, denn nicht wenige Mountainbiker fahren diese Tour auch in umgekehrter Richtung. Wenn man dann bergab an der schönen Wurzelpassage zur Malga Palaer an seiner Fahrtechnik feilt, fragt man sich wohl, ob dieser Abschnitt bergauf auch das reine Vergnügen darstellt. Wie dem auch sei – die Geschmäcker sind halt verschieden. Um auf den Wurzeltrail zu gelangen, muss man am Passo Rocchetta den linken oberen Weg 422 nehmen. Die Direttissima zur Malga Palaer ist einfach nur eine sehr steile, rutschige Rinne; da bietet der besagte Wurzeltrail eindeutig mehr Fahrspaß. Dieser endet schließlich an einer breiten Forststraße.

Hier biegen wir scharf rechts ab und sind im Nu an der Malga Palaer. Der Weiterweg bis Pregasina ist leicht, aber steil. An der Bocca Larici wartet noch ein schöner Aussichtspunkt, ehe wir in Pregasina einrollen. Vorsicht! Kurz vor dem Ort ist eine Schranke, die oft geschlossen ist. Pause oder nicht, egal – die restliche Strecke auf der alten Ponale-Straße ist einfach und so wunderschön, dass das Lächeln bis Riva kaum vom Gesicht verschwinden wird.

3 BOCCA DI TRAT – RIFUGIO PERNICI

Abfahrt auf historischer Downhillstrecke

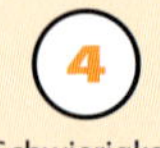
Schwierigkeit: 4

Erlebniswert

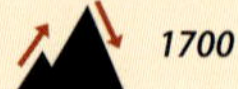
1700
Höhenmeter

38,7
Streckenlänge (in km)

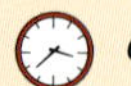
6
Zeit (in Std.)

TOURENCHARAKTER

KURZCHARAKTERISTIK
Stramme Rundtour mit Trailabfahrt

AUSGANGS-/ENDPUNKT
Riva

KONDITION

FAHRTECHNIK

TRAILS
Ø S1, max. S2

UNTERGRUND
Straße: 18 %
Radweg, Teer: 38 %
Feldweg, Schotter: 36%
Trail, Pfad: 8%

HÖCHSTER PUNKT
1601 m, Rifugio Pernici

NIEDRIGSTER PUNKT
67 m, Gardasee

EINKEHR
Bar Ponalealto, Rifugio Pernici, Malga Grassi, Bar Bastione

KARTE
Kompass-Wanderkarte 1:35 000, WK 096

GPS-TRACK
tour-03_Bocca_Trat.gpx

Die Ponale-Straße ist auch auf dieser Tour der stimmige Auftakt für eine ordentliche Tagesaufgabe, bei der es ausreichend Einkehrmöglichkeiten gibt. Sozusagen ein „gefundenes Fressen" für konditionsstarke Mountainbiker. Gleichzeitig gewinnt man bei dieser Tour eine Vorstellung davon, wie beschwerlich es früher die Bewohner des Ledrotals hatten, um an den Gardasee zu gelangen. Und wie der Bau der Ponale-Straße diese Strapazen erleichterte.

Es dauerte eine Zeitlang, bis ich diese Tour für mich entdeckt habe, denn 1600 Höhenmeter am Stück wollen erst einmal bewältigt sein. Jetzt gehört sie zu meinen Lieblingstouren, da die Höhenmeter relativ einfach zu fahren sind und man durch eine schöne Abfahrt belohnt wird. Diese verläuft teilweise auf einer Strecke, die in den frühen 1990er-Jahren Bestandteil des Downhill-Weltcups für Mountainbiker war – die berühmte »Adrenalina«. Wegen der offensichtlich logistischen Probleme, die mit dieser Streckenführung verbunden waren, ist die Strecke schon lange kein Bestandteil dieser Rennserie mehr; außerdem wäre sie nach heutigen Maßstäben viel zu leicht für einen Downhill.

Mit der ständig fortschreitenden Entwicklung der Biketechnik hat sich diese Tour inzwischen zu einem beliebten Klassiker für Mountainbiker am Gardasee entwickelt. Man umrundet dabei das Gebirgsmassiv mit der Cima SAT, die den Hafen von Riva überragt und dafür sorgt, dass es im Herbst und Winter im Ort sehr früh schattig und kalt wird. Mit dem Mountainbike gibt es

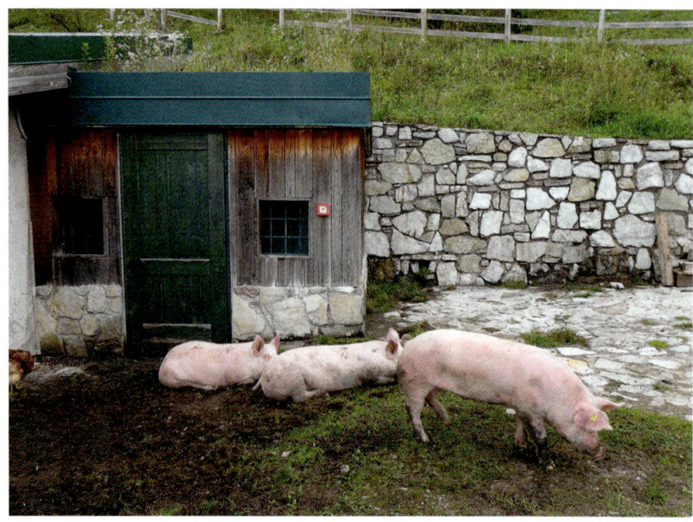

»Schweinische« Idylle an der Malga Trat

1700 Hm	38,7 km	6 Std.

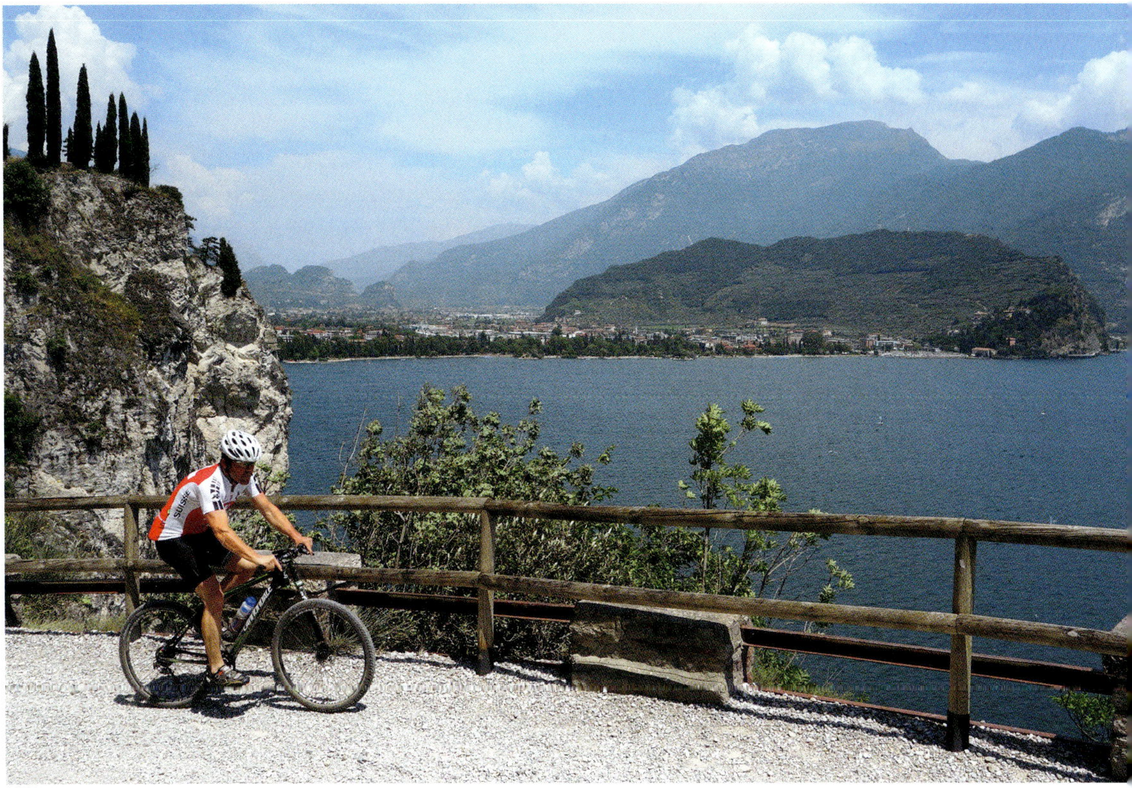

keinen direkten Weg hinauf – Klettersteige sind es, die mit entsprechender Ausrüstung begangen werden können. Hinunter haben abenteuerhungrige Mountainbiker doch tatsächlich eine Abfahrtsmöglichkeit entdeckt, die so spektakulär wie lebensgefährlich ist (Stichwort Freefall).

Wir bleiben auf ungefährlichen Pfaden und folgen bis zum Ledrosee der bekannten Strecke, die mit der Ponale-Straße beginnt. Ein paar

Anfahrt über die Ponale-Straße

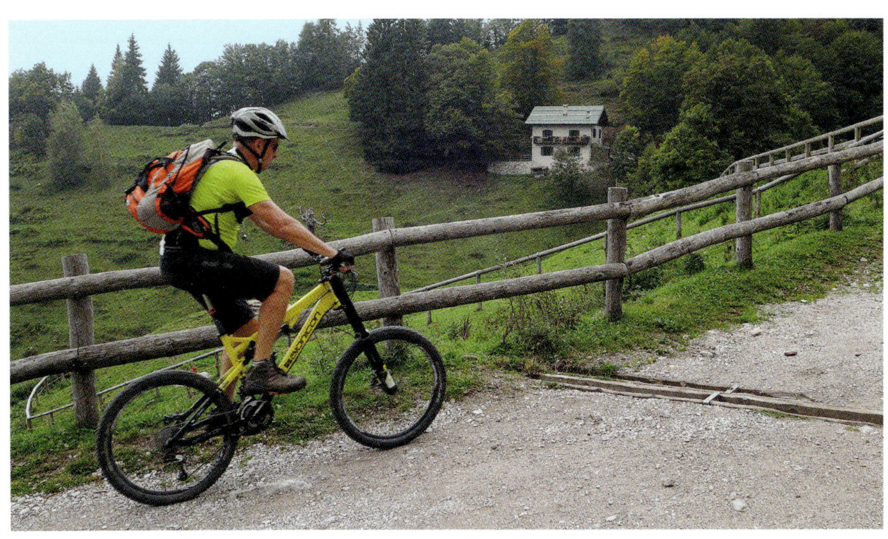

Auf den letzten Metern zur Malga Trat

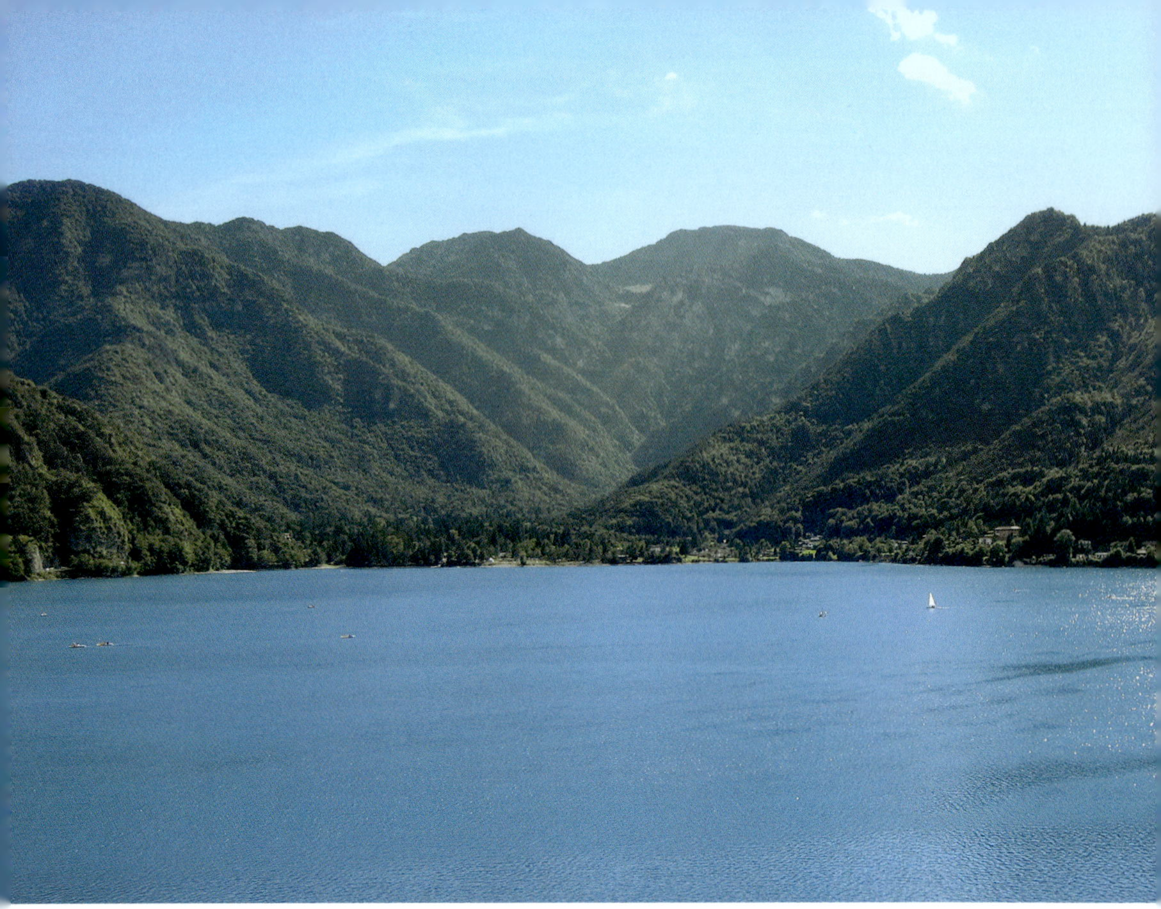

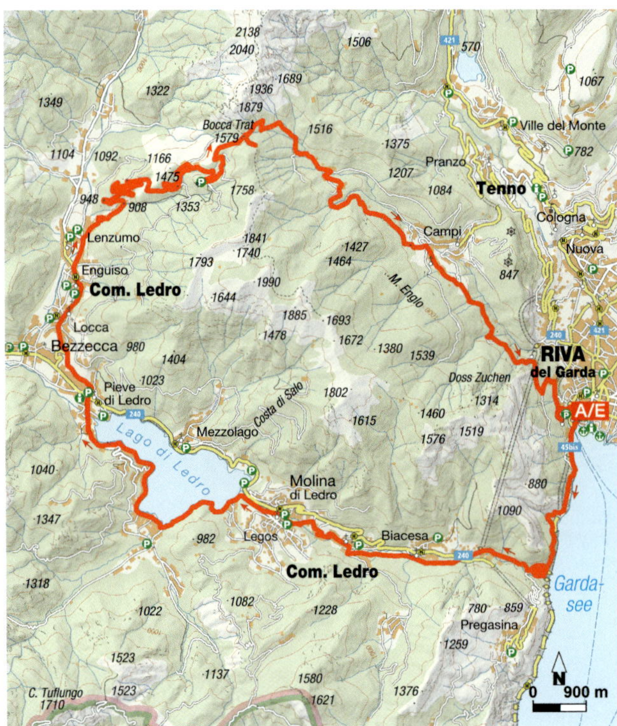

kleine Rampen bei Pre und Molina di Ledro würzen die Auffahrt. Den Ledrosee umrunden wir links herum über Pur, denn das ist die schönere Strecke. Dann geht es moderat auf der Straße weiter über Pieve di Ledro bis Lenzumo. Hier beginnt mit vielen Serpentinen der gut fahrbare Aufstieg zur Malga di Trat. Bald haben wir es geschafft; nur kurz vor der Passhöhe gibt es ein paar steilere Abschnitte. An der Bocca di Trat sollte man den Abstecher zum Rifugio Pernici nicht versäumen. Bei klarer Sicht breitet sich ein tolles Panorama aus. Nach der Rückfahrt zur Bocca di Trat beginnt eine sehr steile Abfahrt auf teilweise losem Schotter, die nicht wirklich gefährlich, sondern nur recht rutschig ist. Schließlich erreicht man das Wiesengelände an der Malga Grassi. Bei schönem Sonnenwetter ist die Terrasse meistens dicht bevölkert. Es ist ein beliebtes Ausflugsziel, das auch von Riva aus über Campi leicht erreicht werden kann.
Wir wählen heute für den Rückfahrt den alten, groben Karrenweg. Ein paar Höhenmeter bergauf sind es nach der Malga Grassi noch.

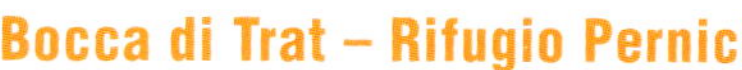

Bocca di Trat – Rifugio Pernici

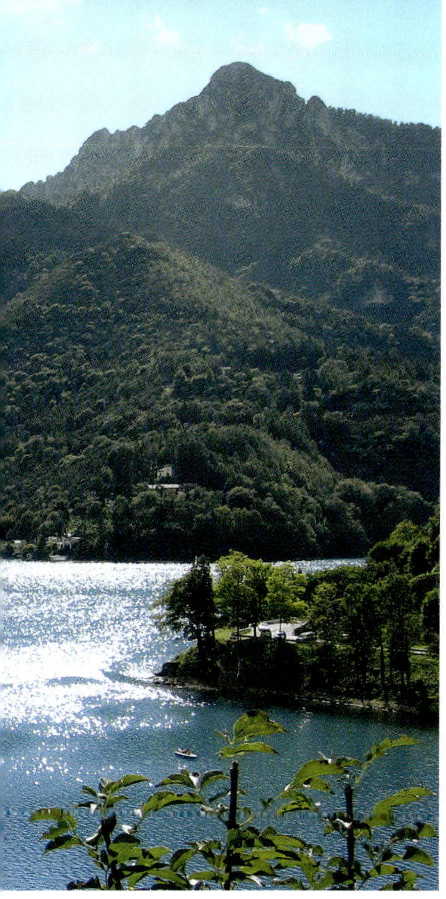

Links: Der idyllische Ledrosee

Dann beginnt der Downhill auf einer schön verblockten Strecke. Wer sich das ersparen will, folgt der Straße nach Campi und steigt hier in den sogenannten Pinza-Trail ein. Der ist aber eher eine Schotterpiste, die im unteren Teil auch einige Abschnitte aus Waschbeton besitzt. Der Weg wird immer wieder mal hergerichtet und damit zum Teil seiner steinigen Würze beraubt. Dann präsentiert er sich als schnelle Schotterabfahrt. Nach starken Regenfällen kann das aber auch ganz anders aussehen. Steil ist der Weg auf jeden Fall immer. Hoch über den Dächern von Riva folgt ein kurzer Abstecher zur Bastione, die über Riva wacht, ehe es die letzten Serpentinen hinuntergeht und uns der Weg direkt in die Gassen am Hafen entlässt.

P.S. Warum diese Tour auch in dieses Buch gehört? Am 15. Mai 2007 fasste ich auf dieser Tour den Entschluss, meine Touren am Gardasee in Bikeguides zu beschreiben. Wir hatten eine Reifenpanne im Örtchen Locca. Beim Wechseln des Schlauches hatte ich Zeit und Muße, die vorbeiziehenden Mountainbiker zu beobachten, von denen viele mit ihren Faltblättchen meist etwas orientierungslos wirkten. Das war die Initialzündung für meine Idee, dass es doch mit GPS-Unterstützung anders und besser gehen müsste, und ich begann, meine gesammelten Touren in Form zu bringen. Daraus sind nun in etwa fünfjähriger Arbeit ca. 200 MTB-Tourenbeschreibungen rund um den gesamten Gardasee entstanden.

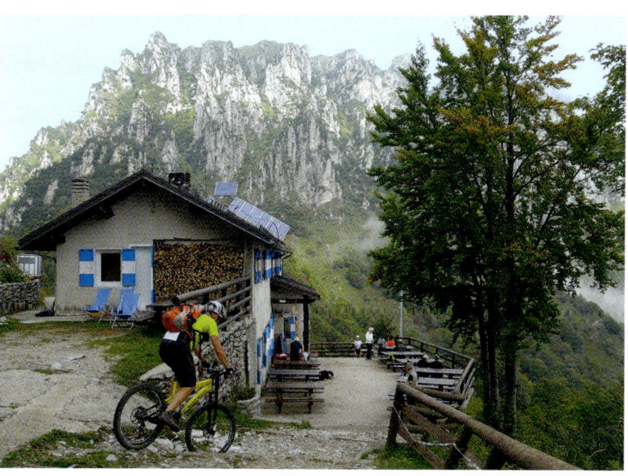

Am Rifugio Bocca di Trat oder Nino Pernici

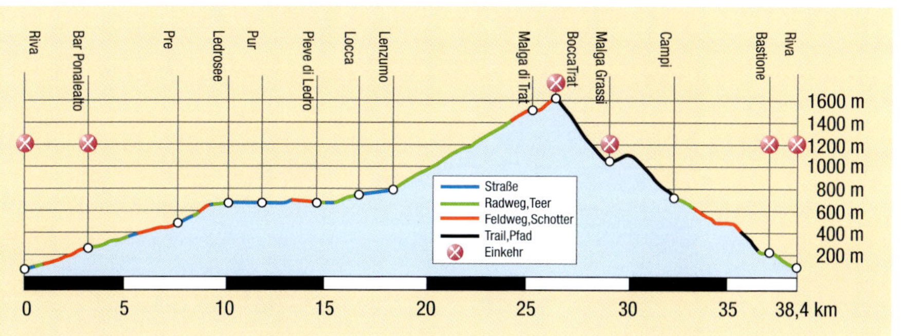

4 SAN GIOVANNI – TENNOSEE

Der Frühjahrklassiker im neuen Gewand

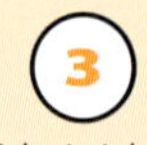
Schwierigkeit

Erlebniswert

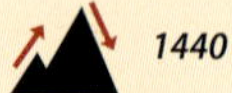 1440
Höhenmeter

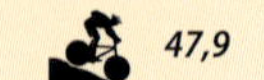 47,9
Streckenlänge (in km)

6
Zeit (in Std.)

TOURENCHARAKTER

KURZCHARAKTERISTIK
Rundtour mit kurzen Übungstrails

AUSGANGS-/ENDPUNKT
Torbole

KONDITION

FAHRTECHNIK

TRAILS
Ø S0, max. S2

UNTERGRUND
Straße: 10 %
Radweg, Teer: 59 %
Feldweg, Schotter: 26 %
Trail, Pfad: 5%

HÖCHSTER PUNKT
1139 m, kurz vor Gorghi

NIEDRIGSTER PUNKT
67 m, Gardasee

EINKEHR
Rifugio in San Giovanni, Rif. San Pietro (von Juni bis September täglich, sonst nur an Sonn- und Feiertagen, Tel. +39/04 64/50 06 47), Kiosk und Hotels am Lago di Tenno, Strandbar »Alla Sega« in Torbole

KARTE
Kompass-Wanderkarte 1:35 000, WK 096

GPS-TRACK
tour-04_San_Giovanni.gpx

Bei der Auffahrt auf der Strecke des Frühlingsklassikers nach San Giovanni ist man selten allein. Ebenso wenig bei der Rast im Garten des Rifugios San Giovanni und auf der weiteren Strecke hin zum Rifugio San Pietro. Doch die Abfahrt zum Tennosee schließlich folgt kaum befahrenen Pfaden.

Die San-Giovanni-Touren sind klassische Frühjahrstouren: Die Auffahrt auf einer kleinen Nebenstraße hinauf zu dem kleinen Bergdorf liegt zu weiten Teilen in der Sonne (falls sie denn scheint), sodass einem schon im März ordentlich warm werden kann. Genug Trinkwasser sollte man also mitnehmen. Unterwegs gibt es einige Möglichkeiten zum Auftanken für die, die Wasser auch aus Brunnen trinken. Start ist in Torbole an »Meckis Bar«. Locker und leicht rollt es sich zunächst auf dem Radweg bis Arco. Den Ort erreichen wir am schönen Stadion und fahren dann weiter in Richtung Varignano bzw. Vigne, wo sich der etwas versteckte Einstieg zur Straße nach

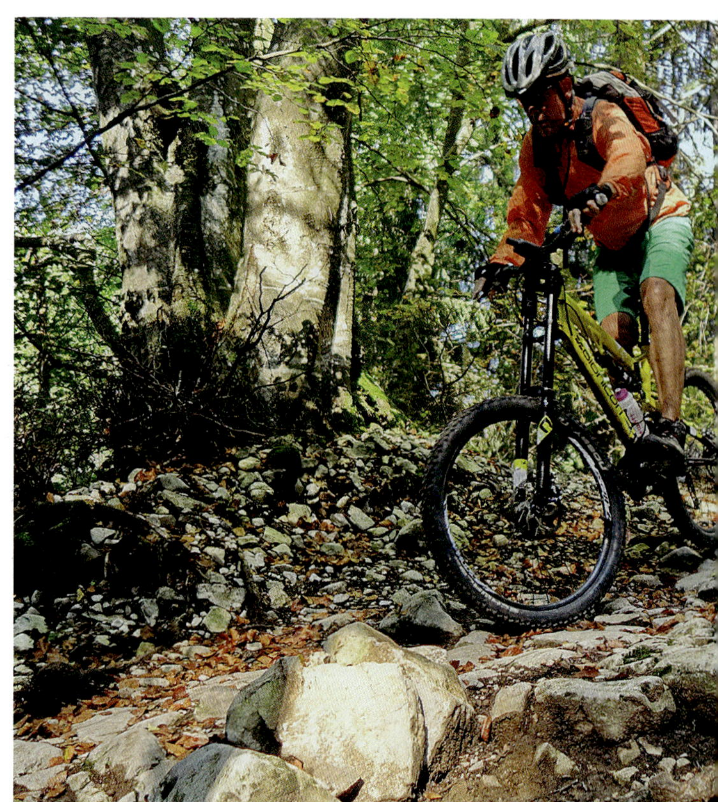

Kleiner Trail zum Anfüttern bei der Abfahrt in Richtung Croce di Bondiga

San Giovanni befindet. Dort ist an der kleinen Kirche eine Wasserstelle, an der man sich versorgen kann. Außerdem sollte man sich gleich hier etwas leichter anziehen. Es geht nun stramm bergauf, zwar auf Asphalt, aber immerhin mit einer Steigung von bis zu 18 Prozent. In Padaro liegt ein Brunnen direkt an der Straße; man kann also Wasser nachfüllen, falls man es braucht. Anschließend kommt erst in San Giovanni wieder eine Wasserstelle. Weiter zieht sich die Straße langsam bergauf, und unterwegs gibt es verschiedene Aussichtspunkte – einen besonders eindrucksvollen am Doss del Clef auf einer Höhe von ca. 720 Metern.

Schließlich erreicht man die verstreut liegenden Anwesen des Örtchens San Giovanni al Monte. Hier gibt es ein Rifugio, wo man rasten und etwas essen kann. Danach geht es auf der Nebenstraße noch ein paar Kurven und Höhenmeter hinauf bis zu einer Kreuzung. Der Ort heißt Marcarie. Wir biegen links ab. Hier beginnt die Schotterstrecke über Gorghi und Treni, gewürzt mit ein paar kleineren Anstiegen. Schließlich folgt nach einer Schranke eine leichte, flotte Abfahrt, die zu einem kurzen Trailabschnitt führt, den man umfahren kann, wenn man das will. Wir wollen das nicht und probieren das Schmankerl. Ehe sich der Geschmack richtig entfaltet hat, ist der Trail auch schon wieder zu Ende. Weiter geht es abwärts bis zum freien Platz mit dem charakteristischen Kreuz – Croce Bondiga. Hier hat man einen schönen Blick auf den Gardasee.

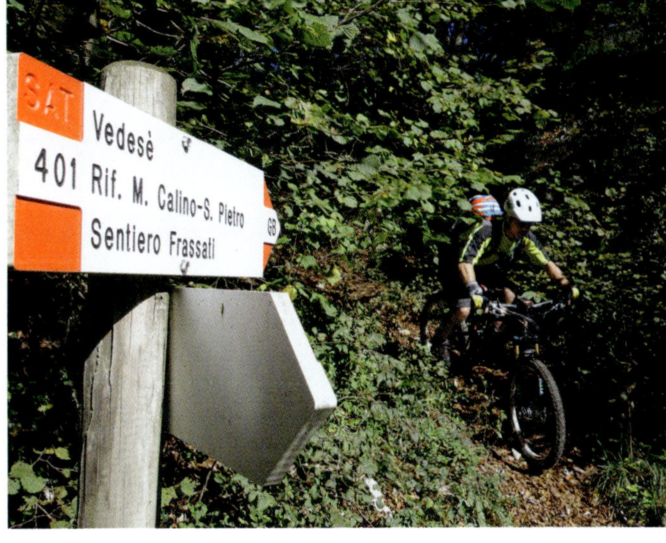

Am Monte Calino bei Treni

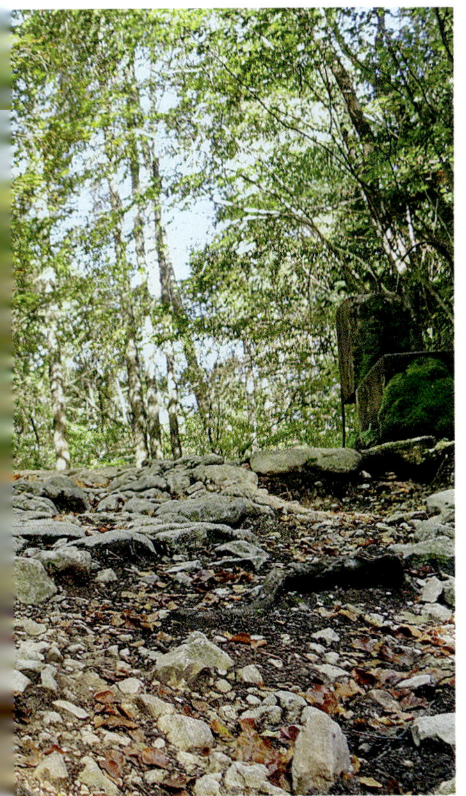

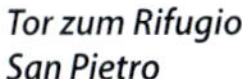
Tor zum Rifugio San Pietro

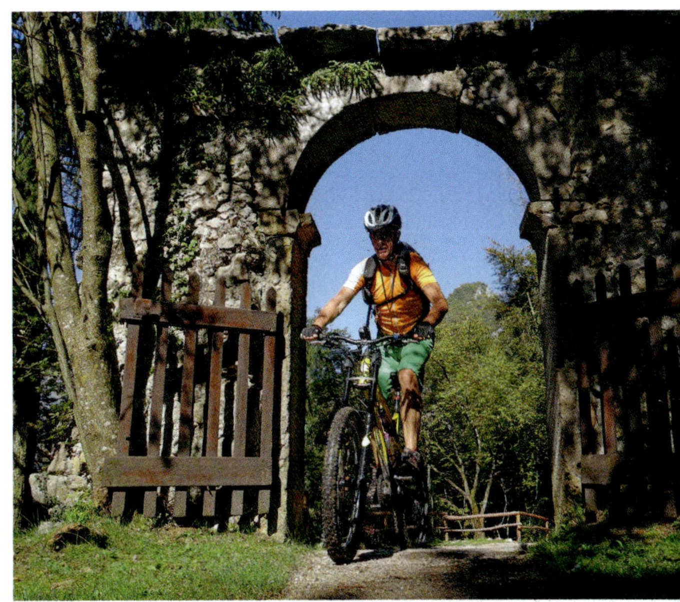

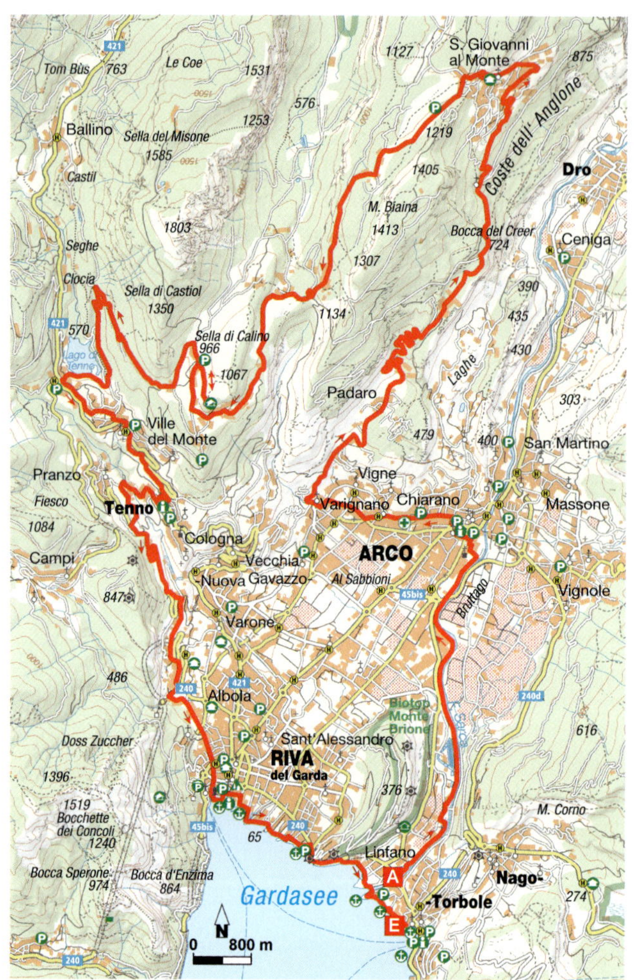

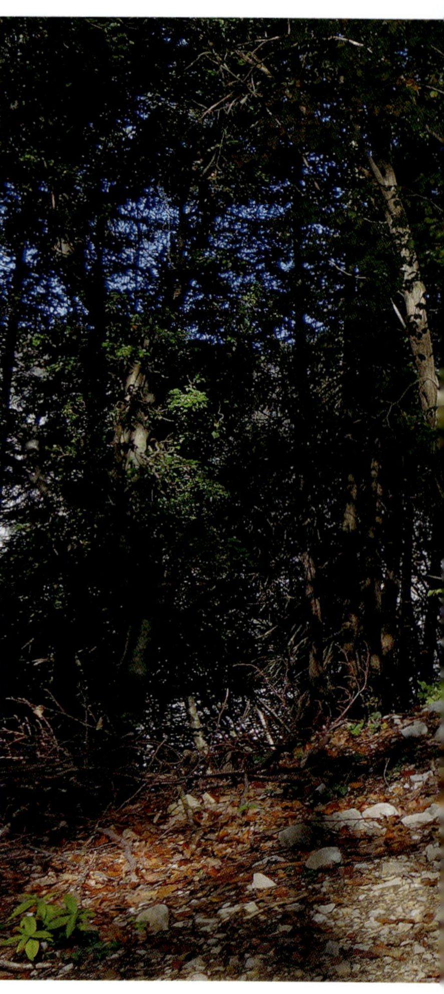

Wir rollen weiter in Richtung Lago di Tenno. Zunächst verlieren wir ein paar Höhenmeter bei der Abfahrt nach Treni. Die müssen wir uns anschließend wieder erarbeiten. Das geht relativ leicht, denn die Forststraße verläuft moderat ansteigend an der Bergflanke unterhalb des Monte San Pietro. Unterhalb des gleichnamigen Rifugio verlassen wir die Hauptroute, um einen Abstecher dorthin zu machen. Die Hütte wird vom örtlichen Alpen-

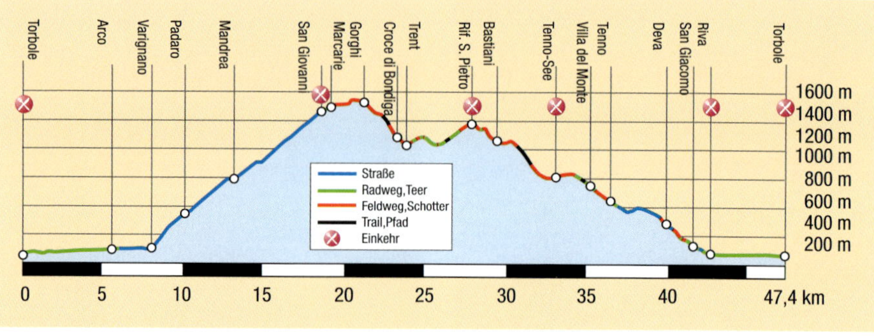

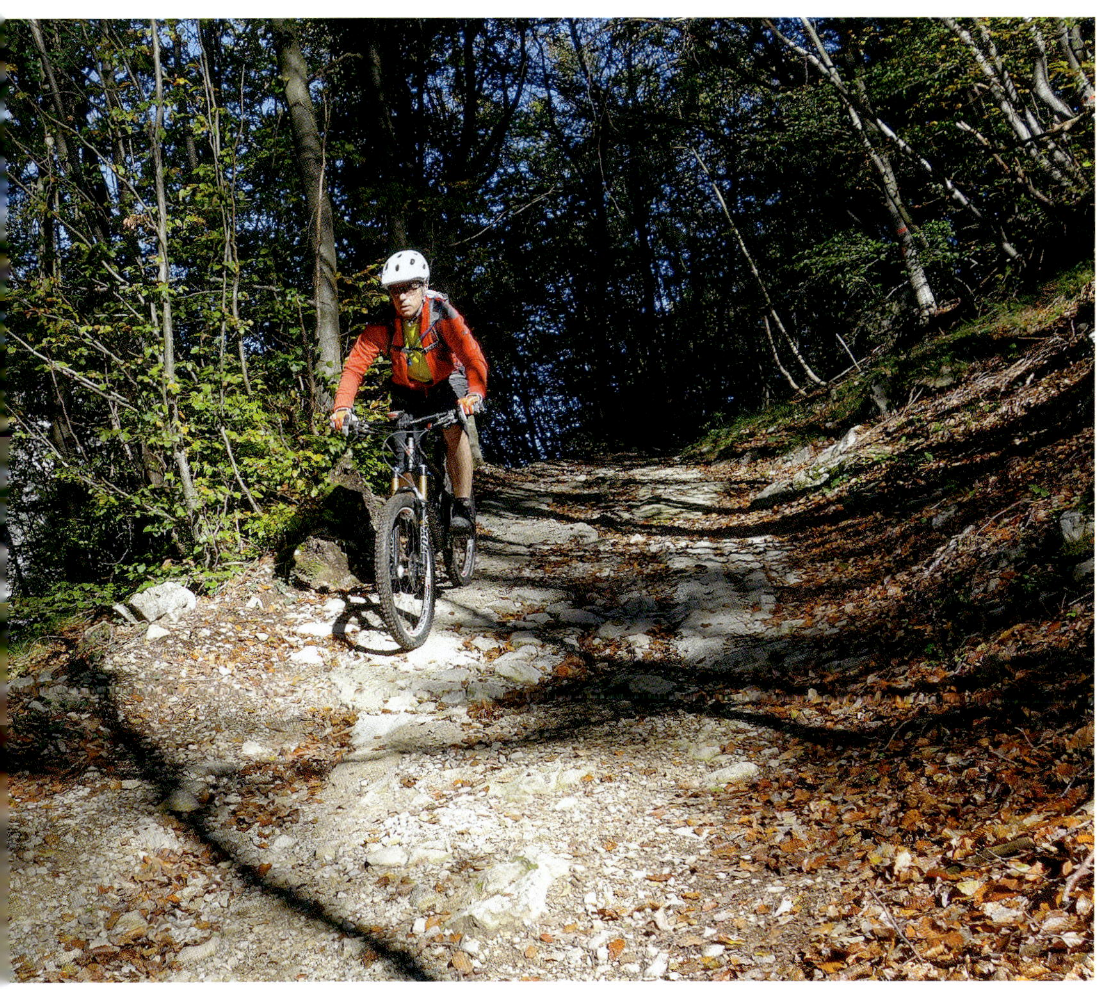

verein betrieben und ist meist am Wochenende geöffnet; dann gibt es dort leckeres Essen. Die Aussicht von der Terrasse auf den Gardasee ist grandios. Nach der Rast geht es kurz auf demselben Weg zurück. Mein Begleiter Alex und ich wollen noch ein bisschen Trail fahren. Los geht das Vergnügen auf dem alten Karrenweg nach Bastiani. Hier zweigt rechts ein selten befahrener Schotterweg in Richtung Lago di Tenno ab, der schließlich in einen schmalen, steilen Trail übergeht. Am Lago machen wir am Kiosk Rast mit Traumblick auf den türkis schimmernden See. Von hier gibt es die unterschiedlichsten Varianten hinunter an den Gardasee. Ich schlage meinem Begleiter Alex eine Route vor, die er noch nicht kennt. Sie ist identisch mit der Abschlussetappe meiner Transalp auf der Albrecht-Route. Wir umrunden dabei den Tennosee an seiner südlichen Ecke, gefolgt von einer Auffahrt zum Club Hotel »Lago di Tenno«. Von dort geht es auf einem schönen Mix aus Karrenwegen, Trails und Nebensträßchen über Villa del Monte und Tenno hinunter nach Riva. Die Route spuckt uns direkt am alten Hafen aus. Der »gefährlichste« Abschnitt liegt noch vor uns – der Radweg entlang des Gardasees zurück nach Torbole. Zur Hochsaison und an Wochenenden ist hier meist extrem viel los. Alles rennt und fährt durcheinander – starke Nerven sind gefragt. In Torbole nehmen wir dann nach der Tour den Absacker zu uns – natürlich direkt am Ufer des Gardasees an der Strandbar »Alla Sega«, genau wie bei meiner Transalp …

Bei der Abfahrt von San Giovanni in Richtung Treni

MONTE CASALE

Big Five – Part 2: der seltsame Wiesenbuckel

3	✪✪✪✪✪	1900	60,9	7
Schwierigkeit	Erlebniswert	Höhenmeter	Streckenlänge (in km)	Zeit (in Std.)

TOURENCHARAKTER

KURZCHARAKTERISTIK
Stramme Tagestour zu einem eindrucksvollen Aussichtsberg

AUSGANGS-/ENDPUNKT
Arco

KONDITION ✪✪✪✪✪

FAHRTECHNIK ✪✪✪✪✪

TRAILS
Ø S0, max. S2

UNTERGRUND
Straße: 10 %
Radweg, Teer: 55 %
Feldweg, Schotter: 29 %
Trail, Pfad: 6%

HÖCHSTER PUNKT
1632 m, Monte Casale

NIEDRIGSTER PUNKT
90 m, Arco

EINKEHR
Rif. San Giovanni, Rif. Don Zio am Monte Casale (unsicher, ob geöffnet), Bar Miravalle oberhalb von Sarche, Gelateria Maui in Dro

KARTE
Kompass-Wanderkarte 1:35 000, WK 096, 73

GPS-TRACK
tour-05_Monte_Casale.gpx
tour-05_var_Marocche-Trail.gpx

Nach der Auffahrt nach San Giovanni geht es bei dieser Tour erst richtig los. Nach einsamer Fahrt und einem heftigen Schlussanstieg überrascht der Monte Casale mit einem ausgeprägten Gipfelplateau, von dem aus eine man tolle Rundumsicht hat und eine Vielzahl von Seen erspähen kann.

Der Monte Casale ist einer der schönsten Aussichtsberge am Gardasee und gehört mit Fug und Recht zu den »Big Five« am Lago. Der Gipfel liegt knapp über der Baumgrenze und präsentiert sich mit einem überraschend ebenen und großen Gipfelplateau. Dadurch ergibt sich bei klarem Wetter eine prächtige Rundumsicht. Nahe des Gipfels befindet sich das Berggasthaus Rifugio Don Zio; das ist nach meinen Erfahrungen jedoch nur unregelmäßig geöffnet. Jedesmal, wenn ich auf dem Monte Casale war, habe ich es geschlossen vorgefunden. Mit einiger Sicherheit soll es an den Wochenenden im Juli und August bewirtschaftet sein, verlassen sollte man sich darauf aber nicht. Man tut also gut daran, selbst eine Brotzeit dabeizuhaben. Die lässt sich gut am Tisch verzehren, der sich am höchsten Punkt des Plateaus befindet – Rundumpanorama inklusive.

Doch zuvor haben die Götter den Schweiß gesetzt. Der langen Auffahrt auf der Nebenstraße nach San Giovanni folgt eine fast ebenso lange Schotterpassage zur Malga Valbona. Dabei verlieren wir ein paar Höhenmeter, die wir uns anschließend wieder erkämpfen müssen. Unsere Route baut einen kleinen Trail ein, der ziemlich direkt an der Abbruchkante der gewaltigen Felswand entlangführt, durch die der bekannte Klettersteig »Via Ferrata Che

Aussichtspunkt bei der Auffahrt nach San Giovanni

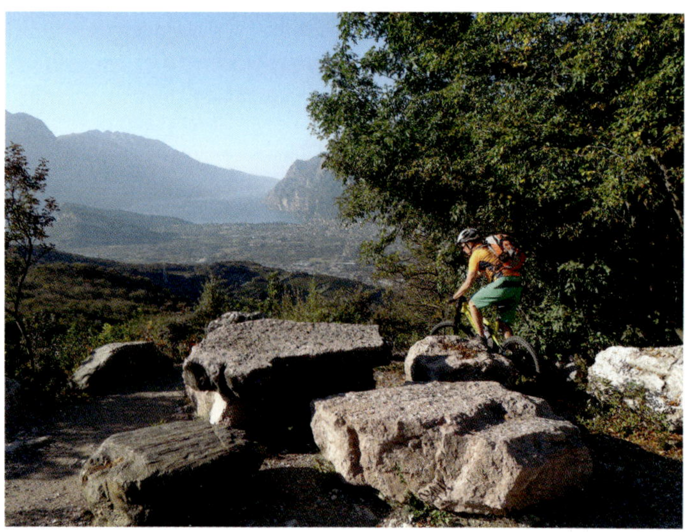

1900 Hm	60,9 km	7 Std.

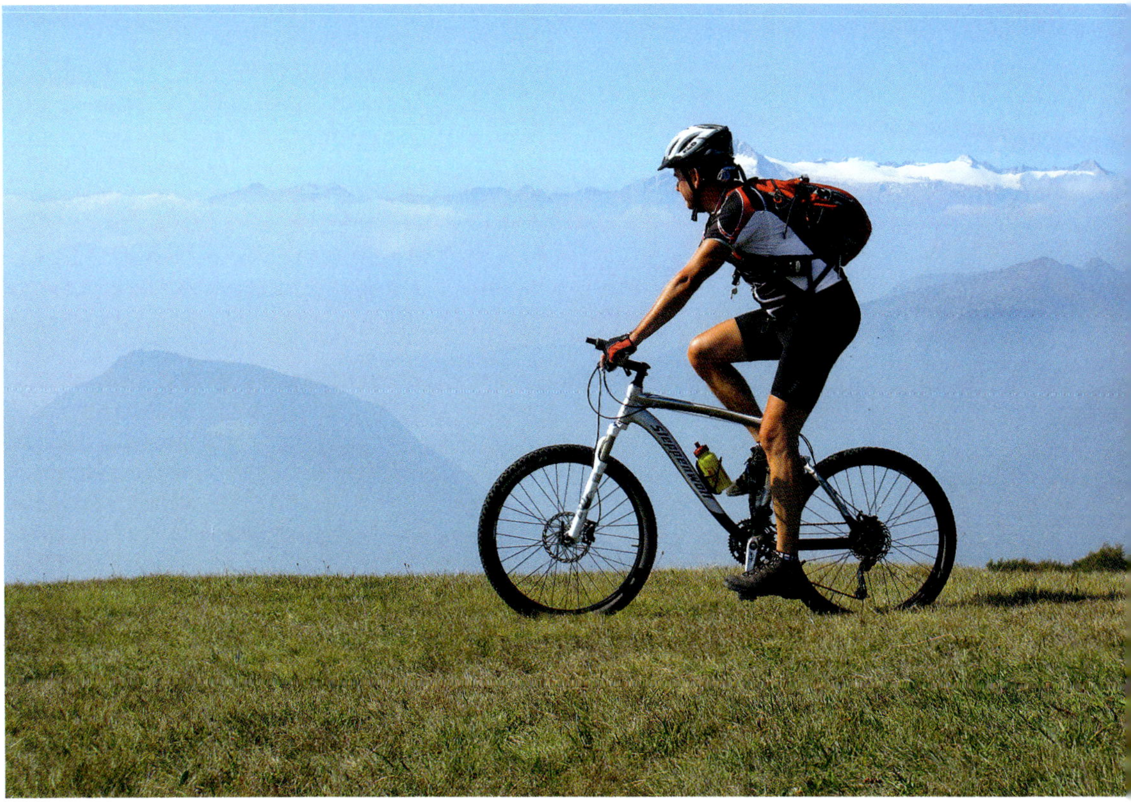

Guevara« sowie eine ganze Reihe von extremen Kletterrouten führen.
Direkte Absturzgefahr besteht auf unserem Pfad nicht, Vorsicht sollte man trotzdem walten lassen. Schließlich erreichen wir den abschließenden, sehr steilen Schotterweg hinauf zum Gipfel. Auf der großen Almwiese unterhalb des Rifugio Don Zio landet zu unserer großen Überraschung gerade ein Flugzeug, etwa in der Größe einer Cessna. Eine italienische Reisegesellschaft trifft sich zu einem Picknick. Die anderen sind mit Jeeps heraufgefahren.
Damit ist klar, dass unsere Abfahrt relativ problemlos erfolgen kann. Von Comano aus gibt es eine Zufahrtsstraße. Diese Schotterpiste lässt sich mit ein paar Trailabschneidern fahrtechnisch etwas aufwerten. Leider waren bei unserer Befahrung diese Trails durch umgestürzte Bäume teilweise kaum passierbar. Ob die beseitigt worden sind oder durch Schneebruch neue Hindernisse hinzugekommen sind, muss man vor Ort selbst sehen. Auf jeden Fall hat man eine Abfahrt von über 900 Höhenmetern hinter sich, wenn man in Comano herauskommt. Wer noch Lust und Kraft in sich spürt, kann für die Rückfahrt den Weg über den Passo della Morte einschlagen. Wir haben heute jedoch schon genug Höhenmeter »ge-

Auf dem Plateau des Monte Casale – hinten die Adamello-Gruppe

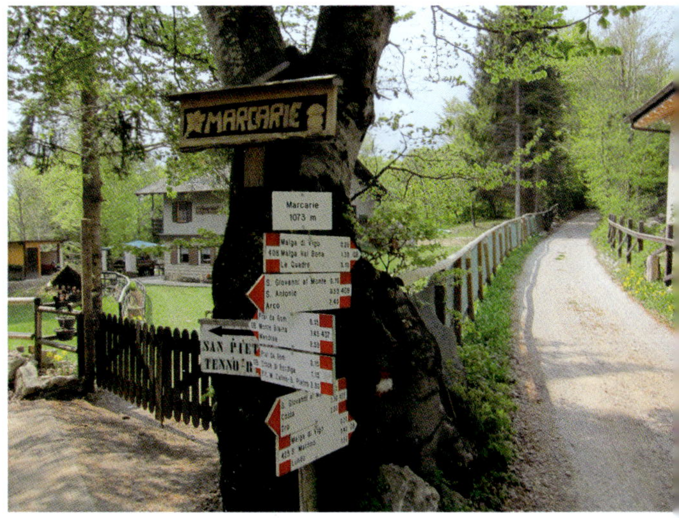

Oberhalb von San Giovanni bei Marcarie

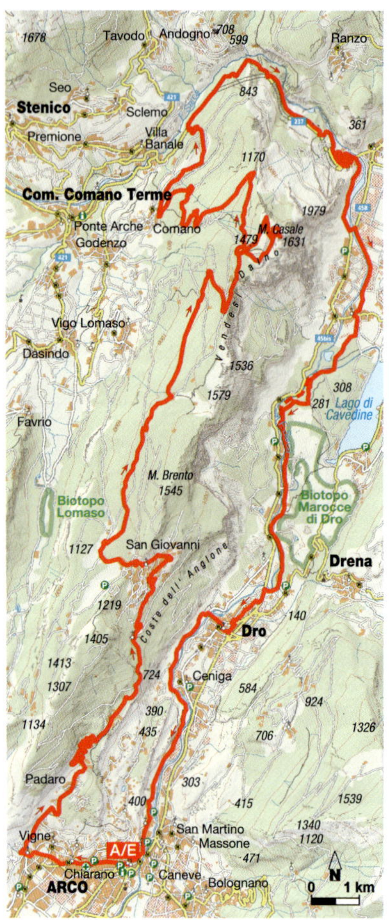

fressen« und entschieden uns für die nicht minder eindrucksvolle Fahrt auf der alten Straße im Tal der Sarca. Dorthin führt uns ein kleiner Trail, der an der Verbindungsstraße zwischen Ponte Arche und Sarche endet.

Gleich nach Erreichen der Straße zweigt von dieser ein Pfad ab hinunter ins Tal der Sarca. Der Fluss entspringt in der Brenta und mündet am Monte Brione in den Gardasee. Hier hat er einen tiefen Canyon ins Gebirge gegraben. Früher konnte dieser tiefe Einschnitt nur über die alte Römerbrücke Ponte Ballandino überwunden werden. Die eindrucksvollen Überreste kann man sich von einer neuen Fußgängerbrücke aus ansehen. Wer noch Zeit und Lust verspürt, sollte sich die Gelegenheit nicht entgehen lassen. Wie auch immer man sich entscheidet, eine kurze Fahrt auf der Hauptstraße lässt sich derzeit nicht vermeiden. Das geht jedoch zügig vonstatten. Die Straße verläuft leicht bergab. Mittlerweile gibt es einen separaten Radweg, auf den man nach ein paar hundert Metern wechseln kann.

Am ersten Straßentunnel wird der Radweg spektakulär. Dabei wird die Trasse der alten Straße genutzt, die hoch über der tiefeingeschnittenen Sarca-Schlucht verläuft. Schließlich erreichen wir wieder die Hauptstraße und müssen uns kurz in den Verkehr einreihen. Am Ende der ersten langen Geraden befindet sich die Bar Miravalle. Sie hat eine schöne Aussichtsterrasse und es gibt leckeren Cappuccino und Apfelstrudel.

Nach der Brücke über die Sarca biegen wir rechts auf den Radweg ab. Nun geht es entspannt zurück nach Pietramurata und weiter durch die Marocche nach Dro. Früher war das noch eine Strecke mit ein paar Trailanteilen. Das ist seit einiger Zeit Geschichte; im Zuge des Baus von Radwegen im Trentino hat man diese Passage glattgebügelt. Doch es gibt eine Alternative. Die Mountainbiker aus Dro habe einen Trail angelegt, der auf knapp 2 km parallel zum Radweg verläuft (siehe GPS-Track: tour-05_var_Marocche-Trail.gpx).

Bei Bedarf legt man in Dro noch eine »Eispause« an der Gelateria Maui ein. Das ist fast schon obligatorisch, ehe man den letzten schönen Abschnitt entlang der Sarca in Angriff nimmt. Dabei passieren wir bei Ceniga die alte Römerbrücke »Ponte Romana«. Dort befindet eine beliebte Badestelle, die vor allem im Sommer zu empfehlen ist; der Rest ist lockeres Ausrollen entlang der Kletterfelsen bis ins quirlige Arco.

***Rechte Seite oben:** Man kann auch sagen, der Monte Casale sei ein Wiesenbuckel…*

***Rechte Seite unten:** Trail am Monte Casale*

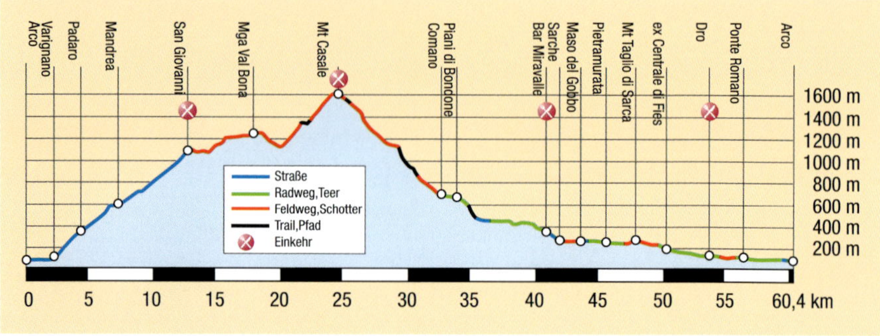

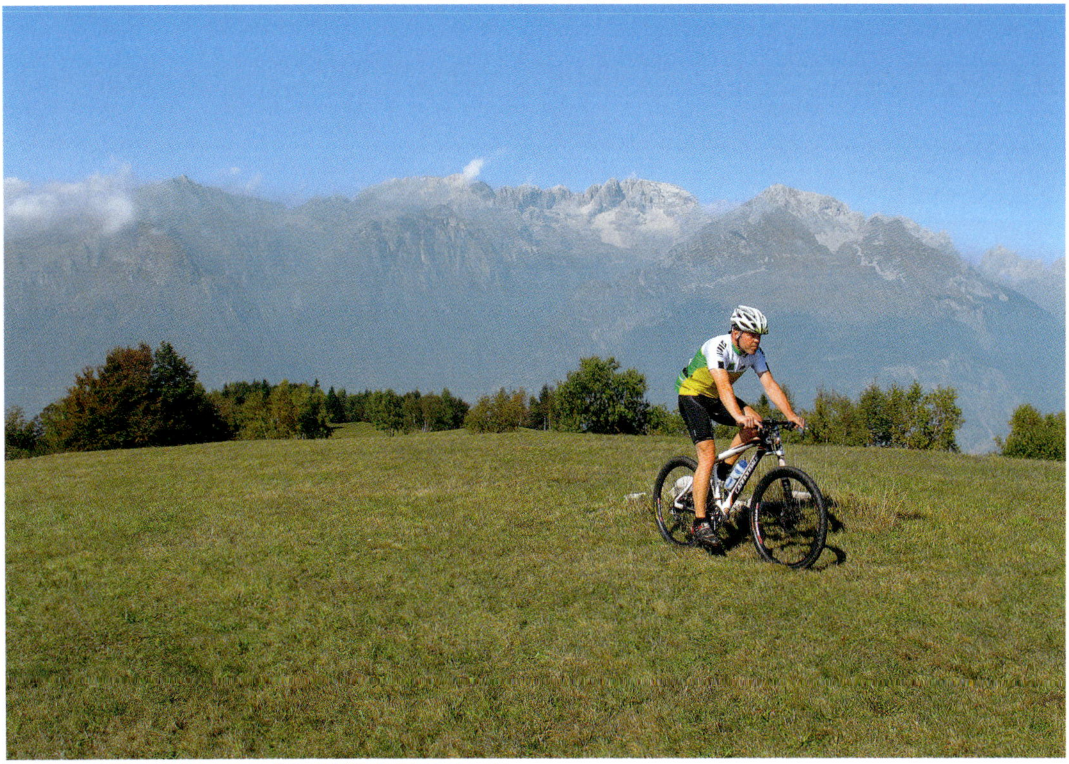

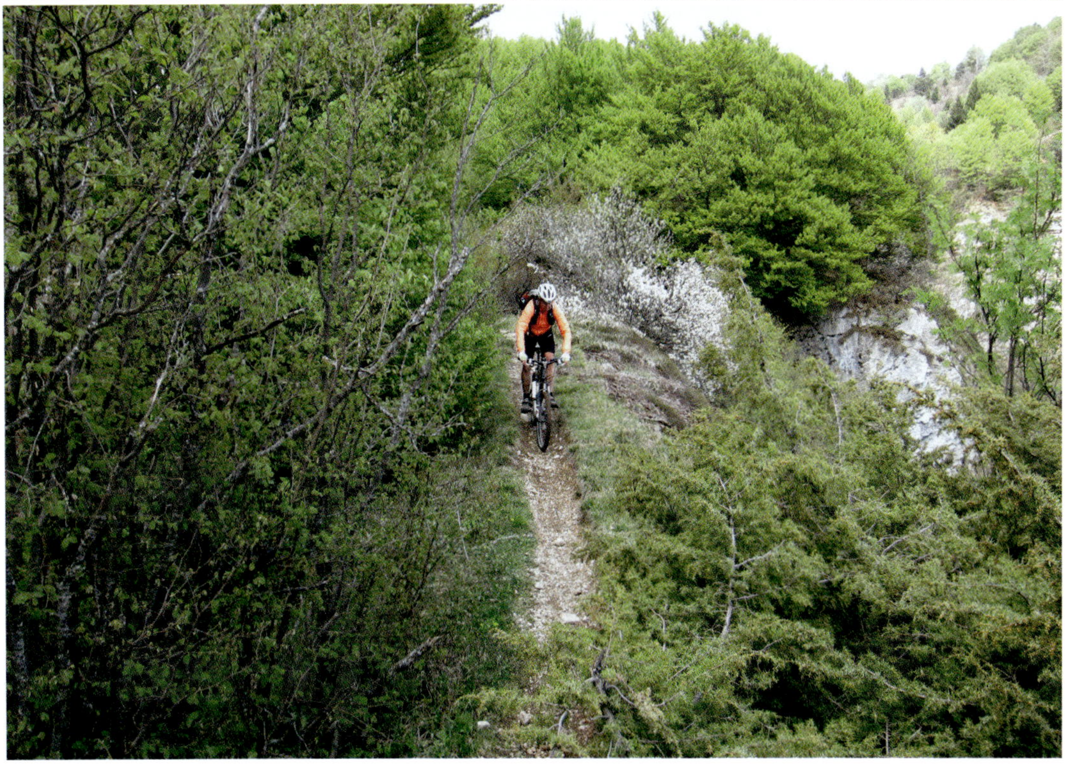

6 MONTE BONDONE

Einsame Tour am Giro-Klassiker im Hinterland des Gardasees

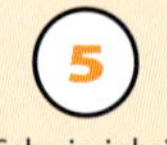

Schwierigkeit 5 | Erlebniswert | Höhenmeter 1700 | Streckenlänge (in km) 42 | Zeit (in Std.) 6

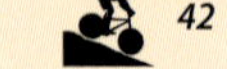

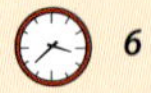

TOURENCHARAKTER

KURZCHARAKTERISTIK
Hammerharte Trailtour

AUSGANGS-/ENDPUNKT
Ponte Olivetti bei Sarche

KONDITION

FAHRTECHNIK

TRAILS
Ø S1, max. S4

UNTERGRUND
Straße: 46 %
Radweg, Teer: 18 %
Feldweg, Schotter: 11 %
Trail, Pfad: 25 %

HÖCHSTER PUNKT
1801 m, La Rosta

NIEDRIGSTER PUNKT
252 m, Ponte Olivetti

EINKEHR
Ristorante Capanna Viote am Parkplatz Langlaufzentrum Viote, Kiosk am Lago Lagolo, Ristorante Due Laghi am Lago di San Massenza

BESONDERHEITEN
Wer sich nur auf den Trail konzentrieren will, sollte sich zum Parkplatz Viote shutteln lassen

KARTE
Kompass-Wanderkarte 1:35 000, WK 096, 73

GPS-TRACK
tour-06_Monte_Bondone.gpx

Im Norden des Gardasee führt diese Tour am Monte Bondone in eine Region, die auch Freunden des Rennrades ein Begriff sein wird. Auf den Anstiegen des markanten Berges wurden während des Giro d'Italia legendäre Schlachten geschlagen. Auch für Mountainbiker sind der Berg und seine Abfahrten im Gelände hochinteressant.

Schon bei meinen ersten Recherchen am Monte Bondone hatte ich Anregungen für weitere Biketouren mitgenommen. Um diese zu erkunden, brauchte es einen trailfesten Bikefreund, wie ich ihn in Matthias gefunden habe. Allein wäre es mir zu riskant, außerdem bliebe mir dabei der Spaß auf der Strecke. Bekanntlich ist ja die Freude eine der wenigen Dinge, die sich vermehren, wenn man sie teilt. So haben wir an einigen schönen Frühsommertagen systematisch die Westflanke des Monte Bondone erkundet.
Dabei ist auch diese Königstour entstanden. Sie beginnt in Ponte Olivetti und führt nach der langen Straßenauffahrt von Lasino nach Viote. Diese Auffahrt mit ihren langen Geraden ist auch bei Rennradfahrern sehr beliebt und wird gern auch als »Entsafter« bezeichnet. Wem unklar sein sollte, wo diese Bezeichnung herrührt, fährt diese Strecke am besten im Hochsommer bei schönem Sonnenschein… Der Monte Bondone ist auch ein beliebtes Etappenziel für Bergankünfte beim Giro d'Italia. Jan Ullrich spielte bei seiner letzten Teilnahme im Jahr 2006 an diesem Schlussanstieg keine besondere Rolle. Kurz darauf war es mit seiner Karriere sowieso vorbei – die Gründe

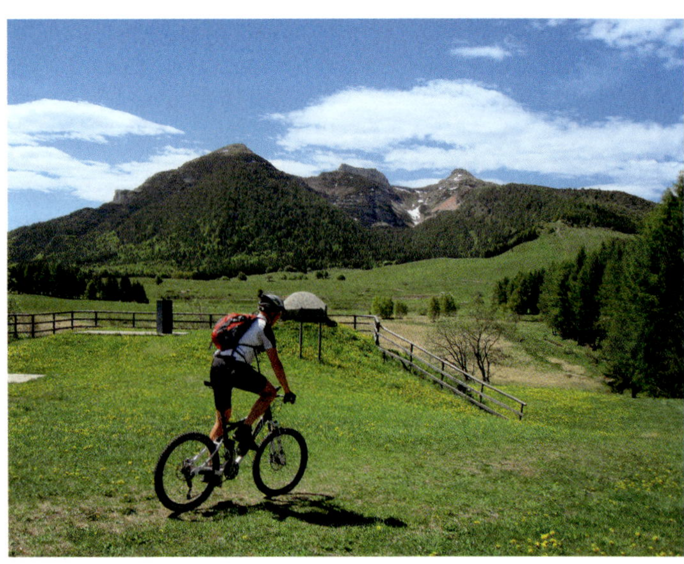

Einstieg ins Gelände beim Langlaufzentrum Viote

1700 Hm | **42 km** | **6 Std.**

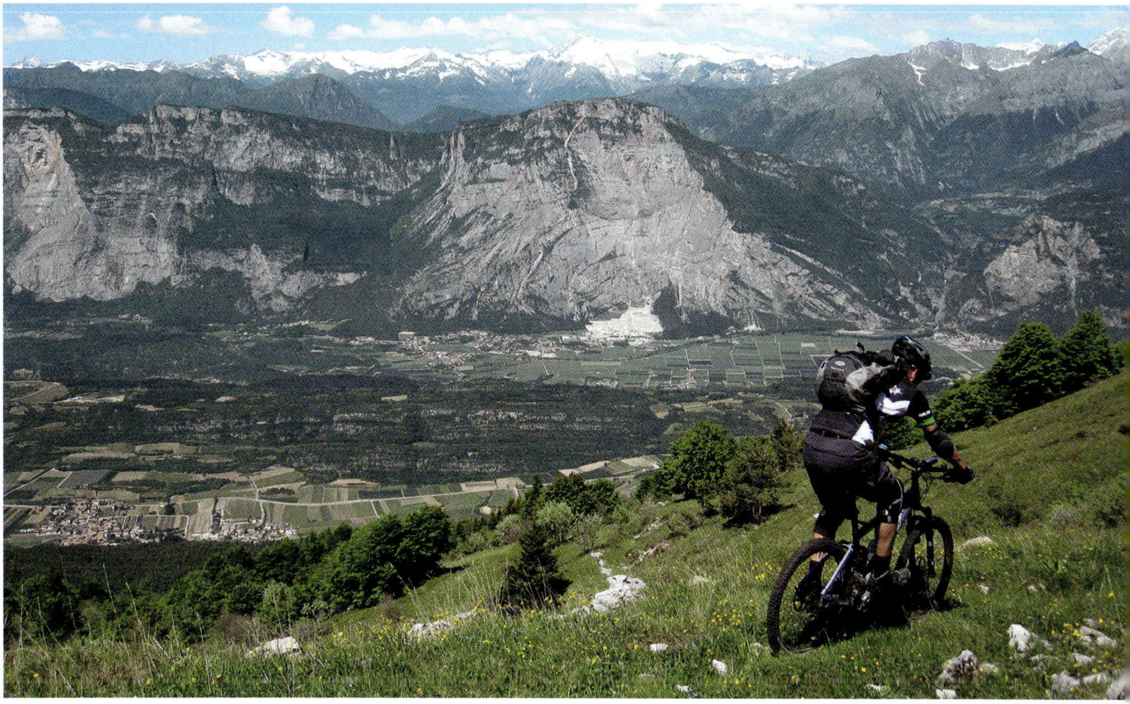

La Rosta: Der Monte Casale gegenüber wirkt richtig winzig.

hierfür sind hinlänglich bekannt…
Matthias und ich benötigen als Doping höchstens ein Hefeweizen nach der Tour. Relativ locker pedalieren wir die recht moderate und vor allem gleichmäßige Steigung hinauf. Am Parkplatz Viote geht es ab ins Gelände in Richtung Bocca di Vaiona. Von dort folgt die Tour in ihrem weiteren Verlauf dem Weg 618 hinab nach Vezzano. An der Flanke des Berges La Rosta entlang durchstreift die Tour das Gebiet der Costa Cadino. Von der Bocca di Vaiona hinauf zum höchsten Punkt bei ca. 1800 Metern über dem Meeresspiegel sind wegen der Steilheit des Geländes ein paar kurze Schiebepassagen nicht zu vermeiden. Die nehmen wir bei unserer Erkundungstour gern in Kauf. Es sind ja auch nur rund 100 Höhenmeter. Wir haben unseren Weg direkt auf den breiten Wiesengrat gelegt, sodass wir eine fantastische Sicht auf die Brenta und auf die vergletscherte Adamello-Presanella-Gruppe haben.
Schließlich wird der kleine Wiesentrail flacher und somit wieder fahrbar. Wir verschnaufen kurz und legen unsere Knie- und Ellenbogenprotektoren an. Wir haben keine Ahnung, was uns bei der Abfahrt erwartet. Um es kurz zu machen: Bis zum idyllischen Bergsee bei Lagolo wären die Protektoren nicht notwendig gewesen. Der Trail entpuppt sich als alter Mulitweg und ist durchgängig und ohne größere technische Schwierigkeiten fahrbar. Nur ein paar dicke Laubschichten hindern manchmal etwas den Fahrfluss. Hier sind halt keine Moun-

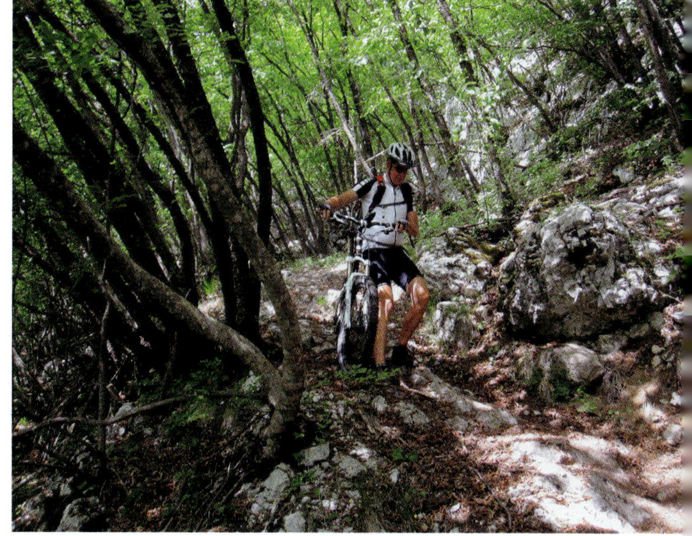

Wenn es zum Fahren nicht reicht, wird geschoben.

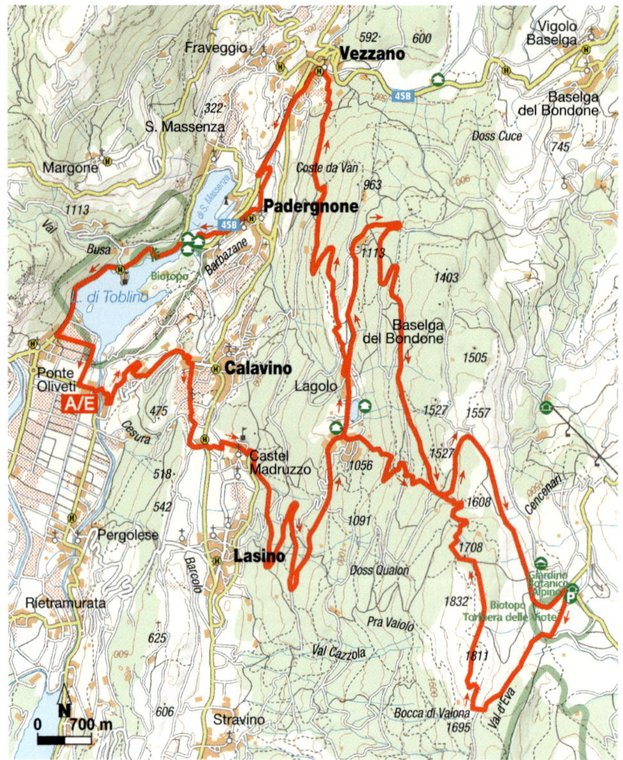

tainbiker unterwegs, die für eine Fahrspur sorgen könnten. Nur einem einsamen italienischen Wanderer begegnen wir im gesamten Verlauf des Wegs 618. Natürlich entspinnt sich sofort ein Gespräch. Ein enthusiastisch herausgebrachtes »Buona giornata« reicht nach meiner Erfahrung völlig aus, um den Redefluss in Gang zu bringen. Mit italienischen Wanderern entsteht dadurch sofort ein Palaver über das schöne oder schlechte Wetter, die gute Aussicht bzw. die verschiedenen Aspekte sportlicher Leistungen. Deutschsprachige Landsmänner oder -frauen sind manchmal deutlich reservierter und auf Abgrenzung bedacht. Wanderwege seien Wanderwege und dadurch nur zum Wandern geeignet – Punkt! Wir verabschieden uns schließlich von unserem Gesprächspartner und genießen die Abfahrt.

Viel früher als gedacht sind wir am idyllisch gelegenen See bei Lagolo, wo wir eine kleine Rast einlegen, um uns für die weitere Strecke auf dem 618er zu stärken. Wir werden bald erfahren, dass dies durchaus sinnvoll war. Nach einem kurzen Gegenanstieg geht es jetzt in den Trail. Der hat es nun in sich. Einige sehr steile und verblockte Abschnitte sind durch tiefe Laubschichten recht unkalkulierbar. Später verläuft ein Teil des Weges direkt durch die Felswand, und es besteht akute Absturzgefahr. Schiebenderweise lässt sich diese Passage aber sicher überwinden. Schließlich erreichen wir leichteres Gelände, noch ein kurzer Gegenanstieg zur Quelle Ronc und wir sind in Vezzano, wo man in einer der Bars oder Ristoranti eine Kleinigkeit zu sich nehmen kann. Der Rückweg ist dann reine Entspannung. Er verläuft flach und ohne weitere Gegensteigung über Padergnone, am Lago Toblino vorbei und zurück nach Ponte Olivetti.

Hinweis: Wer sich die Kante geben will, kann natürlich auch von Torbole, Riva oder Arco aus starten. Das wird dann eine sehr, sehr stramme Ganztagestour.

Alternative: Ab Lagolo auf dem deutlich leichteren Karrenweg 619 nach Calavino und auf der Strecke des Hinwegs zurück nach Ponte Olivetti

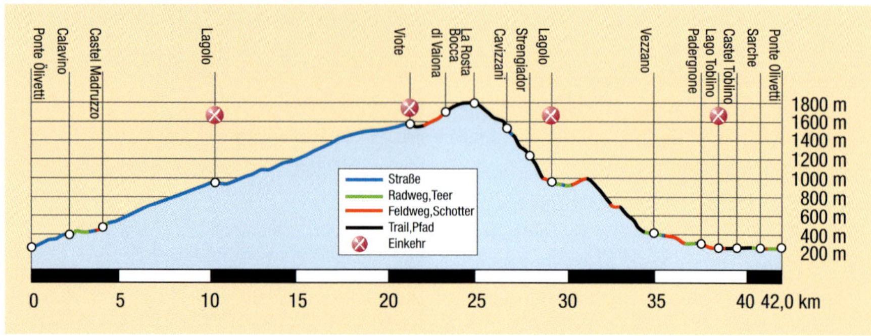

Rechte Seite: An der Bocca Vaiona

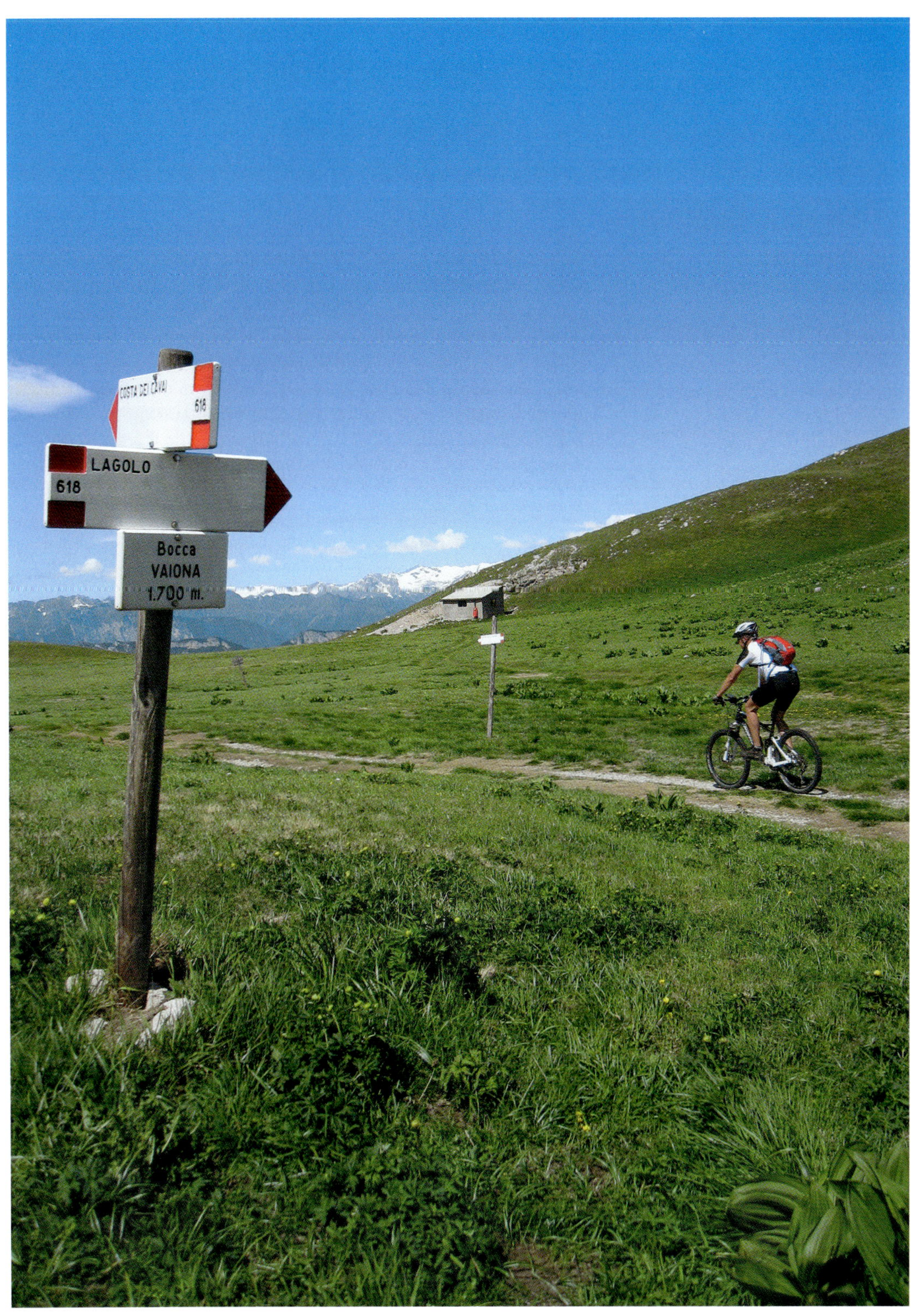
COSTA DEI CAVAI
618
LAGOLO
618
Bocca
VAIONA
1.700 m.

7 LAGO DI CEI – ALBI

Die Tour auf garantiert nicht ausgetretenen Pfaden

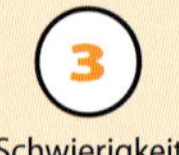

3

Schwierigkeit

Erlebniswert

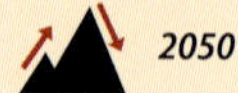

2050

Höhenmeter

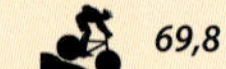

69,8

Streckenlänge (in km)

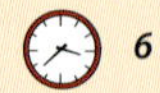

6

Zeit (in Std.)

TOURENCHARAKTER

KURZCHARAKTERISTIK
Konditionell anspruchsvolle Tour mit einigen Trails auf der Schlussabfahrt, die bei Bedarf umfahren werden können

AUSGANGS-/ENDPUNKT
Torbole

KONDITION
Falls Shuttle nach Santa Barbara

FAHRTECHNIK

TRAILS
Ø S2, max. S3

UNTERGRUND
Straße: 12 %
Radweg, Teer: 69 %
Feldweg, Schotter: 13 %
Trail, Pfad: 6 %

HÖCHSTER PUNKT
1303 m, Forstweg in der Nähe des Passo Bordala

NIEDRIGSTER PUNKT
67 m, Torbole

EINKEHR
Albergo Genzianella in St. Barbara, Lago di Cei, Malga Cimana, Bicigrill in Loppio, diverse Bars und Restauranta in Nago und am Tourende in Torbole

BESONDERHEITEN
Shuttle nach Santa Barbara

KARTE
KOMPASS WK 096 1:35 000

GPS-TRACK
tour-07_Lago_Cei_Albi.gpx, tour-07_var_leichte_Abfahrt.gpx

Am Lago di Cei zweigt die Strecke ab

Seitdem sich zahlreiche Anbieter von Bikeshuttles am nördlichen Gardasee tummeln, wird auch Santa Barbara regelmäßig angefahren. Fast alle Biker, die sich dorthin shutteln lassen, sind nur an den diversen Freeridetrails interessiert. Aber es gibt noch einige lohnende, weithin unbekannte Tourenziele, die man von Santa Barbara aus erreichen kann. Damit beginnt nun ein Block von vier Touren, die eine breitere Zielgruppe ansprechen. Diese werden durch die Nutzung des Shuttles deutlich entspannter, weil schon einmal rund 1100 Höhenmeter für die erste Anfahrt wegfallen.

Sie stand schon lange auf meiner Liste, da sie u.a. zum verlandeten See an der Pra dall' Albi (den Albi-Wiesen) führt. Albi ist mein Spitzname seit Kindertagen, also war klar, irgendwann muss ich da hin. An einem traumhaften Sonnentag im November war es so weit. Im ersten Teil war die Route klar, für den Abschluss habe ich mir viel Zeit genommen, um eine möglichst schöne Abfahrt mit ein paar Trails zu finden. Los geht es zügig auf dem Radweg von Torbole nach Arco. Von dort aus wird der Monte Velo angefahren, reichlich 1000 Höhenmeter am Stück auf der wenig befahrenen Teerstraße nach St. Barbara. Hetzen bringt da gar nichts, jeder muss seinen Rhythmus finden – verfahren kann man sich nicht und oben wartet eine Wasserstelle und in der Saison ein Cappuccino im Albergo Genzianella an der Passhöhe. Nach

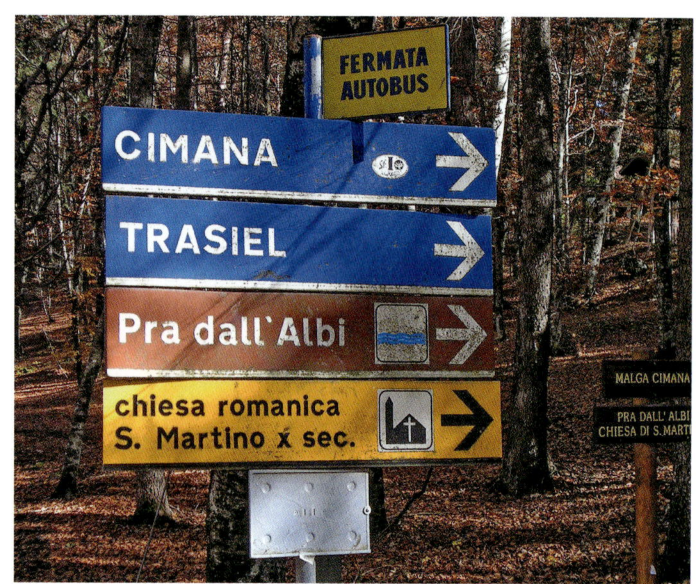

2050 Hm	69,8 km	6 Std.

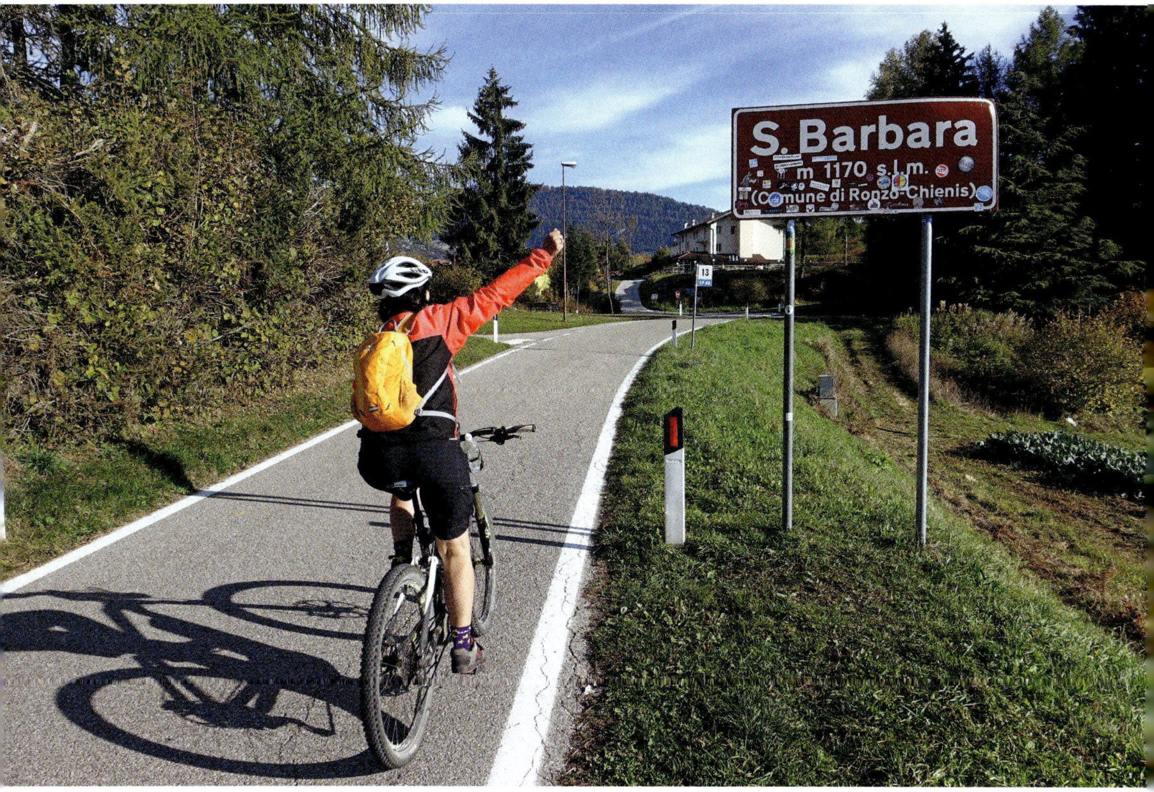

Zwischenstopp in Santa Barbara

der Pause zweigen wir links ab ins Gelände in Richtung des kleinen Kirchleins San Antonio. Es folgt eine kleine Abfahrt auf eine Hochebene zu Füßen des Monte Stivo, dann wird links abgebogen. Am Ende der Felder beginnt die erste, etwas ruppigere Schotterpassage. Sie führt zunächst bergauf, sollte aber für die meisten fahrbar sein. An einer Weggabel fahren wir nicht zum Passo Bordola, sondern bleiben links auf der Forstpiste, die schließlich in einigen Kehren nach unten führt und auf eine Straße stößt. Hier fahren wir links bis zum Lago di Cei – an Sommerwochenende ein beliebtes Ausflugsziel mit Bademöglichkeit. Ob sich im Sommer die Umrundung lohnt, müsst ihr selbst entscheiden. Weiter geht es dann in Richtung Cimana und Pra dall'Albi. Eine schmale Teerstraße führt in steten Auf und Ab zu diesem Biotop. Vom früher vorhandenen See ist nichts mehr zu sehen, Schilf zeigt ein fortgeschrittenes Stadium der Verlandung an. Nun wird es heftig steil, ich bin heilfroh, dass die ehemalige

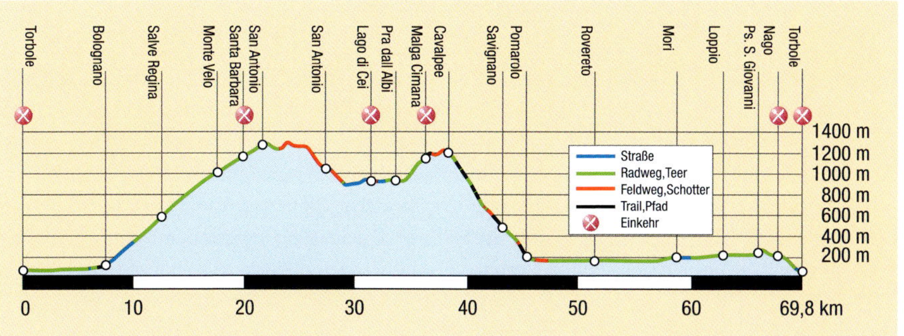

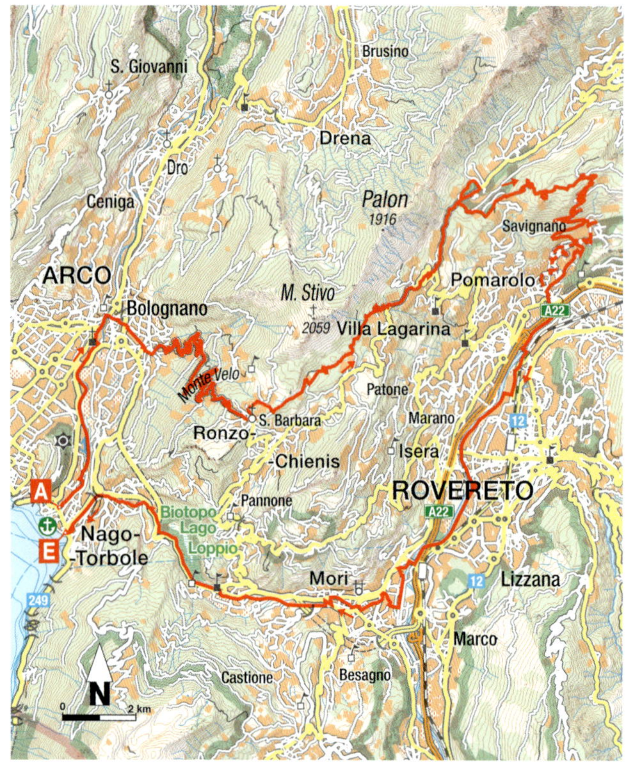

Schotterpiste zur Malga Cimana geteert ist. Schließlich ist das auch erledigt, an der Ausflugsgaststätte kann man Wasser fassen. Jetzt im November ist natürlich geschlossen – in der Saison ist es ein schöner Rastplatz im Schatten der Bäume. Tipp: kleine Zusatzrunde zum tollen Aussichtspunkt Spalaveron (auch Startplatz für Gleitschirmflieger).

Weiter geht es auf dem Forstweg, ein paar Höhenmeter müssen noch gemacht werden, das Gröbste liegt aber hinter uns. Bald erreichen wir die Piste, die uns eine Abfahrt von rund 1000 Höhenmetern bis an die Etsch beschert. Auf der wechseln sich geteerte Abschnitte mit Schotterpassagen ab. Der Clou des Ganzen sind allerdings die alten Karrenwege bzw. Waldpfade, die wohl den Vorläufer der Straße bildeten. Das sind nette kleine Trails mit Steinen und Wurzeln, die bei trockenem Wetter prima zu fahren sind, der Track folgt diesen soweit als möglich. Orientieren kann man sich auch an den allerdings recht kleinen und unscheinbaren Schildchen, die nach Servis weisen. Wer die Trails nicht mag, bleibt einfach auf der Hauptstrecke bis zum Ort Savignano. Verfahren kann man sich nicht. Im Zweifel trifft man sich an der Kirche wieder. Jetzt wartet noch ein Leckerbissen für Trailfreunde darauf, angebissen zu werden. Zwischen Kirche und Brunnen führt der Weg aus dem Ort hinaus. Man fährt zunächst auf Grobasphalt in einigen Serpentinen durch die Weinberge, bis man sich an einer Weggabel für den linken Weg entscheiden sollte. Wieder ein netter kleiner Trail, der zu einem Rastplatz mit schöner Sicht ins Etschtal führt. Links davon geht der schmale Pfad weiter, später direkt auf dem Grat des Bergausläufers, der nach Pomarolo führt. Zum Schluss wird es eine richtige Felsplatte, auf der man sein Können unter Beweis stellen kann. Wer das alles nicht mag, fährt einfach die Straße von Savignano nach Pomarolo. Treffpunkt wäre auch hier wieder die Kirche. Von dort sieht man auch schon die kleine Brücke über die Autobahn, die uns Radfahrer sicher zum Schotterweg auf dem Etschdamm führt. Flussabwärts erreichen wir bald eine Brücke, die uns nach links zum Radweg nach Rovereto bringt. Man kann sich eigentlich nicht verfahren, der Etschradweg ist perfekt ausgeschildert. Schließlich verlässt man dann den Etschradweg und folgt der ausgeschilderten Radstrecke in Richtung Gardasee. Die Strecke führt über Mori und weiter via Loppio nach Nago, wo der Gardasee wieder zu unseren Füßen liegt - eine eindrucksvolle Aussicht. Die leichte, schnelle Abfahrt auf der alten Straße führt uns zurück ins Herz von Torbole.

Rechte Seite oben: Am Lago di Cei

Rechte Seite unten: Blick ins Etschtal von Spalaveron bei Malga Cimana

Alternative: Shuttle bis Santa Barbara (wird in der Bikesaison regelmäßig von diversen Anbietern angefahren)

Länge: ca. 49,8 km *Höhenmeter:* bergauf ca. 900 Hm, bergab 2030 Hm

Nach der Malga Cimana erreicht man am Dosso Pagano die kleine Almstraße, die Pomarolo im Etschtal mit der Malga Cimana di Pomarolo verbindet. Diese kann man komplett als entspannte Abfahrt nutzen.

Die Hauptroute der Abfahrt verläuft teilweise auf diesem Weg, nutzt aber immer wieder die alten, groben Pfade. Man hat also immer wieder die Möglichkeit hin und her zu wechseln – je nach Wetter, Lust und Laune.

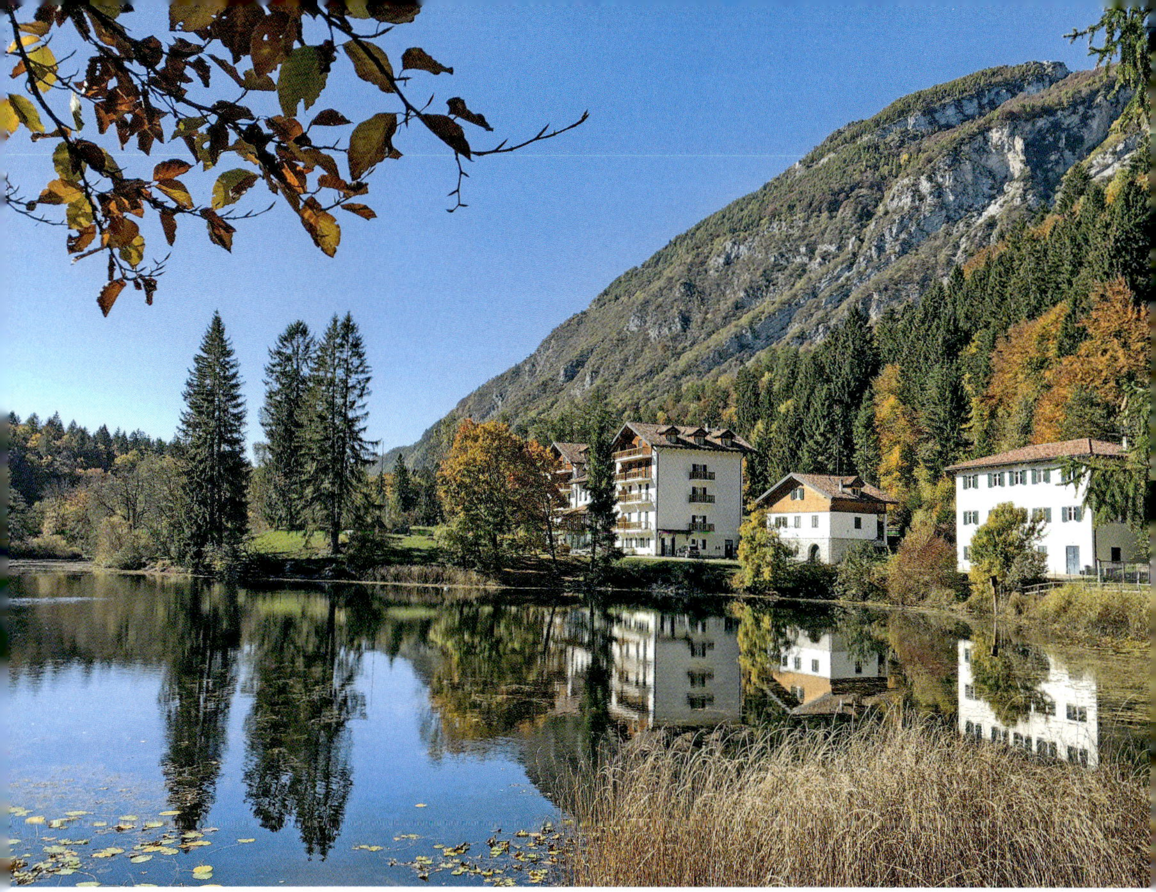

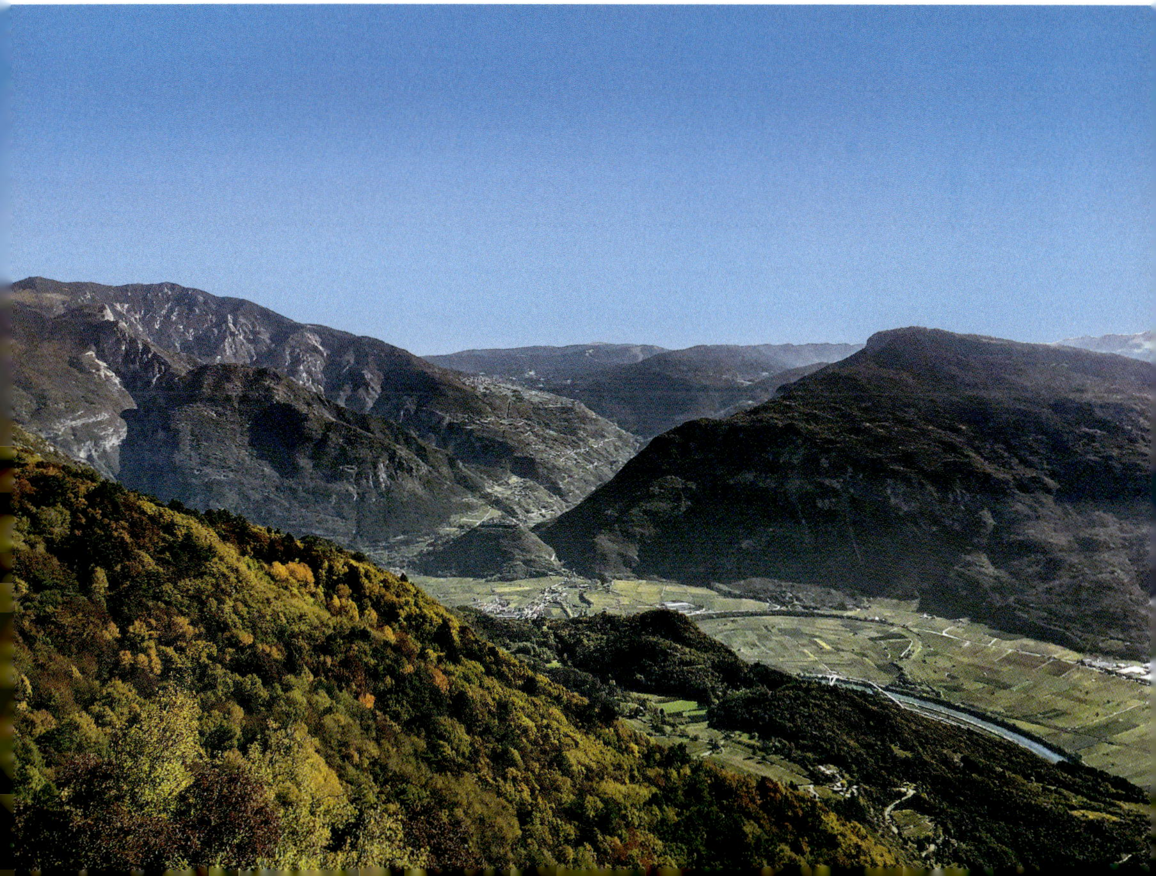

8 MONTE GROM – HIDDEN TRAILS

Zum Berg des Gedenkens an die Sinnlosigkeit aller Kriege

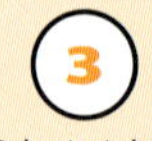

3	✪✪✪✪✪	1330	33,9	5
Schwierigkeit	Erlebniswert	Höhenmeter	Streckenlänge (in km)	Zeit (in Std.)

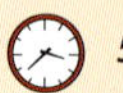

TOURENCHARAKTER

KURZCHARAKTERISTIK
Interessante Variante einer Monte-Velo-Tour mit versteckten Trails, nicht nur am Monte Grom

AUSGANGS-/ENDPUNKT
Nago

KONDITION ✪✪✪✪✪

FAHRTECHNIK ✪✪✪✪✪

TRAILS
Ø S2, max. S3

UNTERGRUND
Straße: 17 %
Radweg, Teer: 57 %
Feldweg, Schotter: 14 %
Trail, Pfad: 12 %

HÖCHSTER PUNKT
1173 m, St. Barbara

NIEDRIGSTER PUNKT
83 m, Pratosaiano

EINKEHR
Albergo Genzianella in St. Barbara; Nago, Hotel Continental, Via della Stazione 21 (www.tonellihotels); Ronzo, Bar Buca Neve

KARTE
Kompass-Wanderkarte 1:35 000, WK 096

GPS-TRACK
tour-08_Monte_Grom.gpx

Das Beschreiten ausgetretener Pfade ist meine Sache nicht. Auch diese Tour nutzt die beliebte Auffahrt von Bolognano nach Santa Barbara und lässt sich durch Nutzung eines Bikeshuttle etwas entschärfen. Diese Tour führt zum Monte Grom, einem der Wächter über das Loppiotal.

Es ist für mich immer wieder spannend, wenn ich eine neue Variante in mir eigentlich bekanntem Tourengelände finde – umso besser, wenn das dann noch mit einem schönen Trail verbunden ist. So wie bei dieser Tour, die die Auffahrt über die Monte-Velo-Straße von Bolognano nach Santa Barbara nutzt.

Dieses Mal will ich dem Rummel am See entgehen und habe mir eine Ausgangsbasis in Nago gesucht und mit dem Hotel Continental auch gefunden. Der Auftakt der Tour verläuft dadurch auf dem Römerweg über Prato Saiano nach Bolognano. Hier beginnt die Auffahrt nach Santa Barbara. Unterwegs gibt es bei der Kapelle Salve Regina eine Wasserstelle. Oben angekommen, lässt sich im Albergo Genzianella eine Pause machen. Danach geht es zum größten Teil abseits der Straße auf alten Pfaden und Wegen hinab in Richtung Ronzo. Wir befinden uns nun im Val di Gresta. Das ist bekannt für seine landwirtschaftlichen Produkte und Spezialitäten, die auf kleinen Feldern biologisch angebaut werden. Davon kann man sich durch Augenschein überzeugen, wenn man den Leuten bei der Feldarbeit zusieht. Verkauft werden die Produkte zum Beispiel direkt vor Ort im Val di Gresta, wo die örtliche Kooperative in Ronzo-Chienis einen Laden betreibt. Auch an der Straße zwischen Rovereto und Nago befindet sich in Loppio ein Ge-

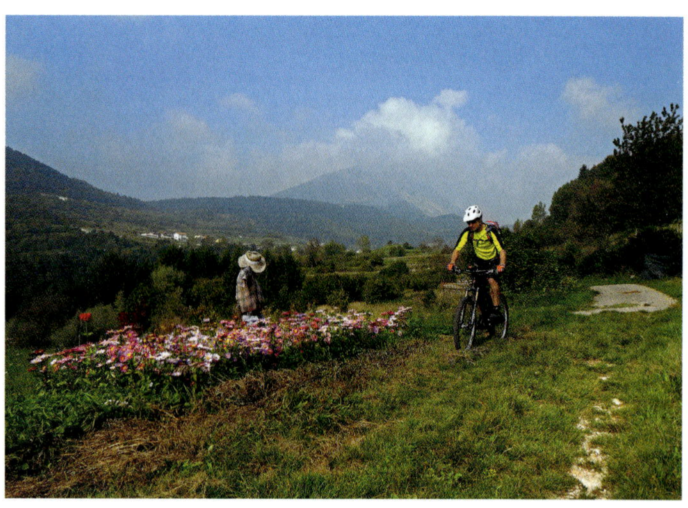

Im Val di Gresta

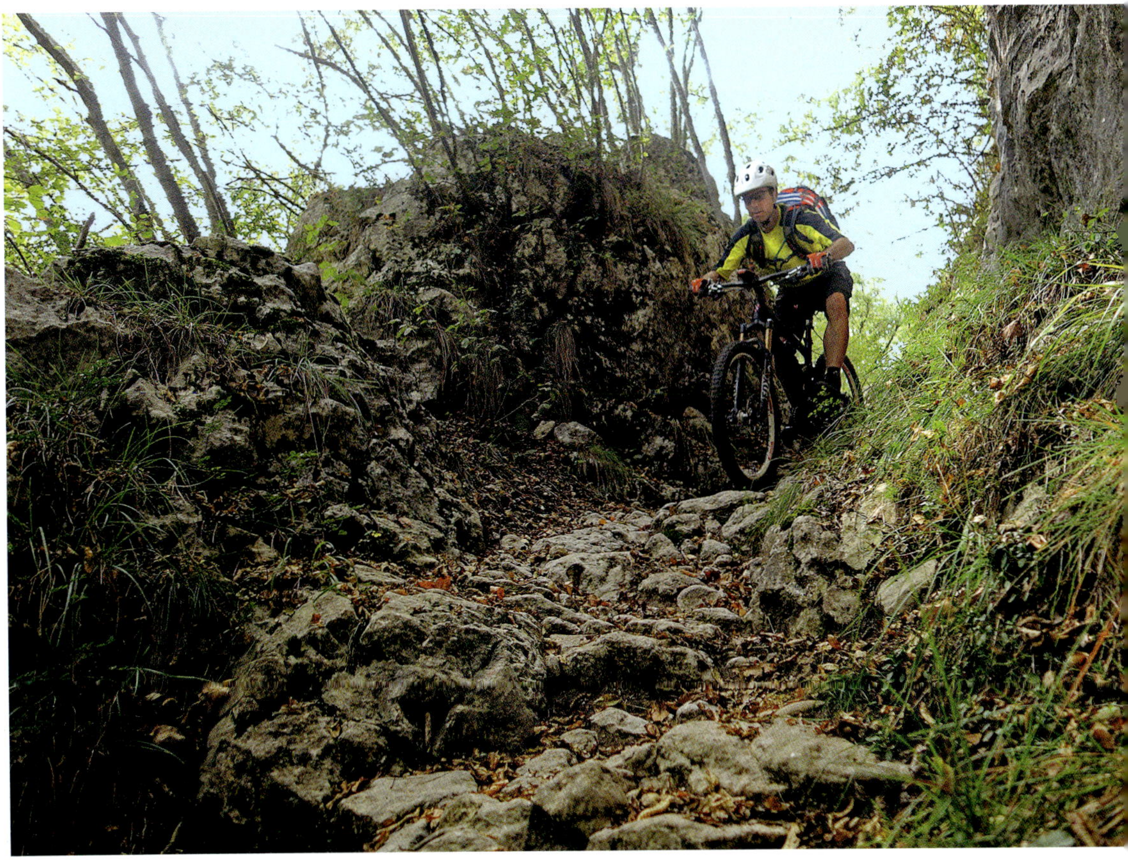

Ruppiger Trail in Richtung Manzano

schäft, das Waren aus dem Tal im Angebot hat. Im Val di Gresta selbst geht das Leben seinen geruhsamen Gang, von Hektik und Stress keine Spur. Wir durchqueren Ronzo und stoßen nach einer groben Schotterpassage auf einen Verbindungsweg, der von Pannone durch die Felder in Richtung Manzano führt. Dort zweigt etwas versteckt ein Trail ab. Den hatte ich bei früheren Recherchen schon einmal von unten geortet. Diesen Trail zu befahren, ist nur in der Abwärtsrichtung sinnvoll, was wir nun auch tun. Der Pfad läuft nach einer kurzen S2-Passage in einen Schotterfeldweg aus und erreicht die Nebenstraße nach Manzano. Dort erhebt sich rechter Hand der Monte Grom (wird auch Monte Nagià genannt). Er ist unser nächstes Ziel, das mit einem kleinen Anstieg auf der Nebenstraße erreicht wird. Der kleine Berg oberhalb des Loppiotals war im Ersten Weltkrieg in das Stellungs- und Beobachtungssystem der österreichischen Armee eingebunden.

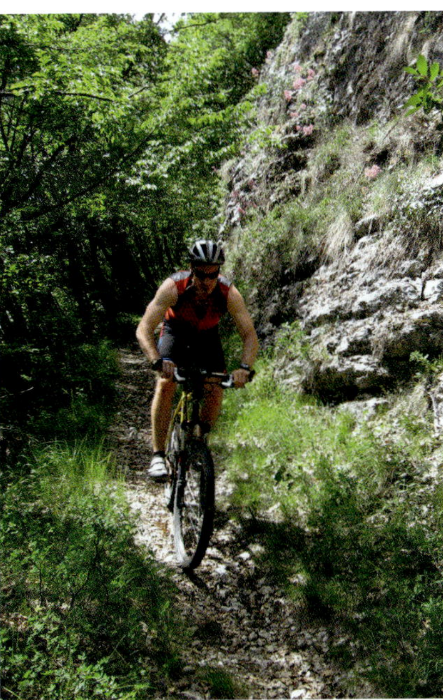

Nun entspannt sich die Lage wieder.

Monte Grom – Hidden Trails

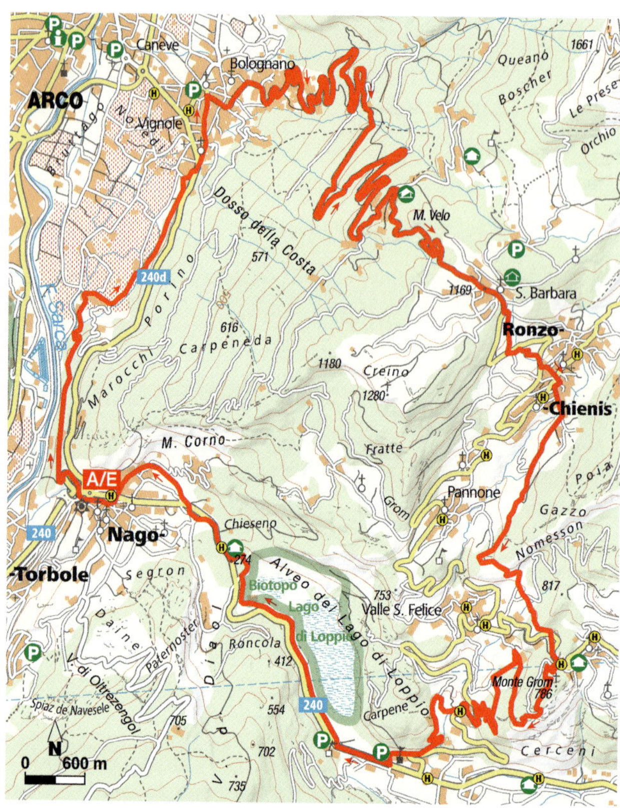

Eine Schautafel gibt einige Zusatzinformationen über die geschichtlichen Hintergründe, die mit der Lage an der Grenze zwischen dem alten Österreich-Ungarn und Italien vor dem Ersten Weltkrieg zusammenhängen. Wir lesen: »Auf dem Monte Grom wurde ein ringförmiger Schützengraben ausgehoben, der eine Rundumverteidigung ermöglichte, außerdem errichtete man kavernierte und offene Geschützstellungen, Artilleriebeobachtungsposten und eine Scheinwerferstellung. Auf dem Areal wurden auch Unterkunftskavernen für die Truppen, Baracken und Magazine, eine Wasserzisterne und eine Feldküche mit zahlreichen Feuerstellen erbaut …«

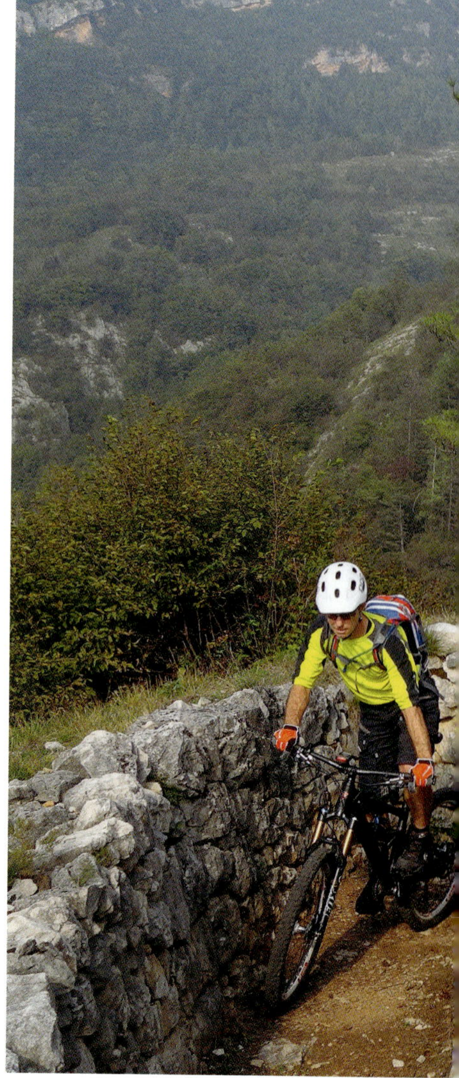

Viele der alten Laufgräben und Bunker können heute besichtigt werden. Die Frontlinie verlief

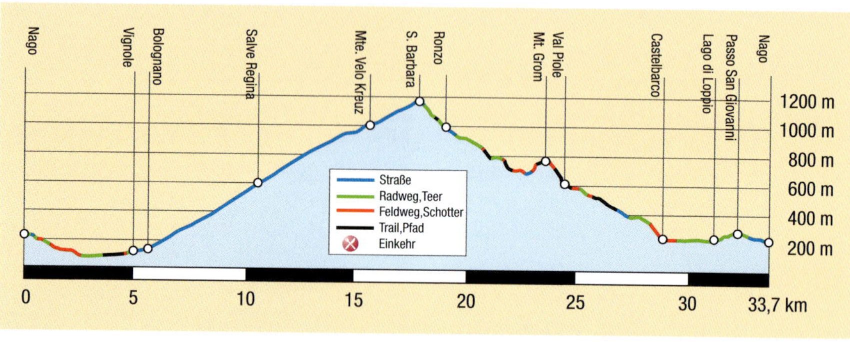

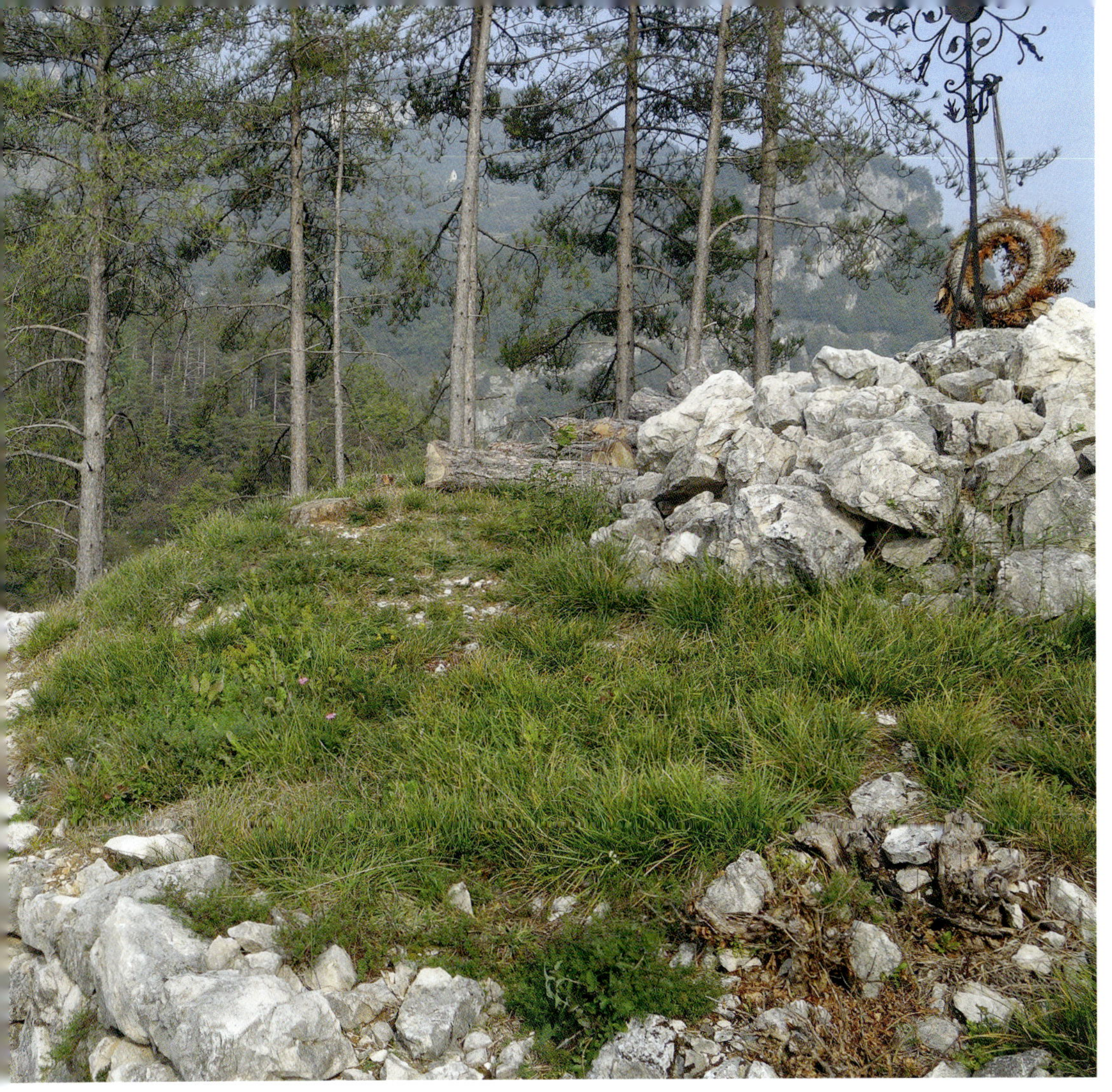

damals unverändert bis zum Kriegsende am 3. November 1918. Die gut gesicherten Stellungen konnten mit den damaligen Mitteln nicht durch die italienische Armee eingenommen werden. Ein Angreifer hätte zuerst das wesentlich tiefer gelegene Loppiotal queren müssen, um dann gegen die hoch im Felsen eingebauten österreichischen Stellungen vorgehen zu können. Bereits bei der Querung des Tales konnte eine angreifende Infanterie massiv durch Maschinengewehre beschossen werden, was ein einziges Massaker ergeben hätte. Das lässt sich bei der Besichtigung leicht nachvollziehen. Von den südlichen Bunkern hat man einen ungehinderten, freien Blick zum gegenüberliegenden Monte Baldo und zum südöstlich gelegenen Monte Zugna. Die Überreste der militärischen Anlagen sind in den letzten Jahren durch eine Initiative der örtlichen italienischen Alpini-Gruppe aus Mori wieder zugänglich gemacht worden. So lohnt sich also die Tour über den Monte Grom, auch wenn das von Manzano aus mit einer kurzen, steilen Schiebepassage verbunden ist.

Die von den Militärs hinterlassenen Wege sind für Mountainbiker ein schöner Tummelplatz. Vom Monte Grom hinab gibt es einen kleinen Trail, der in einigen Spitzkehren nach unten führt. Danach folgt ein Mix aus Schotterpisten und Feldwegen. Schließlich stößt man auf die Straße zwischen Loppio und Passo Bordala. Die verlassen wir aber nach ca. 600 Metern nach rechts, damit wir auf Nebenwegen und zum Schluss auf Schotter das Castelbarco in Loppio erreichen. Von hier gelangen wir auf dem Radweg zurück nach Nago.

Am Monte Grom wurden die alten Stellungen aus der Zeit des Ersten Weltkrieges dem Dornröschenschlaf entrissen.

9 MONTE FAÉ – SENTER PIPEL

Hinab auf altem Karrenweg nach Mori

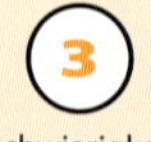
Schwierigkeit 3

Erlebniswert

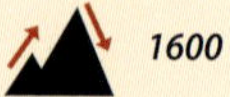
Höhenmeter 1600

Streckenlänge (in km) 47,1

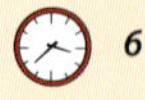
Zeit (in Std.) 6

TOURENCHARAKTER

KURZCHARAKTERISTIK
schöne Bergtour hoch über dem Etschtal mit spannendem Trail

AUSGANGS-/ENDPUNKT
Torbole

KONDITION

FAHRTECHNIK

TRAILS
Ø S1, eine Stelle S3

UNTERGRUND
Straße: 11 %
Radweg, Teer: 71 %
Feldweg, Schotter: 14 %
Trail, Pfad: 4 %

HÖCHSTER PUNKT
1322 m, bei Malga Somator

NIEDRIGSTER PUNKT
67 m, Gardasee

EINKEHR
Albergo Genzianella in St. Barbara, Albergo Passo Bordala, Malga Somator, Bicigrill in Loppio, Strandcafé in Torbole

BESONDERHEITEN
Falls der Trail im Val Salim wegen schlechter Verhältnisse nicht befahrbar sein sollte, gibt es eine leichte Umfahrung, siehe GPS-Track tour09-var.gpx

KARTE
Kompass-Wanderkarte 1:35 000, WK 096

GPS-TRACK
tour-09_Monte_Fae.gpx
tour-09var.gpx

Leichte Fahrt vom Passo Bordala in Richtung Malga Somator (im Hintergrund der Monte Stivo)

Eine weitere Santa-Barbara-Tour, die etwas weiter bis zum Passo Bordala und der Malga Somator ausholt. Spätestens hier zeigt sich, wie variantenreich die Gardaseeregion für Mountainbiker ist. Warum also immer nur die Touren fahren, die alle anderen immer fahren?

Auch der Monte Faé gehört zum System der österreicherischen Befestigungsanlagen aus dem Ersten Weltkrieg (siehe dazu auch Tour 8). Um dorthin zu gelangen, holen wir etwas weiter aus als bei der Tour zum Monte Grom.
Doch zunächst starten wir in Torbole in bewährter Manier bei »Meckis Bar«. Sie befindet sich taktisch günstig gelegen direkt an der Brücke über die Sarca. Hier ist immer viel los, viele Mountainbiker lassen sich gern nieder, um zu sehen und gesehen zu werden. Manchmal kann man den Eindruck gewinnen, der Treffpunkt hätte seinen Reiz nicht vor oder nach, sondern anstatt der Tour – so klinisch sauber sehen manche der Bikes aus.
Auf dem Radweg nach Arco ist meistens recht viel los. Neben der Schar an

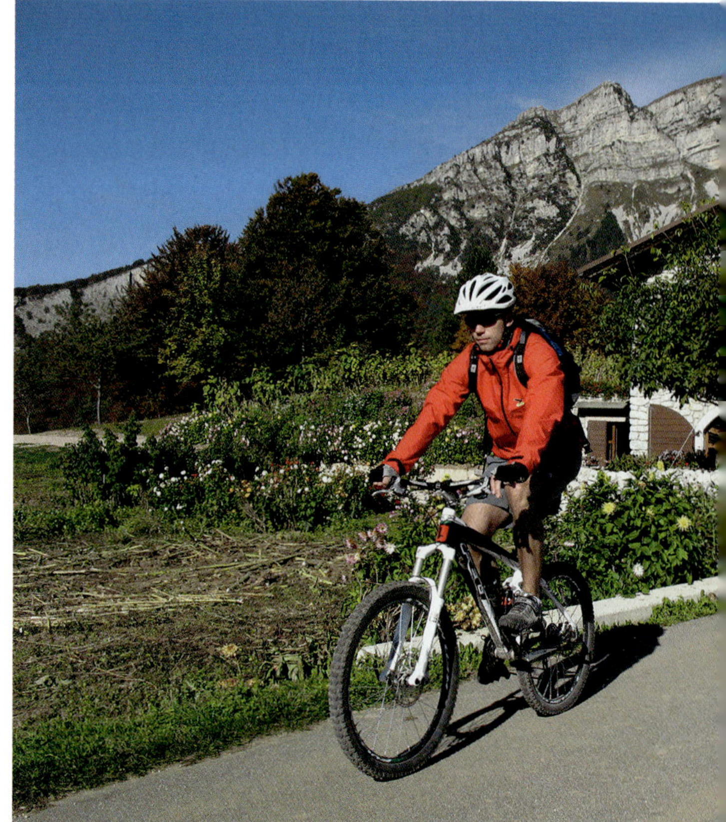

1600 Hm	47,1 km	6 Std.

Mountainbikern ist die Strecke mit Joggern, Inline-Skatern und immer mehr italienischen Familien auf Radausflug mit ihren Bambini bevölkert. Da heißt es: Augen auf und sich konzentrieren.

Den lebendigen Ort Arco erreichen wir am Gelände des bestens gepflegten Stadions. Das hat eine gewisse Berühmtheit dadurch erlangt, dass die Fußballmannschaft von Bayern München einige Male hier ein Trainingslager veranstaltet hat. Was die Region Trentino dafür an Taschengeld dem gewiss nicht armen Verein zugeschossen haben mag, darüber decken wir behutsam den Mantel des Schweigens.

Der Radweg geht am Stadion rechter Hand noch ein Stück weiter, vorbei am großen Parkplatz bis zu einem Verkehrskreisel. Der Kirchturm von Bolognano gibt eine gute Orientierung, wo es nun weitergeht. An der Kirche beginnt die Auffahrt nach Santa Barbara. Unterwegs gibt es bei der Kapelle Salve Regina eine Wasserstelle. Oben angekommen, lässt sich im Albergo Genzianella eine Pause einlegen. Ich würde aber empfehlen, lieber bis zum Ristorante am Passo Bordala damit zu warten. Auch die bald folgende Malga Somator ist eine gute Möglichkeit für eine Rast. Sie

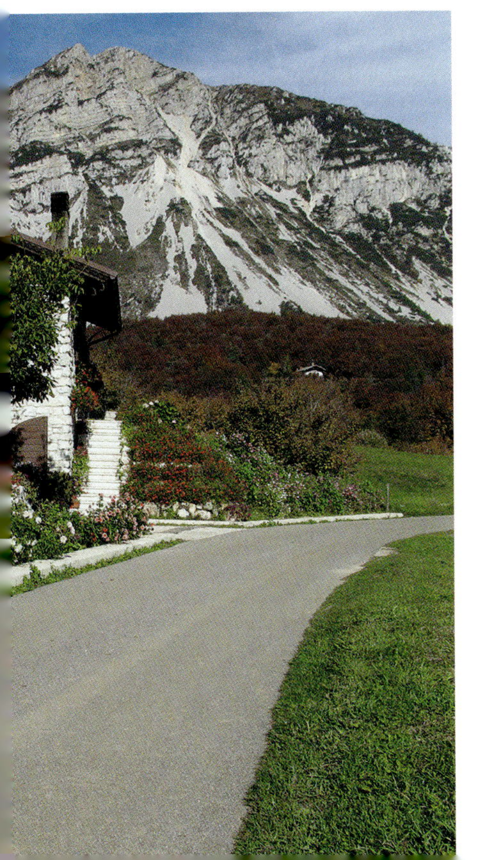

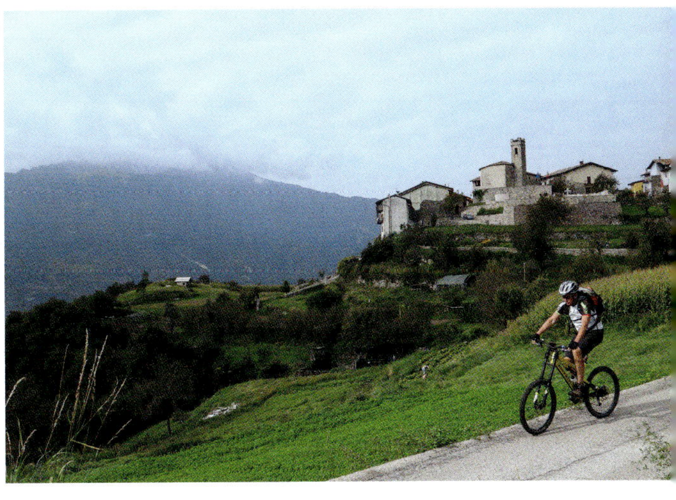

Nomesino – im Hintergrund wolkenverhangen der Monte Altissimo

hat eine Terrasse, von der man einen schönen Blick über das Etschtal hat.

Ungefähr einen halben Kilometer nach der Malga Somator zweigt links eine Schotterpiste ab, die uns zur Verbindungsstraße zwischen Lenzima und Nomesino bringt. Hier befindet sich ein markantes Kreuz. Genau dort beginnt

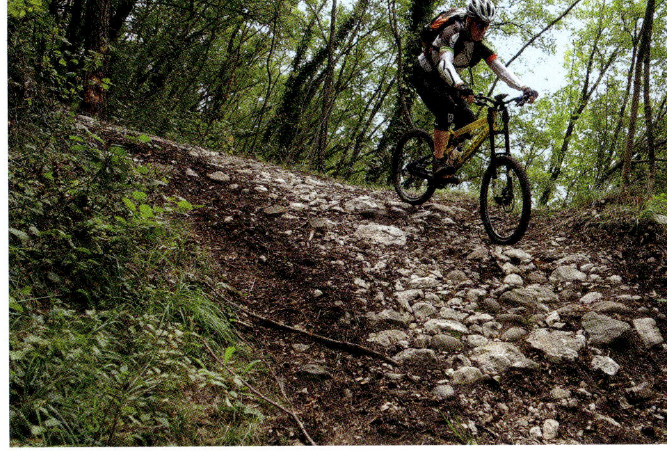

Auf dem alten Pfad nach Mori: Senter Pipel

auch der Stichweg zum Monte Faé. Auch hier lassen sich Überreste alter Stellung und anderer militärischer Anlagen aus dem I. Weltkrieg besichtigen. Außerdem gibt es einen beein-

Monte Faé – Senter Pipel

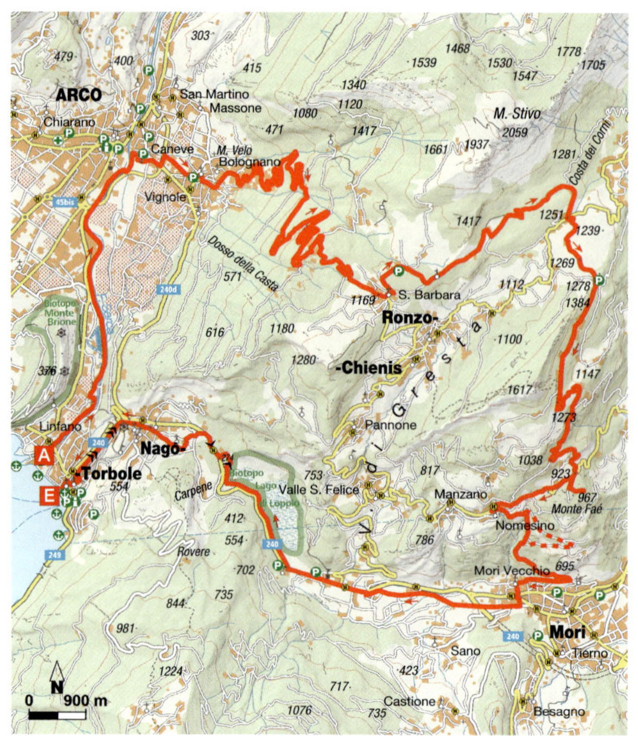

druckenden Aussichtspunkt mit Blick hinunter ins Etschtal und hinüber zu Pasubio und Monte Zugna. Der Leckerbissen dieser Tour für Trailfreunde aber folgt noch. Nach einer kurzen Straßenabfahrt nach Nomesino zweigt hier ein alter Weg nach Mori ab. Auf den Wegweisern wird er als Senter Pipel bezeichnet. Zuerst führt er als verwunschener Trail durch das Val Salim. Dabei gibt es eine ganz kurze S3-Passage, die man aber ohne Probleme schiebenderweise überwinden kann. Eine Umfahrung auf einer leichteren Strecke ist jedoch auch möglich (siehe GPS-Track tour-09var.gpx). Bei meiner ersten Befahrung schien der Pfad langsam zu verwildern. Allerdings zeigte sich bei den folgenden Befahrungen, dass der Weg offenbar regelmäßig von wuchernden Büschen freigeschnitten wird – hoffen wir, dass es so bleibt.

Später wird aus dem Pfad ein ruppiger Karrenweg in Richtung Mori. Er verläuft direkt durch der Felswand des Monte Albano. Ausgesetzt ist

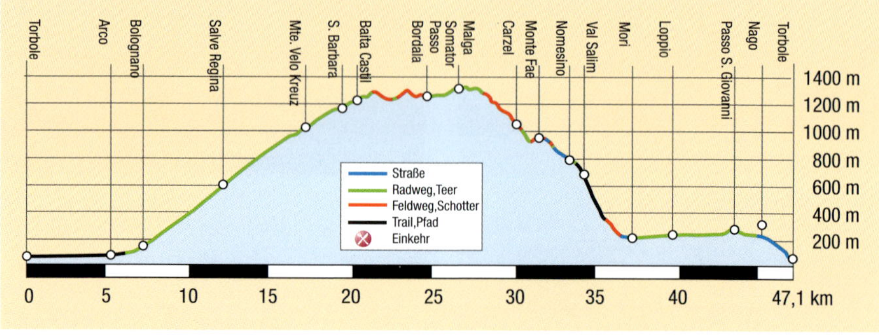

der Weg jedoch nicht, sodass keine Absturzgefahr besteht. Ein schöner Aussichtspunkt befindet sich unterwegs bei Cornocio. Schließlich erreichen wir Mori, durchqueren den Ort und landen wieder auf dem Radweg, der den Gardasee mit dem Etschtal verbindet. Wenn wir von dort aus zurückschauen, wo wir hergekommen sind, erscheint es schier unglaublich, dass dort ein für Mountainbiker fahrbarer Weg durch die Felswand führt. Die Rückfahrt erfolgt auf dem Radweg in Richtung Gardasee und ist entspanntes und lockeres Ausrollen.

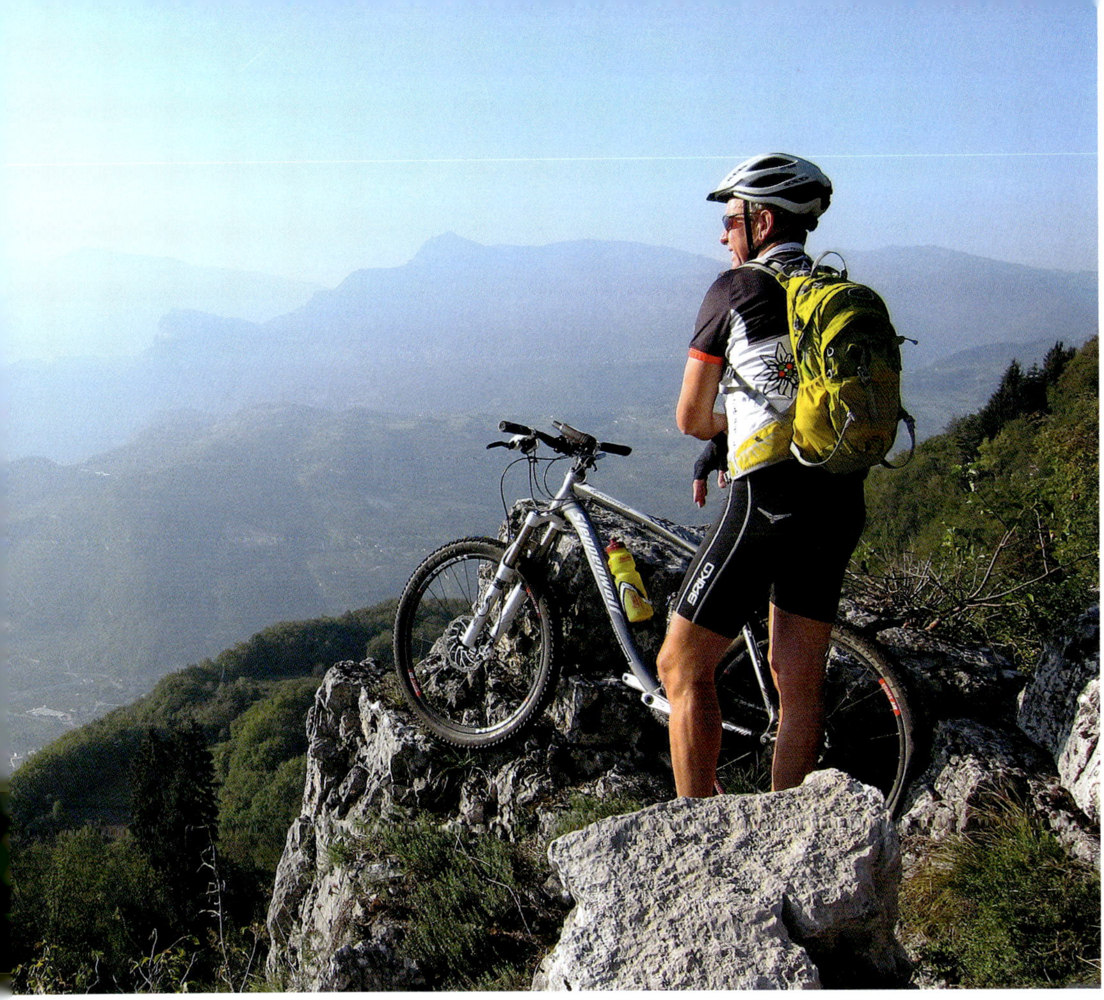

Abschlussvariante nach Torbole: ab Nago wie bei Tour 12 Dosso della Barchessa

Hinweis: Wenn man diese Tour in Arco beginnen möchte, weil man dort sein Quartier aufgeschlagen hat, kann man als Abschluss von Nago auch so zurückfahren wie beim Start der Tour 8 zum Monte Grom.

Blick vom Monte Faé ins Etschtal

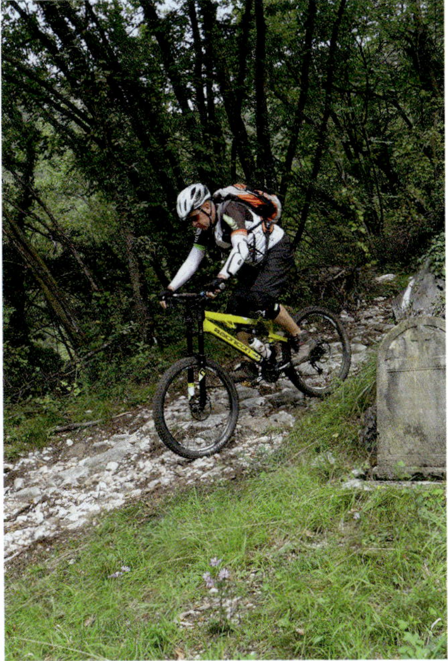

Steile Abfahrtspassage im Senter Pipel

10 CASTEL CORNO

Fahrt zur Raubritterburg

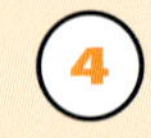

Schwierigkeit	Erlebniswert	Höhenmeter	Streckenlänge (in km)	Zeit (in Std.)
4	✪✪✪✪✪	1820	50,9	7

TOURENCHARAKTER

KURZCHARAKTERISTIK
Wunderschöne Panoramatour hoch über dem Etschtal

AUSGANGS-/ENDPUNKT
Torbole

KONDITION ✪✪✪✪✪

FAHRTECHNIK ✪✪✪✪✪

TRAILS
Ø S0, max. S2

UNTERGRUND
Straße: 11 %
Radweg, Teer: 73 %
Feldweg, Schotter: 11 %
Trail, Pfad: 5 %

HÖCHSTER PUNKT
1303 m, Passo Bordala

NIEDRIGSTER PUNKT
67 m, Gardasee

EINKEHR
Albergo Genzianella in St. Barbara; Albergo Passo Bordala; Nago, Hotel Continental, Via della Stazione 21 (www.tonellihotels.com); Strandbar »Alla Sega« in Torbole

KARTE
Kompass-Wanderkarte 1:35 000, WK 697-1, 096

GPS-TRACK
tour-10_Castel_Corno.gpx

Die vierte und in diesem Buch letzte Santa-Barbara-Tour führt zum Castel Corno. Die Überreste der alten Burg erinnern irgendwie an eine Raubritterburg. Ob sie das einmal gewesen ist? Wer weiß, das liegt im Dunkel der Geschichte. Wer heute dorthin fährt, wird eher mit der Sommerhitze kämpfen und dem rumpeligen Trail hinunter nach Mori.

Die Idee zur Tour zum Castel Corno hatte ich, als ich wieder einmal in Karten stöberte. Dabei hole ich mir immer wieder neue Inspirationen für meine Touren. Vom Passo Bordala kannte ich bereits den Weg zur Malga Somator (siehe auch Tour 9), die hoch über Rovereto liegt. An den Berghängen hinunter zum Etschtal befinden sich unzählige alte Wege und Pfade. Auf den alten Militärkarten ist aber auch jeder noch so kleine Pfad eingetragen, den es hier jemals gegeben haben sollte. Wie die Kartografen das früher gemacht haben, als es noch kein GPS gab, ist mir vollkommen unklar und zeugt von deren großer Kunstfertigkeit. Wenn ich den GPS-Track, den ich bei meiner Befahrung aufgezeichnet habe, auf die Karte lege, befindet er sich fast immer genau auf dem eingezeichneten Weg in der Militärkarte von anno dazumal. Abweichungen sind eher auf schlechte Empfangsbedingungen des GPS zurückzuführen als auf Fehler in der Karte.
Welche von den alten Wegen noch existieren und befahrbar sind, muss man herausfinden. Bei solchen Recherchen hilft nur eine fatalistische Grundeinstellung weiter. Wenn der Weg im Nichts endet, muss man eben umkehren – egal, ob es wieder einige Höhenmeter hinaufgeht oder nicht. Glücklicherweise habe ich im Laufe der Jahre wohl eine Art siebten Sinn entwickelt und

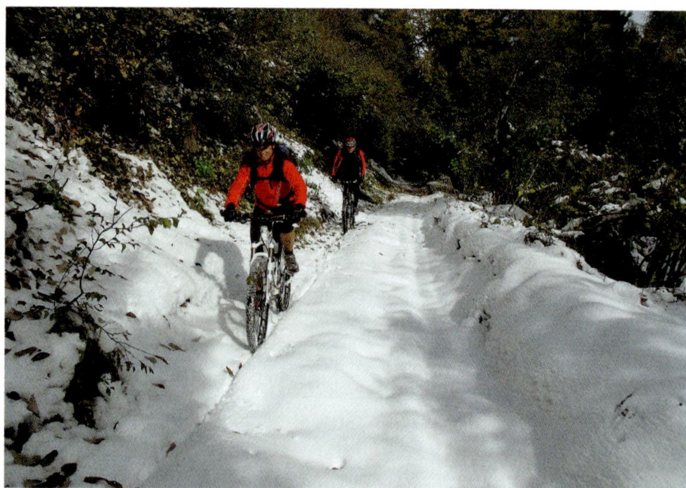

Früher Wintereinbruch am Gardasee

1820 Hm	50,9 km	7 Std.

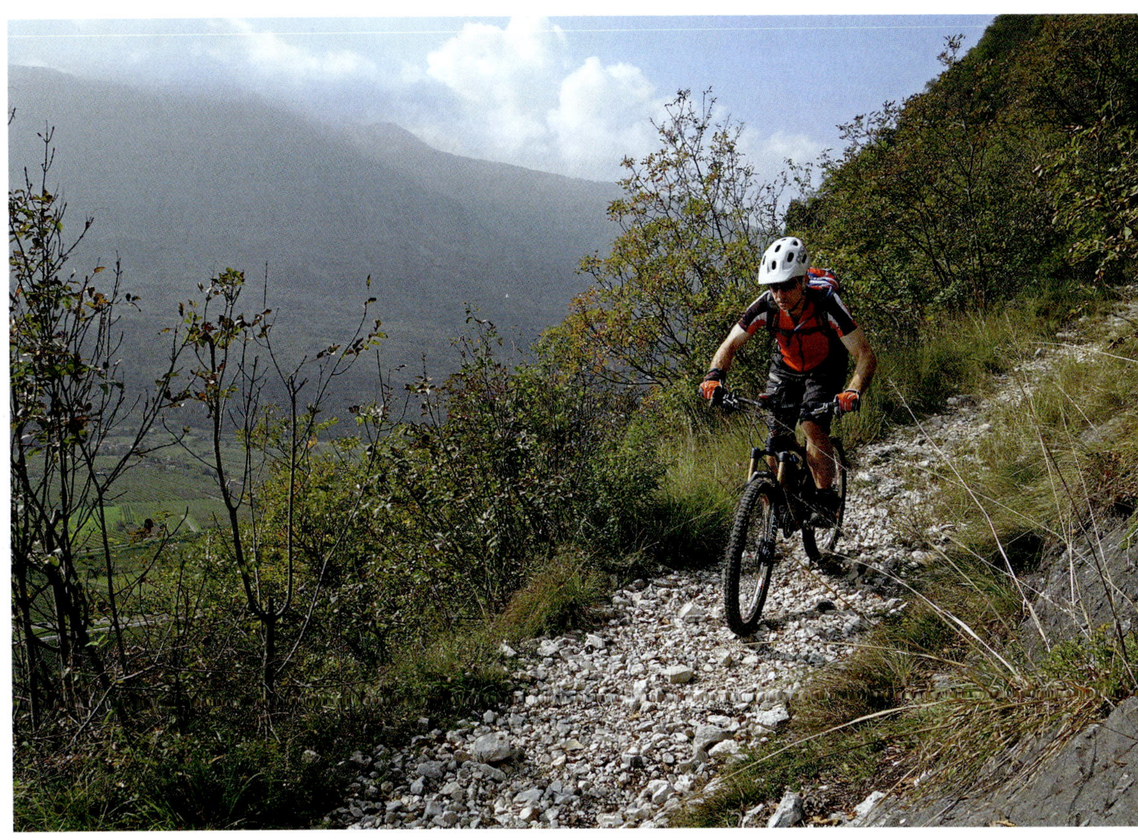

Abfahrt am Sentiero delle Laste in Richtung Mori

muss nur noch selten auf demselben Weg wieder zurück, weil er eine Sackgasse ist.
Jedenfalls haben mich die Namen Castel und Corno beim Kartenstudium förmlich angesprungen. Da wollte ich hin! Ich war gespannt, was mich erwartete. Die Auffahrt nach Santa Barbara und weiter zum Passo Bordala war mir von diversen Touren (siehe auch Tour 9 in diesem Band) bekannt. Für die neue Route hatte ich eine grobe Planung gemacht. Auf der Strecke verließ ich mich auf mein Gefühl, und das hat mir diese schöne Tour beschert. Nach dem Rasthaus am Passo Bordala geht es ein kurzes Stück auf ebener Strecke durch die Felder. Dann zweigt links eine Schotterpiste ab, die in mäßigem Gefälle bergab führt. Irgendwann stoßen wir auf eine dieser schmalen, kaum befahrenen Nebenstraßen, die die kleinen Bergdörfer verbinden. Ich will schon an dem Abzweig zum Castel Corno vorbeifahren, weil der mit einer Rampe beginnt. Das widerstrebt mir eigentlich, da wir ja schon einige Höhenmeter in den Beinen haben. Schließlich siegt meine Neugier – zum Glück! Sonst hätten wir den folgenden wunderschönen Weg nicht gefunden.
Das Castel Corno ist die Ruine einer alten Burg. Sie sieht aus, als ob darin einst Raubritter gehaust hätten. In den Gemäuern befindet sich eine Ausflugsgaststätte. Ob und wann diese geöffnet ist, konnte ich noch nicht herausfinden; das scheint, wenn überhaupt, nur sporadisch der Fall zu sein. Egal, wir machen jedenfalls eine Rast und verzehren unsere mitgebrachte Brotzeit. Das vor uns liegende Panorama mit Ausblick über das Etschtal hinüber zu Pasubio und Monte Zugna ist dazu eine schöne Beigabe.
Bei der Abfahrt findet sich dann noch ein interessanter Singletrail, der nahezu höhengleich in Richtung Lenzima führt. Er beginnt gleich nach der kurzen Schotterabfahrt vom Castel Corno in einer Linkskurve hinter dem Holzgeländer. Schließlich erreichen wir das Sträßchen

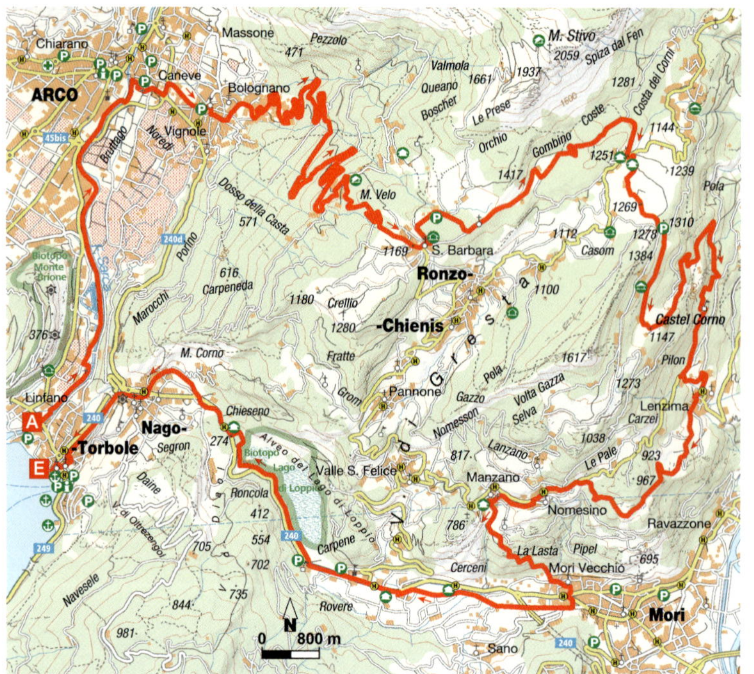

nach Nomesino. Wir befinden uns oberhalb von Mori. Vor uns liegt der Altissimo, der höchste Gipfel des nördlichen Monte-Baldo-Massivs. Diese Aussicht – eine Pracht! Wir vertilgen die letzten Reste unserer Brotzeit und vertun etwas Zeit bei der Wegsuche. Das von mir zunächst angepeilte Plateau erweist sich als Sackgasse. Wir drehen um und finden den richtigen Weg. Der ist mit einem deftigen Gegenanstieg verbunden; es sind aber nur gute 200 Höhenmeter. Dafür gibt es aber zum Abschluss noch eine feine Belohnung für Trailfans.

Doch zunächst erreichen wir die Nebenstraße und rollen hinab nach Nomesino. Von dort gibt es einen kleinen Nebenweg hinunter nach Manzano. Eigentlich springt einem dort der Feldweg zur Kapelle Santa Apollonia ins Auge. Der sieht einfach verführerisch aus. Man kann durchaus einen Abstecher dorthin machen. Es ist ein schöner Ort, aber leider auch eine Sackgasse, wie ich bei einer anderen Tourrecherche schon herausgefunden hatte.

Unser Weg verläuft etwas unscheinbarer unterhalb der Kapelle in Richtung Loppiotal. Nach den Feldern wird daraus ein alter Karrenweg (Sentiero delle Laste). Der führt schön grobrumpelig hinunter nach Mori. Ein toller Abschluss dieser Tour, die mit dem lockeren Ausrollen auf den Radweg zurück nach Nago und auf der alten Straße hinunter nach Torbole endet.

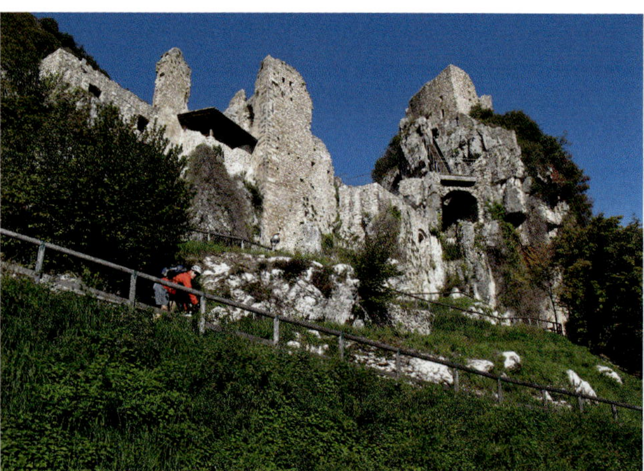

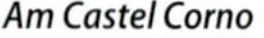
Am Castel Corno

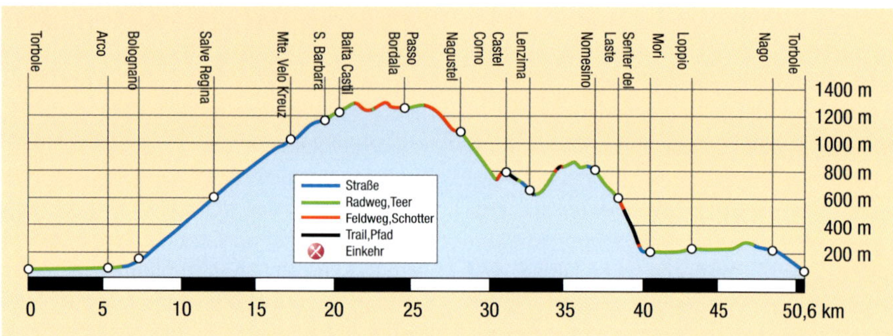

Rechte Seite: Auf dem alten Karrenweg Sentiero delle Laste

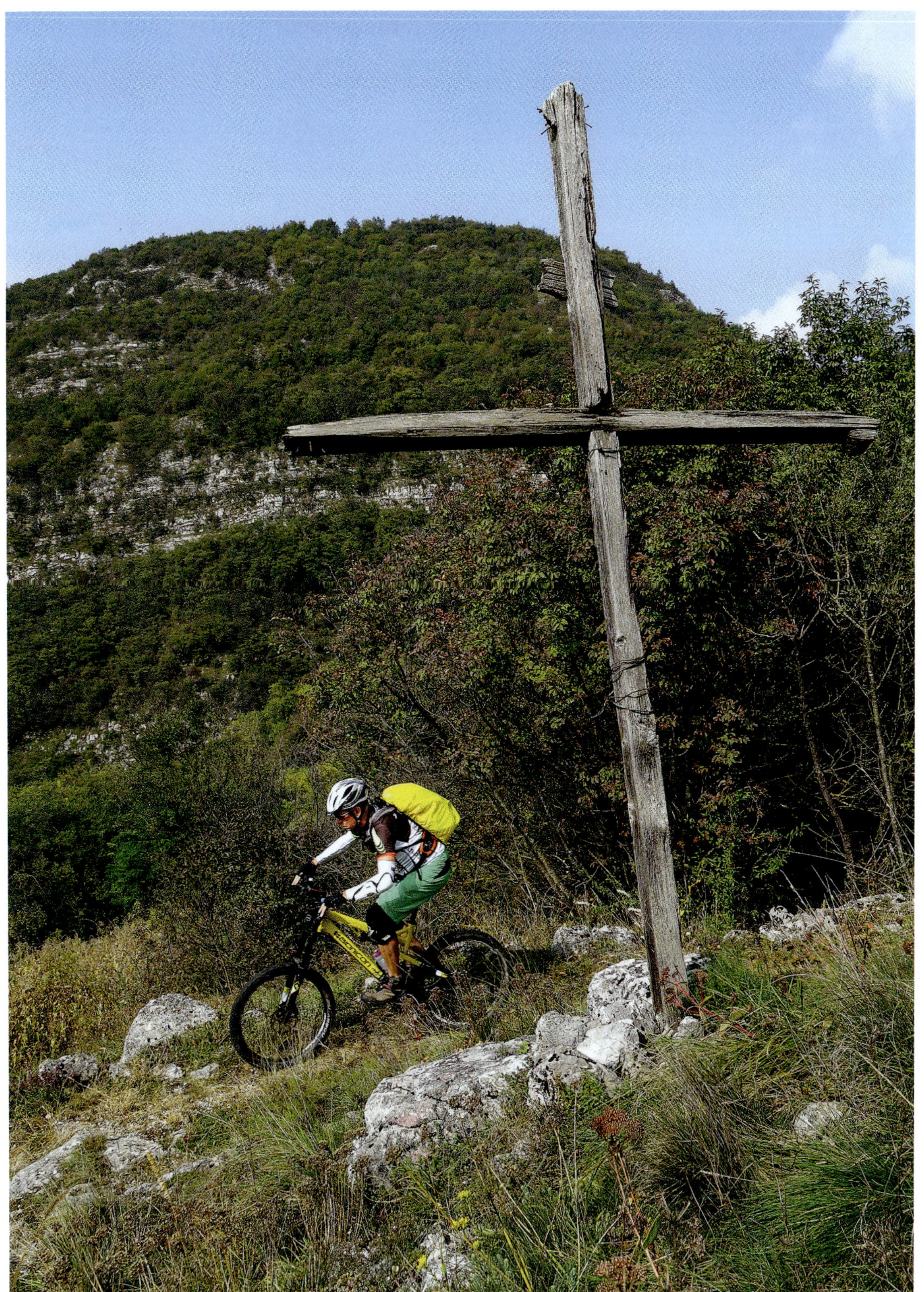

11 VAL DEL DIAOL – FREERIDE

Erste offizielle Freeridestrecke am Gardasee

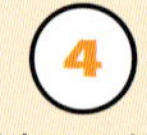
Schwierigkeit

Erlebniswert

 910
Höhenmeter

 16
Streckenlänge (in km)

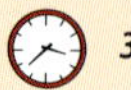 3
Zeit (in Std.)

TOURENCHARAKTER

KURZCHARAKTERISTIK
Freeridetour auf nur für Biker reservierter Strecke

AUSGANGS-/ENDPUNKT
Nago

ANFAHRT
Shuttle ab Torbole oder Nago

KONDITION

FAHRTECHNIK

TRAILS
Ø S0, max. S3

UNTERGRUND
Straße: 21 %
Radweg, Teer: 51 %
Feldweg, Schotter: 2 %
Trail, Pfad: 26 %

HÖCHSTER PUNKT
1091 m, bei Dos Remit

NIEDRIGSTER PUNKT
217 m, Nago

EINKEHR
Nago, Hotel Continental, Via della Stazione 21 (www.tonellihotels.com)

KARTE
Kompass-Wanderkarte 1:35 000, WK 697-1

GPS-TRACK
tour-11_Val_del_Diaol.gpx

Lange mussten die Locals am Gardasee für ihre Strecke kämpfen. Doch es hat sich gelohnt und sollte ein Beispiel dafür sein, dass Mountainbiken am Gardasee viele unterschiedliche Facetten hat. Andere Regionen haben das längst erkannt und zeigen auch den Mountainbikern, dass sie als Gäste willkommen sind. Es wurde auch Zeit, dass der Gardasee nachzieht.

Dieser Trail soll im milden Winter 2007 durch eine Initiative örtlicher Mountainbiker entstanden sein. Sie wollten endlich einen Trail haben, der ausschließlich für sie reserviert sein sollte. Dazu wurde ein alter, schon lange nicht mehr genutzter Holzweg renaturiert. Zuerst musste die Trasse wiedergefunden und dann so weit von Gehölz und losem Geröll befreit werden, dass daraus ein passabler Trail entstehen konnte. Am Beginn des Trails an der Strada Brentegana lag damals wohl ein alter Tierschädel (englisch: skull) herum, der als Markierung an einen Pfahl genagelt wurde. So kam der erste Name zustande – The Skull. Die Jungs um Carlo Torboli hatten mit der Alto Garda Bike Area sogar einen organisatorischen Rahmen geschaffen. Die Mitglieder dieses nichtkommerziellen Vereins kümmerten sich ehrenamtlich um die Pflege des Trails. Dazu gehörten immer wieder Putzaktionen, insbesondere nach einem langen und schneereichen Winter oder nach heftigen Regenfällen. Das ist, denke ich, ein ausdrückliches Dankeschön wert! Durch die enge Zusammenarbeit mit den lokalen Behörden erreichten sie außerdem viel für die Legalisierung und Freigabe weiterer Downhillstrecken. Ein Ergebnis ihres Engagements ist, dass der Trail inzwischen sogar of-

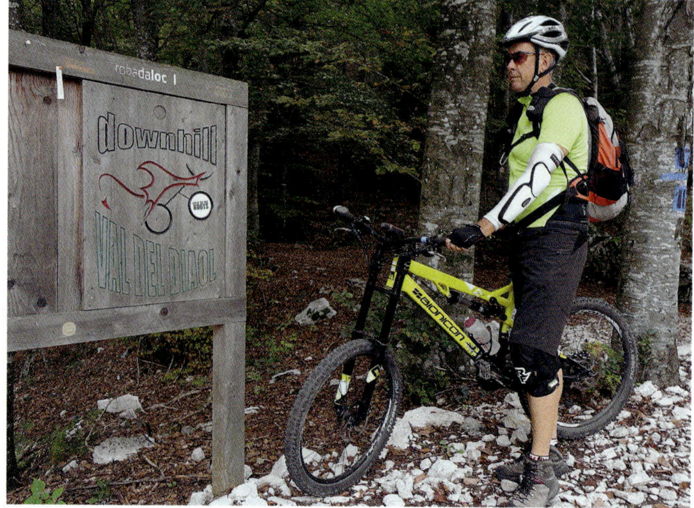

Am Einstieg in den Downhill Val del Diaol

910 Hm | 16 km | 3 Std.

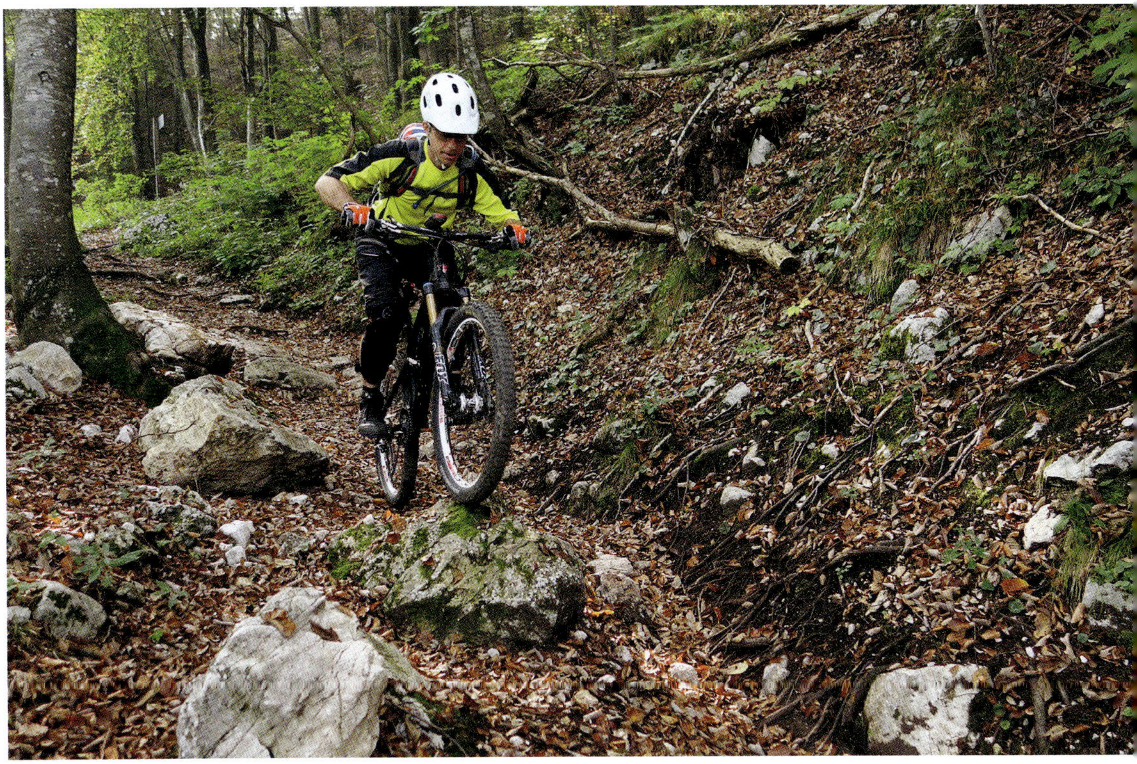

fiziell vom Tourismusbüro GardaTrentino innerhalb des Bike Parks Trentino unter dem Namen »Downhill Val del Diaol« angepriesen wird. Man höre und staune – ansonsten tut man sich ja von offizieller Seite eher schwer mit der Zielgruppe Mountainbiker am nördlichen Gardasee. Das kennen wir leider alles sattsam und zur Genüge auch aus einigen Regionen in Österreich und in Deutschland. In der Schweiz hingegen hat man das touristische Potenzial des Mountainbikens längst erkannt und tut einiges dafür.

Diese Abschweifung bot sich an dieser Stelle an und musste auch sein. Doch nun zurück zu unserem Trail. Bei der Entstehung des Trails wurde der steinige Untergrund mit Erde soweit aufgefüllt, dass er recht flüssig zu fahren gewesen sein soll. Weder vom einen (dem Schädel) noch vom anderen (der Erde fürs flüssige Fahren) ist heute noch etwas zu bemerken. Also nicht unbedingt etwas für Tourenfahrer, für Freeride-Freunde mit entsprechender Ausrüstung (Protektoren etc.) allerdings ein Leckerbissen. Von diesem Trail gibt es zahlreiche Videos auf YouTube (Suchwort: Val del Diaol, Skull). Dadurch gewinnt man einen guten ersten optischen Eindruck von der Strecke.

Die Anfahrt erfolgt ab Nago auf der Monte-Baldo-Straße. Die ist Zubringer für eine Vielzahl

Los geht es mit harmlosen Felsbrocken.

Damit man auch weiß, wo man sich befindet …

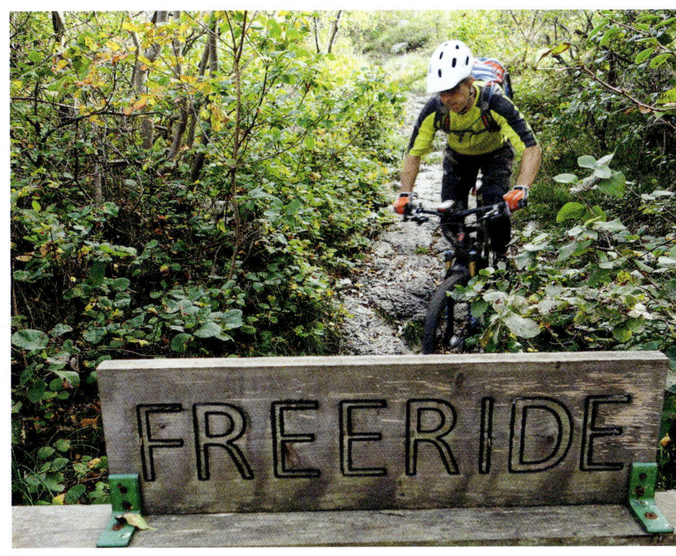

Val del Diaol – Freeride

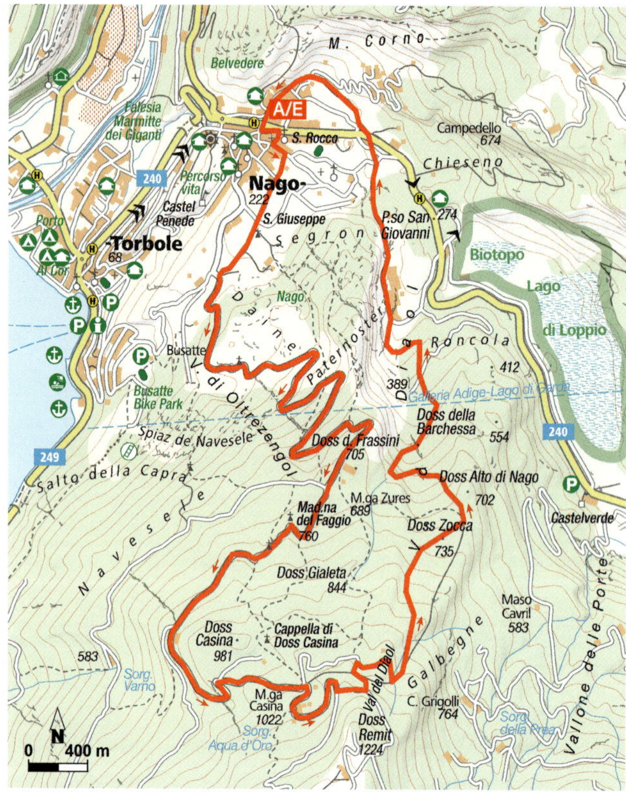

Rechte Seite oben: Nur wenige flowige Passagen…

Rechte Seite unten: Schön rumpelig – genau richtig für Matthias

weiterer Touren in dieser Region, von denen einige auch in diesem Buch (siehe Touren 12, 13 und eine Variante der 15) vertreten sind. Das ist eine ordentliche Fleißaufgabe für diejenigen, die diese Strecke aus eigener Kraft hochkurbeln wollen. Die, die mehr auf die Abfahrt fokussiert sind, werden eher eine der zahlreichen Shuttle-Möglichkeiten in Anspruch nehmen.

Wie dem auch sei, die Zufahrt zum Trail beginnt mit einer kurzen Schotterpassage auf der Strada Brentegana kurz nach der Malga Casina unterhalb des Dos Remit. Die Stelle ist mit einem Holzschild markiert, auf dem der Name »Downhill Val del Diaol« zu lesen ist. Nach ungefähr 300 Metern in östlicher Richtung befindet man sich nun am »offiziellen« Start des Downhills.

Grobe, verblockte Stellen wechseln sich mit Abschnitten aus losem Geröll ab, dazwischen flüssige Passagen – alles in allem eine Herausforderung für alle, die so etwas können und mögen. Mit entsprechend schwerem Gerät, sprich Mountainbike mit ordentlich Federweg und dicken »Schlappen«, wird man sich die Auffahrt im Sattel wohl ersparen und sich shutteln lassen…

Alternative

Falls man diese Tour von Torbole aus fährt oder sich von dort aus shutteln lässt, empfiehlt es sich, ab Mala so zu fahren wie beim Abschluss der Tour 12 – Dossi della Barchessa – beschrieben. Dazu biegt man gleich nach dem Ende des kleinen Gewerbegebietes rechts auf einen versteckten Trail ab. Nach dem Passieren von Nago fährt man dann ein Stück auf dem alten Römerweg Richtung Arco. Er verläuft unterhalb des berühmten Aussichtspunktes zum Gardasee in der letzten Kurve vor Torbole. Hier hat garantiert jeder schon einmal angehalten, der mit dem Auto angereist ist. Nach knapp 500 Metern geht es dann links einen kleinen, schmalen Pfad hinab ans nördliche Ende von Torbole. Nochmal ein bisschen ruppig und geröllig, sozusagen als Übergang zum Ausrollen bis zum Strandcafé, zu Meckis oder Winds Bar – je nachdem, wo man sein Hefeweizen nach dieser Tour genießen will.

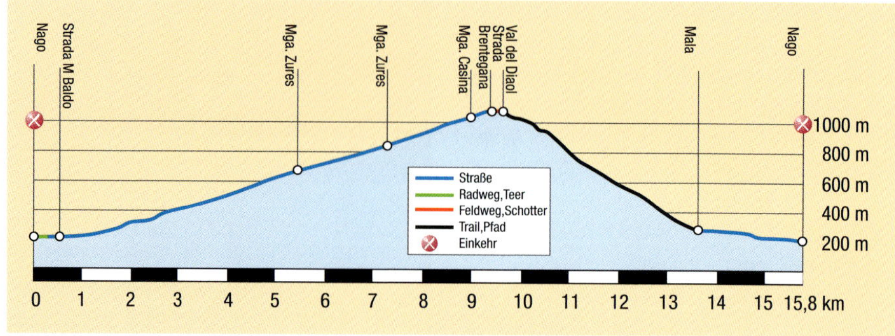

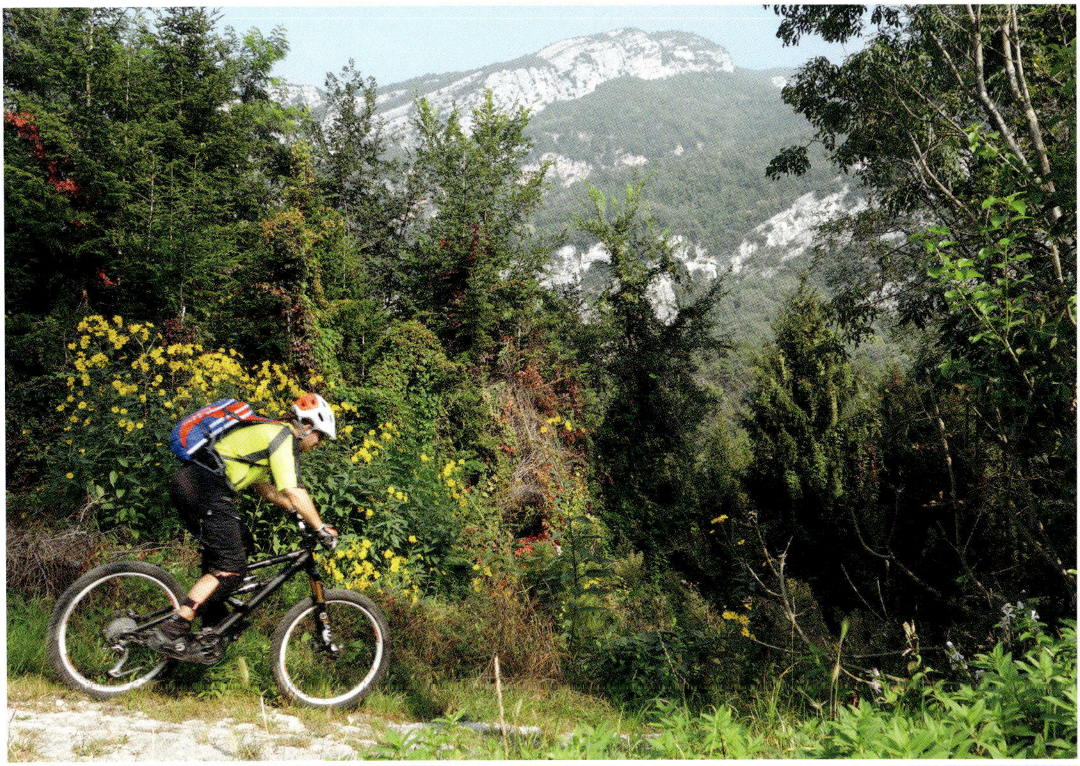

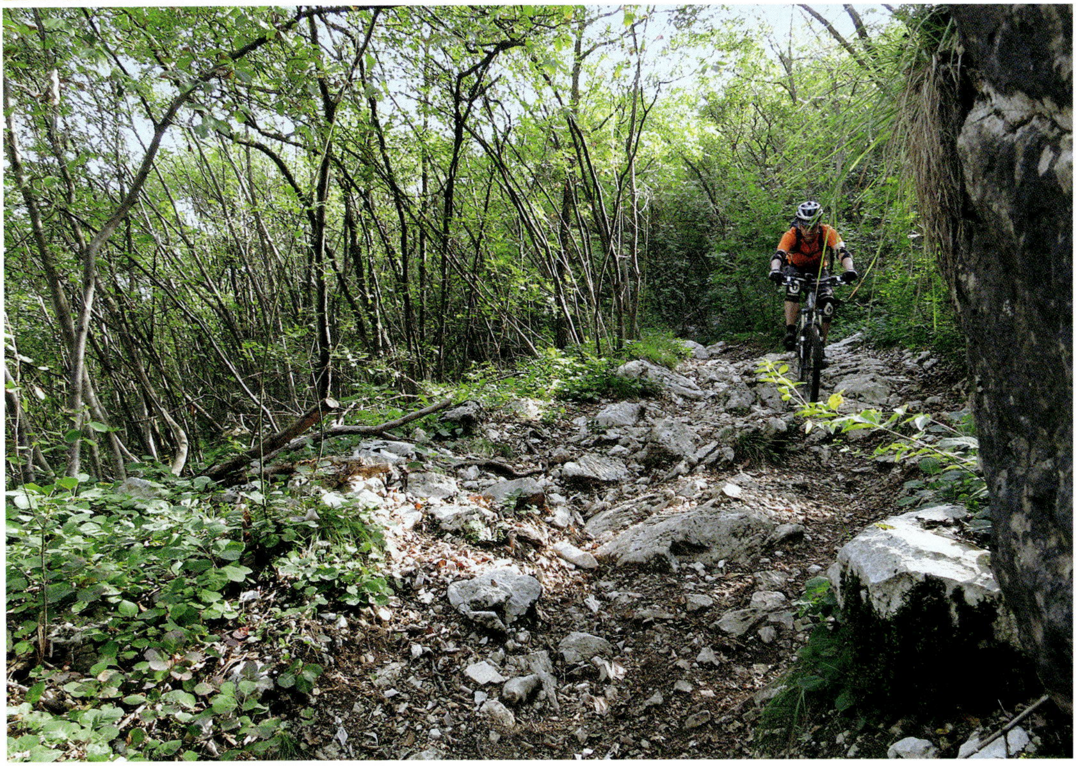

12 DOSSI DELLA BARCHESSA

Abseits der Hauptrouten am Monte Baldo

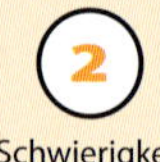
Schwierigkeit

Erlebniswert

1300
Höhenmeter

27
Streckenlänge (in km)

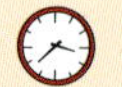
5
Zeit (in Std.)

TOURENCHARAKTER

KURZCHARAKTERISTIK

Schöne Bergtour am nördlichen Monte Baldo

AUSGANGS-/ENDPUNKT

Torbole

KONDITION

FAHRTECHNIK

TRAILS

Ø S0, max. S2

UNTERGRUND

Straße: 12 %
Radweg, Teer: 51 %
Feldweg, Schotter: 21 %
Trail, Pfad: 16 %

HÖCHSTER PUNKT

1292 m, bei Prati di Nago

NIEDRIGSTER PUNKT

68 m, Gardasee

EINKEHR

Wasserstelle an der Malga Casina (Aqua d'Oro); Nago, Hotel Continental, Via della Stazione 21 (www.tonellihotels.com); zum Abschluss Strandbar »Alla Sega« in Torbole oder Villa Stella

KARTE

Kompass-Wanderkarte 1:35 000, WK 697-1

GPS-TRACK

tour-12_Dossi_della_Barchessa.gpx

Viele Varianten für die Abfahrt gibt es, wenn man von Torbole aus die Monte-Baldo-Straße hinauffährt. Auf dieser sind mitunter Heerscharen von Mountainbikern unterwegs. Das Getümmel lichtet sich, sobald man ins Gelände abbiegt und urplötzlich allein unterwegs ist.

Die Anregung zu dieser Tour verdanke ich einem Leser, der die Tour »Malga Rigotti« aus dem Band Nord 2 meiner »Gardasee GPS Bikeguides« nachgefahren ist. Nach der Malga Rigotti hat Frank Suxdorf einen Abzweig »verpasst« und dabei einen schönen Trail gefunden, der wohl ein uralter Weg am nördlichen Monte Baldo ist. Heutzutage wird er nur selten begangen oder befahren, aber das kann sich ja nun ändern. Das Höhenprofil zeigt es: So soll eine nahezu ideale Tour für mich aussehen! Einer stetigen Steigung, gern auch auf einer Nebenstraße, folgt eine interessante Abfahrt in einer abwechslungsreichen Mischung aus Schotterpisten und Trails – und wenn das dann noch ohne nennenswerte Gegenanstiege möglich ist, umso besser!
Vom hohen Anteil an Straße sollte man sich bei dieser Tour nicht täuschen lassen. Das meiste davon legt man auf der Monte-Baldo-Straße zurück, die ein beliebter Zubringer für viele Touren am Gardasee ist. Da diese keine Ortschaften bedient und ab einer Höhe von ungefähr 1550 Metern über dem Meeresspiegel nicht mehr von Autos befahren werden kann, hält sich der Fahrzeugverkehr in Grenzen. Ab und an kommt vielleicht ein Shuttle vorbei, beladen mit den Mountainbikes derer, die lieber nur bergab fahren und entsprechend schweres Gerät dabei haben. Oder ein Einheimischer in einem

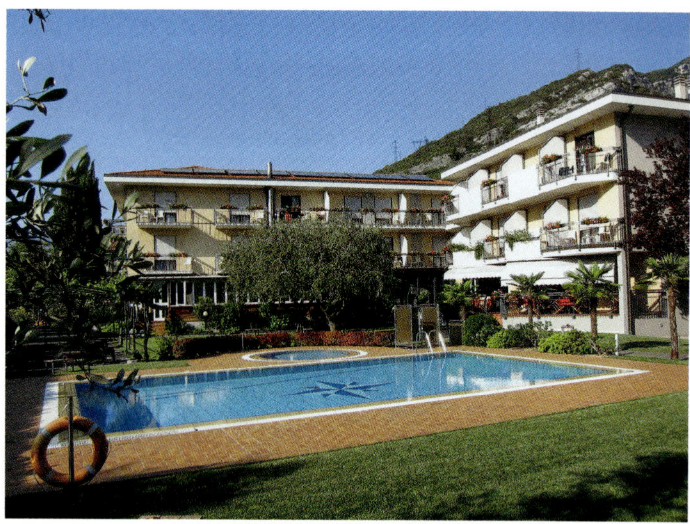

Mein Paradies – die Villa Stella

1300 Hm | **27 km** | **5 Std.**

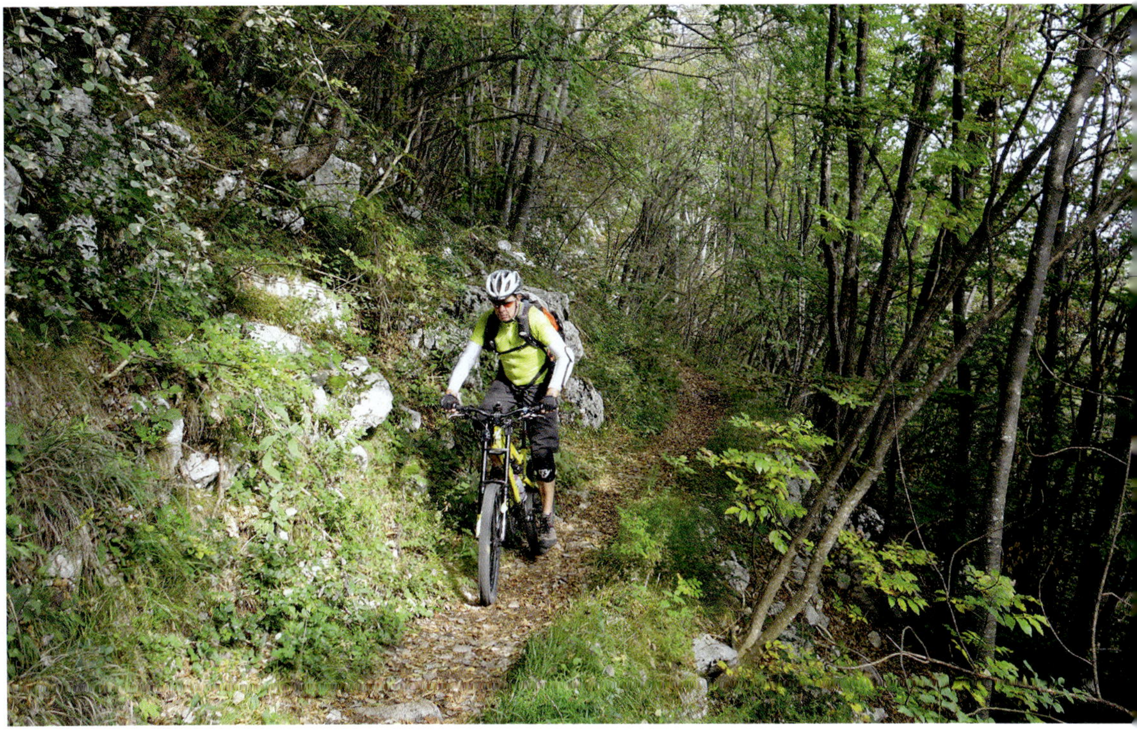

Fiat Panda mit Allrad – dem in Italien offensichtlich äußerst beliebten, weil perfekten Fahrzeug für die manchmal sehr schmalen Bergsträßchen.

Die Anfahrt erfolgt ab Torbole über den Parco Busatte zur Monte-Baldo-Straße. Dabei legt man mehr als 1200 Höhenmeter am Stück zurück bis in die Nähe von Prati di Nago, den Wiesen von Nago. In der letzten Kehre vor dem offenen Gelände befindet sich ein Abzweig nach links. Er markiert bei dieser Tour gleichzeitig den Beginn der Abfahrt. Gleich geht es auf einer Schotterpiste bergab mit einem schönen Ausblick auf die gegenüberliegenden Berge. Dort befindet sich ein größeres Wiesengelände, auf dem sich einige Häuser befinden. Diese waren früher wohl Hütten zur Bewirtschaftung der Hochalmen. Inzwischen werden sie offenkundig als Sommerhäuser in den Bergen genutzt. Die meisten haben eine gepflegte Terrasse mit einer Feuerstelle.

Wir halten uns bei den Häusern rechts. Nach einer kurzen Trailpassage sind wir schon auf der Strada Brentegana. Den Abzweig zur Malga Rigotti kann man kaum verpassen. Er biegt als breiter Schotterweg links ab, ungefähr auf einer Höhe von 1070 Metern. Bald erreichen wir die einsame Berghütte, wo es sich anbietet, eine Pause einzulegen. Bewirtschaftet ist die Hütte nicht; man sollte also selbst etwas dabeihaben.

Nach der Malga Rigotti geht es weiter steil

Trail bei den Dossi della Barchessa

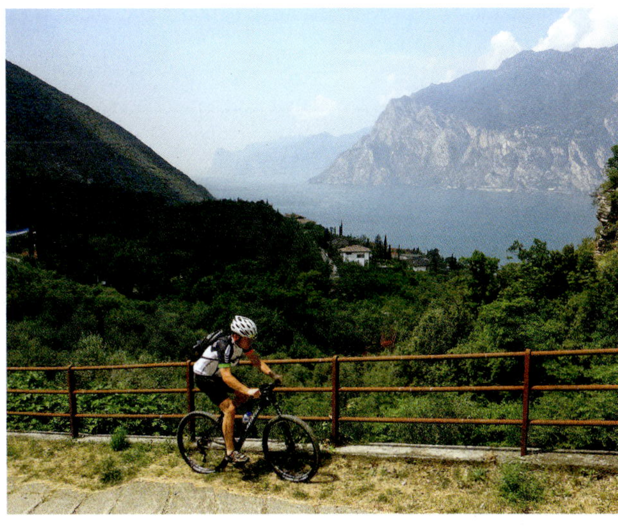

Rampe zwischen Busatte und Nago

Dossi della Barchessa

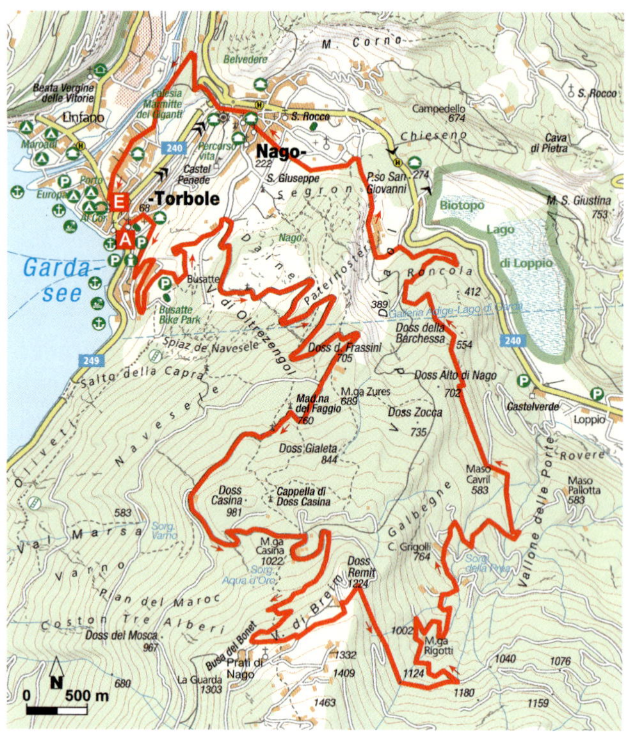

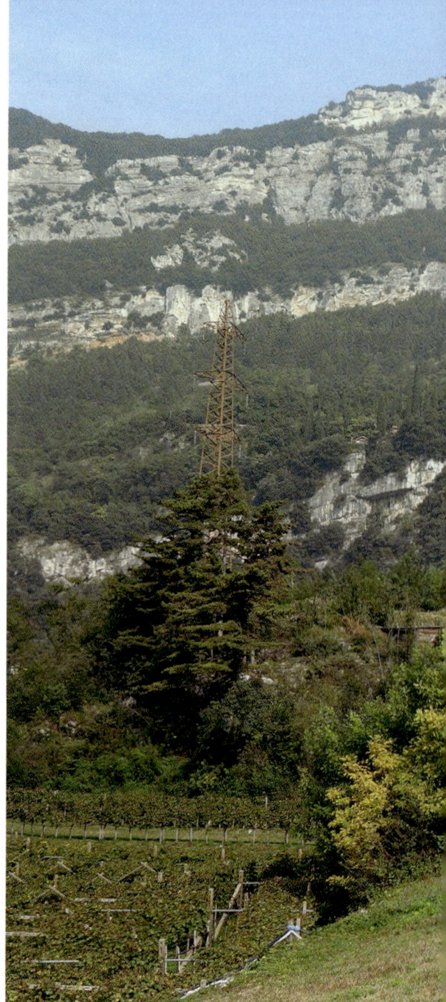

bergab. Es gibt hier ein weit verzweigtes Wegenetz. Falls man einen Abzweig verpasst, kommt man immer irgendwie unten im Loppiotal an, das Mori mit dem Gardasee verbindet. Bei der Abfahrt wechselt der Untergrund kurzzeitig zu grobem Waschbeton. Der unscheinbare erste Abzweig befindet sich dann wieder an einer Schotterpiste. Der Weg ist etwas verwachsen, aber noch gut zu erkennen. Anschließend gabelt sich der Trail wieder – wir bleiben links. Oberhalb des ehemaligen Loppiosees schlängelt sich der Pfad entlang des Berghangs. Ohne nennenswerte Gegensteigungen passiert er die Gegend um die Dossi della Barchessa; die Bezeichnung habe ich auf alten Militärkarten gefunden. Der Klang inspirierte mich dazu, diesen Namen für die Tour zu verwenden.

Ohne technische Höchstschwierigkeiten erreicht der Pfad die Downhillstrecke im Val del Diaol (siehe auch Tour 11 in diesem Buch).

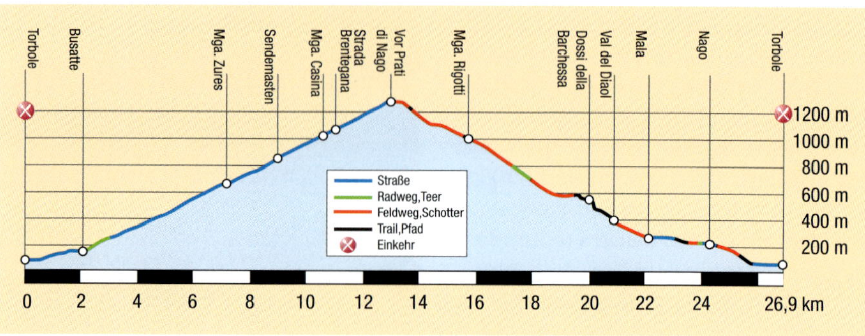

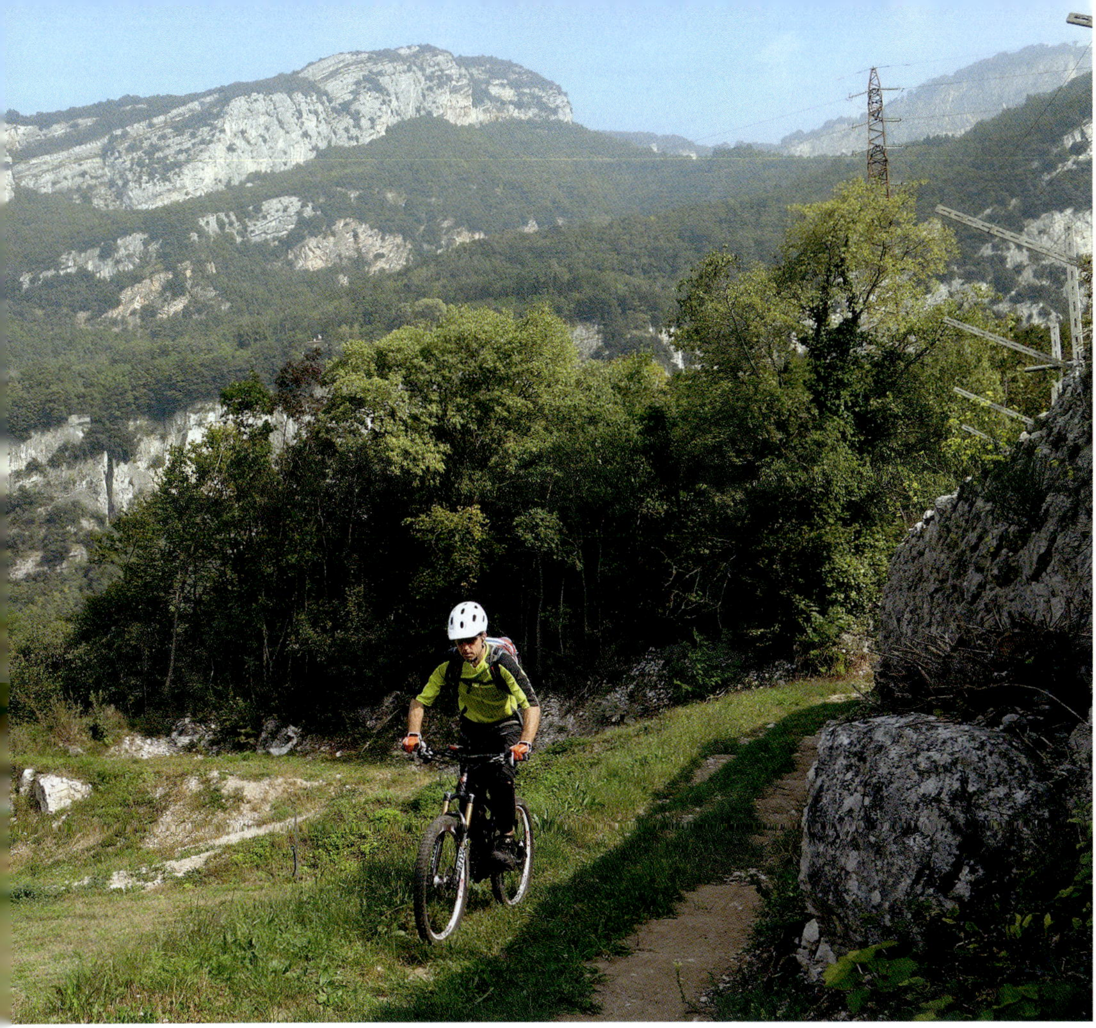

Wahlweise kann man nun die Tour auf dieser Route fortsetzen. Ich habe bei dieser Tour den einfachen Weg gewählt und einen kleinen Schlenker auf einer Forstpiste angehängt (weil ich den noch nicht kannte). Am kleinen Gewerbegebiet von Mala vorbei rollt es sich dann leicht in Richtung Nago. Augen auf, gleich nach den letzten industriellen Gebäuden zweigt vor der schmalen Brücke rechter Hand noch ein kleiner Trail ab, der in den Olivenhainen und Weinbergen in einen Feldweg übergeht. Den passenden Abschluss zu dieser Tour bildet der alte Römerweg, vorbei am berühmten Aussichtspunkt bei Nago und dann links auf einem etwas gröberen Trail. Der kommt am Ortsende von Torbole heraus, ganz in der Nähe der Villa Stella. Diesem Hotel widme ich auch diese Tour, weil die Atmosphäre des Hauses eine stete Quelle der Inspiration für mich ist…

In der Nähe von Nago

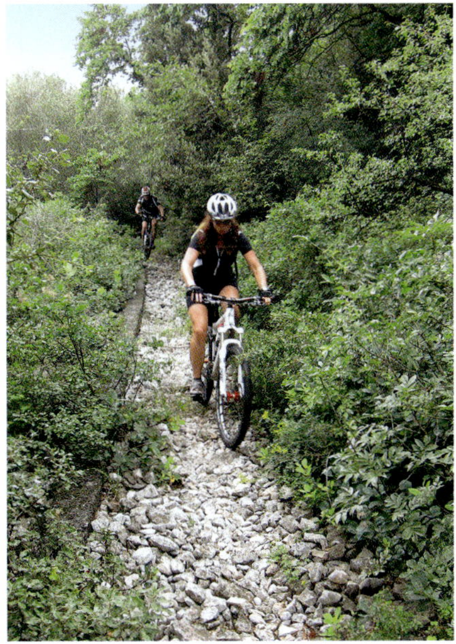

Letzter versteckter Trail hinunter nach Torbole

13a DOSSO DEI ROVERI 1

Ein Bike-Klassiker am Gardasee

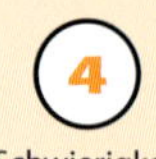

Schwierigkeit	Erlebniswert	Höhenmeter	Streckenlänge (in km)	Zeit (in Std.)
4	✪✪✪✪✪	1140	30,6	5

TOURENCHARAKTER

KURZCHARAKTERISTIK
Anspruchsvolle MTB-Tour mit hohem Trailanteil

AUSGANGS-/ENDPUNKT
Torbole

KONDITION ✪✪✪✪✪

FAHRTECHNIK ✪✪✪✪✪

TRAILS
Ø S0, max. S2

UNTERGRUND
Straße: 32 %
Radweg, Teer: 29 %
Feldweg, Schotter: 18 %
Trail, Pfad: 21 %

HÖCHSTER PUNKT
1148 m, Strada Bait della Selva

NIEDRIGSTER PUNKT
67 m, Gardasee

EINKEHR
Ristoranti in Navene und Baitoni, Strandbar »Alla Sega« in Torbole

KARTE
Kompass-Wanderkarte 1:35 000, WK 697-1, 102

GPS-TRACK
tour-13a_Dosso_dei_Roveri.gpx

Ganz zurecht wird diese Tour immer wieder genannt, wenn es um die Top Ten für Mountainbiker am Gardasee geht. Sie hat alles, was eine gute Tour braucht: viel Panorama bei der Auf- und Abfahrt und einen spektakulären Trail auf alten Militärpfaden. Wer im Trailrausch am Dosso dei Roveri vorbeifährt, hat definitiv etwas verpasst. Die Aussicht ist genial.

Auch diese Tour ist einer der Klassiker am Gardasee, sie gehört einfach dazu. Ich selbst bin diese Tour wohl mindestens ein Dutzend Mal gefahren. Start ist in Torbole am Hotel Centrale. Rechts daran vorbei geht es das steile Sträßchen hoch in Richtung des Sportparks »Busatte«. Dort befindet sich übrigens seit einiger Zeit ein kleiner Bikepark. Der örtliche Mountainbike-Verein hat hier einen interessanten Rundkurs angelegt, auf dem man sich bei Bedarf austoben kann. Weiter führt der Weg auf einer Waschbetonpiste durch die Olivenhaine hoch auf das Plateau bei Nago. Hier beginnt die berühmte Monte-Baldo-Straße. Auf der sind mitunter Unmengen von Bikern unterwegs. Immer wieder lassen sich ein paar Freerider mit Autos hochshutteln. Einerseits für die Tour, die wir gerade unternehmen und andererseits zum Start des Downhill im Val del Diaol (siehe Tour 11).
In der Nähe der Sendemasten am Dos Casina gabeln sich dann die beiden Varianten der »Dosso dei Roveri«-Tour. Bei der Variante 1 biegt man in Sichtweite von, aber noch vor den Sendemasten rechts auf eine Schotterpiste ab. Dabei verliert man ein paar Höhenmeter, die man sich an der Bergflanke des Monte Baldo wieder hochkämpfen muss. Der Schotterweg ist grob und teilweise recht steil, sodass man ordentlich in die Pedale treten muss. Wenn man die

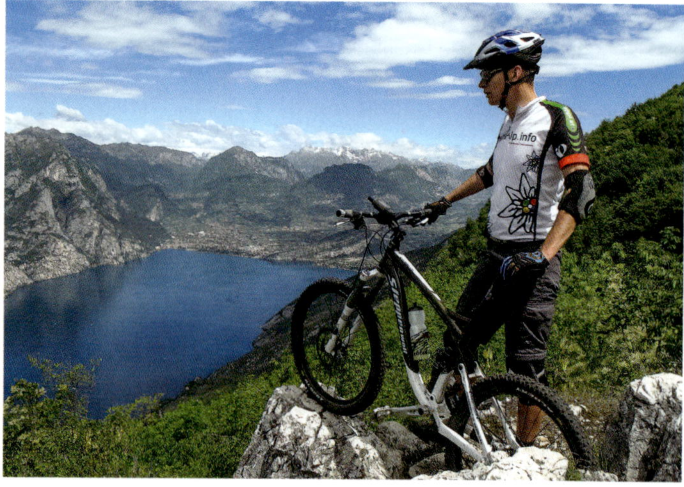

Wer am Dosso dei Roveri einfach so vorbeifährt, verpasst dieses Traumpanorama

1140 Hm	30,6 km	5 Std.

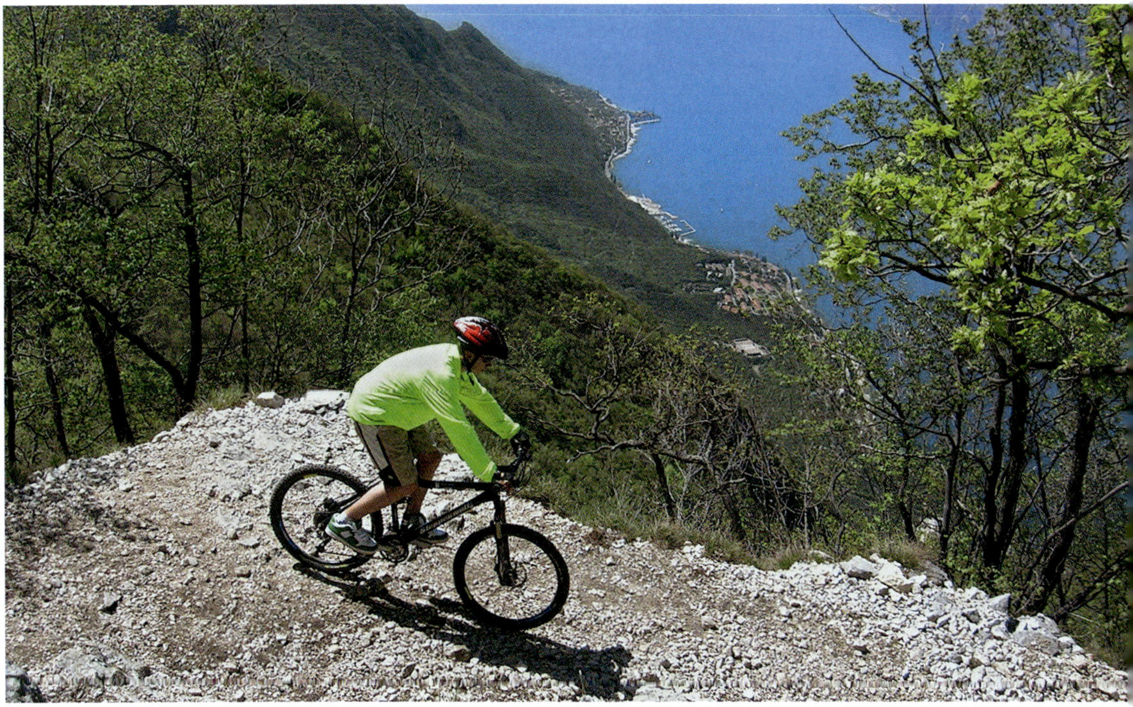

Im Trail nach Navene

Forsthütte Baita della Selva passiert hat, liegt das Gröbste hinter einem, und bald beginnt die legendäre Trailabfahrt auf einem alten Militärweg. In vielen Serpentinen schlängelt sie sich bergab in Richtung Navene. Den Stopp am Aussichtsfelsen »Dosso dei Roveri«, der dieser Tour ihren Namen gab, sollte man nicht verpassen. Seine Höhe wird mit 1067 Metern angegeben, also exakt 1000 Meter über dem Niveau des Gardasees. Der Fels ist vom Weg aus nicht direkt sichtbar. Wenn man es nicht weiß, rauscht man also leicht daran vorbei. Zur Orientierung ist es gut zu wissen, dass an dieser Stelle ein weiterer Pfad von oben in unseren Weg 6 einmündet. Direkt in einer steilen Linkskurve geht rechts ein kurzer Stichweg zum »Dosso dei Roveri«. Die Räder kann man an dieser Stelle getrost deponieren. Nach einer kurzen Kletterpassage breitet sich dann ein atemberaubendes Panorama vor den Augen aus.

Wenn man sich sattgesehen hat, geht es zurück auf den Trail, der nun etwas heftiger wird. Knifflige Trailabschnitte mit engen Kurven wechseln sich mit grobem Schotter ab. Bei den diversen S2-Passagen wird ein weniger versierter Fahrer wohl das eine oder andere Mal absteigen wollen (oder müssen). Absteigen ist nie eine Schande – Hauptsache, man kommt ohne Bles-

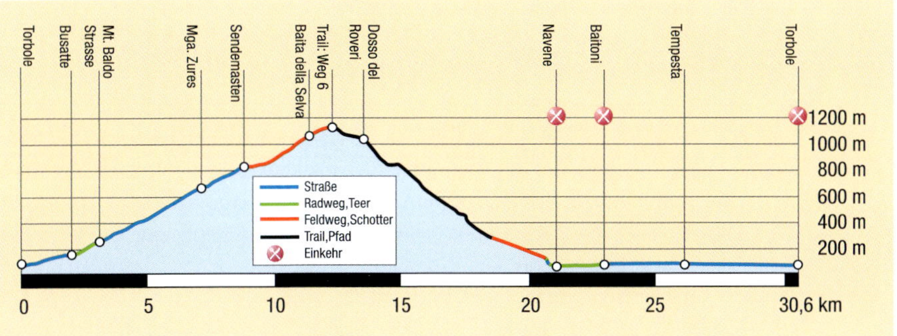

13b DOSSO DEI ROVERI 2

Variante zu einem Bike-Klassiker am Gardasee

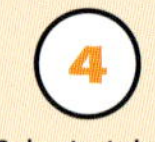

Schwierigkeit 4 | Erlebniswert |  1330 Höhenmeter | 34,2 Streckenlänge (in km) | 6 Zeit (in Std.)

TOURENCHARAKTER

KURZCHARAKTERISTIK
Anspruchsvolle MTB-Tour mit hohem Trailanteil

AUSGANGS-/ENDPUNKT
Torbole

KONDITION

FAHRTECHNIK

TRAILS
Ø S0, max. S1

UNTERGRUND
Straße: 29 %
Radweg, Teer: 39%
Feldweg, Schotter: 14 %
Trail, Pfad: 18 %

HÖCHSTER PUNKT
1314 m, Prati di Nago

NIEDRIGSTER PUNKT
67 m, Gardasee

EINKEHR
Ristoranti in Navene und Baitoni, Strandbar »Alla Sega« in Torbole

KARTE
Kompass-Wanderkarte 1:35 000, WK 697-1, 102

GPS-TRACK
tour-13b_Dosso_dei_Roveri.gpx

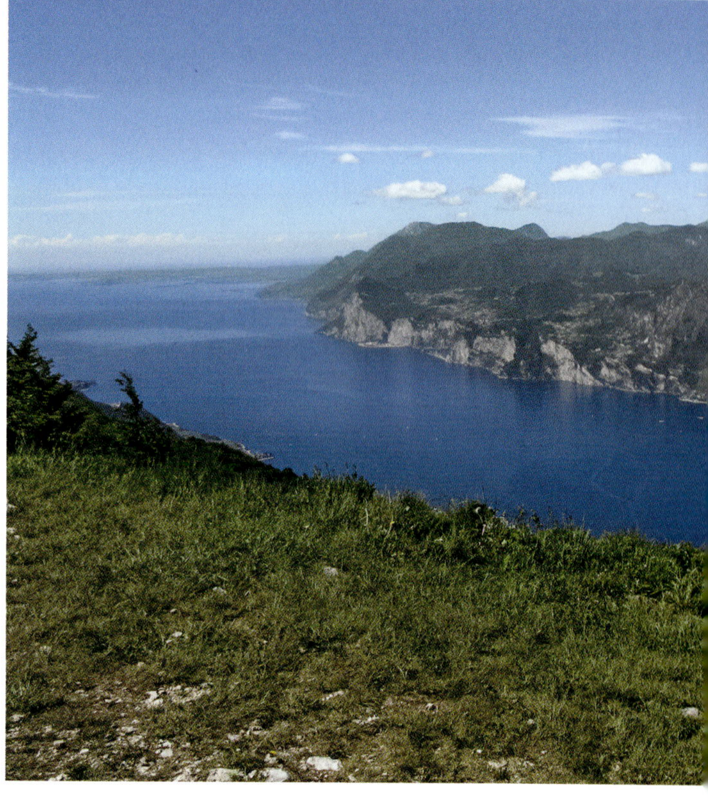

suren unten in Navene an. Die Rückfahrt erfolgt zwischen Navene und Baitoni auf dem Radweg direkt am Ufer des Gardasees. Am Campingplatz Baitoni muss man auf die Uferstraße nach Torbole wechseln und durch einige Tunnel zurück nach Torbole fahren (nicht vergessen: Im Tunnel ist Licht am Fahrrad Pflicht und das Tragen von Warnwesten vorgeschrieben).

Variante – Dosso dei Roveri 2

Mein persönlicher Favorit ist diese Variante der Tour, auch wenn man einige Höhenmeter mehr zurücklegen muss. Diese fahren sich auf der Teerstraße aber deutlich leichter als auf Schotter, wenn man schon bei den Sendemasten abbiegt. Wir bleiben also auf der Monte-Baldo-Straße und passieren kurz nach dem Abzweig der Tourvariante 1 einen markanten Aussichtspunkt. Das ist ein riesiger Felsblock rechts an der Straße. Der hat sich irgendwann aus dem Gipfelbereich des Monte Baldo gelöst und ist hier zum Liegen gekommen. Weiter geht es bergauf. An der Malga Casina kreuzen wir den Sentioro 601, und ein Schild weist auf die einzige Wasserstelle bei dieser Auffahrt hin. Das ist die Sorgente Acqua d'Oro. Von der Straße aus sind es keine hundert Meter bis dorthin. Ich habe dort schon Wasser nachgefüllt, obwohl ein Schild eigentlich verkündet: »non potabile« – nicht trinkbar. Ich habe es überlebt; allerdings behauptet meine Frau, ich hätte einen Pferdemagen. Ob man nun Wasser nachfüllt oder nicht – weiter geht es auf der Monte-Baldo-Straße bis auf eine Höhe von ca. 1300 Metern. Bei den Wiesen »Prati di Nago« trifft man auf ein paar Häuser und wechselt nach rechts auf die Schotterpiste. Nach einem Aussichtspunkt geht es bald nur noch abwärts. Auf einer Höhe von ca. 1131 Metern über dem Meeresspiegl trifft man auf die Strecke der Tourvariante 1.

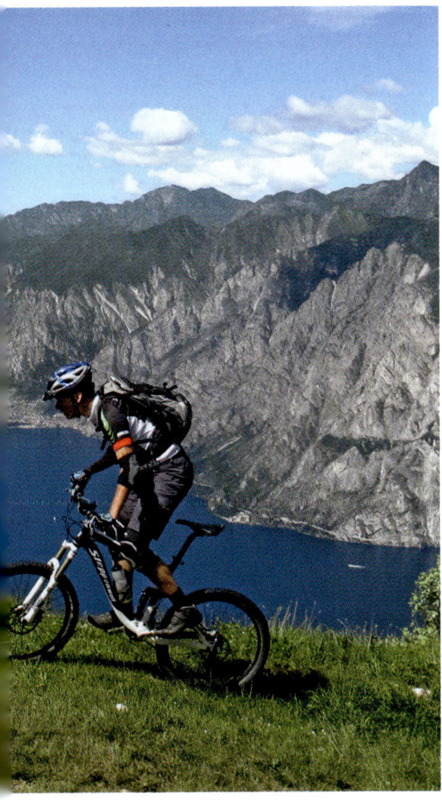

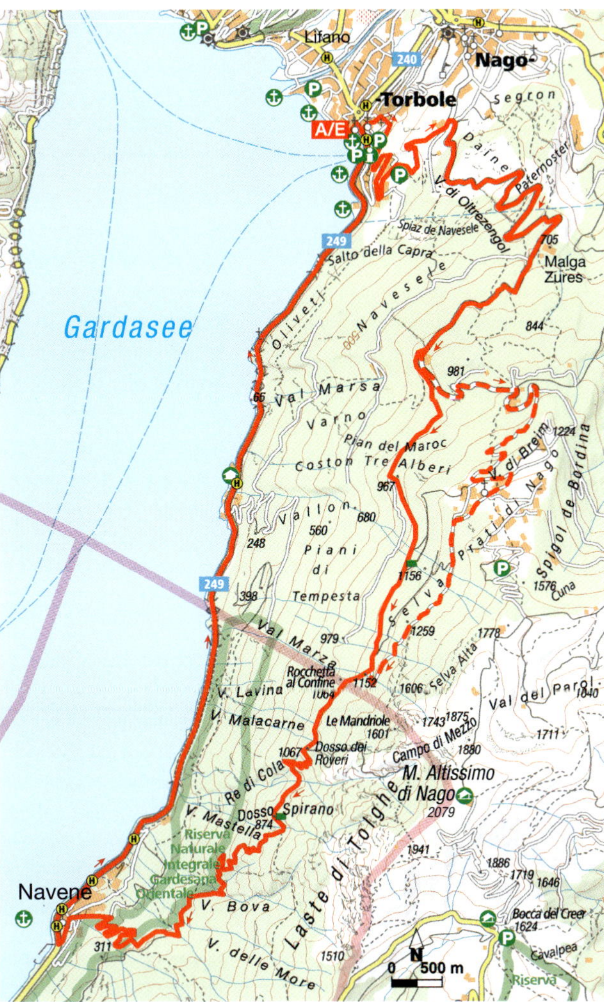

Links: Am Traileinstieg bei Prati di Nago

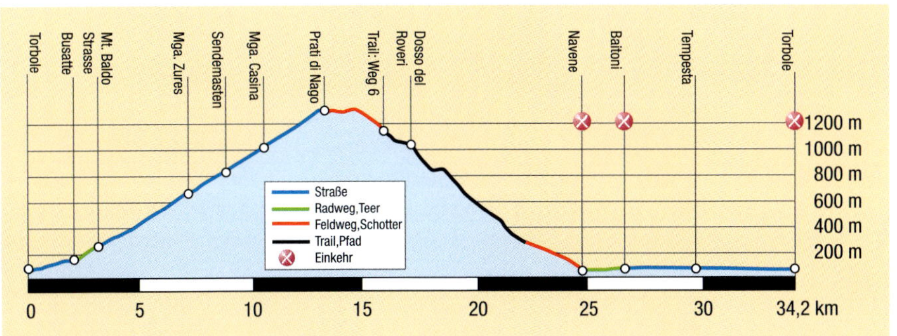

14 CORNO DELLA PAURA

Auf den Spuren des Sentiero della Pace

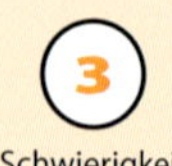
Schwierigkeit

Erlebniswert

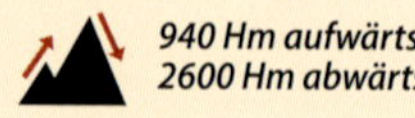
Höhenmeter

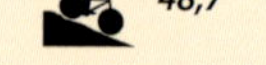
Streckenlänge (in km)

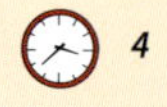
Zeit (in Std.)

TOURENCHARAKTER

KURZCHARAKTERISTIK
Eindrucksvolle Tour am Monte Baldo

AUSGANGS-/ENDPUNKT
Torbole

KONDITION

FAHRTECHNIK

TRAILS
Ø S0, max. S2

UNTERGRUND
Straße: 26 %
Radweg, Teer: 32 %
Feldweg, Schotter: 32 %
Trail, Pfad: 10 %

HÖCHSTER PUNKT
1752 m, Bergstation Monte Baldo Seilbahn

NIEDRIGSTER PUNKT
67 m, Gardasee

EINKEHR
Rifugio Graziani, Bicigrill in Loppio, Strandbar »Alla Sega« in Torbole

KARTE
Kompass-Wanderkarte 1:35 000, WK 697-1

GPS-TRACK
tour-14_Corno_della_Paura.gpx

Vor der Mountainbiketour zum »Horn der Angst« braucht man sich nicht zu fürchten. Eher wird sie wohl Glücksgefühle auslösen, weil sie alles beinhaltet, was eine gute Tour ausmacht: einen spannenden Auftakt, eine panoramareiche Strecke und interessante Trails.

»Corno della Paura« (sprich: paura) – Horn der Angst. Noch ein Klassiker am Gardasee und für mich eine der schönsten Touren, auch weil man bei dieser Variante die meisten Höhenmeter mit der Seilbahn von Malcesine auf den Monte Baldo zurücklegt (siehe auch die Hinweise zur Seilbahn in Malcesine bei Tour 15).

Das heißt nicht, dass es ab der Bergstation Tratto Spino nur noch bergab geht und die Tour deshalb leicht sei. Gleich nach der ersten Abfahrt zur Bocca di Navene muss man bis zum Rifugio Graziani wieder knapp 200 Höhenmeter bergauf strampeln. Hier wechseln wir auf die Schotterpiste in Richtung Malga Bes. Dadurch umgehen wir elegant die Straße, auf die wir dann wieder stoßen und auf der wir hinunter nach San Valentino rollen. Gleichzeitig befinden wir uns nun auf dem berühmten Sentiero della Pace, der dem Frontverlauf des Ersten Weltkrieges folgt. Wir werden bis nach Saccone auf diesem Weg bleiben.

Bis dahin ist es aber noch ein gutes Stück. Zunächst erreichen wir auf einem Stichweg den Corno della Paura, der in einer Höhe von 1539 Metern gut

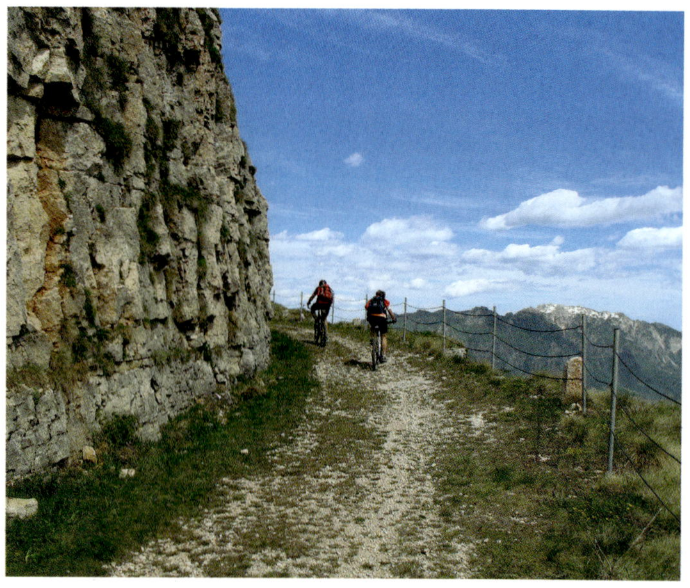

Alte Militärpiste am Colme di Vignola

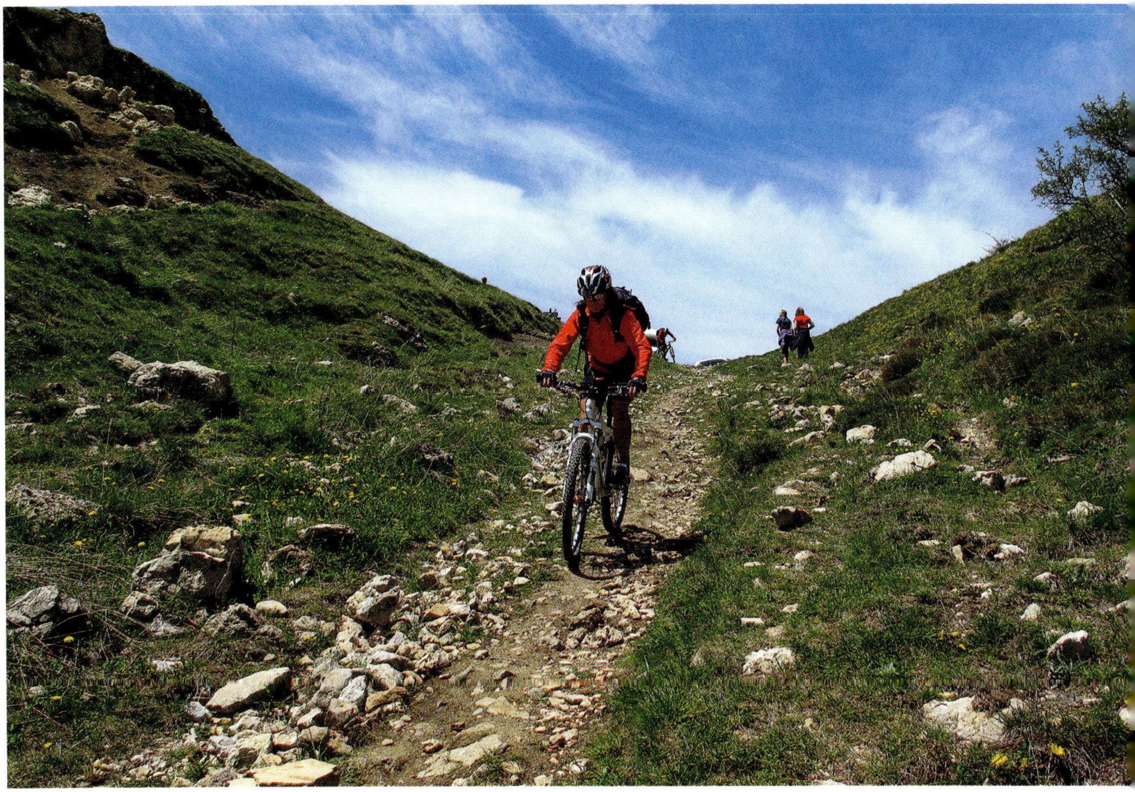

1400 Meter über dem Etschtal thront. Der markante Berg war im Ersten Weltkrieg von großer strategischer Bedeutung, da er als ein natürlicher Wachturm fungierte. Überreste alter Stellungen und Schützengräben geben davon ein beredtes Zeugnis ab. Weiter geht es auf einer in den Fels gehauenen Schotterpiste hinab zur Bocca d'Ardole. Der Anstieg entlang des Colme di Vignola wartet nun auf uns. Wir können auf der alten Militärstraße bleiben, da die Brücke seit ein paar Jahren instandgesetzt ist. Sie überbrückt eine tiefe Schlucht, die zuvor nicht passierbar war. Auf dem Weg dorthin machen wir noch einen kleinen Abstecher zum markanten Kreuz, das sich auf einem kleinen, seitlichen Bergrücken erhebt.

Ins Etschtal führen einige Trails hinab, die im Zuge der militärischen Erschließung von den Soldaten als Zubringer genutzt wurden und sicher auf uralte Wege zurückgehen, die schon unsere Vorfahren anlegten. Wir bleiben auf der Hauptstrecke. Nach der Schotterabfahrt erhebt sich vor uns der Monte Vignola. Den müssen wir nicht bezwingen, sondern wir umfahren ihn links bergab in Richtung Polsa. Im freien Almgelände folgt bald ein Abzweig scharf rechts. Falls das Schild noch vorhanden ist, darauf steht: »Percorso 8«. Schließlich tauchen wir in den dichten, ursprünglichen Wald ein und freuen uns über die grobe Schotter-

Trail bei der Bocca del Creer

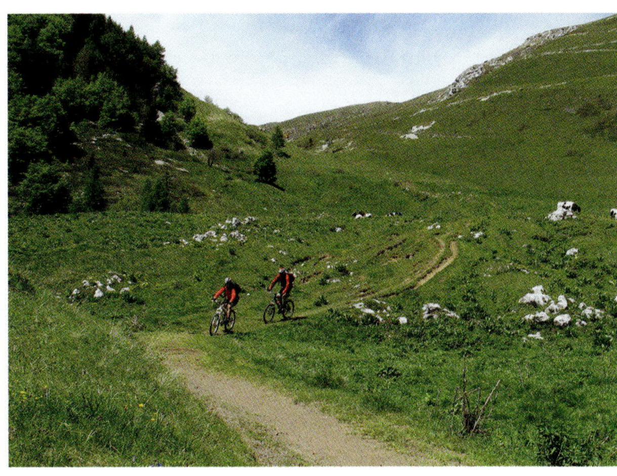

Schotterpiste in Richtung Malga Bes

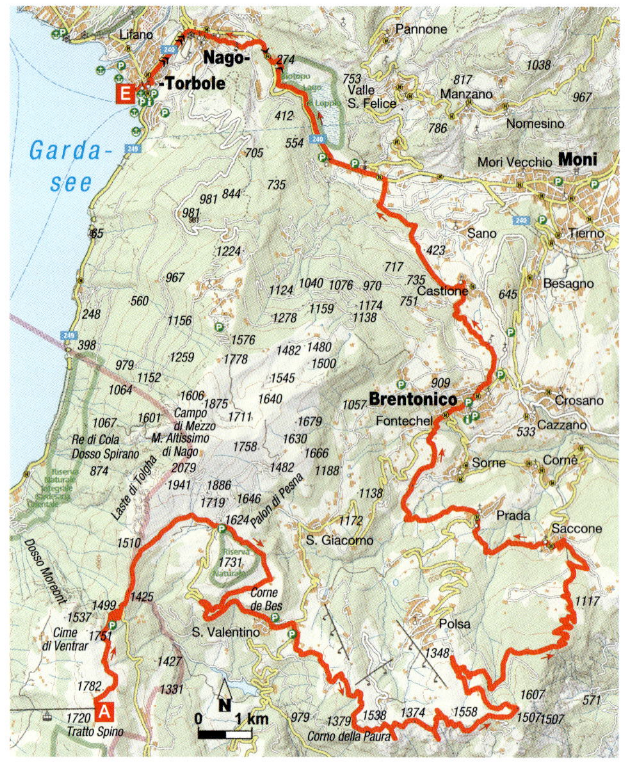

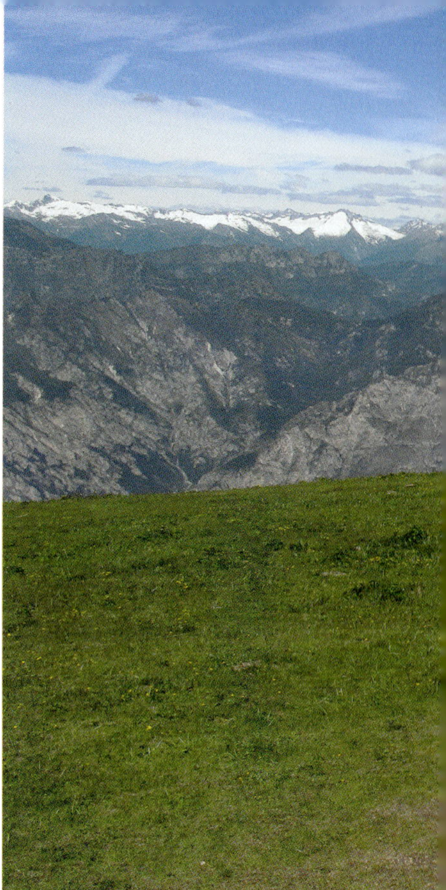

piste, auf der man es mit einem Fully gut laufen lassen kann.

Kurz nach dem Dosso Rotondo verlassen wir die Piste. Der Sentiero della Pace verläuft nun als Trail nach Saccone. Wer das nicht mag, bleibt bis Saccone auf der Schotterpiste, die später zu einem kleinen Asphaltsträßchen wird. Die müssen wir bei einem einzelstehenden Haus (Marezi) kurz befahren. Gleich darauf zweigt links wieder ein kleiner, teilweise verwachsener Trail ab, der uns zum markanten Kreuz oberhalb des Örtchens Saccone bringt. Im Ort befindet sich auch ein Brunnen, wo man seine Wasservorräte auffüllen kann.

Um nach Brentonico zu gelangen, gibt es keine sinnvolle Alternative zur kaum befahrenen Straße. Doch keine Sorge, es folgen noch ein paar interessante Abschnitte. Nach Brentonico folgt das Bergdorf Castione, das in seiner kompakten Struktur an die wehrhaften Dörfer in der Toskana erinnert. Auch hier kann man wieder Wasser aus dem Dorfbrunnen tanken. Weiter geht es durch die terrassierten Felder an der Flanke des Monte Baldo entlang bis zu

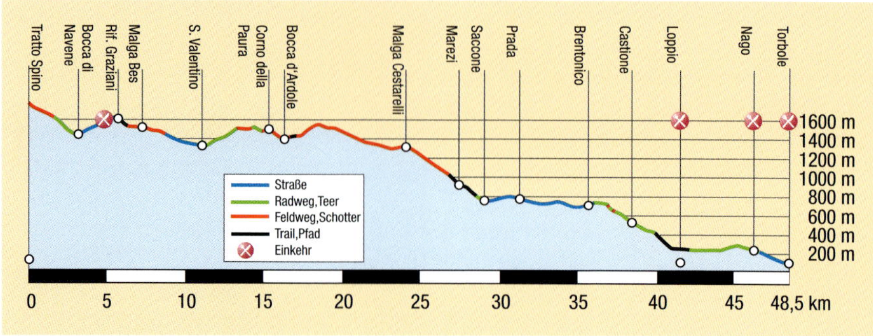

einer Wegkreuzung. Geradaus folgt zum Abschluss ein grober Karrenweg, wie er für die Gardaseeregion typisch ist. Vor Jahrhunderten angelegt mit den rundgeschliffenen Steinen, die die Eiszeiten hinterlassen haben, hat er die Jahrhunderte überdauert. Der Lack ist ab, möchte man sagen, geblieben sind die Runzeln und Furchen.

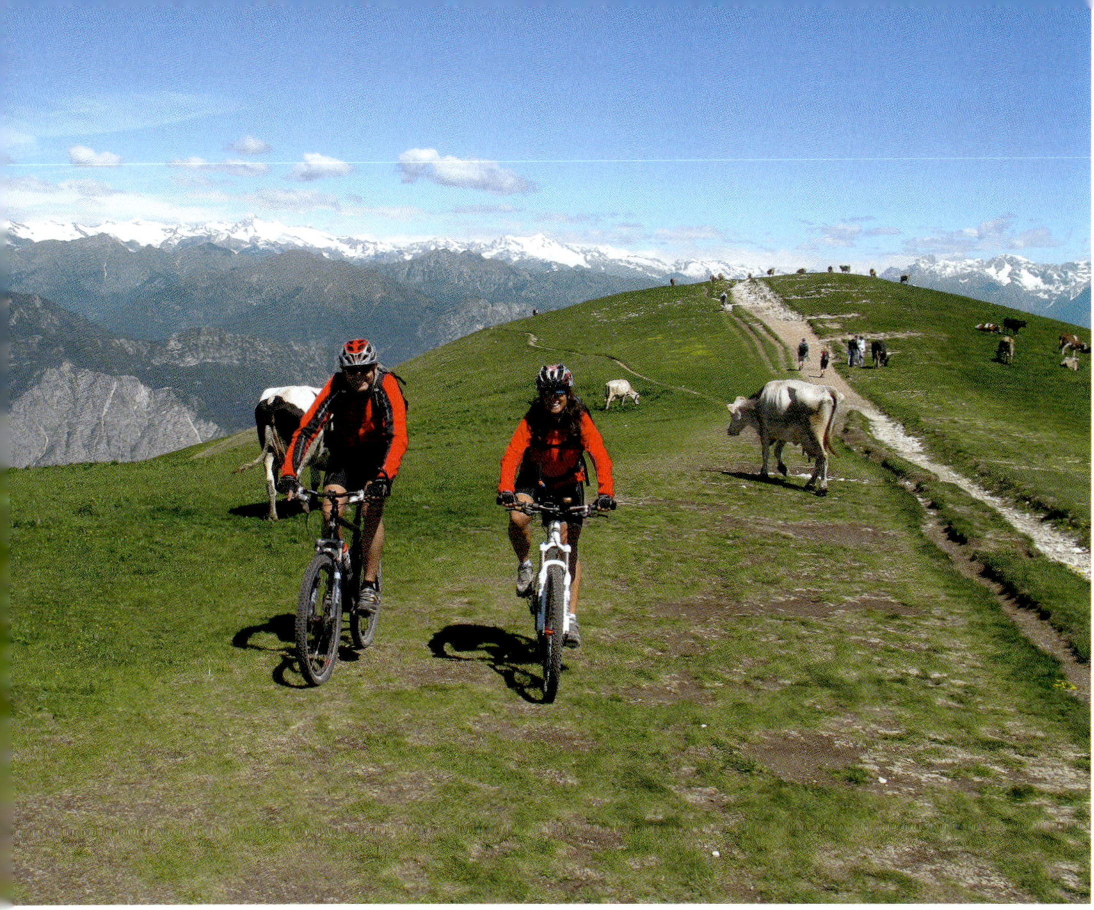

Wer danach partout keine Lust mehr auf Rumpelpisten hat, kann diesen Abschnitt leicht umfahren, indem er an der Kreuzung rechts abbiegt und auf einfacher Piste über Sano zum Radweg gelangt, der Mori mit dem Gardasee verbindet. Wir wollen es heute aber wissen und nehmen die Herausforderung an. Schön ist es, wenn man es dann geschafft hat und nur noch die entspannte Heimfahrt ab Loppio auf uns wartet. Der kurze Anstieg zum Passo San Giovanni verleitet einen doch immer wieder, eine kleine Bergwertung auszufahren. Ich werde knapp Dritter, zu mehr reicht es heute nicht. Egal, das war eine Supertour, wir rollen hinunter nach Torbole und stoßen darauf direkt am Seeufer an.

Hinweis: Hat man sein Urlaubsquartier in oder bei Malcesine aufgeschlagen, empfiehlt es sich, abends gemütlich mit dem Schiff von Torbole aus zurück nach Malcesine fahren. Superschön in den Sonnenuntergang hinein. Letzte Abfahrt beachten!!!

Pflichtprogramm: der kleine Abstecher auf den Colma di Malcesine

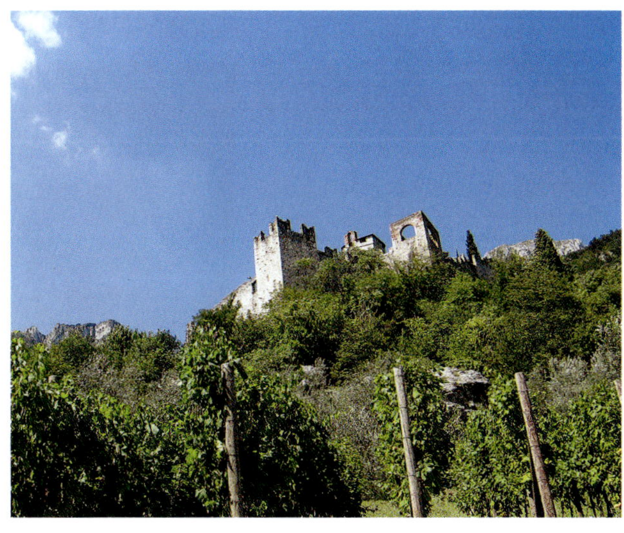

Castello di Sabbionara bei Avio im Etschtal

15 ALTISSIMO

Big Five – Part 3: Gipfelsturm am Gardasee

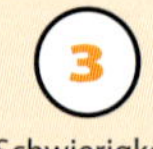
Schwierigkeit

Erlebniswert

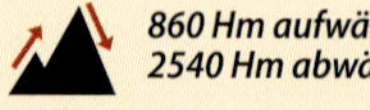
860 Hm aufwärts, 2540 Hm abwärts
Höhenmeter

33,5
Streckenlänge (in km)

5
Zeit (in Std.)

TOURENCHARAKTER

KURZCHARAKTERISTIK
Die Königstour am nördlichen Monte Baldo

AUSGANGS-/ENDPUNKT
Malcesine (Seilbahn)/Torbole

KONDITION

FAHRTECHNIK

TRAILS
Ø S1, max. S2

UNTERGRUND
Straße: 10 %
Radweg, Teer: 38 %
Feldweg, Schotter: 22 %
Trail, Pfad: 30 %

HÖCHSTER PUNKT
2079 m, Monte Altissimo

NIEDRIGSTER PUNKT
70 m, Torbole

EINKEHR
Rifugio Graziani; Rifugio Altissimo (von Mai bis Oktober täglich, am Wochenende ganzjährig geöffnet); Bicigrill in Loppio; Villa Stella, Torbole, Via Strada Granda 104 (Tel. +39/04 64/50 53 54, www.villastella.it)

KARTE
Kompass-Wanderkarte 1:35 000, WK 697-1

GPS-TRACK
tour-15_Altissimo.gpx

Egal, ob man einen Bergsteiger oder Mountainbiker fragt, warum man einen Berg bezwingen will, wird die Antwort heißen: Weil er da ist. Der Altissimo ist am Gardasee der höchste Gipfel, den man mit dem Mountainbike erreichen kann. Seine Bezwingung gehört deshalb zum Pflichtprogramm jedes ambitionierten Mountainbikers und lässt sich von hart bis herzlich absolvieren.

Es hat eine ganze Weile gedauert, bis ich mich auf den Weg zum höchsten Gipfel im Norden des Monte-Baldo-Massivs gemacht habe. Lange hatte ich keine zündende Idee, wie man die Tour am besten gestaltet, bis mir dann irgendwann die Erleuchtung kam. Ich machte daraus eine Seilbahntour von Malcesine aus, um die Abfahrt auf Trails auch richtig genießen zu können. Bei dieser Befahrung waren dann meine bewährten Begleiter Ewald und seine Frau Gabi dabei. Sie hat erst spät zum Mountainbiken gefunden, fährt aber bergauf, bergab mit einer Begeisterung, die geradezu ansteckend ist. Natürlich musste es auch ein klarer Tag sein, sonst wäre die Tour sinnlos. Das Gipfelpanorama des Altissimo sucht seinesgleichen, also will man es auch in vollen Zügen auskosten. In der Nacht zuvor hatte es einen kleinen Regenschauer gegeben, beste Voraussetzungen also, um am folgenden Tag diese Tour bei extrem guter Fernsicht zu unternehmen. Ansonsten kann man sich auch mittels Webcam über die Wetter- und Sichtbedingungen am Monte Baldo informieren; die Website des Betreibers der Seilbahn bietet dazu aktuelle Informationen: www.funiviedelbaldo.it. Außerdem sollte man bei dieser Tour auch daran denken, dass es in der Höhe deutlich kälter ist als unten am See. Eine Jacke zum Überziehen gehört auf jeden Fall ins Gepäck.

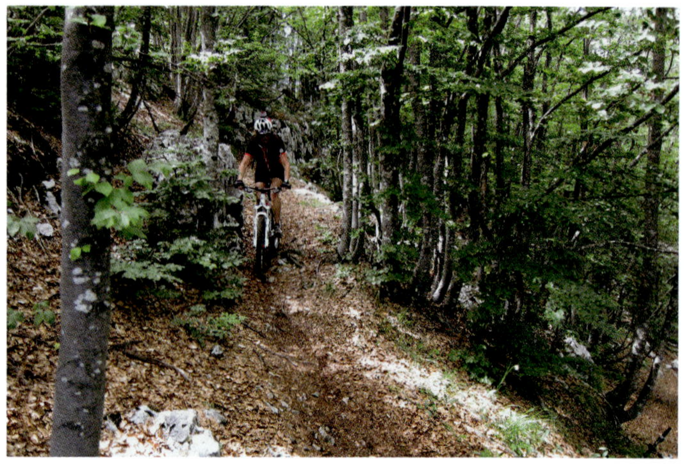

Waldtrail in Richtung Vesta

860 Hm aufwärts, 2540 Hm abwärts | **33,5 km** | **5 Std.**

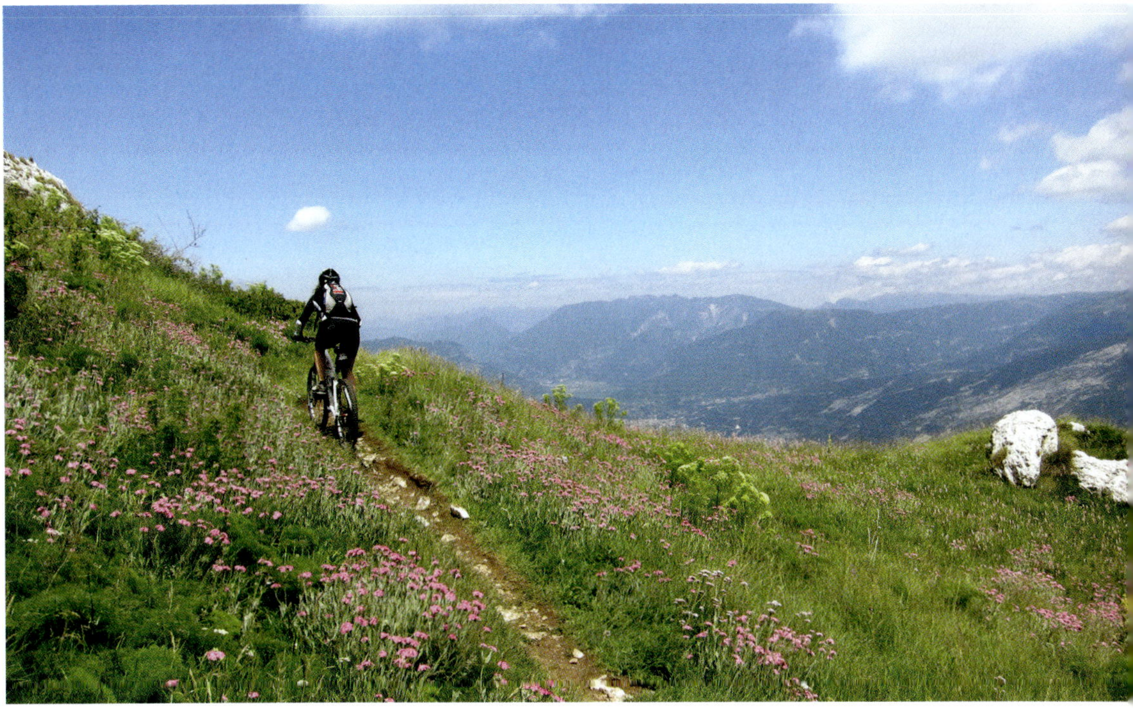

Trail hoch über dem Etschtal zwischen Malga Campo und Malgo Campei di Sotto

Der stimmungsvolle Auftakt der Tour ist die Fahrt mit der Seilbahn von Malcesine hinauf zur Bergstation am Tratto Spino (siehe auch Tour 14). Bestimmte Fahrzeiten sind für Radfahrer vorgesehen. Informationen dazu und die Möglichkeit von Online-Reservierungen gibt es auf der Website: funiviedelbaldo.it.

Die Fahrt bis zur Mittelstation San Michele geht zügig vonstatten. Das Umladen der Fahrräder in die zweite benötigt zwar etwas Zeit, Hektik ist jedoch fehl am Platze. An der Bergstation angekommen, sichern wir unsere Räder und machen zunächst zu Fuß einen Abstecher auf den breiten Bergrücken. Hier ist auch der Startplatz für die Gleitschirmflieger. Der Landeplatz ist in Malcesine. Er befindet sich in der Nähe der Autofähre nach Limone auf einer kleinen Wiese direkt am Wasser. Da sollte man sein Fluggerät sicher steuern können.

Uns führt der Weg mit den Mountainbikes zunächst hinab zur Bocca di Navene, um dann wieder auf der Nebenstraße anzusteigen bis zum Rifugio Graziani an der Bocca del Creer. Hier beginnt die Auffahrt auf der alten Militärpiste hinauf zum Gipfel des Altissimo. Die ist im Großen und Ganzen gut fahrbar. Ein paar kleine Rampen hemmen vielleicht kurzfristig den Fahrfluss, geben aber beim Schieben die

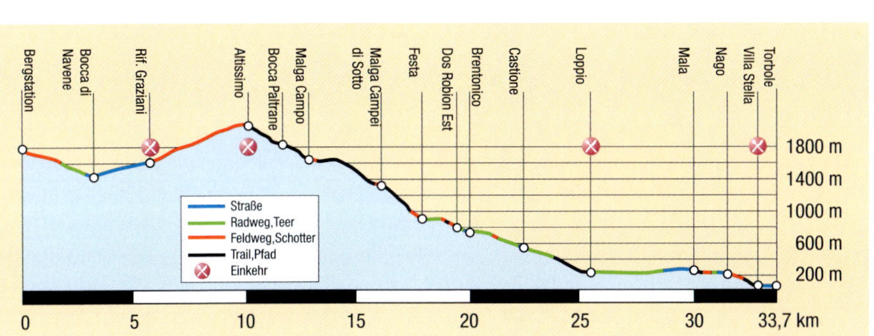

15a ALTISSIMO

Variante mit Start in Torbole

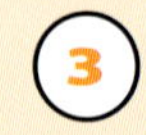	✪✪✪✪✪	 2240	43,1	7
Schwierigkeit	Erlebniswert	Höhenmeter	Streckenlänge (in km)	Zeit (in Std.)

TOURENCHARAKTER

KURZCHARAKTERISTIK
Die Königstour am nördlichen Monte Baldo

AUSGANGS-/ENDPUNKT
Torbole

KONDITION ✪✪✪✪✪

FAHRTECHNIK ✪✪✪✪✪

TRAILS
Ø S1, max. S2

UNTERGRUND
Straße: 6 %
Radweg, Teer: 59 %
Feldweg, Schotter: 7 %
Trail, Pfad: 28 %

HÖCHSTER PUNKT
2079 m, Monte Altissimo

NIEDRIGSTER PUNKT
70 m, Torbole

EINKEHR
Rifugio Graziani; Rifugio Altissimo (von Mai bis Oktober täglich, am Wochenende ganzjährig geöffnet); Bicigrill in Loppio; Villa Stella, Torbole, Via Strada Granda 104 (Tel. +39/04 64/50 53 54, www.villastella.it)

KARTE
Kompass-Wanderkarte 1:35 000, WK 697-1

GPS-TRACK
tour-15var_Torbole.gpx
ab Altissimo weiter wie
tour-15_Altissimo.gpx

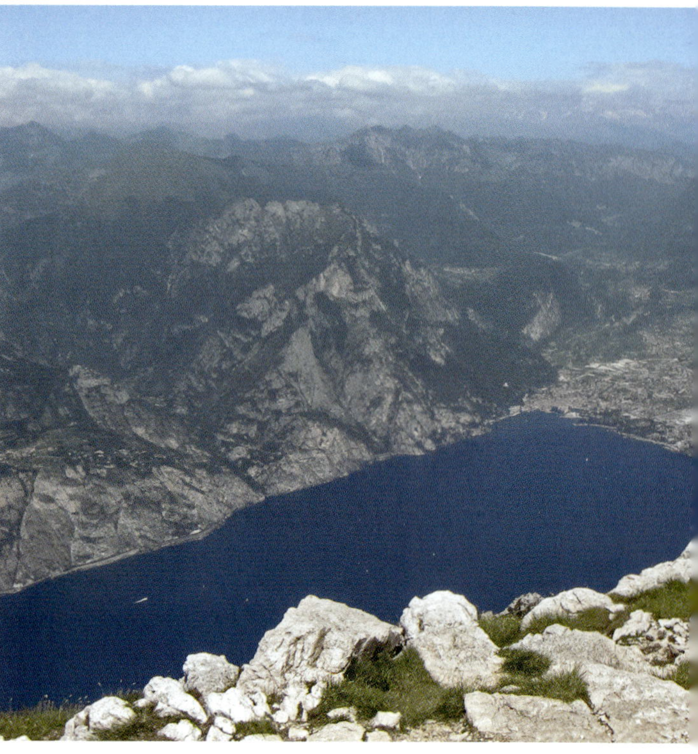

Oben: ON TOP auf dem Altissimo

Gelegenheit, das sich mehr und mehr aufbauende Panorama so richtig in sich aufzunehmen. Knapp unter dem Gipfel befindet sich das Rifugio Damiano Chiesa. Dort rasten wir aber erst, nachdem wir auch den Gipfel des Monte Altissimo umrundet und ausgiebig Fotos geschossen haben. Was für ein schöner Tag!

Als Abfahrt haben wir uns die Trails an der westlichen Bergflanke ausgesucht. Von oben beginnend, erreichen wir auf dem Weg 622 die Malga Campo. Dort treffen wir auf den Weg 650. In nördlicher Richtung führt der Trail tendenziell abwärts, die meisten Abschnitte sind fahrbar. Der Pfad ist allerdings teilweise ausgesetzt, sodass volle Konzentration nötig ist. In der Nähe der Malga Campei di Sotto entscheiden wir uns noch für die Waldtrails nach Festa. Hier finden wir eine Wasserstelle, an der wir unsere Trinkflaschen aufüllen können, ehe wir auf Pfaden weiter zum Bergdorf Castione fahren. Passend zu dieser Tour lassen wir auch den sehr groben Karrenweg nach Loppio nicht aus. Noch eine Rast am Bicigrill und dann auf den Radweg zurück nach Torbole. Von Nago aus gibt es noch einen Hoppeltrail, der uns in der Nähe der Villa Stella ausspuckt. Dort haben wir, wie so oft, Quartier bezogen. Relaxen am Pool – ein schöner Abschluss dieser Tour!

2240 Hm	43,1 km	7 Std.

Hinweis (wie auch bei Tour 14): Hat man sein Urlaubsquartier in Malcesine aufgeschlagen, empfiehlt es sich, abends mit dem Schiff von Torbole aus zurück nach Malcesine zu fahren.

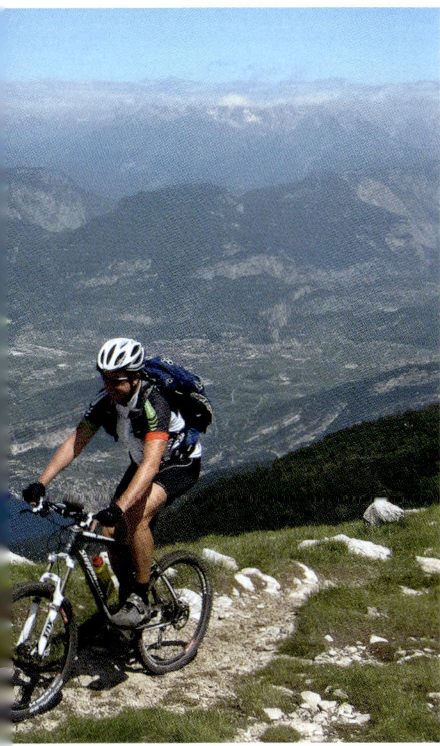

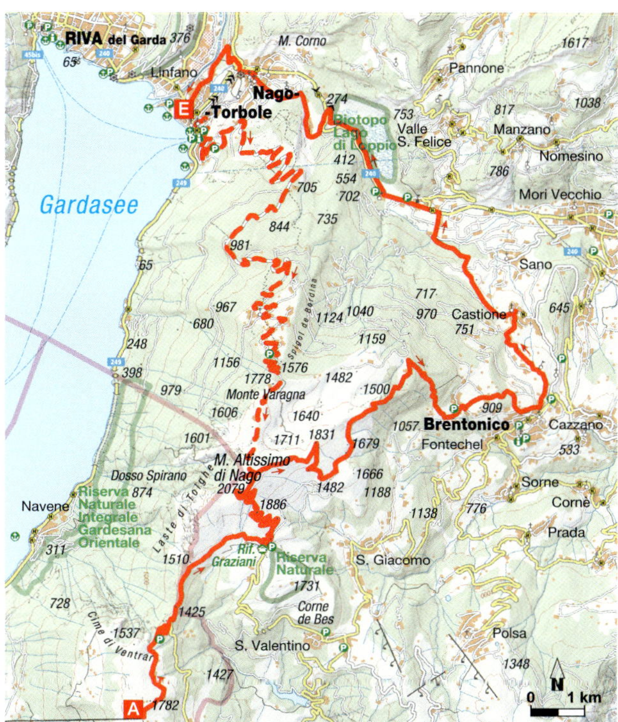

Variante mit Start in Torbole: Als stramme Tagestour fährt man von Torbole aus die Monte-Baldo-Straße bis zur Wiese am Monte Varagna. Darauf folgt eine Schiebepassage zum Gipfel des Altissimo über mehr als 300 Höhenmeter; das sollte ca. eine knappe Stunde dauern, wenn man Schieben gewöhnt ist.

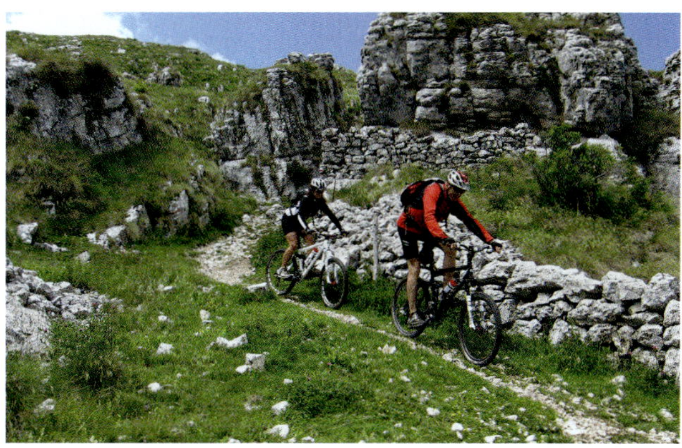

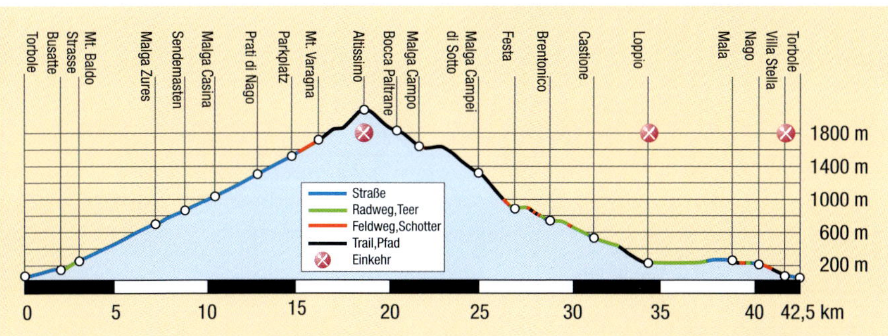

Überreste alter Stellungen bei der Abfahrt am Altissimo in der Nähe der Malga Campo

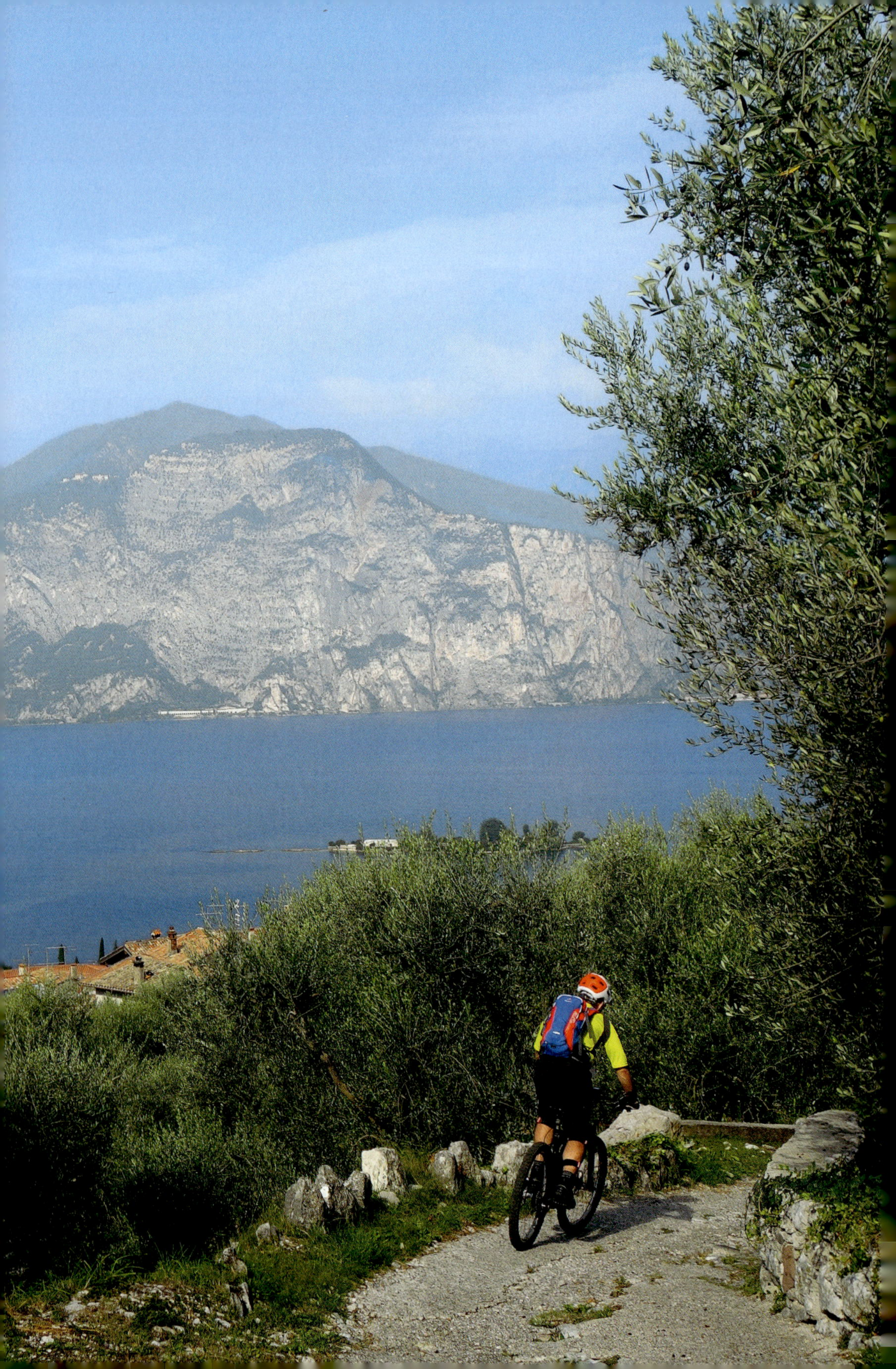

GARDASEE-SÜDOST – VENETO

Zwischen den bekannten Urlaubsorten Malcesine und Bardolino befindet man sich an der Westflanke des Monte Baldo. Bis nach Torri del Benaco reicht das Bergmassiv nahe an den Gardasee heran, sodass an Bergtouren kein Mangel herrscht. Einen fast durchgängigen Radweg direkt am Ufer des Gardasees gibt es zwischen Malcesine und Brenzone. Ebenso kann man von Garda aus in südlicher Richtung direkt am Ufer mit dem Mountainbike bis Peschiera fahren, teils auf Radwegen, teils am Strand mit einem Hauch von Trail. Die Route der Gardaseeumrundung (siehe ab Seite 140 in diesem Buch) nutzt diese eindrucksvolle Möglichkeit.
Mit der Seilbahn lassen sich von Malcesine aus bequem die höheren Lagen des Monte Baldo erschließen. Von Garda aus gibt es zwischen Mitte Juni und Mitte September einen Bus & Bike-Service, der an der Südflanke bis Prada Alta Radfahrer mit ihren Bikes transportiert (www.atv.verona.it). Wenn man Glück hat, fährt auch der Costabella-Lift ab Prada Alta bis zum Rifugio Fiori di Baldo. Das ermöglicht eine Unmenge von Trailtouren, von denen ich in diesem Buch zwei (Tour 21 und 22) beispielhaft beschrieben habe. Beide beschreiben allerdings auch die Auffahrt aus eigener Kraft, falls es die Shuttle-Möglichkeiten nicht gibt.
Die touristische Infrastruktur ist ansonsten auch auf Mountainbiker eingerichtet. Von Garda aus sind einige Strecken (ital. »percorsi«) eingerichtet worden, diese sind aber teilweise unvollständig beschildert, dass es kaum möglich ist, sie einfach so nachzufahren. Witzigerweise verlaufen einige dieser Touren auf sehr ähnlichen Strecken wie die Touren, die ich schon 2008 veröffentlicht habe – ein Schelm, wer Böses dabei denkt …
Durch die Autofähre zwischen Torri del Benaco und Maderno lässt sich auch die Bikeregion Südwest – Lombardia gut erreichen. Damit hat man noch einige weitere Möglichkeiten für Mountainbiketouren, wenn man auf dieser Seite des Sees Quartier bezogen hat.
Unterkünfte gibt es zwischen Malcesine und Peschiera in Hülle und Fülle, auch zahlreiche Campingplätze direkt am Seeufer. Da wird für jeden Geschmack das Passende dabei sein. Weitere aktuelle Infos erhält man vor Ort in den örtlichen Touristinformationen (Malcesine, Torri del Benaco, Garda, Bardolino) bzw. auf der Website des offiziellen Tourismusverbandes der Gardaseegemeinden im Veneto (auch auf Deutsch): www.lagodigardaveneto.com bzw. www.visitgarda.com

Beste Reisezeit: Im Süden des Gardasees gibt es im Winter in den tieferen Lagen nur ganz selten Schnee, sodass in der Regel ganzjähriges Biken bis auf ca. 500 Meter Höhe möglich ist. Ansonsten ist die beste Reise- und Bikezeit für den Südosten des Gardasees von März bis Oktober.

An der Flanke des Monte Baldo oberhalb von Cassone

16 MALGA FIABIO

Einsame Tour in nächster Nähe des Touristengetümmels

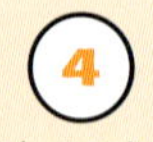

4	✪✪✪✪✪	900	15,7	3
Schwierigkeit	Erlebniswert	Höhenmeter	Streckenlänge (in km)	Zeit (in Std.)

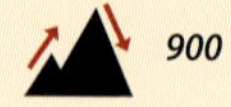
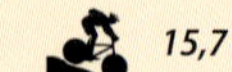
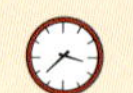

TOURENCHARAKTER

KURZCHARAKTERISTIK
Knüppelharte Trailrunde mit giftiger Auf- und Abfahrt

AUSGANGS-/ENDPUNKT
Malcesine

KONDITION ✪✪✪✪✪

FAHRTECHNIK ✪✪✪✪✪

TRAILS
Ø S1, max. S2

UNTERGRUND
Straße: 32 %
Radweg, Teer: 20 %
Feldweg, Schotter: 32 %
Trail, Pfad: 16 %

HÖCHSTER PUNKT
877 m, zwischen Malga Fiabio und Einsiedelei SS Benigno e Caro

NIEDRIGSTER PUNKT
77 m, Val di Sogno

EINKEHR
Hotel Bellavista an der Panoramastraße nach Malcesine

KARTE
Kompass-Wanderkarte 1:35 000, WK 697-1

GPS-TRACK
tour-16_Malga_Fiabio.gpx

Viele halten Malcesine für den schönsten Ort am Gardasee. Dementsprechend wird der historische Ortskern oft von Touristen überschwemmt. Umso größer ist der Kontrast, wenn man sich als Mountainbiker auf diese Tour begibt. Bald ist man allein beim Kampf mit dem Berg bei der Auffahrt und dem Trail bei der Abfahrt.

Malcesine ist ein sehr bekannter und beliebter Urlaubsort. Das alte Ortszentrum wird gern von Touristen durchstreift. Die Gassen sind schmal und mit den typischen runden Steinen gepflastert, die bei Nässe ordentlich rutschig sind. Zwischen Ostern und Oktober herrscht hier stets quirliges Leben. Wenn man in Malcesine Radurlaub macht, kann man selbst mit kleineren Kindern auf dem Uferradweg einige Touren unternehmen. Mit dem Mountainbike wird man den Blick aber eher in Richtung Berge schweifen lassen. Mächtig baut sich das Massiv des Monte Baldo über Malcesine auf. Die höchste Spitze des ungefähr 30 Kilometer langen Bergrückens ist die Cima Valdritta; sie erhebt sich 2218 Meter über dem Meeresspiegel. Das Ortszentrum von Malcesine ist nur ca. fünf Kilometer Luftlinie entfernt und liegt knapp über dem Gardaseeniveau von 67 Meter Seehöhe. Durch Augenschein wird klar, dass eine direkte Auffahrt bis in die Gipfelregionen schlichtweg unmöglich ist. Es gibt von der Mittelstation der Seilbahn in San Michele zwar einen Verbindungsweg hinauf zu den Hochalmen beim Rifugio Kira, der aber so steil ist, dass er mit dem Mountainbike quasi nicht fahrbar ist. Das Hochschieben würde ich ebenfalls als sinnfrei bezeichnen. Trotzdem gibt es schon einige Möglichkeiten, auch von Malcesine aus ein paar Mountainbiketouren zu unternehmen.

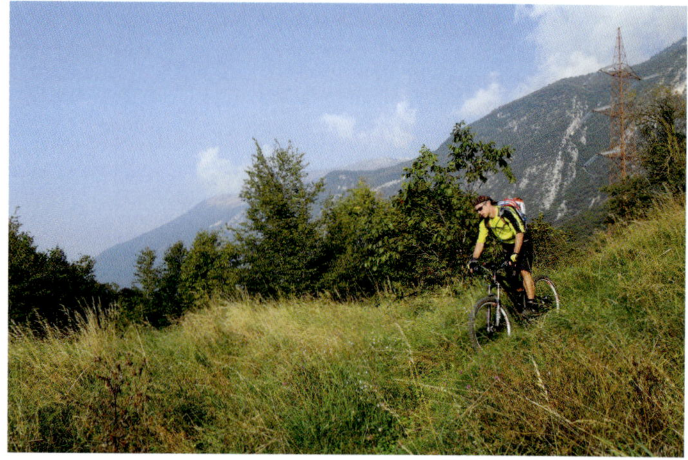

Langsam wächst der Pfad zur Malga Fiabio zu.

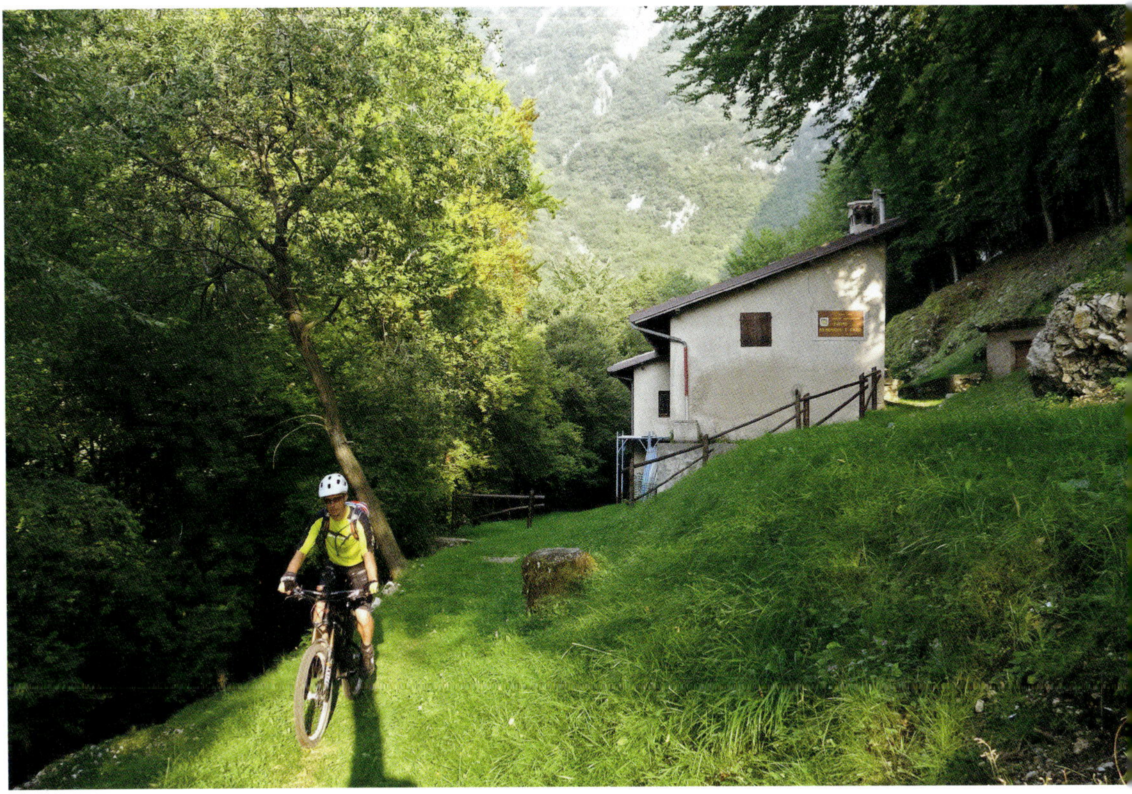

900 Hm	15,7 km	3 Std.

Eine davon ist die hier beschriebene Tour zur Malga Fiabio. Von der geringen Kilometeranzahl sollte man sich bei dieser Tour nicht täuschen lassen, denn es geht sowohl bergauf als auch bergab knackig zur Sache. Wenn man in Malcesine die Panoramastraße verlässt und San Maggiore passiert hat, befindet man sich auf einem der vielen uralten Karrenwege aus dem frühen Mittelalter. Die haben aufgrund der Baukunst der damaligen Anwohner des Gardasees die Jahrhunderte überdauert. Dieser Weg versorgte die hochgelegene Alm an der Malga Fiabio. Zuerst war ich mir über den Namen nicht im Klaren, denn manchmal taucht auch die Bezeichnung Fiabi auf. Nadia, die Chefin der Villa Nadia in Malcesine, konnte mir den Sachverhalt erklären. Viele Orte am Gardasee haben im Verlauf ihrer über lange Zeiten abgeschiedenen Geschichte eigene Dialekte entwickelt, die einen Hang zur Verkürzung aufweisen. So wurde aus Fiabio kurz Fiabi. Noch extremer ist die Verkürzung bei einer Ortsbezeichnung auf der anderen Seite des Gardasees ausgefallen. Unterhalb von Tignale liegt direkt am Seeufer die Ortschaft Prato della Fame (auf gut Deutsch: Hungerwiese), übrigens auch ein bekannter Surfspot. In der Verkürzung wird daraus Pra Fam. Mag sein, dass dies auch ein Beleg dafür ist, dass Be-

An der Einsiedelei SS Benigno e Caro

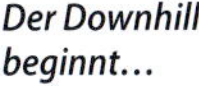

Der Downhill beginnt…

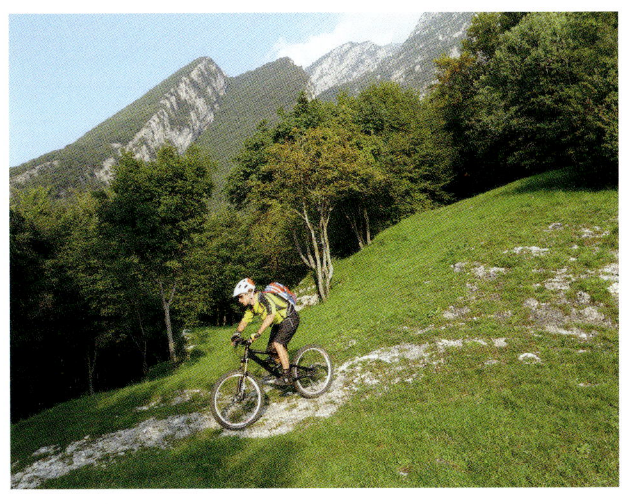

Malga Fiabio

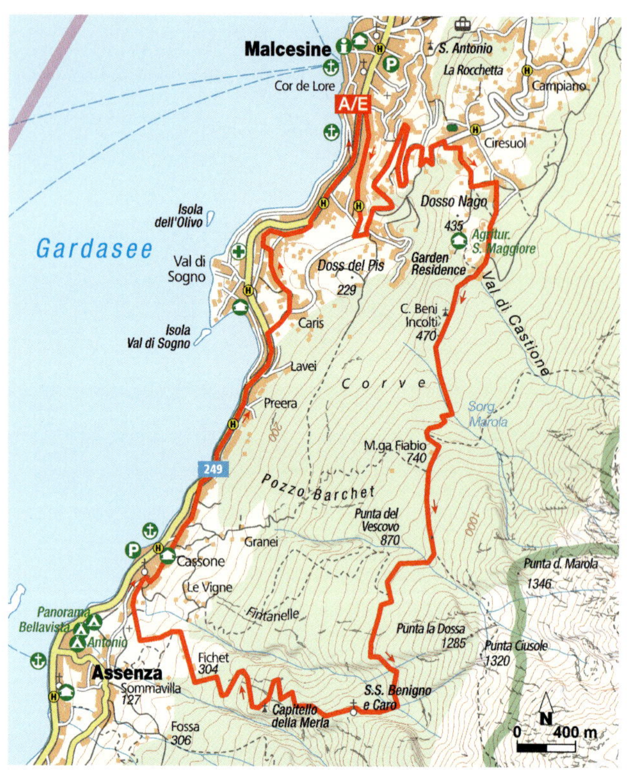

wohner einsamer Gegenden eventuell etwas maulfaul gewesen sein könnten. Wie dem auch sei, die Malga Fiabi wird nicht mehr bewirtschaftet. Das hat zur Folge, dass der Karrenweg nicht sonderlich gepflegt wird. Seine Steilheit macht ihn anfällig für Erosion. Wer schon einmal lang andauernden Regen am nicht immer sonnigen Lago erlebt hat, der weiß, welche Wassermassen sich in kürzester Zeit über die Wege ergießen können. Auch wenn die Auffahrt inzwischen einige Abschnitte aus Waschbeton aufweist, sollte man sich bis zur Malga Fiabio darauf einrichten, sein Rad ca. 20 bis 30 Minuten schieben zu müssen. Das langsam verfallende Haus erreicht man auf einem kurzen Stichweg. Wir besichtigen das Gemäuer und kehren dann zur Piste zurück. Der Anstieg wird nun etwas moderater, ist aber noch nicht zu Ende.

Schließlich erreichen wir den höchsten Punkt, und die Abfahrt beginnt, zunächst moderat auf einer Schotterpiste bis zur Einsiedelei Eremo SS Benigno e Caro. Das ist ein beliebtes Ziel für stramme Bergwanderungen und einer Wallfahrt zu Ehren der Heiligen. Der bergab

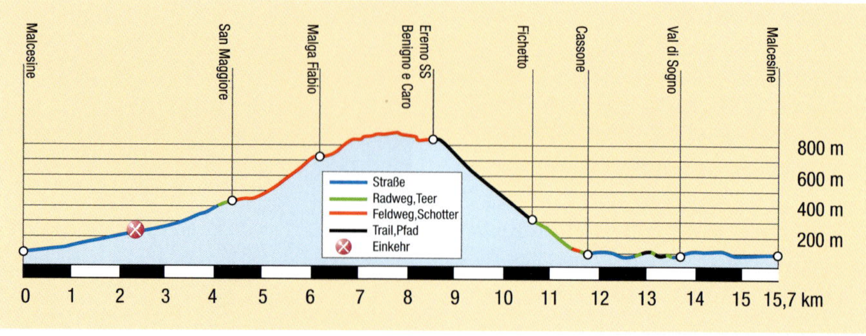

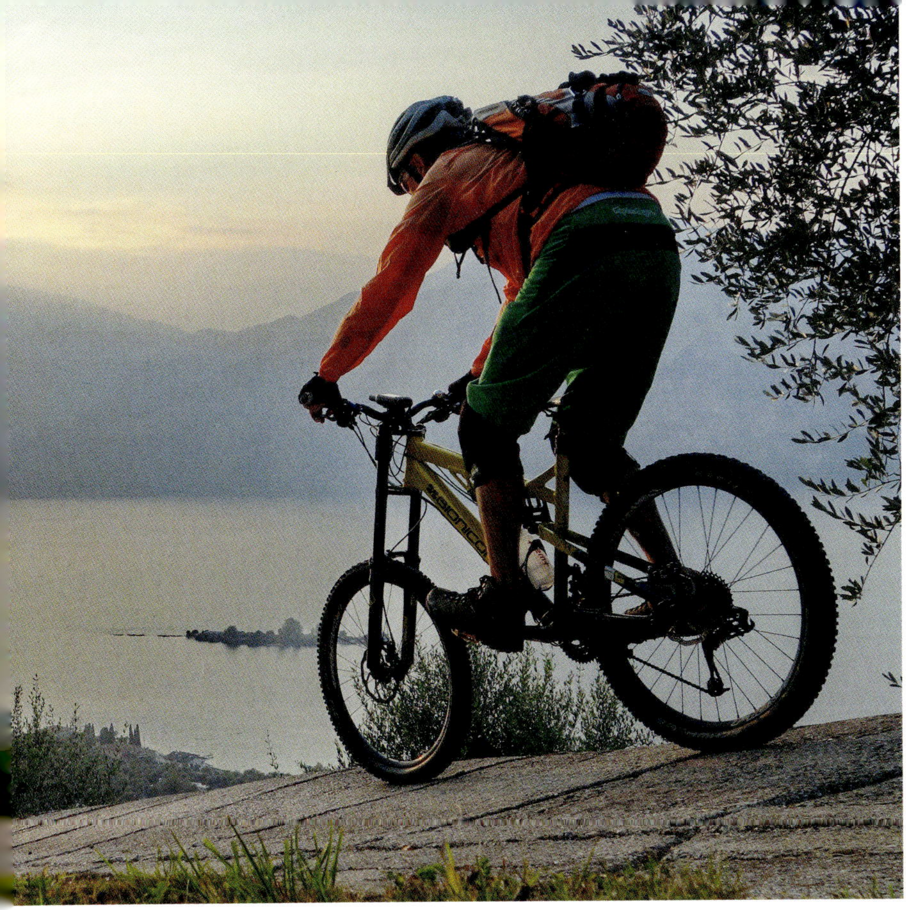

Fast schon kitschig, oder? Abfahrt hinein in die untergehende Abendsonne; im Gardasee die Insel Trimelone

führende Karrenweg nach Cassone präsentiert sich als Rüttelmonster vom Allerfeinsten. Leider erfolgte meine persönliche Erstbefahrung vor Jahren mit einem Hardtail. Ein Fully ist für solche Wege eindeutig die bessere Wahl. Das hat sich bei einer erneuten Befahrung mit einem solchen bestätigt, die an einem schönen Spätsommerabend erfolgt ist. Die Erosion hat ordentlich am Untergrund gearbeitet, es geht »rumpeldirumpel« abwärts.

Nach Fichetto wechselt der Belag zu Waschbeton, steil bleibt es trotzdem. Dann folgt noch einmal ein Karrenweg aus den runden Moränensteinen, und wir sind in Cassone. Nun heißt es erst einmal die Arme ausschütteln. Zurück nach Malcesine geht es nicht am Seeufer entlang, sondern zunächst auf einem kleinen Pfad etwas oberhalb der Gardesana (siehe auch Tour 17). Zum Abschluss gibt es noch ein paar Höhenmeter bei Val di Sogno zu bewältigen, bis wir schließlich auf der Gardesana zurück nach Malcesine rollen. Genauso gut kann man das ab Val di Sogno auch direkt am Seeufer erledigen (siehe Tour 17).

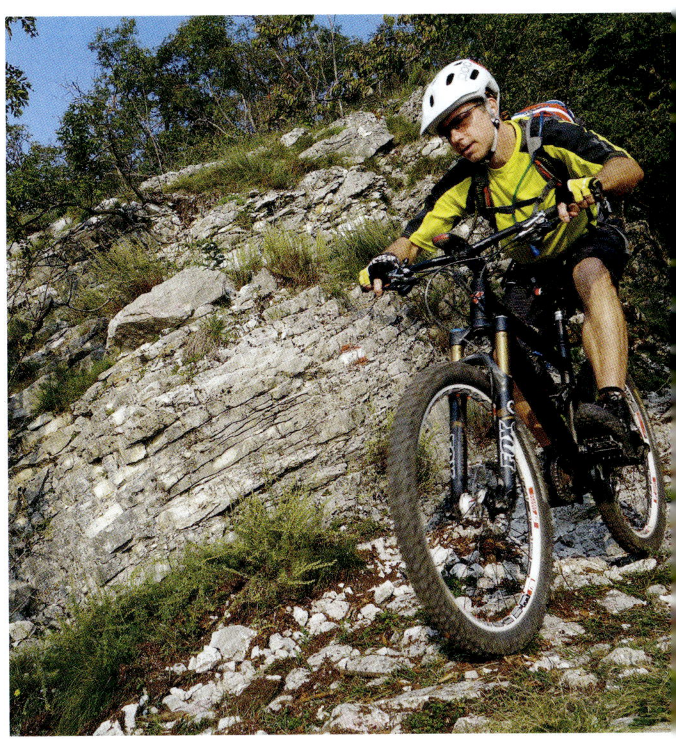

Grober Trail Richtung Cassone

17 MONTE BALDO – HIDDEN TRAILS

Eindrucksvolle Seilbahntour ab Malcesine

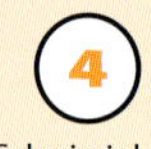
Schwierigkeit

Erlebniswert

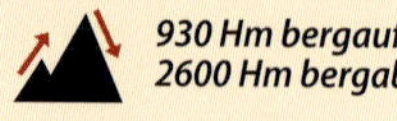
930 Hm bergauf, 2600 Hm bergab
Höhenmeter

50,5
Streckenlänge (in km)

5
Zeit (in Std.)

TOURENCHARAKTER

KURZCHARAKTERISTIK
Umrundung des südlichen Monte Baldo, Abfahrt auf verborgenen Trails

AUSGANGS-/ENDPUNKT
Malcesine

KONDITION

FAHRTECHNIK

TRAILS
Ø S1, max. S2

UNTERGRUND
Straße: 34 %
Radweg, Teer: 19 %
Feldweg, Schotter: 29 %
Trail, Pfad: 18 %

HÖCHSTER PUNKT
1752 m, Bergstation Monte Baldo Seilbahn

NIEDRIGSTER PUNKT
67 m, Gardasee

EINKEHR
Bergstation Monte-Baldo-Seilbahn, Ristorante an der Talstation des Liftes Pra Alpesina, Rif. Novezza, Tipp: Malga Ime (nur in der Saison), Cafés in Campo

BESONDERHEITEN
Auffahrt mit der Monte-Baldo-Seilbahn: spezielle Zeiten für Radtransport (www.funiviedelbaldo.it)

KARTE
Kompass-Wanderkarte 1:35 000, WK 697-1 und -2

GPS-TRACK
tour-17_Monte_Baldo_Hidden_Trails.gpx

Mehr Eindrücke kann man kaum in eine einzige Tour am Gardasee packen. Umso erstaunlicher ist es, dass man dabei auf der Strecke eher selten auf andere Mountainbiker treffen wird. Oder sollte sich das nun ändern? Platz genug ist auf der Route...

Diese Tour bietet abseits des zu manchen Zeiten heiß »umkämpften« Nordens des Bike-Reviers Gardasee einsame Trails bei der halben Umrundung des südlichen Monte-Baldo-Massivs. Die Reise beginnt mit der beeindruckenden Auffahrt per Seilbahn von Malcesine aus. Nach ca. 15 Minuten reiner Fahrzeit mit der Seilbahn hat man knapp 1700 Höhenmeter auf einfache Art und Weise überwunden (siehe auch die Hinweise zur Seilbahn Malcesine bei Tour 15). Die gesamte Auffahrt dauert durch das Umsteigen an der Mittelstation allerdings insgesamt etwas länger. Oben an der Bergstation Tratto Spino kann es selbst im Hochsommer recht frisch sein. Wir rollen gleich linkerhand den Schotterweg hinab in Richtung Bocca di Navene, der unterwegs in Asphalt übergeht.
Die Höhenstraße an der Flanke des Monte Baldo erreicht man auf ca. 1430 Metern. Hier biegt man rechts ab und folgt dem Straßenverlauf bis zum Abzweig an der Malga Pra Alpesina. Wenn man die Seilbahn am Vormittag genommen hat, wird es hier für eine Rast noch zu früh sein. Falls man, aus welchen Gründen auch immer, um die Mittagszeit hier vorbeikommt, ist das Ristorante an der Talstation des Liftes Pra Alpesina eine klare Empfehlung. Ansonsten fahren wir auf der Höhenstraße weiter bis zur Malga Artilone.

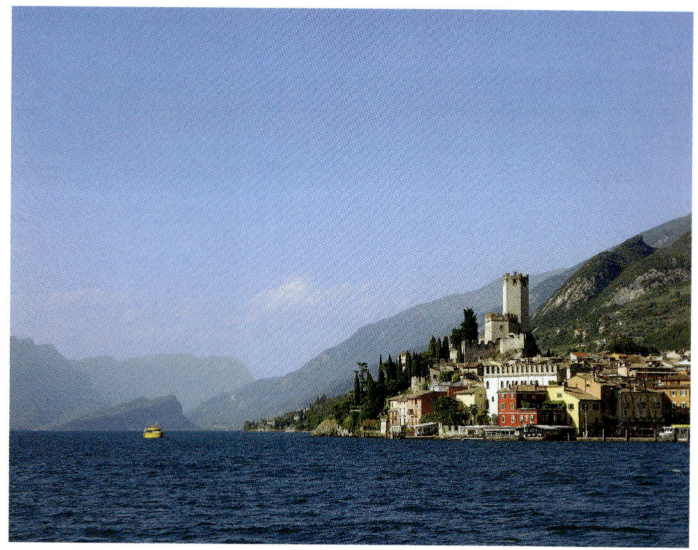

Malcesine – eine der Perlen am Gardasee und Start und Ziel der Tour »Monte Baldo - Hidden Trails«

930 Hm bergauf, 2600 Hm bergab | **50,5 km** | **5 Std.**

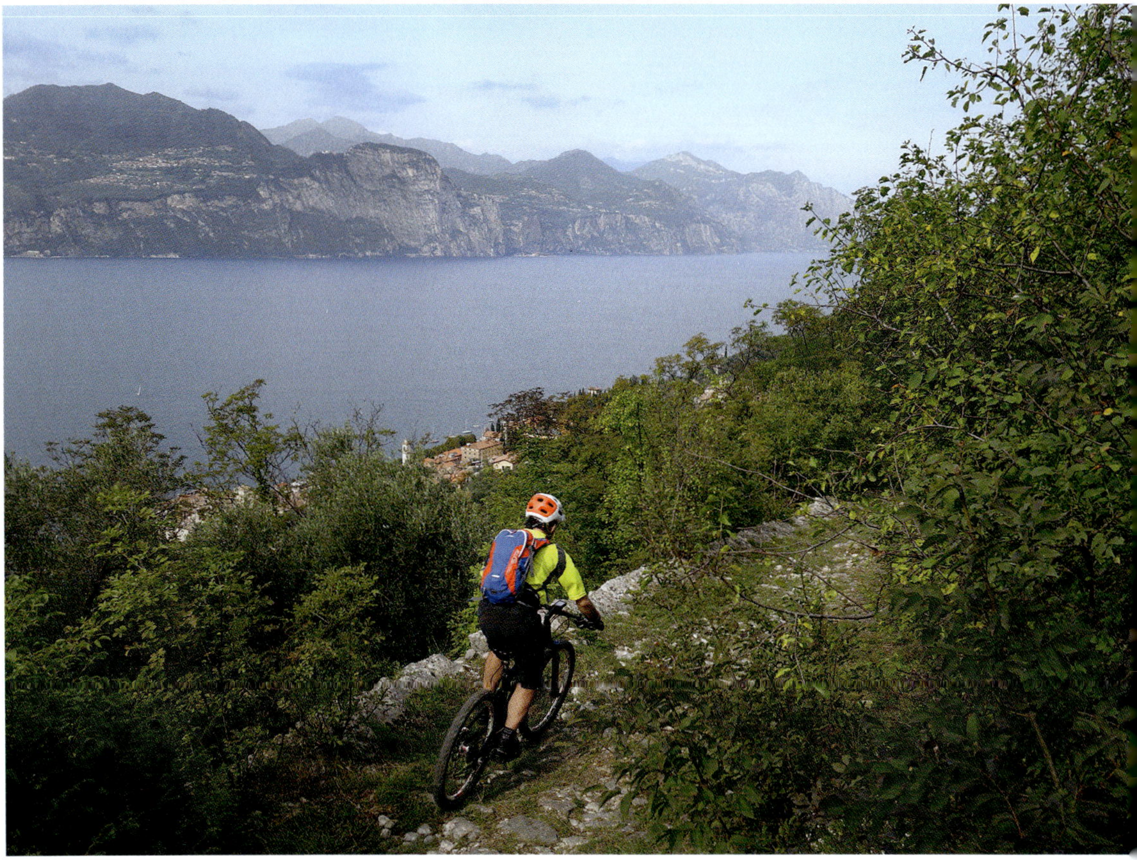

Hier geht es zum ersten Mal ab ins Gelände. Eine Schotterpiste führt ins Tal und auf der anderen Seite wieder hinauf zur Panoramastraße. Bei der folgenden rasanten Abfahrt verlieren wir einiges an Höhe. Am Albergo Cacciatore biegt man rechts ab auf eine kleine Nebenstraße, die an der Bergflanke verläuft. Nach Passieren eines Soldatenfriedhofs steigt der Weg wieder an. Bald erreicht man einen weiteren Abzweig nach rechts, der zur Malga Ime führt. Die Straße wird nun etwas bröckeliger. Wenn man die Malga Ime erreicht hat, bietet sich eine Rast an. In der Saison bekommt man am Wochenende auf jeden Fall etwas zu essen, ansonsten kann man freundlich nachfragen, ob es etwas gibt. Nach der Rast fährt man ein paar lang gezogene Kehren den Berg hinauf bis zur Malga Valfredda. Hier muss man nach

Alter Römerweg nach Campo in der ersten Etage über dem Gardasee

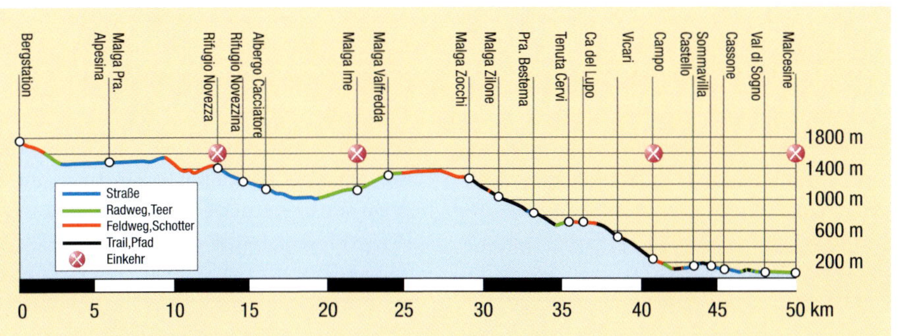

Monte Baldo – Hidden Trails

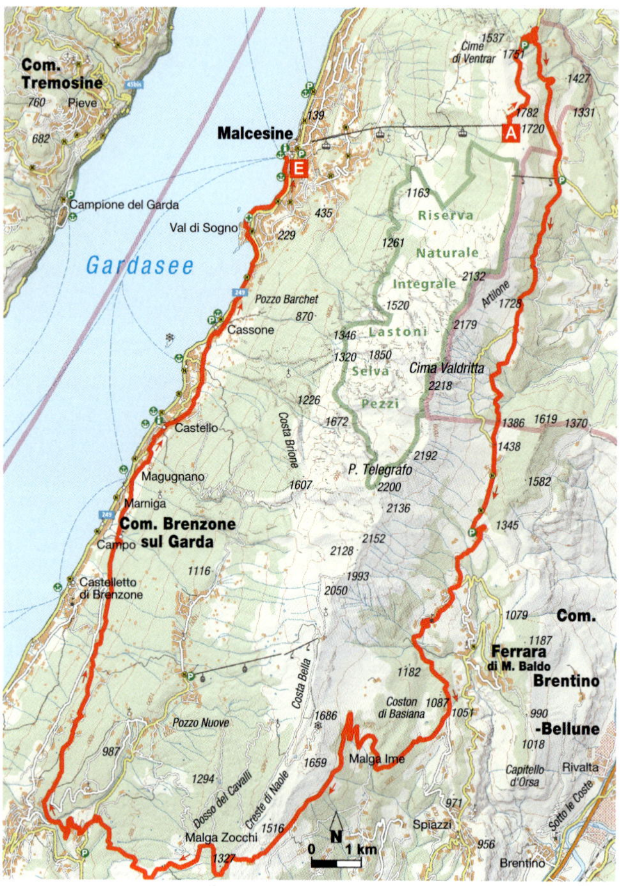

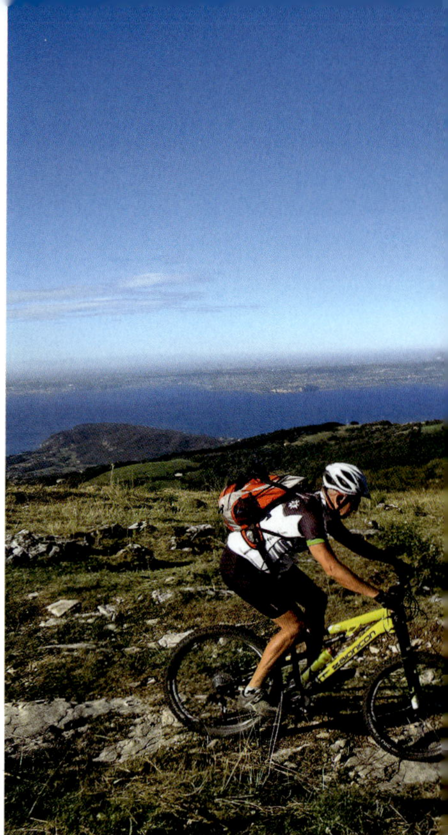

links auf den Höhenweg abbiegen. Weiter führt der Weg noch ein Stück bergauf. Wenn klare Sicht herrscht, bietet diese Traumstrecke nun großes Panoramakino: Lessinische Alpen, Valpolicella und Verona sind zu sehen. Weit unter uns liegt die Ebene bei Affi. Sie wird begrenzt durch die Endmoräne bei Rivoli Veronese, die das Ende des einst mächtigen Gletschers im Etschtal markiert.

Der Weg geht nun nach und nach in eine Schotterpiste über, die auch mal etwas gröber wird, aber immer gut fahrbar bleibt. Und plötzlich liegt er riesig vor uns ausgebreitet – der Gardasee! Wir schauen auf das flache Ende von Garda über Sirmione hinüber bis Salò und Maderno. Dort erhebt sich markant der Monte Pizzocolo (siehe auch Tour 27). Gleich sind wir auch beim letzten höchsten Punkt angelangt und die zunächst leichte Schotterabfahrt beginnt. Ein paar Weidezäune sind zu öffnen und wieder zu schließen. Dann folgt die kurze, aber extrem steile Rampe hinauf zur Malga Zocchi. Das werden vielleicht gerade einmal 15 Höhenmeter sein.

Rechte Seite unten: Vicari – unglaublich, dass es nur selten einen Mountainbiker hierher verschlägt.

Bei der Malga Zocchi verlassen wir die Schotterpiste und die einsamen Trails beginnen. Spannend wird es nach der Malga Zilone. Hier zweigt, kaum zu erkennen, ein geheimnisvoller Trail ab, der halb durch offenes Gelände zu einem verfallenen Haus verläuft. Wo ein Haus ist, gibt es einen Weg. Der bringt uns zu der kleinen Ansiedlung Prabestema. Auch von hier führt ein alter, kaum noch benutzter Weg bergab. Ab und zu wird man vielleicht einen herabgefallenen Ast beiseiteräumen müssen. Der nächste Streckenabschnitt ist mein persönlicher Favorit. Auf den Wegen zwischen Tenuta dei Cervi und dem altertümlichen Dorf Campo fühlt man sich ins Mittelalter zurückversetzt. Zunächst beginnt es ab Tenuta dei Cervi mit einer entspannten Fahrt auf einem Höhenweg, der schöne Blicke auf den Gardasee bietet. Kurz hinter dem Anwesen Ca del Lupo zweigt dann ein alter Karrenweg ab. Nun wird es richtig grob. Diese Wege wurden im Mittelalter angelegt und liegen teilweise noch

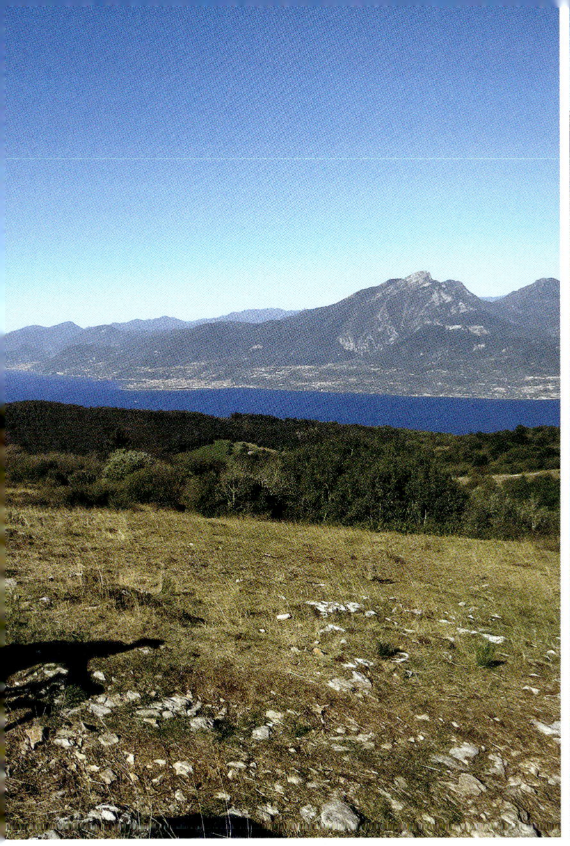

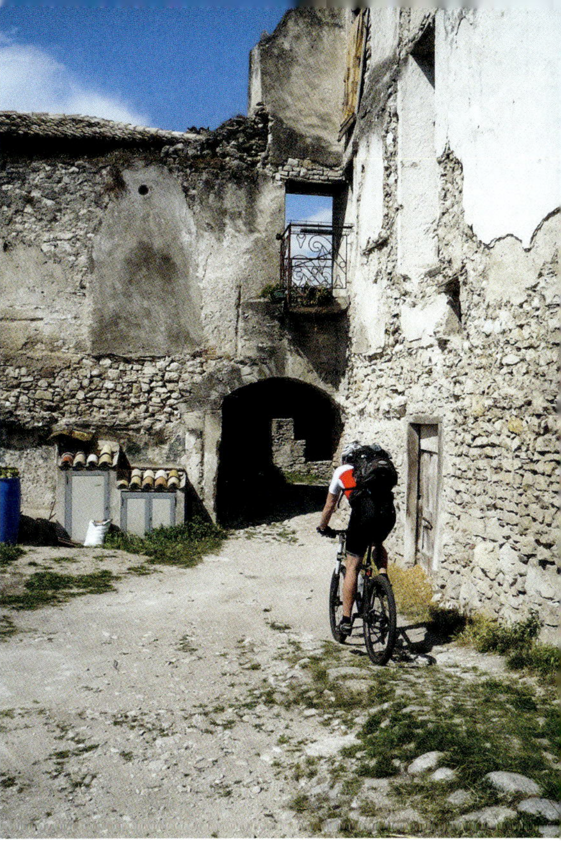

so da wie vor Hunderten von Jahren. Zum Wegebau wurde das genommen, was hier herumlag – von Gletschern rund geschliffene Steine, die sich im Moränenschutt finden. Diese Wege muss man schon lieben, manche werden sie hassen. Ein paarmal passieren wir Felsplatten, die von den Gletschern in der Eiszeit glatt geschliffen wurden. Ein toller Platz zum Fotografieren jagt den anderen. Schließlich spuckt uns der holprige Karrenweg in Campo aus. Das ist ein uraltes Dörfchen, dessen Geschichte bis in die Römerzeit zurückreicht; damals war es ein Militärposten. Campo ist selbst heutzutage nicht mit einem normalen Auto zu erreichen, ein Jeep schafft das gerade so. Gut die Hälfte der wenigen Häuser sind verfallen. Doch in ein paar regt sich noch oder wieder Leben (siehe auch die Hinweise bei Tour 22).

Auch nach dem Örtchen Campo bleibt die Strecke abwechslungsreich und anspruchsvoll. Ein Trailabschnitt jagt den anderen. Kurze, ruppige Gegenanstiege bleiben jedoch nicht aus. Wenn einen die Kräfte verlassen, hat man jederzeit die Möglichkeit, auszusteigen und direkt am Seeufer zurück nach Malcesine zu fahren. Das Trailfeuerwerk endet im Val di Sogno, dem Tal der Träume – passt perfekt zum Abschluss dieser Tour! Die lange Strandpromenade läuft dann direkt auf die Scaligerburg von Malcesine zu. Falls viele Leute zu Fuß unterwegs sein sollten, ist hier noch einmal alle Konzentration gefragt – die Einsamkeit hat ein Ende …

Links: Panorama satt am südlichen Monte Baldo – was braucht man mehr für einen guten Tag?

Oben: Das alte Dorf Campo

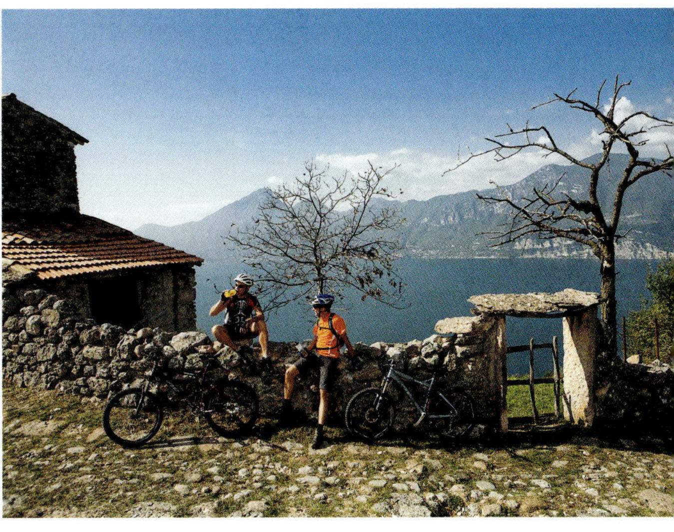

18 MALGA ZOVEL

Steile Auffahrt und grobe Trails

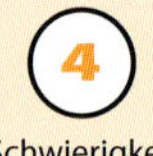

4 Schwierigkeit

Erlebniswert

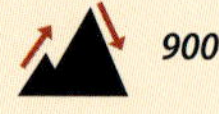

900 Höhenmeter

10,3 Streckenlänge (in km)

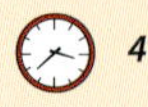

4 Zeit (in Std.)

TOURENCHARAKTER

KURZCHARAKTERISTIK
Fordernde Bergtour für Beißer

AUSGANGS-/ENDPUNKT
Magugnano/Assenza

KONDITION

FAHRTECHNIK

TRAILS
durchgehend S2 mit S3-Stellen

UNTERGRUND
Straße: 12 %
Radweg, Teer: 61 %
Feldweg, Schotter: 3 %
Trail, Pfad: 24 %

HÖCHSTER PUNKT
958 m, bei Malga Zovel

NIEDRIGSTER PUNKT
67 m, Assenza

EINKEHR
Bars und Ristoranti in Assenza

BESONDERHEITEN
Start und Ziel liegen ca. 2,5 km voneinander entfernt und sind bequem über den Radweg am Ufer des Gardasees zu erreichen

KARTE
Kompass-Wanderkarte 1:35 000, WK 697-1

GPS-TRACK
tour-18_Malga_Zovel.gpx

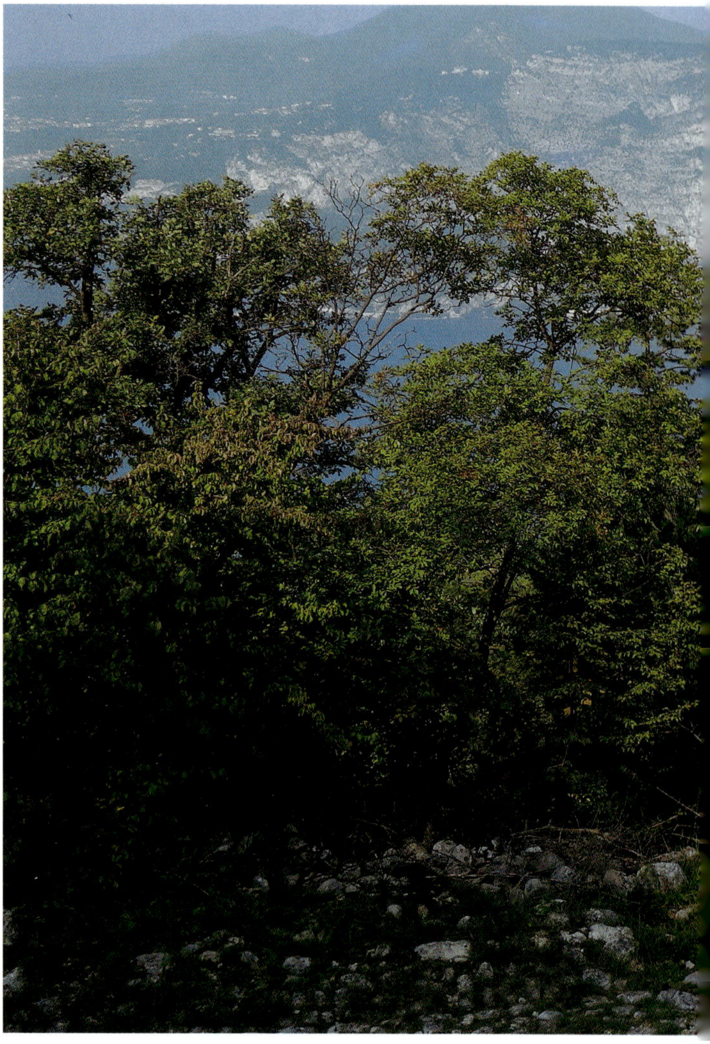

Eindsame Wege nur einen Steinwurf vom Seeufer entfernt

Ob an dieser Steigung schon einige Radler verzweifelt sind? Ich weiß es nicht, es ist aber stark anzunehmen. Auch wenn die Auffahrt zum Punta Veleno bei dieser Tour nicht ganz ausgereizt wird, sollte man seine Muskeln an der Malga Zovel gut ausschütteln. Entspannen kann man sich nicht im Trail hinunter an den Gardasee. Der fordert den ganzen Mann oder die ganze Frau.

900 Hm	10,3 km	4 Std.

Über das extrem steile Sträßchen zur Punta Veleno, das den Auftakt dieser Tour bildet, finden sich bei Tour 19 ein paar Bemerkungen. Die sollte man sich kurz zu Gemüte führen, bevor man sich anschickt, die Steigung mit dem Mountainbike zu erklimmen. Das sollte unbedingt ein Fully sein, sonst ergibt die Abfahrt auf dem alten Verbindungsweg zwischen der Malga Zovel und dem Gardasee keinen Sinn; am meisten Spaß macht der Trail allerdings mit einem Freerider. Ob man mit solch einem schweren Teil die Auffahrt aus eigener Kraft schafft, ist fraglich. Denn der Trail beginnt als Weg 654 in der Nähe der Malga Zovel. Und die liegt ca. 900 Höhenmeter über dem Startpunkt dieser Tour in Magugnano am Ufer des Gardasees. Wer also jemanden findet, der einen freundlicherweise mit dem Auto hochfährt, der sollte das Angebot annehmen. Wer jedoch diese Chance hat und sie nicht am Schopf packt, trägt sicher ein bisschen was von einem Masochisten in sich.

Egal, wie man zum höchsten Punkt dieser Tour gelangt – an der Malga Zovel muss man sich auf die Abfahrt vorbereiten, mental und physisch. Der Trail ist im Durchschnitt noch steiler als die gewiss nicht flache Auffahrt, wie man unschwer am Höhenprofil erkennen kann. Es gibt nur eine einzige flache Passage. Die verläuft ausgehend vom Wanderparkplatz etwas

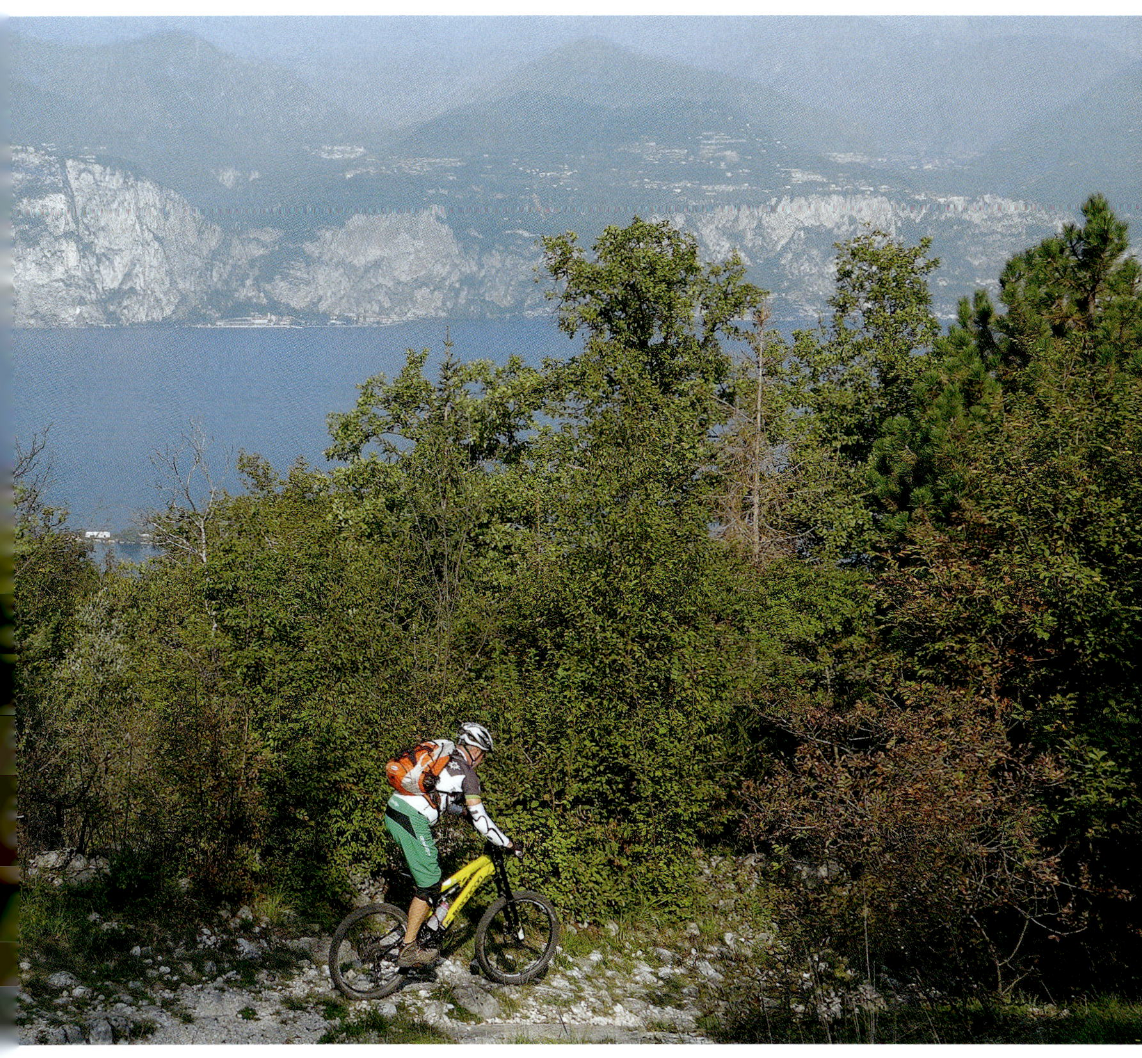

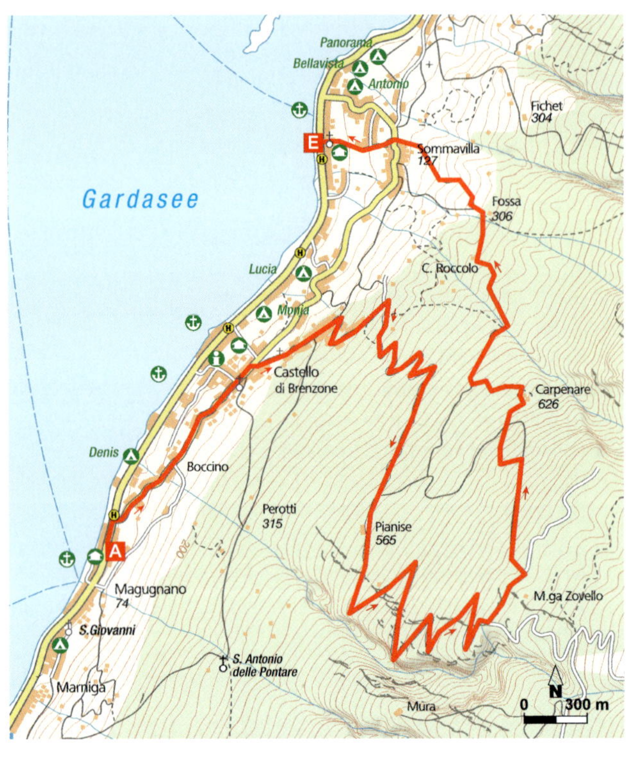

unterhalb der Malga Zovel in nördlicher Richtung. Die direkte Zufahrt zur Malga befindet sich noch etwas oberhalb und muss nicht zwingend angefahren werden. Das Weidegelände der Alm zieht sich an der Flanke des Monte Baldo entlang. Nach ungefähr 200 Metern verlässt ein unscheinbarer Pfad die Schotterpiste und läuft über die Wiese auf den Wald zu; ziemlich genau in Falllinie ausgehend vom

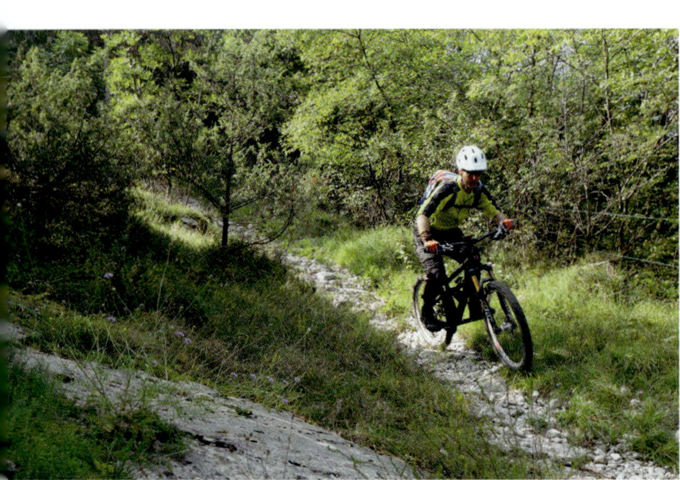

Trails entlang von Gletscherschliffplatten

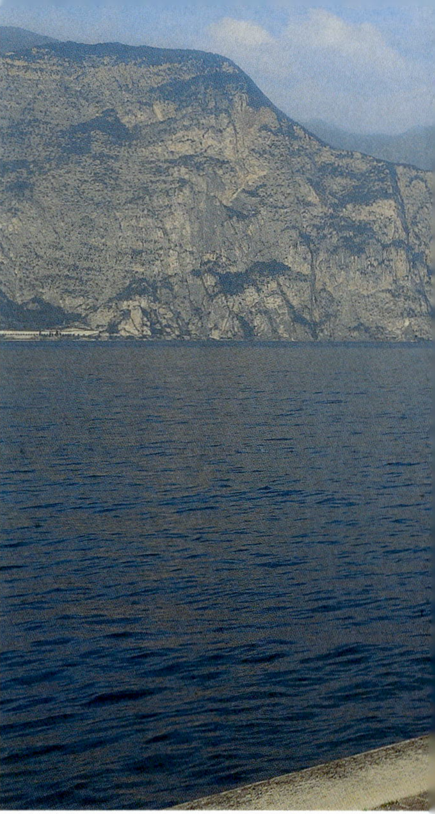

Hauptgebäude der Malga Zovel. Damit hat man eine gute Orientierung, da der Wiesenpfad bei etwas höherem Gras möglicherweise nur schlecht zu erkennen ist.

Wer Protektoren dabei hat, sollte die nun anlegen. Sobald der Trail im Unterholz verschwindet, ist die Orientierung kein Problem mehr. Der Weg ist klar definiert und nicht zu verfehlen. Von Anfang an ist die alte Mulatteria steil und grob. Das bleibt durchgängig so bis zur Localita Fossa. Insgesamt geht es bei dieser Tour auf gut dreieinhalb Kilometern ungefähr 900 Höhenmeter bergab; das entspricht einem durchschnittlichen Gefälle von rund 26 %.

Flache Passagen zum Ausruhen gibt es bis zum Trailende fast überhaupt nicht. Dafür ist der Pfad gewürzt mit Stufen, verblockten Stellen, Spitzkehren und viel losem Geröll. Teilweise sind noch Reste der alten, groben Pflasterung zu erahnen. Früher war dieser Pfad die direkte Verbindung zu den Hochalmen und einzelnen Gehöften am Berg. Einer dieser Orte ist Carpenare. Die Ruinen der alten Malga liegen ungefähr auf einer Höhe von 630 Metern, also rund 560 Meter über der Wasserfläche des Gardasees. Wer Entdeckerdrang in sich verspürt, spaziert einen kleinen, langsam zuwachsenden Querweg in den Ort und lässt die Stimmung dieses verwunschenen Platzes auf sich wirken. Die Natur holt sich nach und nach alles zurück. Bäume und Strauchwerk wachsen durch die zerborstenen Mauern und die modernden Dachbalken. Die verfallenden Gebäude geben ein beredtes Zeugnis davon, dass es die einstigen Bewohner irgendwann satt hatten, in der abgeschiedenen und schwer erreichbaren Einöde zu hausen.

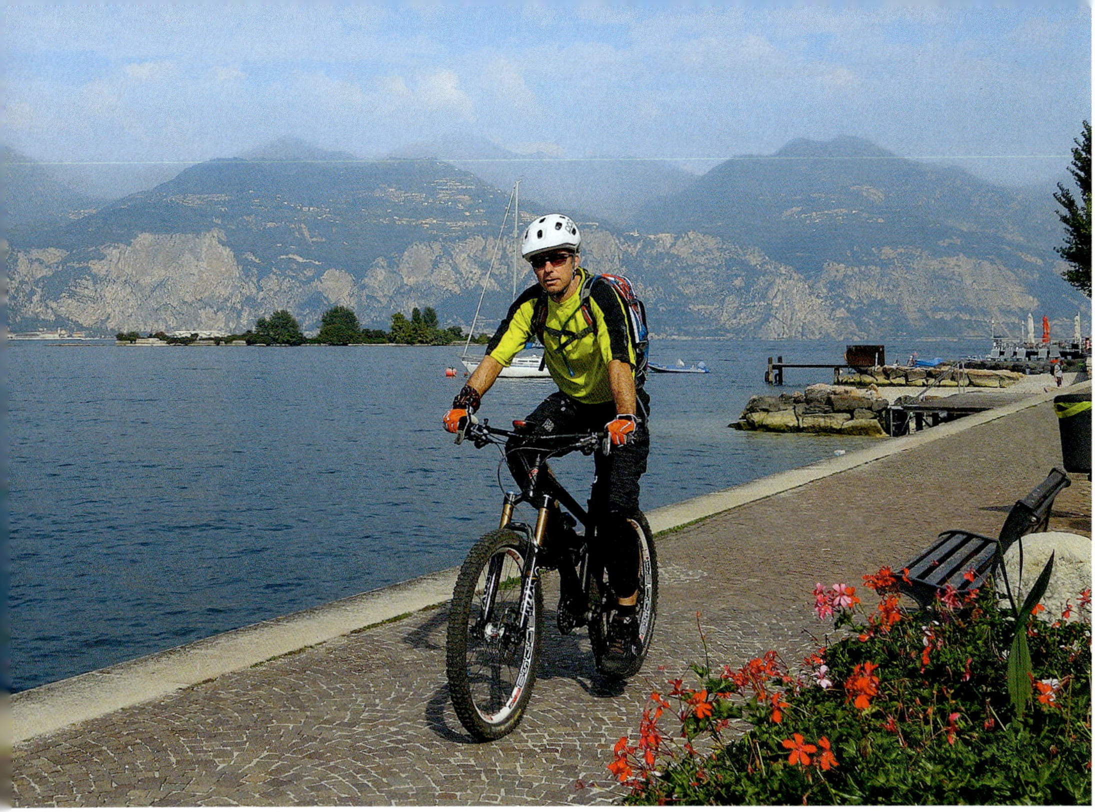

Dem Mountainbiker ist das heute sehr recht, denn so ist kaum mit Gegenverkehr zu rechnen. Nur ganz vereinzelt verirren sich Wanderer hierher. Der Trail hat ziemlich durchgängig S2- bis S3-Niveau. Deshalb muss man ständig konzentriert sein, um Fahrfehler zu vermeiden. Ein eventueller Sturz riecht hier nach Trümmerbruch, wie ich zu sagen pflege, wenn ich an die Grenzen meiner Fahrkunst geführt werde. Aber das ist selbst gewähltes Elend, scherzt mein Begleiter Alex bei dieser Tour, für den es meistens nicht grob genug sein kann. Schließlich geht der Pfad bei den ersten bewohnten Häusern in eine Waschbetonpiste über. Die ist nicht weniger steil als der Pfad zuvor. Auch in Sommavilla geht es in Direttissima-Richtung weiter. Erst in der Ortslage von Assenza wird es auf den letzten paar Metern flach, und man kann bis zum Ufer des Gardasees ausrollen.

Bei dieser Tour gibt es Entspannung erst ganz am Schluss bei der Fahrt am Seeufer entlang.

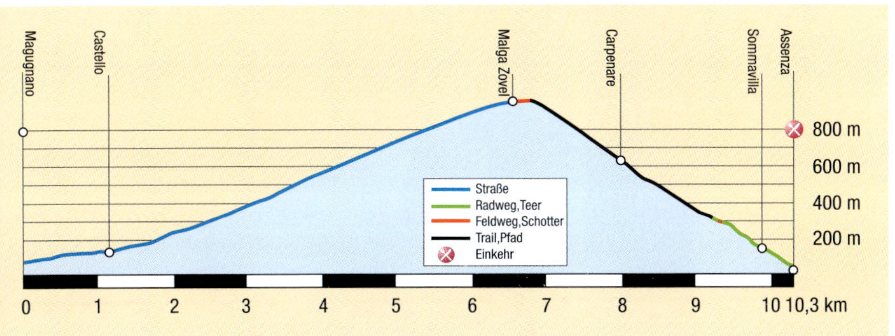

19 PUNTA VELENO – MALGA FIES

Für deutsche Ohren ist der Name Programm

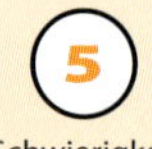

5 Schwierigkeit | ✪✪✪✪✪ Erlebniswert |  1050 Höhenmeter | 15,9 Streckenlänge (in km) | 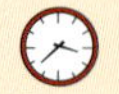 5 Zeit (in Std.)

TOURENCHARAKTER

KURZCHARAKTERISTIK
Extreme Bergtour für Konditionstiere

AUSGANGS-/ENDPUNKT
Magugnano/Marniga

KONDITION ✪✪✪✪✪

FAHRTECHNIK ✪✪✪✪✪

TRAILS
Durchgehend S2, maximal S3

UNTERGRUND
Straße: 66 %
Radweg, Teer: 1 %
Feldweg, Schotter: 5 %
Trail, Pfad: 28 %

HÖCHSTER PUNKT
1141 m, Parkplatz bei Valle di Trovai

NIEDRIGSTER PUNKT
66 m, Marniga

EINKEHR
Keine bei der Auffahrt, in Campo Café bzw. Kiosk

BESONDERHEITEN
Start und Ziel liegen ca. 500 m voneinander entfernt und sind bequem über den Radweg am Ufer des Gardasees zu erreichen

KARTE
Kompass-Wanderkarte 1:35 000, WK 697-1

GPS-TRACK
tour-19_Punta_Veleno.gpx

Ja, fies reckt sich die Auffahrt zum »giftigen Stachel« hinauf. Eine der steilsten Auffahrten nicht nur am Gardasee stellt nur den Auftakt dar. Auch die nahezu lupenreine Trailabfahrt wartet mit einigen heftigen Passagen auf. Belohnung genug für den, der so etwas mag.

Wer sich einmal richtig die Kante geben will, fährt diese Tour in der vorgeschlagenen Richtung. Der berühmt-berüchtigte Anstieg heißt Punta Veleno – giftige Spitze – alles klar? Es gibt eine Internetseite mit dem ebenfalls bezeichnenden Namen www.quaeldich.de. Dort werden Pässe präsentiert, die man mit dem Rennrad befahren kann. In der Beschreibung dazu heißt es: »Zum Namen ›Punta Veleno‹ gibt es eine hübsche Anekdote, die wahr ist oder nicht, man weiß es nicht: Angeblich bewertete Vincenzo Torriani, einer der Direktoren des Giro d'Italia von annodazumals, bei einer Besichtigung im Jahr 1972 die Nordwestanfahrt als ›troppo velenosa‹. Tatsächlich spricht einiges dafür, daß der ursprüngliche Name dieses Übergangs oberhalb des Sees wohl Selletta di Punta del Telégrafo war. Daraus machten manche Quellen Passo del Telégrafo, während andere das griffigere ›Punta Veleno‹ benutzten… Was wir nun auch tun. Tatsächlich ist die Punta Veleno kein Pass in dem Sinne, dass er zwei Täler verbinden würde; er führt vielmehr an der Westseite des Massivs des Monte Baldo hoch und dort auch wieder hinunter. Wollte man einen Pass mit einem Symbol versehen, so würde Punta Veleno gewiss mit einem Januskopf ausgezeichnet werden, denn er hat zwei Gesichter, wie sie unterschiedlicher nicht sein können.

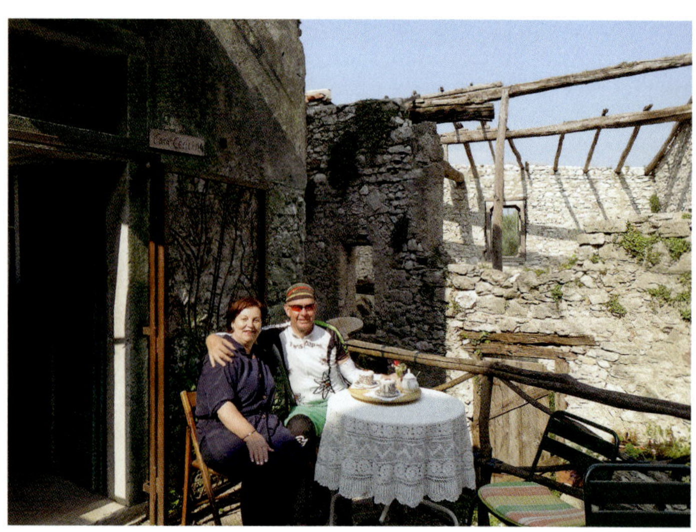

Langsam kehrt das Leben nach Campo zurück - Rast im Café Olga.

1050 Hm | **15,9 km** | **5 Std.**

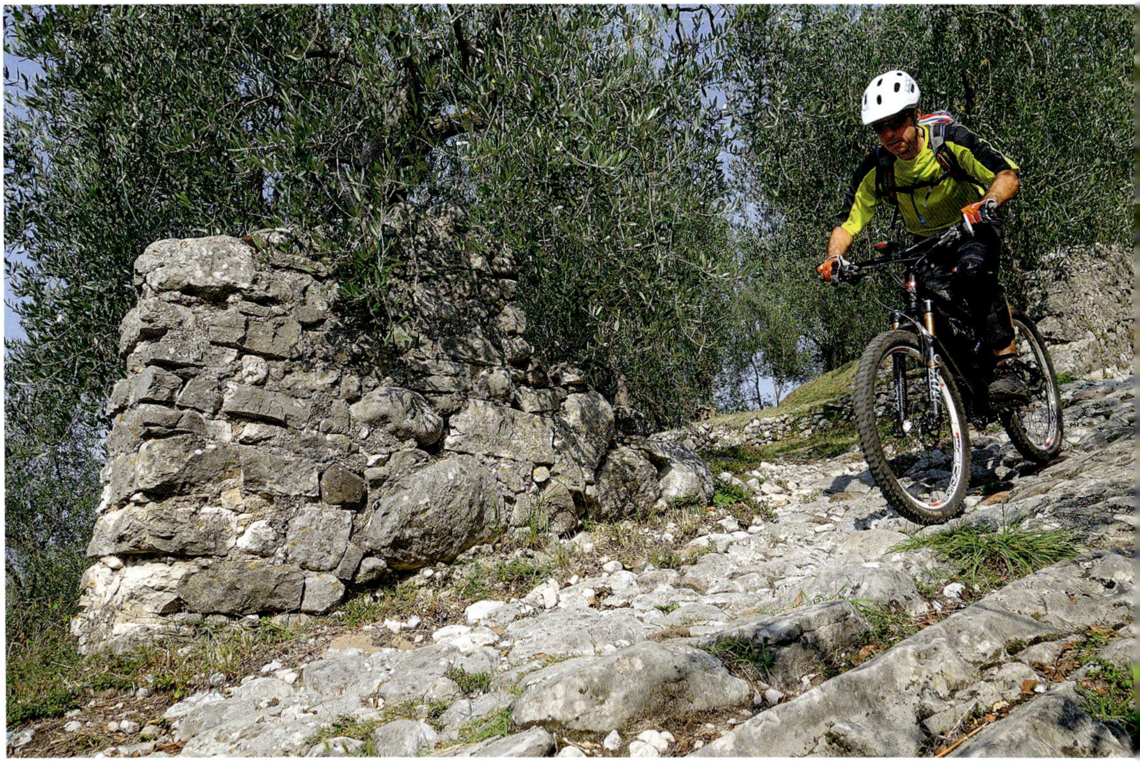

Downhill durch die Olivenhaine

Seine Nordwestanfahrt, sprich die giftige Seite, hat theoretisch alles, was ihn zu einem Leckerbissen für Radtouristen machen würde. Ein enges Sträßchen führt über viele Serpentinen nach oben, Verkehr gibt es kaum, die Ausblicke auf den See – wo vorhanden – sind traumhaft. Wenn da nicht der Steigungsgrad der Straße wäre – Mama mia! Auf der giftigen Seite muss man eine ganze Anzahl von Kilometern mit einem Schnitt von 16 % Steigung bewältigen. Das macht Punta Veleno zu einem der härtesten Anstiege in Italien … Warum man solche Straßen baut, ist schwer zu verstehen; warum man dann auch noch mit dem Rad hochfährt, vielleicht ein Fall für geschulte Psychologen …«
(Quelle: https://www.quaeldich.de/paesse/punta-veleno/)
Auf diese Frage vermag ich keine andere Antwort zu geben als: Weil sie eben da ist, diese Auffahrt. Ich habe auch schon einige Mountainbiker und Rennradler nach den ersten Kehren wieder umdrehen sehen. Damit ist wohl jedem klar, was einen erwartet. Wir treffen bei unserer Tour auf ein Ehepaar, das sich anschickt, die steile Rampe mit ihren Mountainbikes zu erklimmen. Offensichtlich haben sie viel Spaß bei der Angelegenheit. Wie ich erfahre, wissen sie allerdings auch, was sie erwartet und haben die Auffahrt bewusst gewählt. Wer es moderater haben will, wählt die

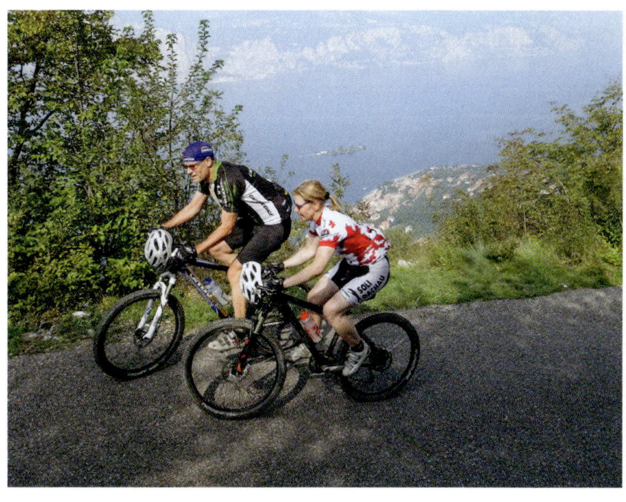

Das Foto gibt die Steilheit der Auffahrt auch nicht ansatzweise wieder.

Punta Veleno – Malga Fies

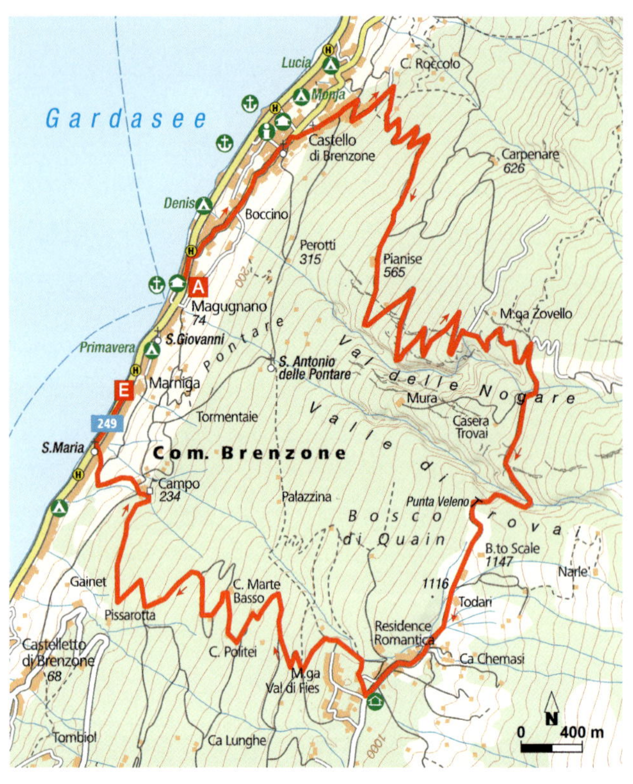

Anfahrt von der anderen Seite über San Zeno di Montagna und Prada.

Auf jeden Fall winkt als Belohnung eine Abfahrt über reichlich 900 Höhenmeter hinab zum Ufer des Gardasees. Sie gehört zu den feinen, fiesen Rumpelpisten, die nur mit einem Fully und ordentlich Federweg so richtig Spaß machen. Technisch nicht allzu schwierig beginnt der Trail in der Nähe der Malga Val di Fies (welch schönes Wortspiel für deutsche Ohren) und verläuft fast durchgängig auf alten Karrenwegen. Flache Abschnitte gibt es ab und zu auch, die Bremsen sind trotzdem ordentlich beschäftigt. Ohne Scheibenbremsen geht gar nichts, es sei denn, man plant eine Wanderung. Zwischenstopps zum Ausschütteln der Arme und Hände wird man einige einlegen müssen. Einen davon sicherlich in Campo, dem geheimnisvollen alten Römerposten. Auf das abgeschiedene Dörfchen sind wir bei unseren Touren schon ein paarmal gestoßen. Eine seltsame Magie geht von dem halb verfallenen Ort aus. Inzwischen ist etwas Leben in die alten Gemäuer eingezogen. Maler

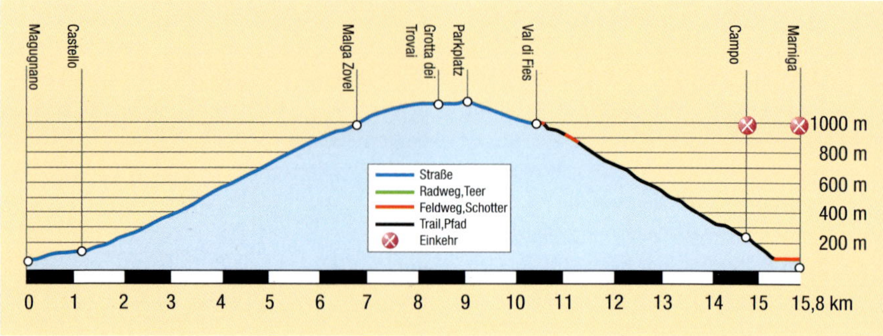

haben ihre Staffelei unter die Olivenbäume gestellt und lassen sich von der stimmungsvollen Umgebung inspirieren. Vor anderen Häusern laden Tische und Stühle zur Rast ein. Wir lassen uns bei Olga nieder. Sie hat zwei, drei Tischchen in die Sonne gestellt und offeriert Kaffee und selbstgebackenen Kuchen. Ich frage sie natürlich aus über die Geschichte ihres Hauses, und stolz macht sie eine kleine Führung durch die Räume, die ein beredtes Bild davon vermitteln, wie die Menschen hier früher gelebt haben.

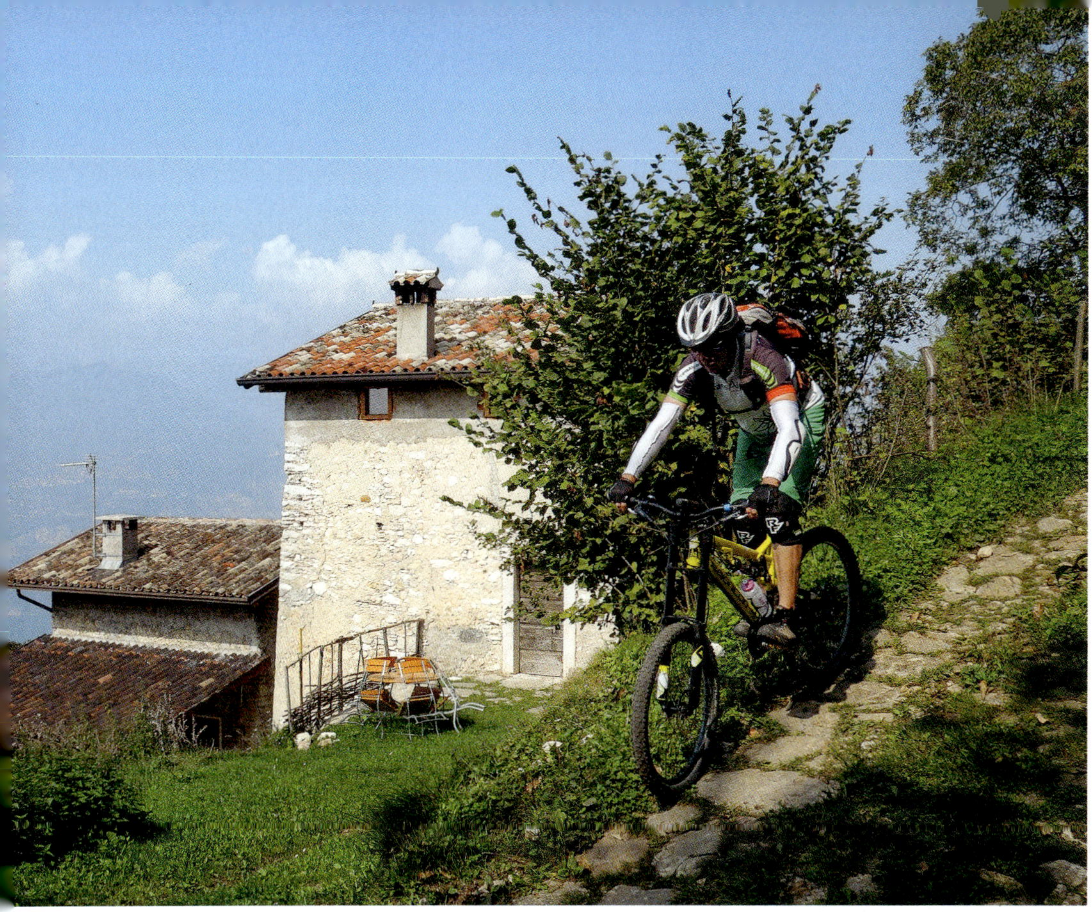

Nach der Pause geht es von hier in der Direttissima weiter hinab zum Gardasee, der noch knapp 200 Höhenmeter unter uns liegt. Das Seeufer erreichen wir bei Marniga, fast übergangslos aus dem Trail heraus. Da werden die Augen leuchten bei denen, die so etwas mögen. Aber wer so etwas nicht mag, für den gilt: Finger weg von dieser Tour!

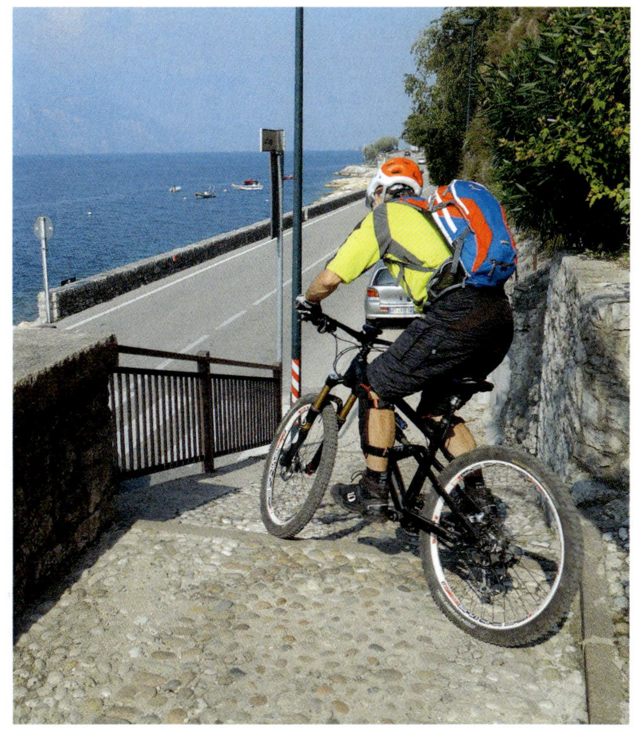

Oben: Einsame Gehöfte ohne Straßenzufahrt

Rechts: Der Trail endet direkt am Gardasee.

20 GIRO DI GARDA

Trubel und Einsamkeit auf engstem Raum

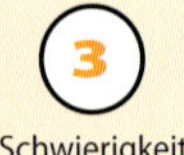

3 Schwierigkeit | Erlebniswert | 900 Höhenmeter | 32,4 Streckenlänge (in km) | 4 Zeit (in Std.)

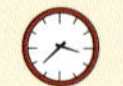

TOURENCHARAKTER

KURZCHARAKTERISTIK
Mittelschwere Rundtour mit kleinen Traileinlagen

AUSGANGS-/ENDPUNKT
Garda, Hafen

KONDITION

FAHRTECHNIK

TRAILS
Ø S1, max. S2

UNTERGRUND
Straße: 9 %
Radweg, Teer: 26 %
Feldweg, Schotter: 37 %
Trail, Pfad: 28 %

HÖCHSTER PUNKT
470 m, bei Monte Bandiera

NIEDRIGSTER PUNKT
67 m, Gardasee

EINKEHR
Ristorante La Dacia, Bar und Pizzeria in Albisano

KARTE
Kompass-Wanderkarte 1:35 000, WK 697-2

GPS-TRACK
tour-20_Giro_di_Garda.gpx

Der Ort Garda gibt dem See seinen Namen und steht eher für Massentourismus als für Mountainbiken. Aber wie es überall so ist – verlässt man den Dunstkreis der Busreisenden, ist man oft nach wenigen Hundert Metern alleine unterwegs. So auch bei dieser stimmungsvollen Rundtour, die einsame Trails bereithält.

Der Giro di Garda kennzeichnet wohl am besten den Reiz, den diese Region für Mountainbiker zu bieten hat. Auf engstem Raum nebeneinander liegen die Berge der Hügelkette. Sie umschließen Garda wie ein riesiges, natürliches Amphitheater. Die Bühne bildet der Gardasee, der sich aus den unterschiedlichsten Blickwinkeln selbst in Szene setzt – Applaus ist ihm gewiss. Der Mountainbiker findet auf dieser Runde alles, was das Herz begehrt: knackige Anstiege, knifflige Singletrails, grandiose Panoramen und summa summarum jede Menge Fahrspaß. Das alles wohldosiert in kleinen, abwechslungsreichen Portionen, die Appetit auf mehr machen.
Los geht es in Garda am Hafen. Auf der Uferpromenade rollen wir uns bis Bardolino gemütlich ein. Im Sommer, wenn viele Spaziergänger unterwegs sind, ist das schon einmal eine kleine, vorbereitende Übung für die Singletrails, die noch folgen werden. Schauen, bremsen, ausweichen, antreten – der Langsamere hat immer recht. In Bardolino wenden wir uns nach links und schrauben uns in lang gezogenen Serpentinen nach oben in Richtung Rocca – dem Hausberg von Garda. Am Wegekreuz beginnt der Aufstieg, der nicht komplett fahrbar ist – die Runde auf dem Plateau dann schon. Bergab wartet dann die erste Singletrail-Prüfung.

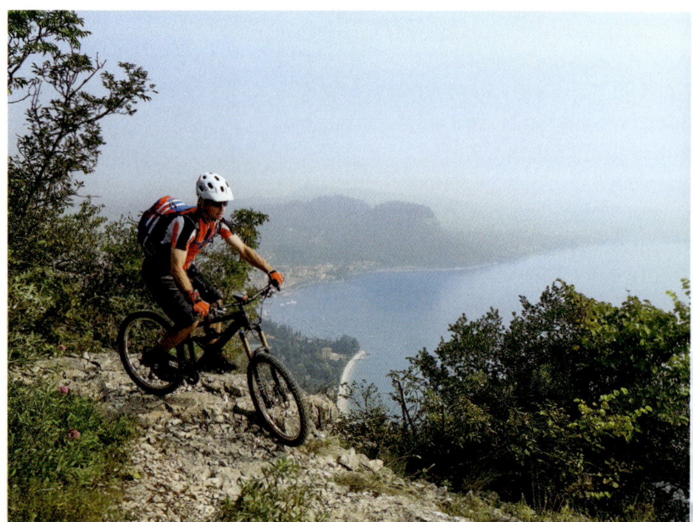

Versteckter Aussichtspunkt auf Garda am Monte Luppia

900 Hm	32,4 km	4 Std.

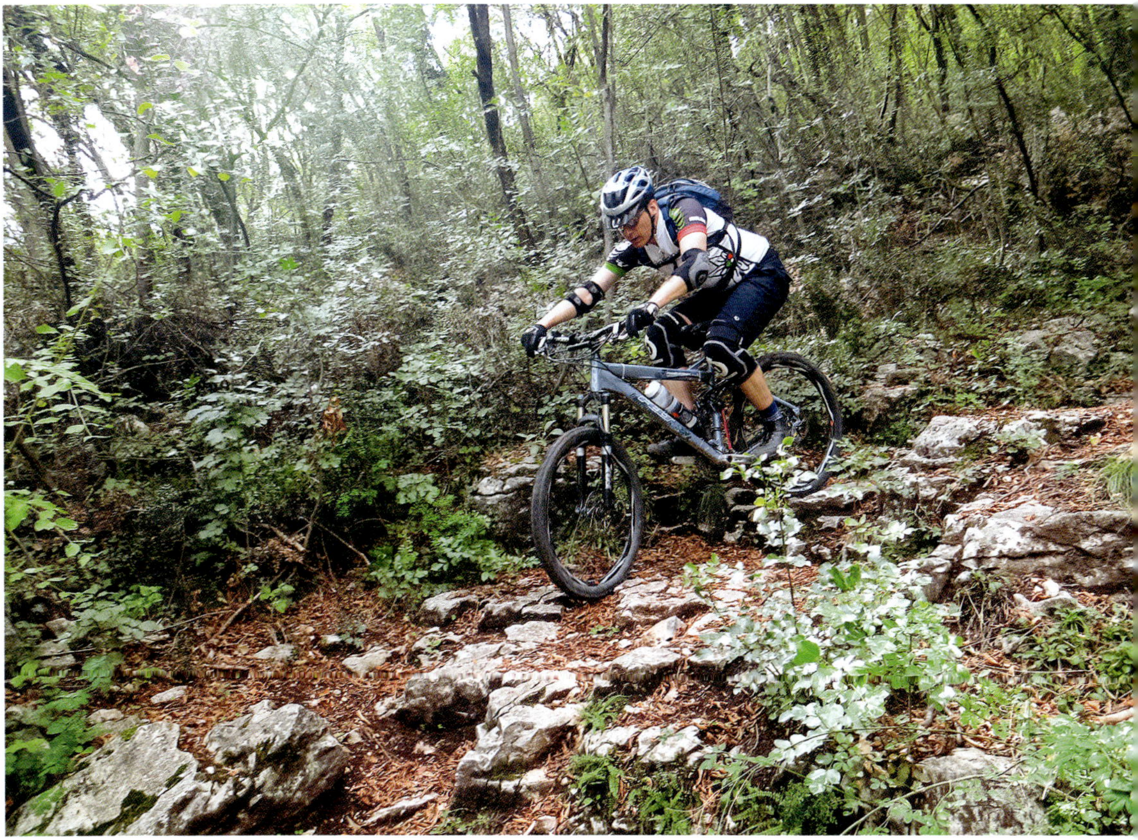

Ruppiges Trailgelände während der Abfahrt

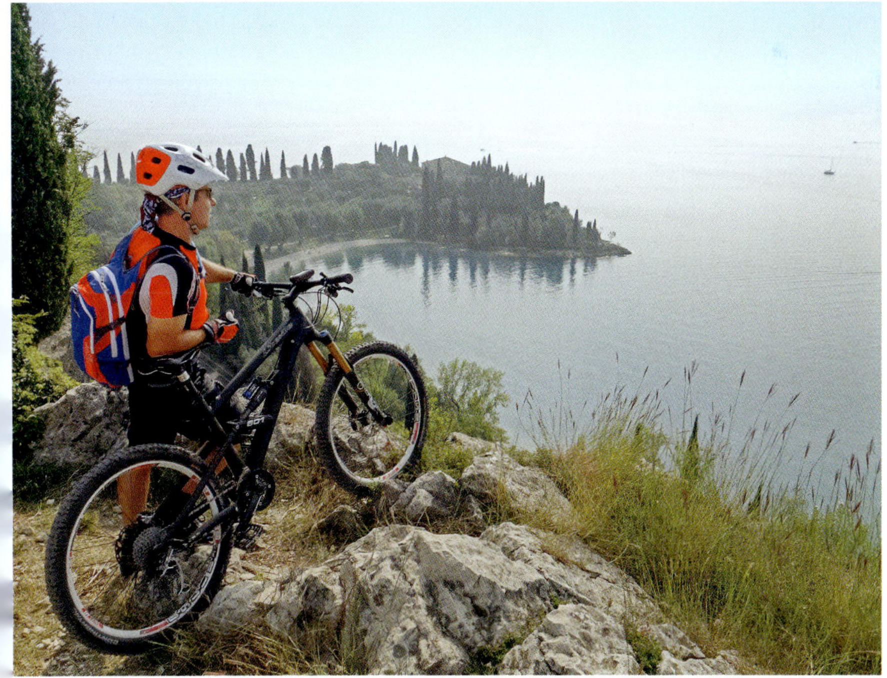

San Vigilio mit Baia delle Sirene, einer der schönsten Badebuchten am Gardasee

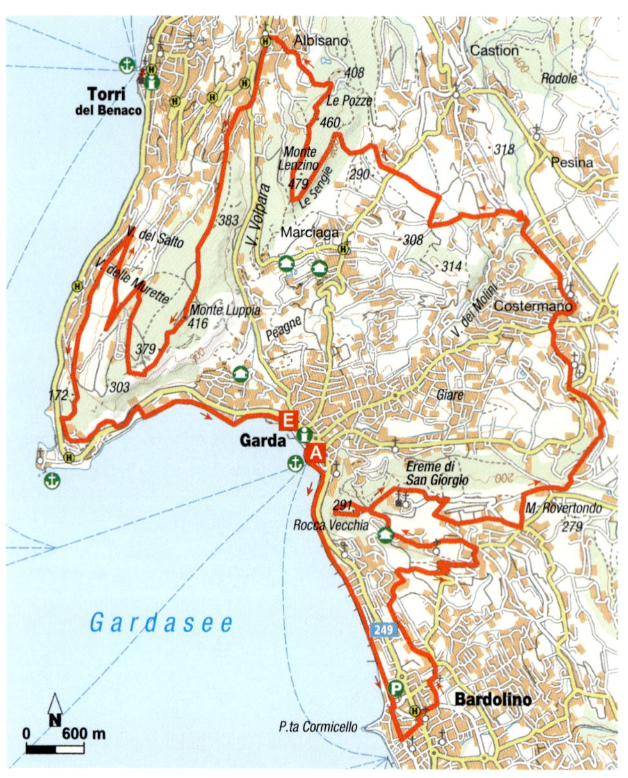

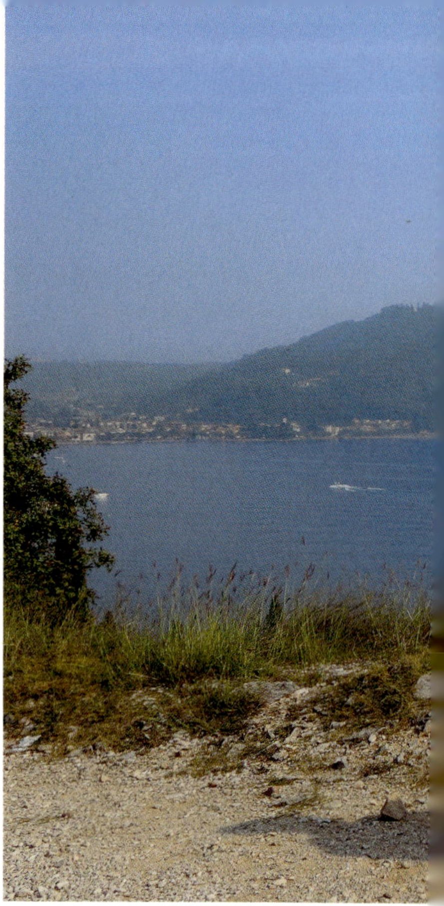

Der Trail beginnt am altarähnlichen Felsblock neben der Aussichtsstelle nach Süden auf den Gardasee und Bardolino. Er ist ein schmaler Pfad, der ein paar Dutzend Meter oberhalb der Wegekreuzung wieder auf den Hauptweg mündet. Weiter geht es entlang der Bergflanke zunächst auf der MTB-Route »La Rocca«. Ein kleiner Trail führt von der Schotterpiste weg. Dann geht es auf einem Pfad am Ristorante La Dacia vorbei. Ist man wieder auf der Schotterstraße, gabelt sich gleich der Weg. Wir fahren links ein kurzes Stück bergab. Dann geht es wieder nach oben in Richtung Hotel Boffenigo. Nach der Ebene bei Baesse folgt ein kleiner giftiger Anstieg. Der Trail mündet in Costermano. Kurz vor der Kirche lädt die Bar Al Muretto zu einer Rast mit schönem Blick auf den Gardasee ein. Am Mühlental verlieren wir ein paar Höhenmeter, die wir uns sogleich wieder erarbeiten müssen. Wir erreichen den Golfplatz und haben nun den Monte Lenzino vor uns. Diesen Berg bezwingen wir bergauf in direkter Linie über einen aufwärts nicht fahrbaren, steilen Trail. Eine kurze Schiebepassage von ca. 10 Mi-

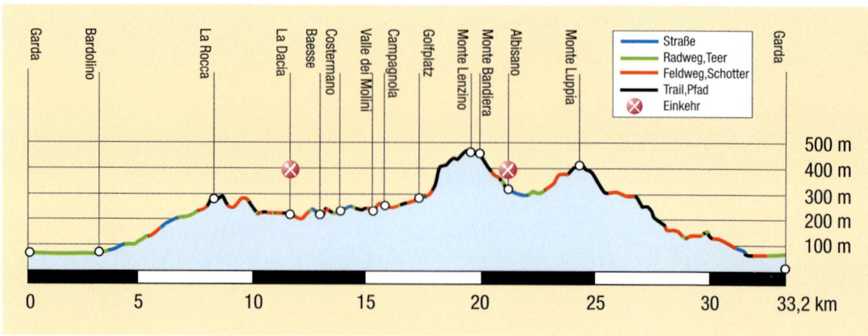

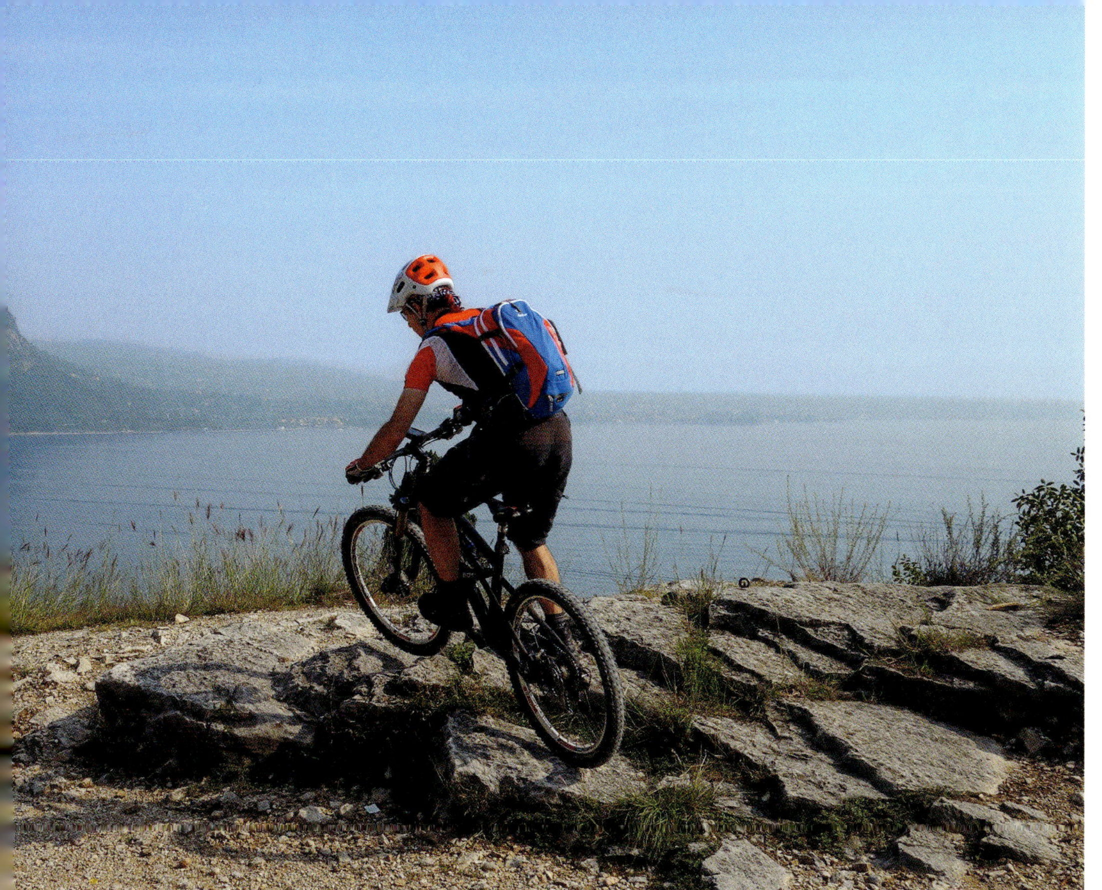

Über der Bucht von Garda erhebt sich die Rocca, der Hausberg von Garda.

nuten wird sich dabei nicht vermeiden lassen. Schließlich erreichen wir den schönen Aussichtspunkt am Monte Lenzino – Zeit für eine Verschnaufpause!

Weiter geht es bergauf auf dem Pfad in Richtung Norden. An einer Wegekreuzung fahren wir geradeaus weiter auf dem Singletrail, der in einem kurzen Stich bergauf zum Monte Bandiera führt. Hier hat man das Panorama des Monte Baldo in seiner ganzen Pracht vor sich. Nun folgt ein feiner Singletrail in Richtung Albisano. Im Ort biegen wir an der Hauptstraße links ab in Richtung Garda und fahren bis zum Abzweig zum Monte Luppia, der markiert und nicht zu verfehlen ist. Auf einem schmalen Trail geht es erneut bergauf bis zum Gipfel. Bei der Abfahrt zweigt links ein kleiner Trail ab, der uns zu einem tollen Aussichtspunkt führt. Den darf man nicht verpassen – das Panorama auf die kleine Bucht von Garda ist einfach grandios!

Zurück auf dem Haupttrail verlassen wir ihn an der nächsten Weggabel nach rechts. Der Weg wird breiter und verläuft oberhalb eines umzäunten Grundstückes. Im spitzen Winkel geht es nun zurück in Richtung Süden. Dann an einem Abzweig wieder scharf rechts abbiegen auf einen Trail in Richtung Norden, bis wir den Pilgerweg erreichen. Der bringt uns zurück nach Garda. Ein paar Meter nach der Infotafel verlassen wir den breiten Weg und folgen rechts dem interessanteren Trail bergab, der später zur Schotterpiste wird. Heraus kommt dieser wiederum an einem schönen Aussichtspunkt. Zu Füßen liegt uns dabei San Vigilio und die Baia delle Sirene, eine der schönsten Badebuchten am Gardasee.

Nachdem wir uns sattgesehen haben, fahren wir weiter und erreichen schließlich die Küstenstraße. Hier muss man sich in den unter Umständen starken Verkehr einordnen und nach links fahren. Nach ca. 300 Metern kann man ihm schon wieder entfliehen. Ein Fußweg biegt nach rechts zum Ufer des Gardasees ab. Die Kiesstrecke direkt am Ufer zurück nach Garda ist der passende Abschluss dieser tollen Runde.

21 RIFUGIO FIORI DEL BALDO

Zur »Chinesischen Mauer« am Monte Baldo

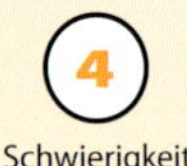
Schwierigkeit

Erlebniswert

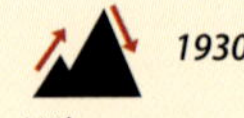
Höhenmeter

Streckenlänge (in km)

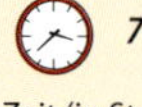
Zeit (in Std.)

TOURENCHARAKTER

KURZCHARAKTERISTIK
Hammertour am südlichen Monte Baldo, Trails satt in der Abfahrt

AUSGANGS-/ENDPUNKT
Garda

ANFAHRT
Mitte Juni bis Mitte September gibt es ab Busbahnhof Garda einen Bus- & Bike Service nach Prada alta (www.atv.verona.it), von dort evtl. Seilbahn Prada – Costabella (www.funiviedelgarda.it)

KONDITION

FAHRTECHNIK

TRAILS
Ø S1, max. S3

UNTERGRUND
Straße: 40 %
Radweg, Teer: 13 %
Feldweg, Schotter: 24 %
Trail, Pfad: 23 %

HÖCHSTER PUNKT
1819 m, Baita Fiori del Baldo

NIEDRIGSTER PUNKT
67 m, Gardasee

EINKEHR
Ristoranti und Bars in Albisano, San Zeno di Montagna, Baita Fiori del Baldo, Bar Campagnari in Lumini, Ristoranti und Bars in Garda

KARTE
Kompass-Wanderkarte 1:35 000, WK 697-1 und -2

GPS-TRACK
tour-21_Fiori_del_Baldo.gpx

Lange, epische Auffahrt mit tollem Panorama; auf der Gegenseite wirkt der mächtige Monte Pizzocolo klein und unscheinbar.

Mein Freund Erich lebt schon seit über 30 Jahren am südlichen Gardasee und kennt die Region eigentlich wie seine Westentasche. Umso erstaunter war ich, als ich ihn bei dieser Tour zum Forte Naole führte. Eine Trockenmauer aus Feldsteinen begrenzt dort den Bergkamm. Spontan und überrascht ruft Erich aus: »Das sieht ja aus wie eine kleine Chinesische Mauer!«, und ich bin stolz, dass ich ihm eine neue Facette seiner Wahlheimat präsentieren konnte.

Der südliche Monte Baldo ist durchzogen von uralten Pfaden, die die Bewohner im Laufe der Jahrhunderte angelegt haben, um ihren Lebensunterhalt zu sichern. Früher ist wahrscheinlich kaum jemand zum Selbstzweck in die Berge gegangen, um zum Beispiel die schöne Aussicht zu genießen. Fast immer standen lebenswichtige Interessen dahinter, sei es Nahrungsmittel zu beschaffen, hochgelegene Wiesen zu bewirtschaften

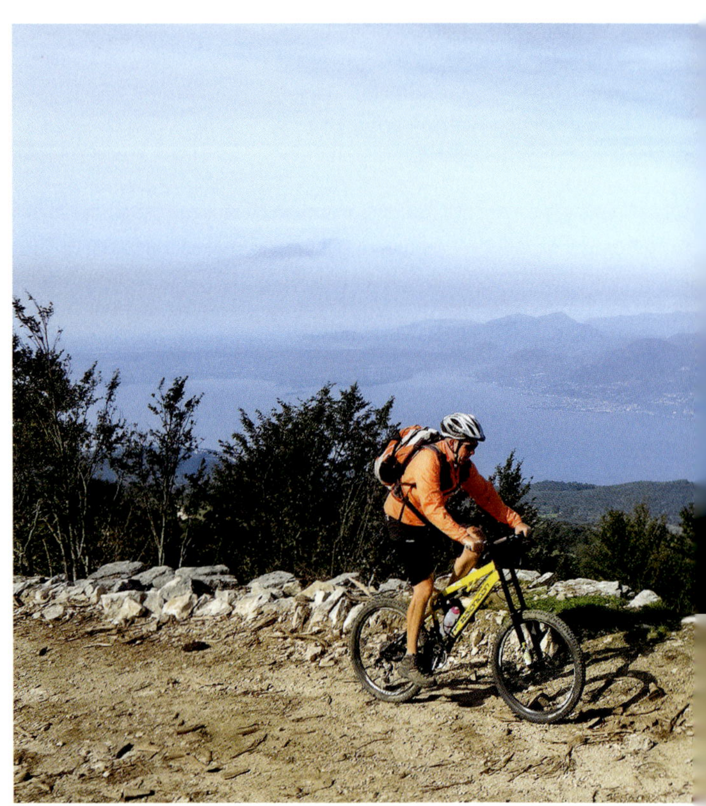

oder Handel zu treiben. Da sind zum Beispiel alte Karrenwege, die auf die Römerzeit zurückgehen. Die Wege, die wir heute vorfinden, sind im frühen Mittelalter entstanden und zeugen von der Wegebaukunst unserer Vorfahren. Die Trassierung richtete sich streng nach den jeweiligen Erfordernissen, immer unter Berücksichtigung der zur Verfügung stehenden Transportmittel. Die haben an manchen Stellen ihre tiefen Furchen in den steinigen Untergrund gegraben.

Andere Wege waren für den Transport mit Mulis oder Eseln vorgesehen. Deren Reste sind heute Pfade, die wir als Trails nutzen können, soweit sie nicht zugewachsen sind. Bergauf sind diese Wege mit dem Mountainbike kaum befahrbar. Erst der militärische Wegebau, der sich an den logistischen Anforderungen der Kriegsführung orientieren musste, schuf im 19. und 20. Jahrhundert auch bergauf befahrbare Strecken. Die nutzen wir heute gerne. Damit erfüllen sie wenigsten jetzt einen sinnvollen Zweck. Ich beschreibe hier die Variante

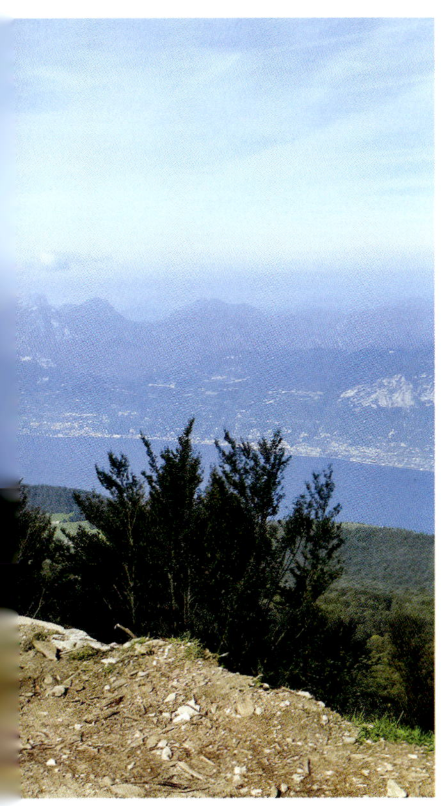

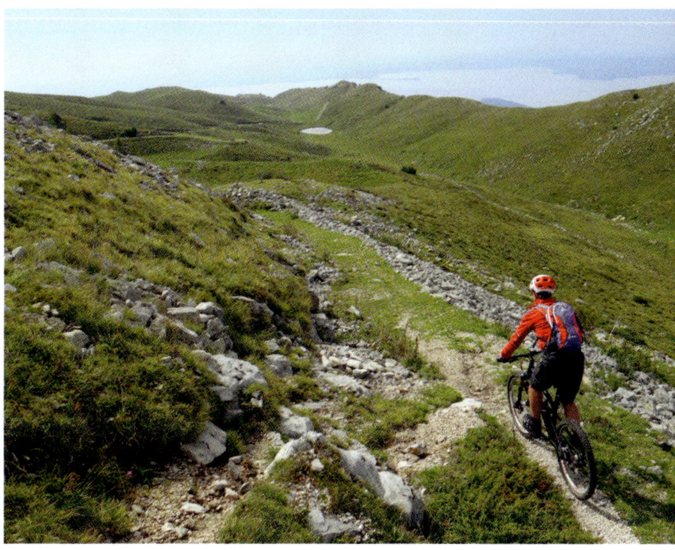

Genau nach Süden führt der Trail in Richtung Forte Noale.

inklusive Auffahrt mit dem Mountainbike zur Baita Fiori del Baldo, da der Zubringer als Ausgangspunkt für viele weitere Touren genutzt werden kann. Damit ergibt sich eine stramme Tagestour. Leichter geht es natürlich mit dem Service von »Bus & Bike« (verkehrt Mitte Juni bis Mitte September) und der Seilbahn von Prada, die man in den Sommermonaten nutzen kann. Falls sie denn fährt, das scheint einem Lotteriespiel zu gleichen (siehe auch den Hinweis am Ende der Tourenbeschreibung). Damit wird diese Tour zwar nicht zum Kinderspiel, aber natürlich deutlich entspannter, da man den Trail in frischem Zustand angehen kann.

Der Start erfolgt in Garda am Abzweig der Straße nach Albisano. Die Auffahrt ist auch eine beliebte Strecke für Rennradfahrer, die über San Zeno di Montagna nach Prada führt (nicht zu verwechseln mit dem gleichnamigen Ort am nördlichen Monte Baldo). Bei klarer Sicht ist das eine eindrucksvolle Panoramastrecke, die sich allmählich in die Höhe schraubt. Beim Club Sportivo von Prada (ungefähr auf 920 Metern) zweigt dann eine kleine Straße ab, die Strada per Naole. Bis zum Wanderparkplatz bei Pozze di Pralungo darf das Sträßchen noch von Autos befahren werden; man könnte sich also auch privat shutteln lassen. Viel Verkehr ist nicht zu erwarten, die Straße ist so schmal, dass selbst Pkws nur an

Rifugio Fiori del Baldo

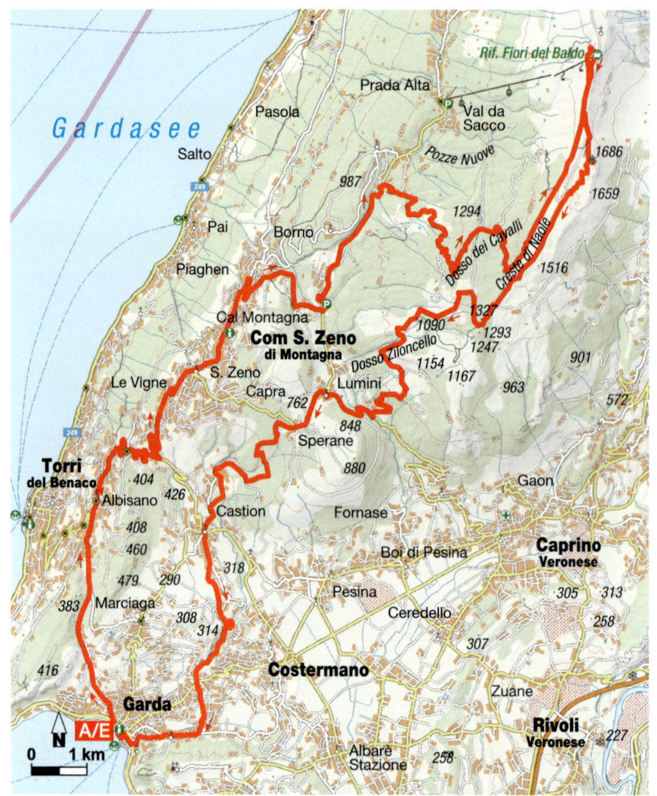

Ausweichstellen aneinander vorbeikommen. Bergauf mit dem Mountainbike auf andere Wege auszuweichen ist nicht sinnvoll, die Trails fahren wir besser abwärts.

Nach dem Wanderparkplatz geht es noch ein paar Meter auf Waschbeton weiter. Dann beginnt eine grobe Schotterpiste, in die sich die alte Militärstraße verwandelt hat. Bis zum Rifugio Fiori del Baldo sind es noch ca. 500 Höhenmeter – die meisten werden dazu eine gute Stunde brauchen. Das Rifugio ist bewirtschaftet. Es gibt einfache, gute Hausmannskost, d als Stärkung willkommen ist. Denn nun b ginnt die lange, lange Abfahrt ans Ufer d Gardasees, die fast durchgängig aus Schott pisten und Trails besteht – ein Traum in Stei Los geht es mit dem Trail auf dem Kammw der sich zum Forte di Naole hinzieht. Der A druck »atemberaubend« wird sicher oft üb strapaziert, hier trifft er mit Recht zu. Fast ex in südlicher Richtung verläuft der Kamm. Lin fällt der Grat zum Etschtal ab – im Hintergru die Lessinischen Alpen. Rechterhand der G dasee und die Ausläufer der Bergamas Alpen – einfach genial!

Am Forte Naole besichtigen wir die Überre der Festung, die vor ein paar Jahren restauri wurde. Faszinierend ist der Anblick einer Ste mauer, die hier auf dem Kamm verläuft. W taufen sie kurzerhand »Chinesische Maue Weiter geht es bergab auf der Militärstraße der Nähe eines kleinen Tümpels biegen links ab auf den Trail des Weges 662. Da w den die Augen leuchten. Schließlich erreich wir die Schotterpiste und verlassen den 66 (dieser führt als grober Trail hinunter nach prino Veronese).

Kurze Verschnaufpause! Von der Malga Zoc verläuft ein einsamer Wiesentrail zur Malga lone. Wir befinden uns die gesamte Zeit freien Gelände mit Blick zum Gardasee – w derschön. Bei der Malga Zilone zweigt etw versteckt (Orientierung: Strommast) der W 51 ab. Der erste Abschnitt ist sehr verblockt muss man sich seiner Fahrkünste sehr sic sein. Schieben ist keine Schande, es ist ja ein kurzes Stück. Weiter geht es über Stock Stein auf alten Pfaden, die selten begang und befahren werden. Bei einem Wasserl

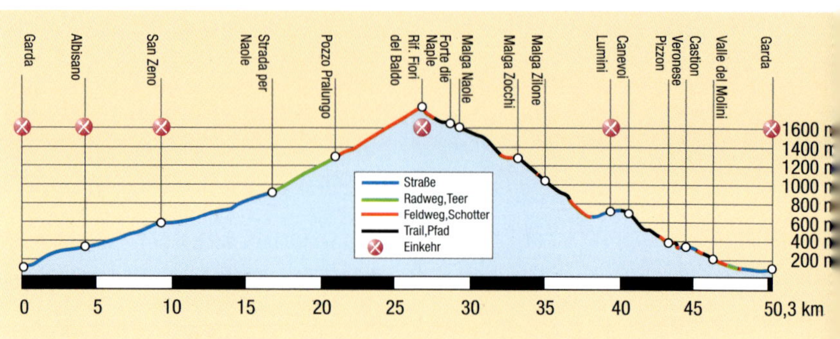

vertun wir etwas Zeit mit der Suche nach einem direkten Weg nach Lumini, der laut Karte vorhanden sein könnte. Da ist aber nur eingezäuntes Gelände, das von Brombeerhecken umgeben ist – kein Durchkommen. Merke: Im Zweifel hat immer die Natur Recht, niemals die Karte oder das GPS-Gerät. Wir folgen also den vorhandenen Wegen und kommen an der Verbindungsstraße zwischen Caprino Veronese und Lumini heraus. Jetzt die Straße hinunterzurollen, wäre reichlich unpassend. Wir kurbeln also ein paar Höhenmeter hinauf ins verschlafene Lumini. Immerhin gibt es ein Albergo und eine Bar, wo wir uns einen Cappuccino gönnen.

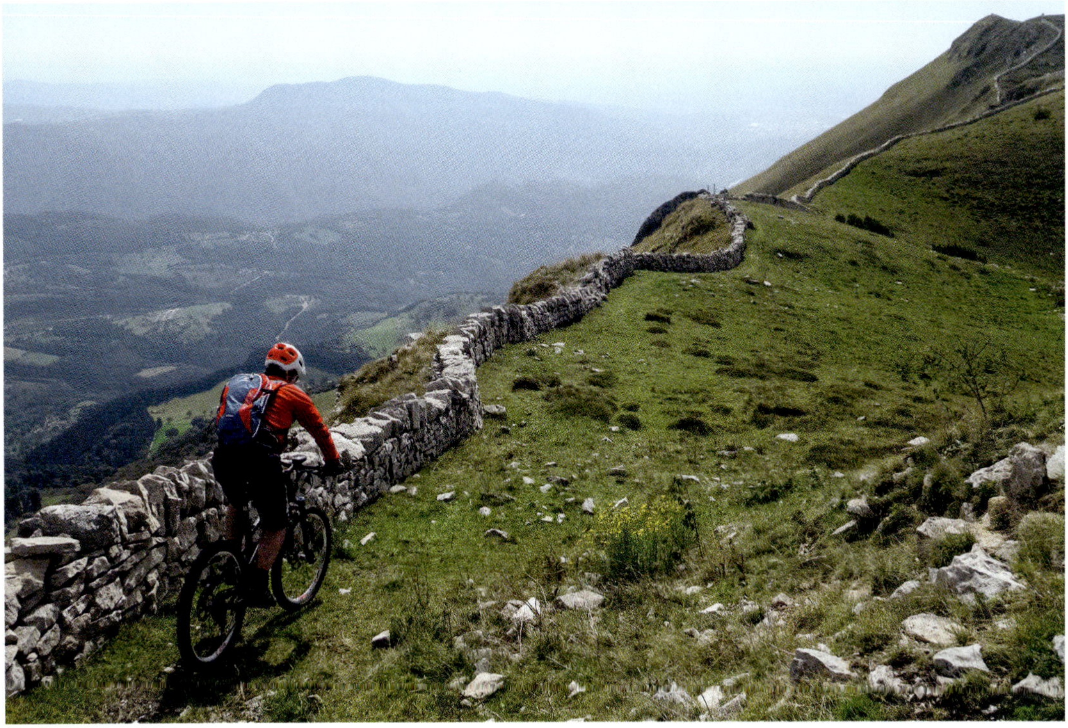

Zum krönenden Abschluss wartet dann noch eine Variante der Sperane-Trails auf uns, ehe wir durchs das Mühlental zurück nach Garda rollen. Das war eine echte Traumtour! Und davon gibt es noch mehrere in der Gegend – die nächste folgt sogleich…

Hinweis zum Lift Prada – Costabella: Der ursprüngliche Lift war eine abenteuerliche Konstruktion. Im Korblift zur Malga Prada konnten zwei Personen stehend transportiert werden. Von dort ging es mit einem Einer-Sesselift weiter. Mountainbikes wurden irgendwie mitgenommen. 2014 wurden die Anlagen geschlossen. Sie sollen von Grund auf erneuert werden. Geplant ist eine Panorama-Kabinenbahn anstelle des Sessellifts, der weiterhin die Ortschaft Prada mit der Höhenlage von Costabella verbindet. Die Wiedereröffnung ist für Sommer 2021 geplant – ich bin schon sehr gespannt..

Die »Chinesische Mauer« am Monte Baldo in der Nähe des Forte Naole

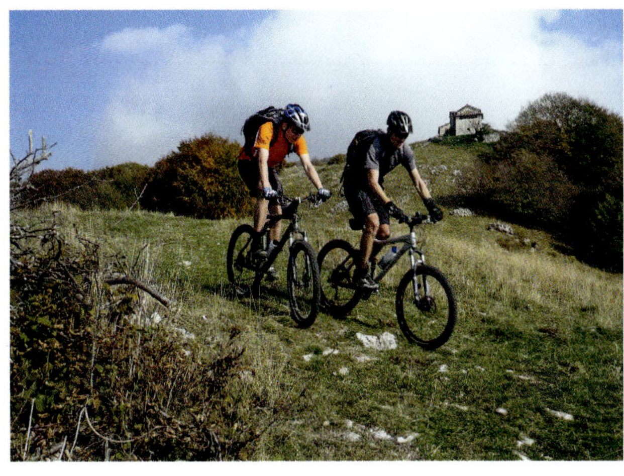

Pfad nahe der Malga Zilone

22 MADONNA DELLA NEVE

Rüttelmonster in der Falllinie zum Gardasee

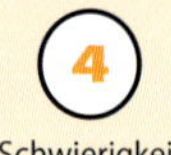

Schwierigkeit

Erlebniswert

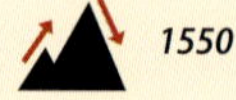

Höhenmeter

46

Streckenlänge (in km)

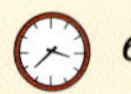

Zeit (in Std.)

TOURENCHARAKTER

KURZCHARAKTERISTIK

Schöne Tour am südlichen Monte Baldo, Trails satt in der Abfahrt

AUSGANGS-/ENDPUNKT

Torri del Benaco

ANFAHRT

Mit Fähre nach Torri del Benaco, Mitte Juni bis Mitte September gibt es ab Busbahnhof Garda einen Bus- & Bike-Service nach Prada alta (www.atv.verona.it), von dort ggf. Seilbahn Prada – Costabella (siehe auch Hinweis bei Tour 21)

KONDITION

FAHRTECHNIK

TRAILS

Ø S1, max. S2

UNTERGRUND

Straße: 50 %
Radweg, Teer: 22 %
Feldweg, Schotter: 14 %
Trail, Pfad: 14 %

HÖCHSTER PUNKT

1557 m, Schotterpiste bei Abzweig zum Forte Naole

NIEDRIGSTER PUNKT

67 m, Gardasee

EINKEHR

Ristoranti in Torri del Benaco, Albisano, San Zeno di Montagna, Albergo Nartilo, Ristoranti in Castelletto und Torri del Benaco

KARTE

Kompass-Wanderkarte 1:35 000, WK 697-1 und -2

GPS-TRACK

tour-22_Madonna_della_Neve.gpx

Der südliche Monte Baldo oberhalb von Torri del Benaco und Garda ist ein Revier, in dem man sich als Mountainbiker ordentlich austoben kann. Umso erstaunlicher ist es, dass er in der Wahrnehmung der deutschsprachigen Klientel eher eine »terra incognita« darstellt.

Da muss man auch mitten in den Alpen lange suchen, ehe man eine Abfahrt über rund 1500 Höhenmeter findet, die ohne nennenswerte Gegenanstiege auskommt. Wenn der Trailanteil bei der Abfahrt außerdem noch bei über 50 % liegt und der Schotteranteil ein weiteres Viertel beträgt, kann man sicher sein – das ist eine Traumtour für Mountainbiker. Und man kann noch 250 Höhenmeter Trail dazu packen, wenn man am Rifugio Fiori del Baldo startet wie bei der Tour 21. Nun, diese Tour findet man in der Tat am Gardasee und was am unglaublichsten ist – sie ist bis jetzt weitgehend unbekannt. Nur weil sie im Süden des Monte Baldo liegt. Im Norden treten sich manchmal die Biker auf die Füße oder verhaken sich mit den Lenkerhörnchen. Und hier? Gähnende Leere auf den Trails. Mir gefällt das, denn ich bin kein Freund der ausgetretenen Pfade.

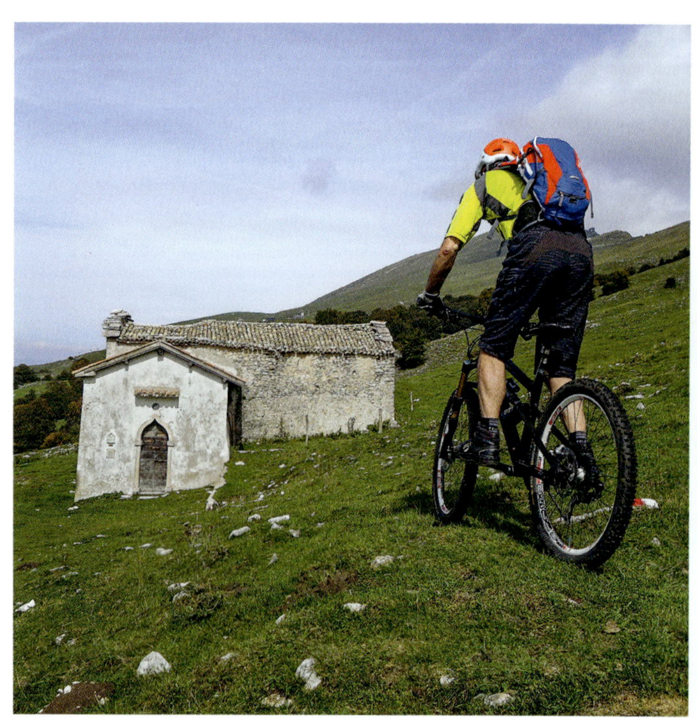

Die kleine Bergkapelle Madonna della Neve

1550 Hm | 46 km | 6 Std.

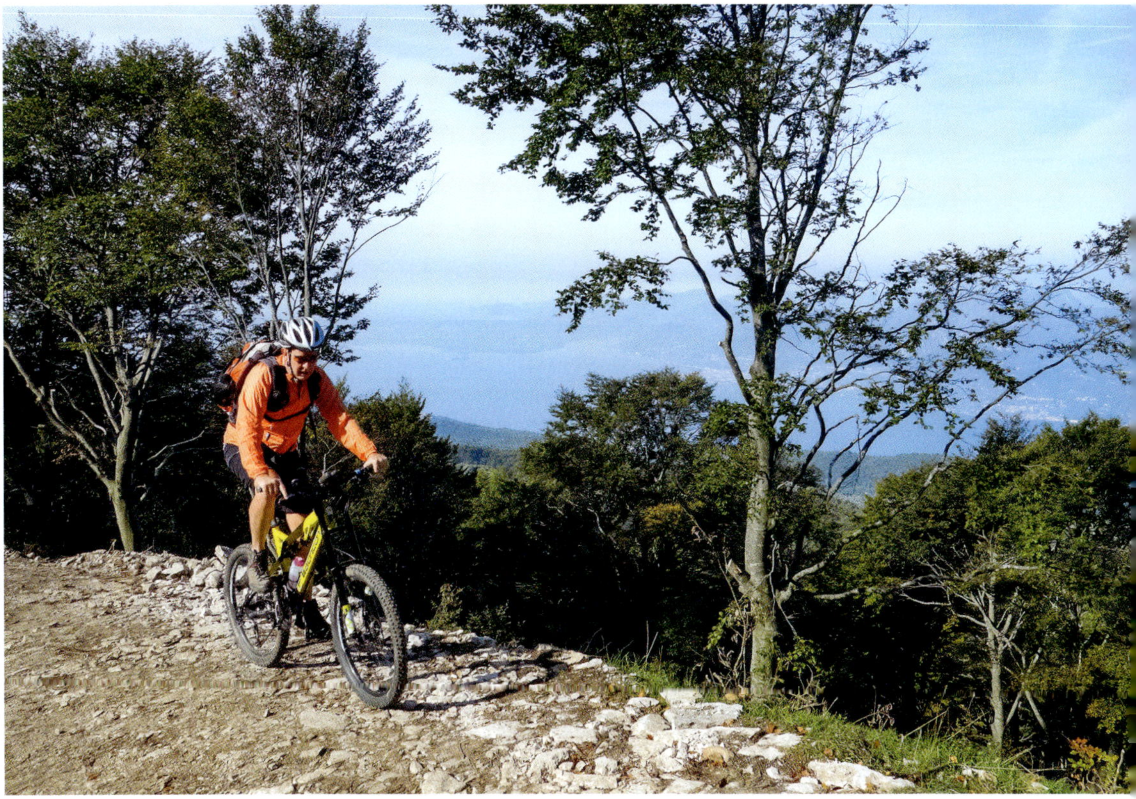

Doch der Reihe nach – ohne Schweiß kein Preis. Zumindest, wenn man die Auffahrt mit dem Mountainbike erledigt. Sie beginnt in Torri del Benaco und ist lang, sehr lang. In Albisano trifft sie auf die Route der Tour 21. In San Zeno di Montagna nimmt sie eine andere Strecke, nämlich die über Lumini. Man kann genauso gut auch die in Tour 21 beschriebene Strecke für die Auffahrt wählen. Beim Albergo Sceriffo treffen die beiden Varianten wieder zusammen und verlaufen auf gleicher Strecke bis zum Beginn der Trailabfahrt.

Falls man die bei der Tour 21 beschriebenen Möglichkeiten zum Shutteln nutzen kann und will, gestaltet sich diese Tour natürlich deutlich einfacher. Dann hat man eine fast reine Trailtour vor sich. Nach dem Wanderparkplatz an der Pozze di Pralungo geht es wie gehabt weiter auf der Militärstraße in Richtung Baita Fiori del Baldo. Der Abzweig zum Pfad mit der Nummer 655 ist recht unscheinbar, aber nicht zu verfehlen. Er liegt unweit des Abzweigs der Militärstraße zum Forte di Naole auf einer Höhe von 1557 Metern. Jetzt haben wir gut 1500 Höhenmeter Abfahrt zum Ufer des Gardasees vor uns. Die verteilen sich auf 10 Kilometer und finden, wie schon angekündigt, fast komplett auf

Zähe Auffahrt am südlichen Monte Baldo

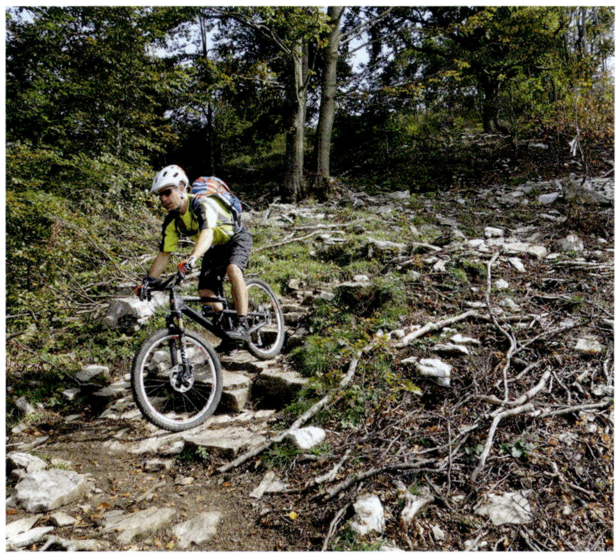

Einstieg in den Trail 655

Madonna della Neve

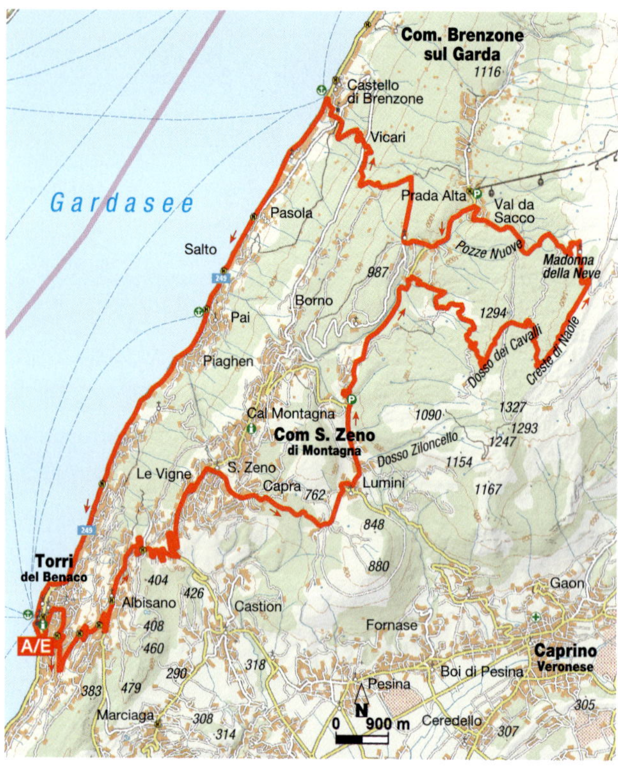

Rechte Seite oben: Le Ca – was für ein Ort, welch ein Panorama!

Trails, Karrenwegen und Schotterpisten statt. Mountainbikerherz, was willst du mehr?

Der erste Abschnitt bis zur Straße bei Prada unterteilt sich in drei Sektionen (rund 600 Höhenmeter abwärts). Der erste Teil ist ein ruppiger Trail bis zur Kapelle Madonna della Neve. Dann folgt ab der Baiti di Ortigara eine leichtere Schotterpassage. Der dritte Teil verläuft durch das Val di Sacco abwärts und ist teils Trail, teils sehr grobe Schotterpiste – beileibe nichts zum Ausruhen! Erst bei den Häusern von Case Val da Sacco kann man ein wenig die Arme ausschütteln, während man die Straße hinabrollt bis zum Albergo Nartilo. Hier beginnt der nächste Offroad-Abschnitt, zunächst flach bis San Bartolomeo. Die kleine Kapelle liegt auf einer Höhe von ungefähr 940 Metern über dem Meeresspiegel. Also haben wir noch knapp 900 Höhenmeter Abfahrt bis an den Gardasee vor uns. Und die haben es in sich. Es wechseln sich Singletrails mit groben Karrenwegen ab. Unterwegs breiten sich immer wieder Blicke über den Lago aus. Tolle Fotospots findet man bei Le Ca und Vicari.

Die Tour sollte man wirklich nur mit einem Fully fahren. Ein breites Grinsen macht sich auf dem Gesicht breit. Es wird nicht verschwinden, bis man in Castelletto am Seeufer angekommen ist – WOW! Der Kontrast könnte nicht größer sein, wenn man sich dann am malerischen kleinen Hafen niederlässt. Selten war ich so begeistert nach einer Tour wie bei dieser. Die Rückfahrt kann man dann teilweise direkt am Seeufer erledigen. Das geschieht auf den vorhandenen Radwegen und einigen fahrbaren Schotterabschnitten. Diese sind aber nicht durchgängig, sodass man ab und an auf die Straße ausweichen sollte bzw. muss. Das ist auch in der Hauptsaison zu empfehlen, wenn der schmale Kiesstrand mit sonnenhungrigen Badenden belegt ist. Ab Pai verläuft die Straße direkt am Gardasee bis nach Torri del Benaco. Platz für einen Radweg ist hier leider nicht. Erst in Torri del Benaco kann man dem Autoverkehr wieder entfliehen und über die Uferpromenade zurück zum Ausgangspunkt dieser eindrucksvollen Tour gelangen (Hinweise zum Radverkehr bitte beachten – das Rad muss an einigen Stellen geschoben werden).

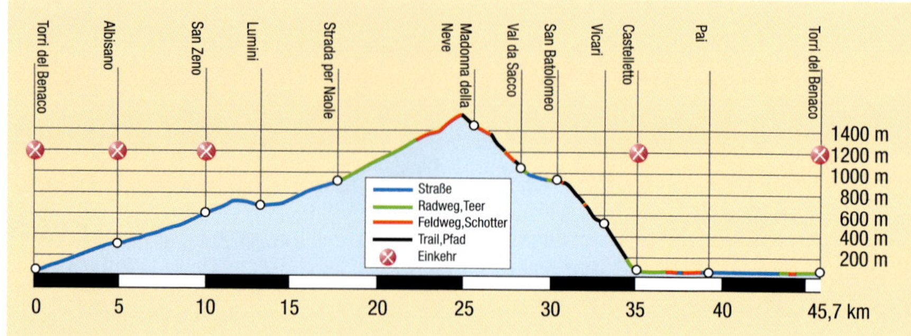

Rechte Seite unten: Lockeres Ausrollen am Seeufer bis Torri del Benaco

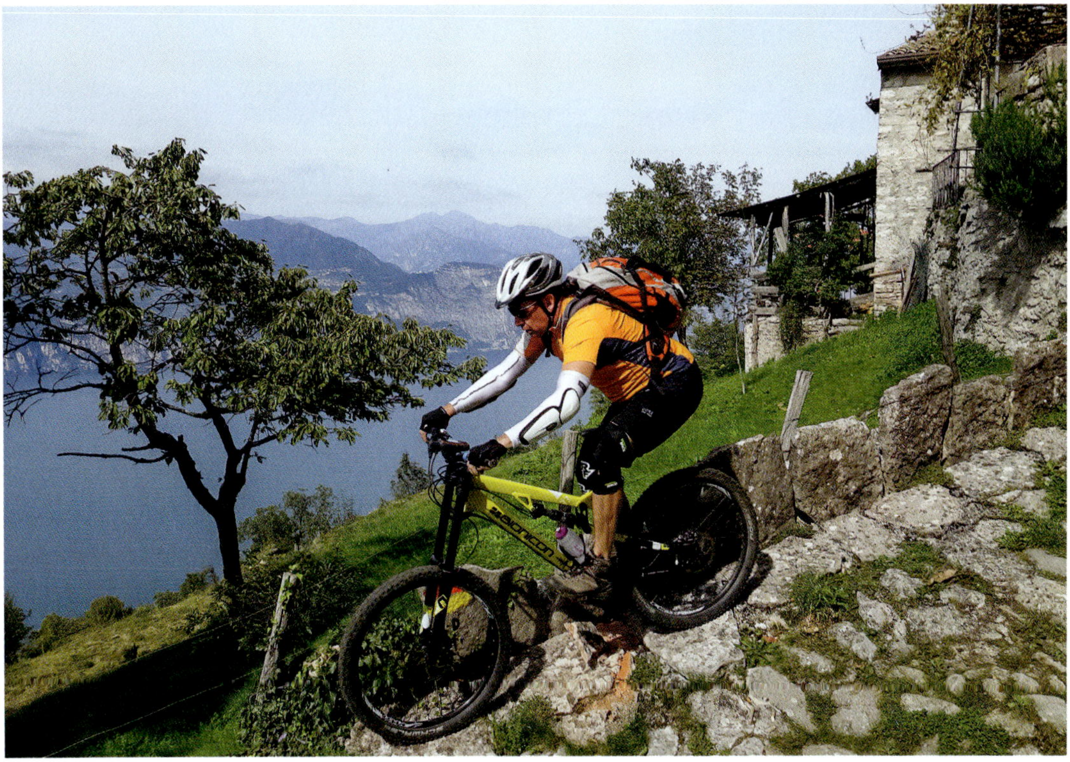

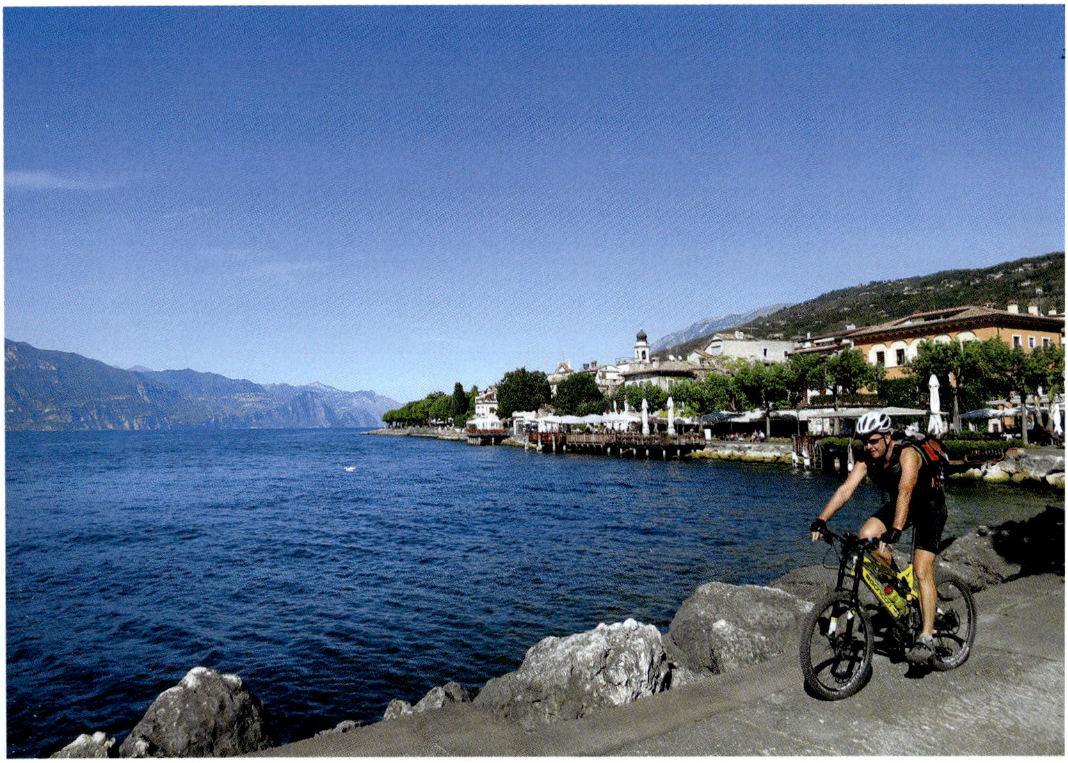

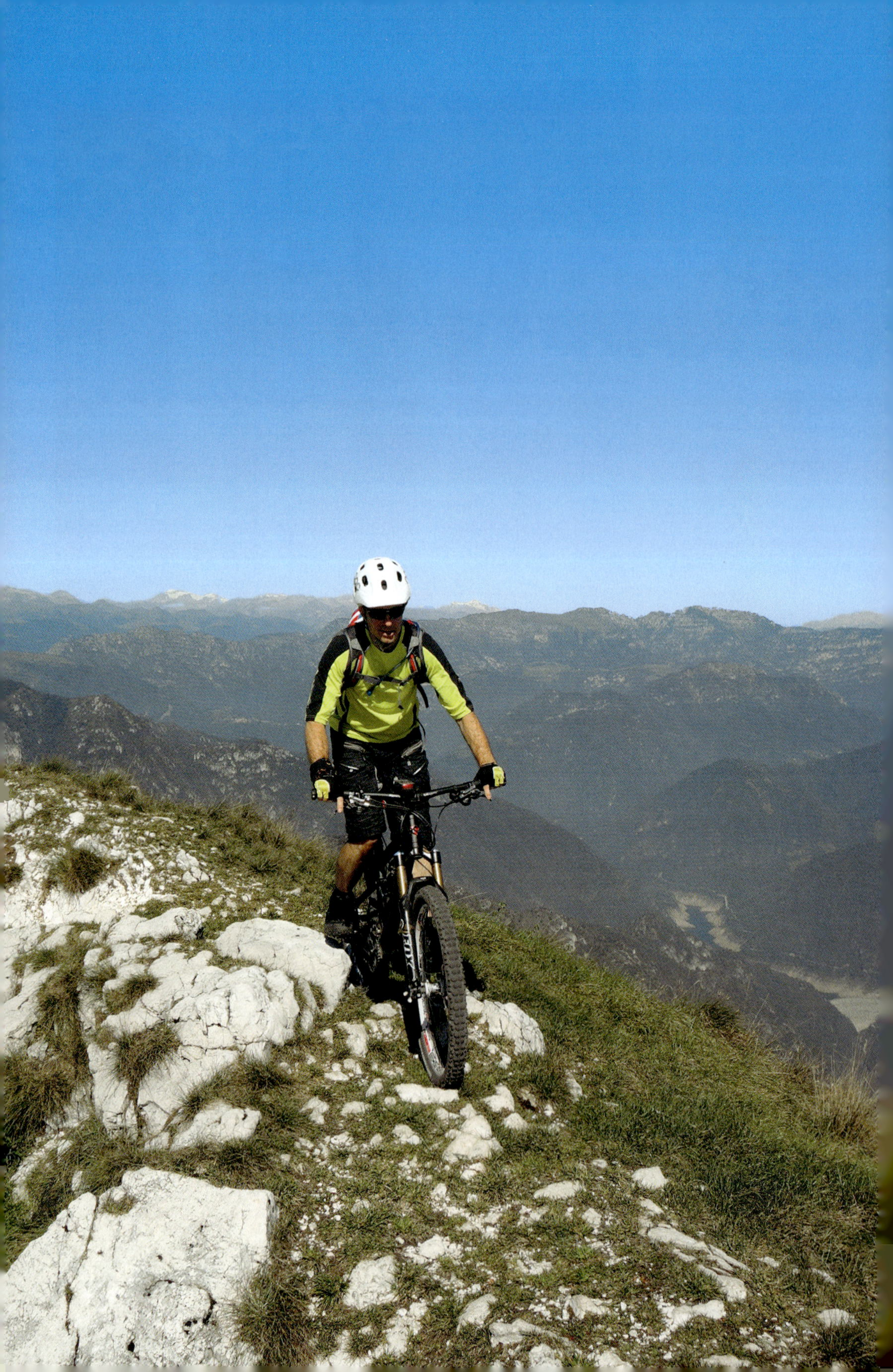

GARDASEE-SÜDWEST – LOMBARDIA

Die in diesem Kapitel beschriebenen Touren erstrecken sich in der Region von Limone im Norden bis nach Salò im Süden des westlichen Gardasees. Die geografischen Gegebenheiten sind davon geprägt, dass die Felswände der umliegenden Berge zu großen Teilen direkt und steil zum Gardasee hin abfallen. Eine eigentliche Uferzone gibt es nach Limone erst wieder ab Gargnano. Der Autoverkehr zwängt sich auf der Gardesana Occidentale durch viele lange und teils sehr enge Tunnel, die für Mountainbiker keine erfreulichen Möglichkeiten bieten, flache Transfers in Ufernähe durchzuführen.

Es gibt zwar seit einiger Zeit ein Projekt für einen durchgehenden Radweg von Salò bis nach Limone. Dazu sollen einige Abschnitte der alten Küstenstraße genutzt werden, die zwischen 1927 bis 1932 erbaut wurde. Das wird wohl noch für lange Zeiten Stückwerk bleiben, zumal es geografische Gründe gibt, die das Vorhaben meiner Ansicht nach prinzipiell in Frage stellen. Das sind die tiefen Taleinschnitte zum Beispiel bei Campione und Tignale, die canyonartigen Charakter haben, ganz zu schweigen von der senkrechten Felswand des Monte Cas bei Campione, die sich ca. 600 Meter direkt aus dem Gardasee erhebt. Im dortigen Tunnel ist kein Platz für einen Radweg, und außen an der Felswand – wie soll das gehen? Inzwischen gibt es ein spektakuläres Teilstück von Limone bis zur Grenze zwischen der Lombardei und dem Trentino-Südtirol. Für ca. zwei Kilometer wurden mehr als 7.5 Millionen Euro investiert. Radfahrer und Fußgänger teilen sich den Weg und genießen dabei einen tollen Panoramablick über den Gardasee. Weitere Teilstücke sind in Planung und im Bau.

Wie dem auch sei, trotz oder gerade wegen dieser geografischen Besonderheiten ist diese Region ein sehr interessantes Gebiet für Mountainbiker, da hier mediterraner und alpiner Charakter extrem nah beieinanderliegen. Bei der Wahl einer Unterkunft empfiehlt sich deshalb, sich etwas in Ufernähe zu suchen. Wer will schon nach Abschluss einer Tour noch einige Hundert Höhenmeter wieder bergauf fahren?

Zwischen Gargnano und Salò findet sich eine Vielzahl von Unterkünften aller Preisklassen. Auf der Halbinsel des Doppelortes Toscolano-Maderno gibt es einige Campingplätze mit Stellplätzen direkt am Ufer. Es wird also jeder Geschmack und Geldbeutel bedient.

Hier auch noch einmal der Hinweis auf die Autofähre von Maderno nach Torri del Benaco, mit der man schnell auch das Bikegebiet auf der anderen Seite des Gardasees erreicht. Weitere aktuelle Infos erhält man am bestens vor Ort in den örtlichen Touristinformationen (Gargnano, Maderno, Gardone, Salò) bzw. hier auf der Website des offiziellen Tourismusverbandes der Gardaseegemeinden in der Lombardei (auch auf Deutsch) www.gardalombardia.com bzw. www.visitgarda.com

Die beste Reisezeit für den Südwesten des Gardasees ist März bis Oktober. Ganzjähriges Biken ist in Lagen bis auf ca. 500 Meter Höhe möglich, insbesondere in der südlich von Salò angrenzenden Region Valtenesi. Dieses Hügelland erstreckt sich bis nach Desenzano und wird bei der Gardaseeumrundung durchstreift (siehe Tour 29-1).

Auf dem Monte Pizzocolo – weit unten im Tal der Lago di Valvestino

23 BOCCA DI FOBIA – CORNA VECCHIA

Trailtour im Schatten des Tremalzo

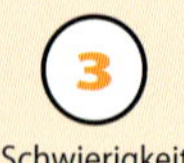
Schwierigkeit

Erlebniswert

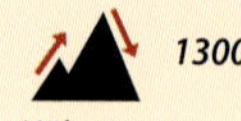
1300
Höhenmeter

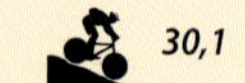
30,1
Streckenlänge (in km)

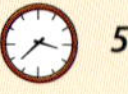
5
Zeit (in Std.)

TOURENCHARAKTER

KURZCHARAKTERISTIK
Trailtour für konditionsstarke Mountainbiker, teils ausgesetzte Passagen

AUSGANGS-/ENDPUNKT
Vesio, Wanderparkplatz

ANFAHRT
Nach Limone mit Schiff von Riva, Torbole oder Malcesine, dann von Limone auf Straße bis Vesio

KONDITION

FAHRTECHNIK

TRAILS
Ø S1, max. S2

UNTERGRUND
Straße: 8 %
Radweg, Teer: 9 %
Feldweg, Schotter: 51 %
Trail, Pfad: 32 %

HÖCHSTER PUNKT
1353 m, bei der Cima delle Volte

NIEDRIGSTER PUNKT
634 m, Valle San Michele

EINKEHR
Rifugio am Passo Nota

KARTE
Kompass-Wanderkarte 1:35 000, WK 697-1 und 102

GPS-TRACK
tour-23_Bocca_Fobia.gpx

Die Fahrt zur Bocca di Fobia ist sicher und zu Recht längst kein Geheimtipp mehr. Nichtsdestotrotz wird der Trail wohl kaum wegen Überfüllung geschlossen werden müssen. Wer nämlich seine Unterkunft, wie die weitaus meisten Mountainbiker, im Norden des Gardasees gesucht und gefunden hat, wird es schwer haben, daraus eine Tagestour zu machen. Deutlich entspannter ist es mit Start und Ziel in Vesio.

Diese Tour ist eine meiner absoluten Lieblingstouren am Gardasee. Sie liegt im Hinterland des Tremalzo und ist gut geeignet, um sich langsam an schwerere Trails heranzutasten. Start der Tour ist in Vesio am Wanderparkplatz (am Beginn des Valle di Bondo) und sie endet auch dort. Nach kurzem Einrollen erreichen wir das Valle San Michele und fahren ein Stück in dieses hinein. Schon nach einem knappen halben Kilometer beginnt der Anstieg auf dem Weg 218 in Richtung La Cocca.

Auf den ersten 300 Höhenmetern kurbelt man nun auf einem Forstweg bergauf. Das sollte sich noch gut anfühlen. Wer hier schon konditionelle Probleme hat, wird auf der weiteren Tour wohl Schwierigkeiten bekommen. Achtung! Am Punkt La Cocca angekommen, verlässt man nun den Weg 218 und folgt der Piste nach links. Man darf an dieser Stelle keinesfalls auf dem Wanderweg 218 bleiben, da er in Richtung der Bocca di Fobia sozusagen auf der »falschen« Talseite verläuft. Wir werden später wieder auf den 218er treffen, und dann sieht man auch den Grund.

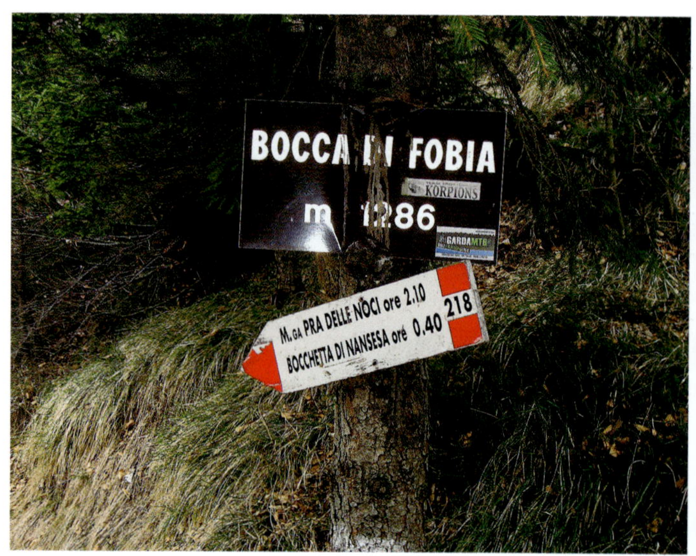

An der Bocca di Fobia

1300 Hm	30,1 km	5 Std.

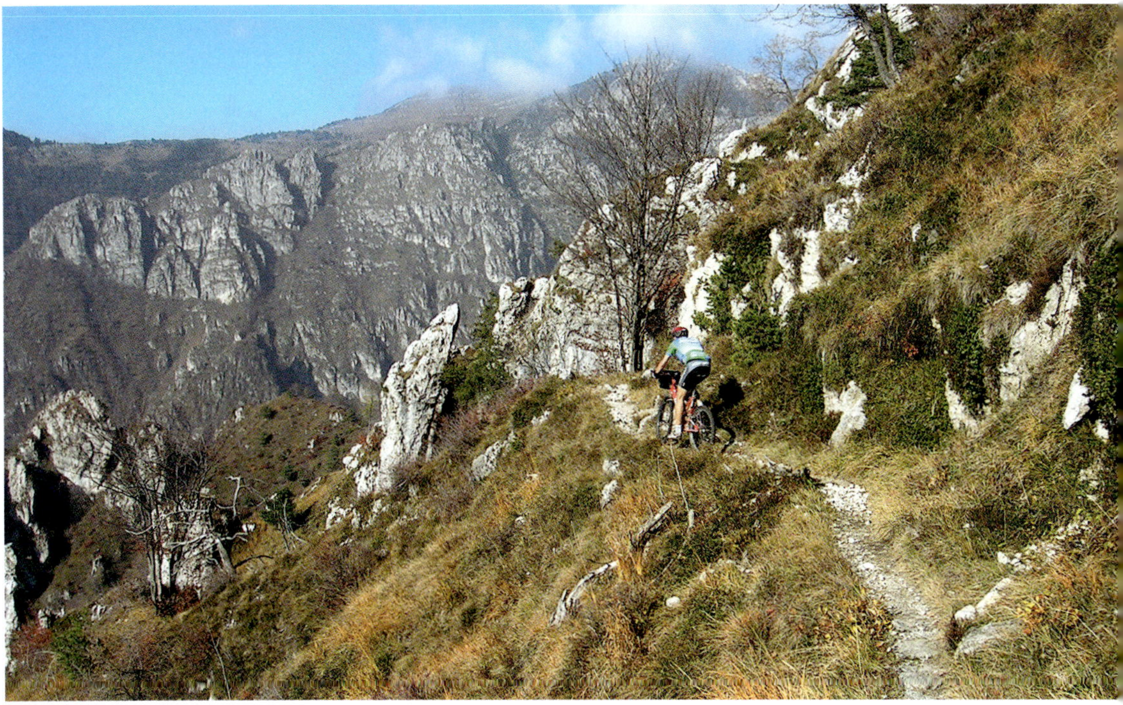

Trail zur Bocca di Fobia; im Hintergrund das Tremalzo-Massiv

Wir folgen also am Punkt La Cocca der Piste, die hier links abzweigt und bald steiler und gröber wird. Später wird daraus ein schmaler Trail, der sich auf der Talseite des Valle San Michele die Bergflanke nach oben windet. Das ist einer der schönsten Abschnitte dieser Tour. Bei guter Sicht hat man den Tremalzo im Blick.

Auf der gesamten Strecke befinden sich einige Tunnel, die ein Hinweis darauf sind, dass Teile der Strecke aus militärischen Gründen angelegt wurden. Vom Tremalzo zum Passo Nota, den wir im späteren Verlauf passieren werden, verlief vor dem Ersten Weltkrieg die Grenzlinie zwischen Italien und Österreich-Ungarn. Sie

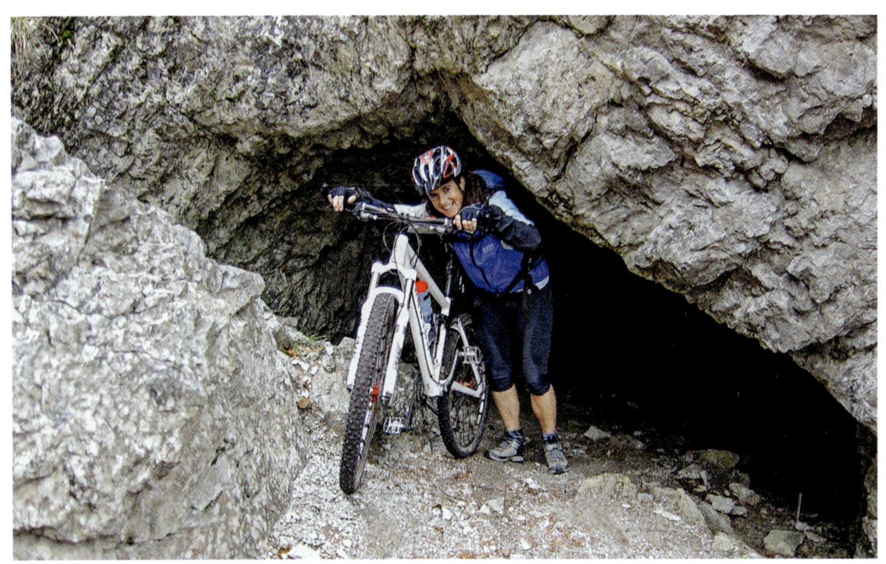

Ein verfallener Tunnel aus dem Ersten Weltkrieg

Bocca di Fobia – Corna Vecchia

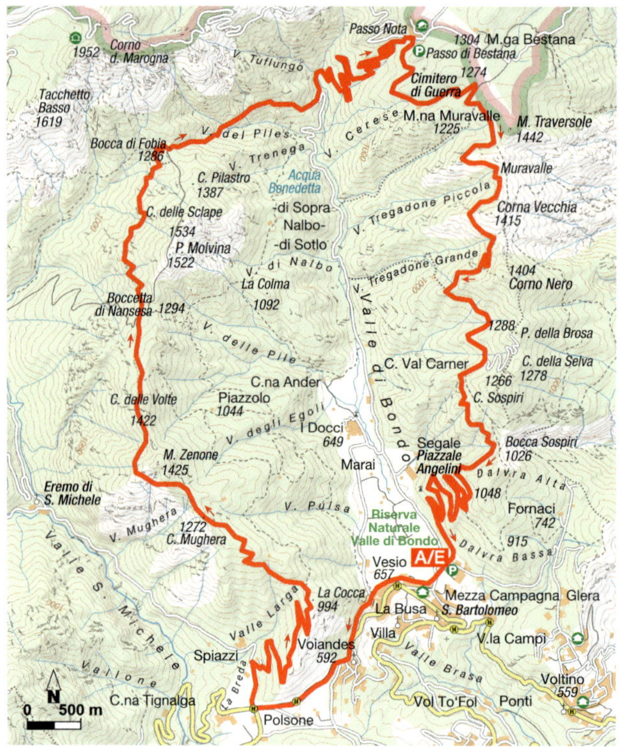

wurde von beiden Seiten gesichert und mit Posten- und Nachschubwegen ausgestattet, die uns Mountainbikern heute sehr willkommen sind. Die Überreste der Tunnel auf unserer Strecke sind teilweise sehr niedrig und müssen durchschoben werden. Einer ist sogar ganz eingestürzt; an dieser Stelle muss man über den Berghang klettern.

Der Trail hat über weite Teile das Niveau S0 bis S1 nach der Singletrail-Skala, womit er normalerweise ziemlich durchgängig fahrbar sein sollte. An einigen Stellen ist der Weg allerdings recht ausgesetzt, sodass man teilweise das Schieben vorziehen wird. An der Bocchetta di Nansesa trifft man wieder auf den Weg 218. An dieser Stelle kommt er sehr steil aus dem Valle di Bondo hoch – an Fahren wäre da nicht zu denken.

Der 218er verläuft nun nahezu höhengleich bis zur Weggabelung mit dem Weg 222. Hier geht

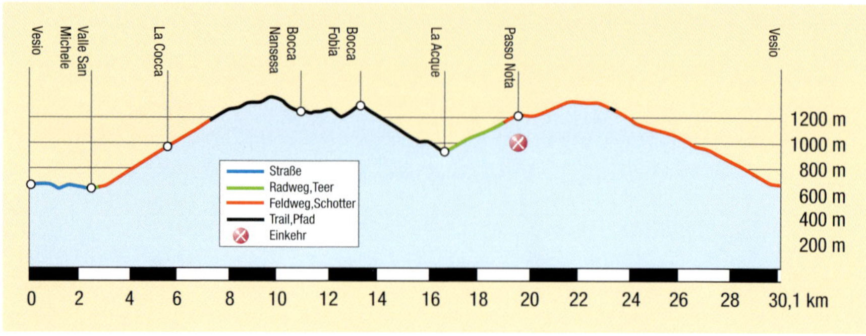

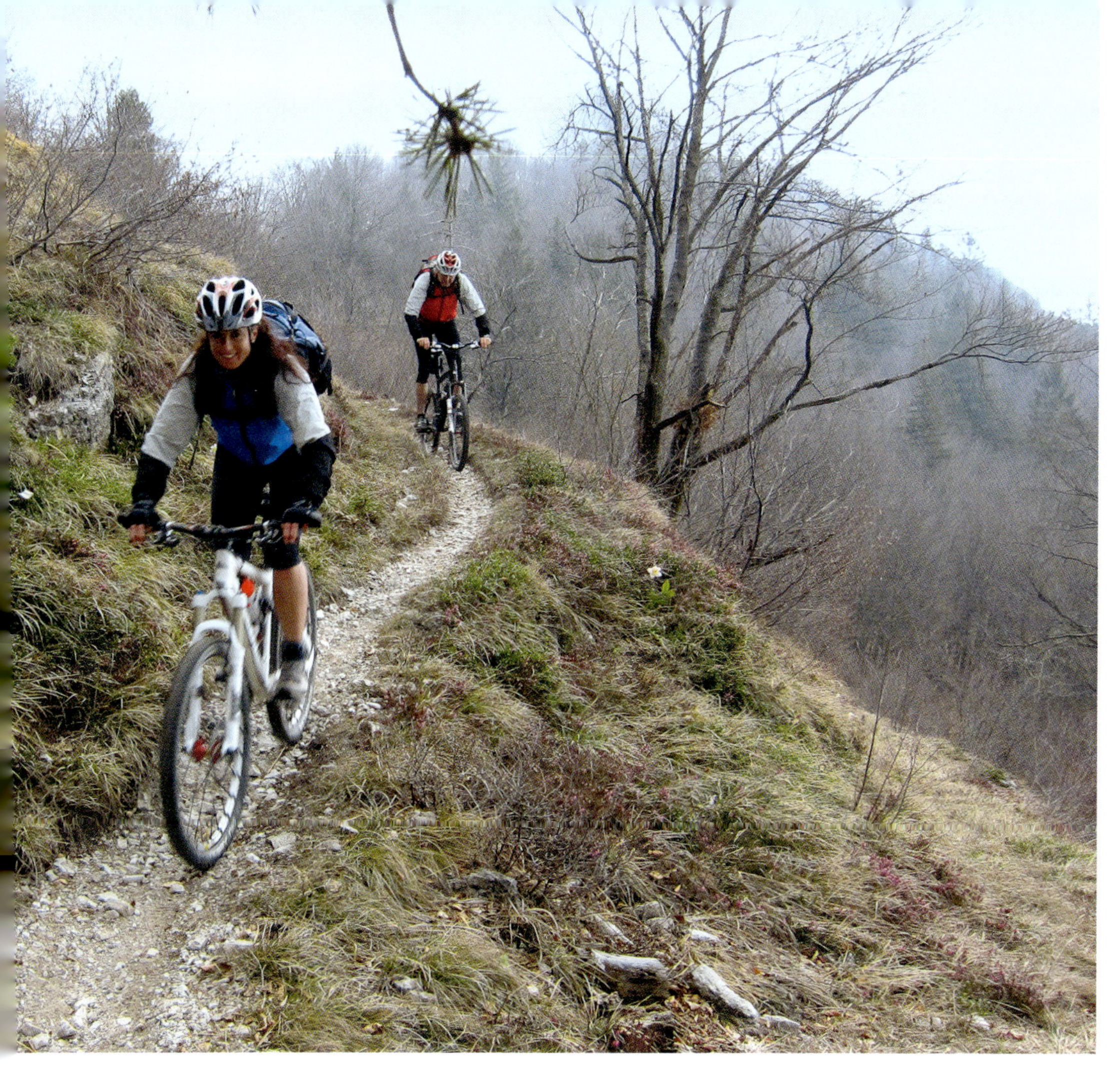

Nach schneearmen Wintern lässt sich die Tour durchaus schon im März fahren.

es rechts bergauf zur Bocca di Fobia. Ein paar Meter wird man wohl schieben müssen. Es sind aber weniger als 100 Höhenmeter bis zum höchsten Punkt. Am Pass beginnt ein schöner Trail mit Wurzeln und Spitzkehren, der einige Anforderungen an die Fahrtechnik stellt, aber nicht zu kompliziert und lang ist. Im unteren Teil kann man es dann so richtig laufen lassen und ein wenig von dem Schwung auf die Straße mitnehmen, die man nun hinauf zum Passo Nota kurbeln muss. Man könnte an dieser Stelle die Tour auch abkürzen und kurz und schmerzlos das Valle di Bondo hinunterfahren. Doch welcher Mountainbiker will schon als Abschluss einer Tour die Höhenmeter auf Teer vernichten?

Also widmen wir uns der Fleißaufgabe hinauf zum Passo Nota. Dort gibt es neben einen Denkmal für die Alpini auch ein Rifugio. Während der Saison bekommt man dort etwas zu essen und zu trinken. Der zweite Teil der Tour beginnt mit einer kurzen Auffahrt auf breiter Schotterpiste in Richtung Soldatenfriedhof. Auch diese alte Militärpiste ist mit Tunneln durchsetzt und verläuft entlang der Flanken der Berge Monte Traversole, Corna Vecchia und Corno Nero. Nach dem Erreichen des höchsten Punktes in der Nähe des Monte Traversole geht es dann immer schön bergab. Es warten keine fahrtechnischen Schwierigkeiten mehr auf uns, auch wenn mal gröbere Schotterpassagen vorkommen. Man kann es schön rollen lassen. In vielen Kehren geht es zurück zum Ausgangspunkt in Vesio – alles in allem eine auch im Wortsinne runde Tour.

Alternativen: Bei Start in Limone erfolgt die Auffahrt wie bei Tour 24. Bei Ende in Riva folgt man ab dem Passo Nota der Tour 2.

24 VALLE BRASA – VALLE DEL SINGOL

Auffahrt auf dem Pendant zur Ponale-Straße, der Strada della Forra

3 Schwierigkeit | ✪✪✪✪✪ Erlebniswert | 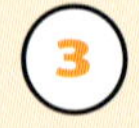 1340 Höhenmeter | 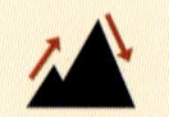 36 Streckenlänge (in km) |  5 Zeit (in Std.) 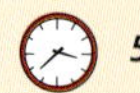

TOURENCHARAKTER

KURZCHARAKTERISTIK
Atemberaubende Tour durch das spektakuläre Valle Brasa, kombiniert mit schöner Trailabfahrt im Valle del Singol

AUSGANGS-/ENDPUNKT
Limone, Touristinformation

ANFAHRT
Mit Auto oder Schiff nach Limone, Bus oder Shuttle nach Campione

BESONDERHEITEN
Anfahrt von Limone aus durch sehr lange Tunnel, deshalb als Variante Auffahrt von Limone auf Straße nach Vesio (siehe alternativen GPS-Track: tour-24var-Limone.gpx oder ab Campione tour-24var-Campione.gpx)

KONDITION ✪✪✪✪✪

FAHRTECHNIK ✪✪✪✪✪

TRAILS
Ø S1, max. S3

UNTERGRUND
Straße: 46 %
Radweg, Teer: 26 %
Feldweg, Schotter: 23 %
Trail, Pfad: 5 %

HÖCHSTER PUNKT
1282 m, Passo Bestana

NIEDRIGSTER PUNKT
72 m, Gardasee

EINKEHR
In Pieve Hotel Paradiso mit Schauderterrasse, Baita Segala (Selbstversorgerhütte)

KARTE
Kompass-Wanderkarte 1:35 000, WK 697-1 und 102

GPS-TRACK
tour-24_Valle_Brasa.gpx
tour-24var_Campione.gpx
tour-24var_Limone.gpx

Lange Straßenpassagen sind kein Hinderungsgrund dafür, dass es sich um eine vollgültige Mountainbiketour handelt. Die Struktur der Felswände und Schluchten gibt in diesem Teil des Gardasees vor, wo ein Weg langgehen kann und wo nicht. Meine Empfehlung: Variante ab Campione (wenn man einen Shuttle findet).

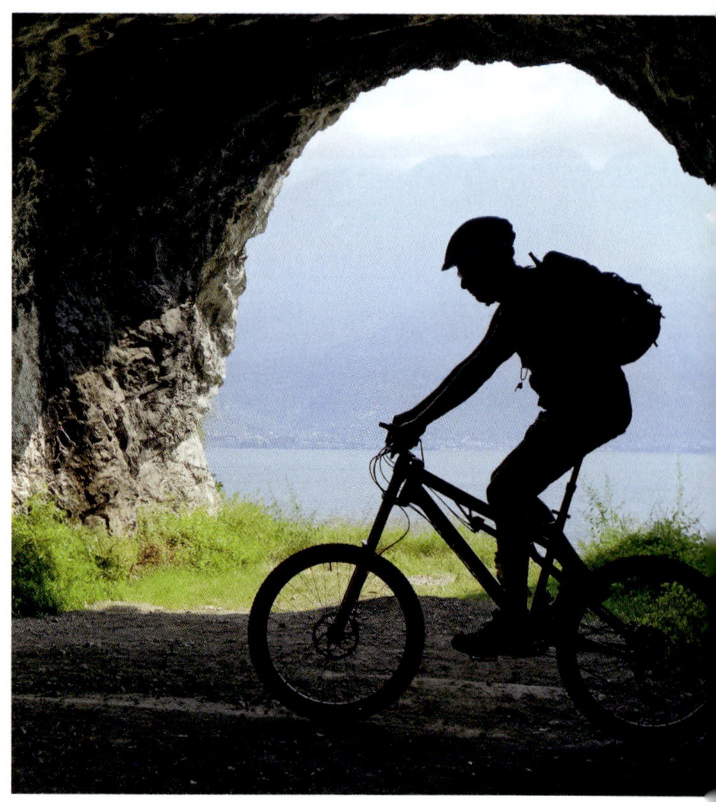

Wie stellt man es am besten an, wenn man den Trail im Valle del Singol befahren will? Der endet in Limone, also sollte die Tour auch irgendwie hier starten. Hartgesottene Charaktere folgen 1:1 meinem Vorschlag und fahren durch eine lange Tunnelpassage bis zum Abzweig der Straße nach Tremosine/Tignale. Achtung: Beleuchtung am Rad ist zwingend notwendig! Seit einigen Jahren gibt es in Italien auch eine Warnwestenpflicht für Radfahrer, die in Tunnel und bei Dunkelheit unterwegs sind. Wem diese Tunnelfahrt nicht behagt, wählt als Variante die Straßenauffahrt ab Limone (siehe tour-24var-Limone.gpx - dann entfällt allerdings das Valle Brasa) oder lässt sich nach Campione shutteln. Eine Verbindung dorthin mit der Fähre gibt es leider schon seit einiger Zeit nicht mehr. Das wäre ansonsten der ideale alternative Auftakt zu dieser Tour. Wir hingegen wagen es heute und befahren die Tunnel. Es ist Mai und mitten in der Woche, da kann man es riskieren. In Windschattenformation kommen wir zügig voran bis zum Abzweig der Straße nach Tremosine. Nach den ersten Kehren wird es gleich spektakulär. Außerhalb des Straßentunnels gibt es noch Reste der alten Straße, die kühn in die Felswand geschlagen wurde und für Mountainbikes be-

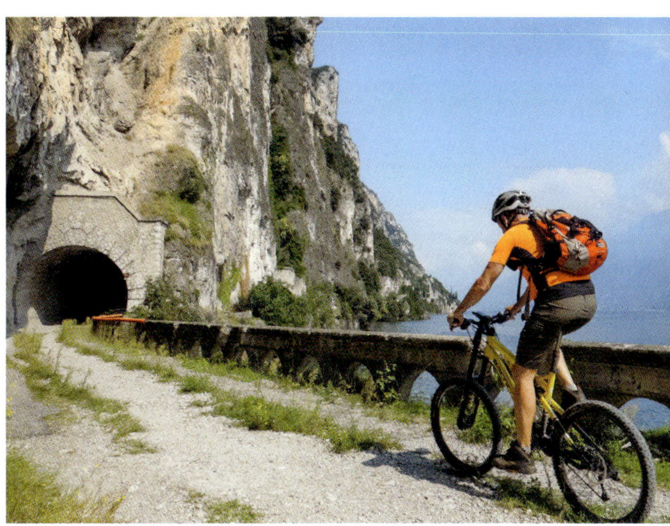

fahrbar ist (wenn man von Campione aus starten sollte, erlebt man auch den unteren Teil dieser Traumstrecke).

Wir schrauben uns nach oben und sind bald im Canyon des Valle Brasa. Es ist schon unglaublich, dass hier eine Straße hindurchführt. Eng rücken die Felswände in der »Strada della Forra« aneinander. Auch im Hochsommer bleibt es hier kühl und dämmerig. Schließlich macht das schmale Asphaltband noch eine 360-Grad-Spirale und überquert sich selbst – fantastisch! Diese sehr spezielle Straße wurde erst im Jahre 1913 gebaut, geplant von Arturo Cozzaglio und in Auftrag gegeben von Giacomo Zanini, dem damaligen Pfarrer von Vesio. Eine Meisterleistung der Ingenieure und Straßenbauer! Allein dieser Abschnitt ist es wert, diese Tour einmal gefahren zu sein, auch wenn es sich »nur« um eine Teerstraße handelt. Schließlich erreichen wir Pieve. Wenn wir schon einmal hier sind, machen wir auch noch den kleinen Abstecher zur berühmten »Schauderterrasse« am Hotel Paradiso. Man kann

Auf der alten Küstenstraße von Campione in Richtung Tignale

Linke Seite: Schattenriss im Tunnel bei Campione

Pieve hat auch eine kleine »Schauderterrasse«

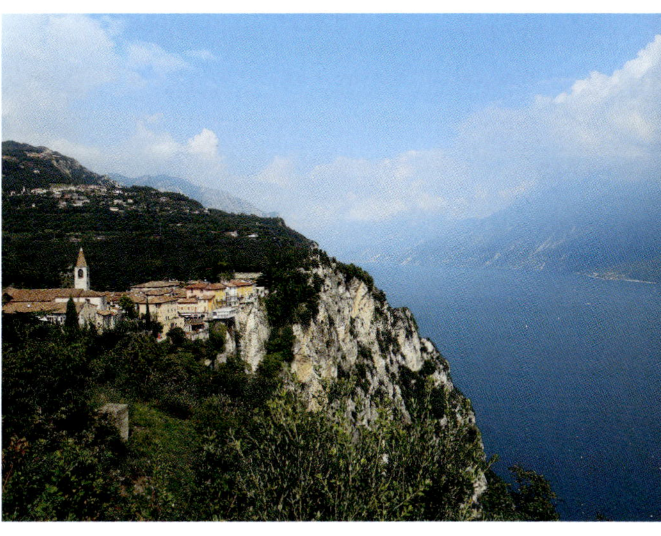

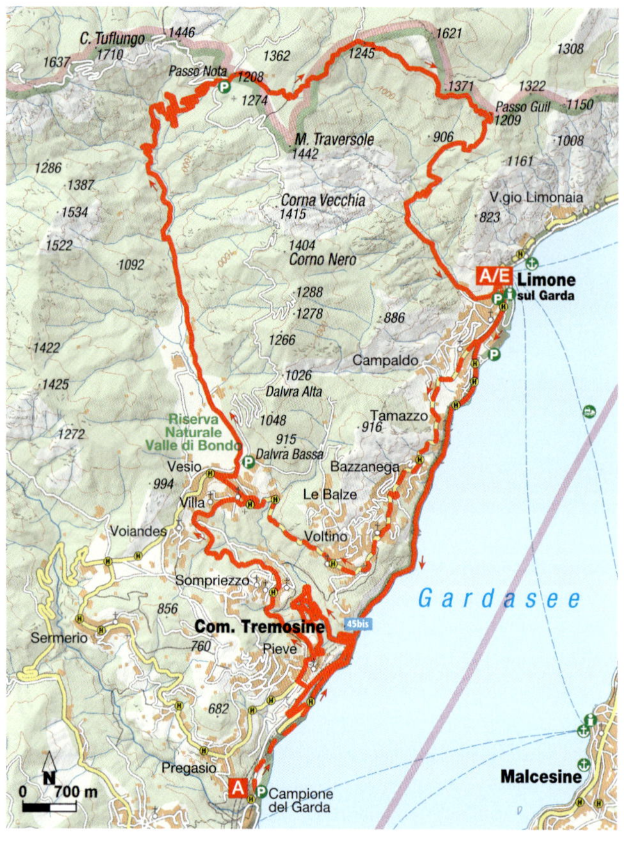

diese besichtigen, auch ohne dort etwas verzehren zu müssen. Ein Eis geht aber immer! Wir durchqueren den Speisesaal und gelangen zur offenen Terrasse. Davor befindet sich

Trail im Valle del Singol

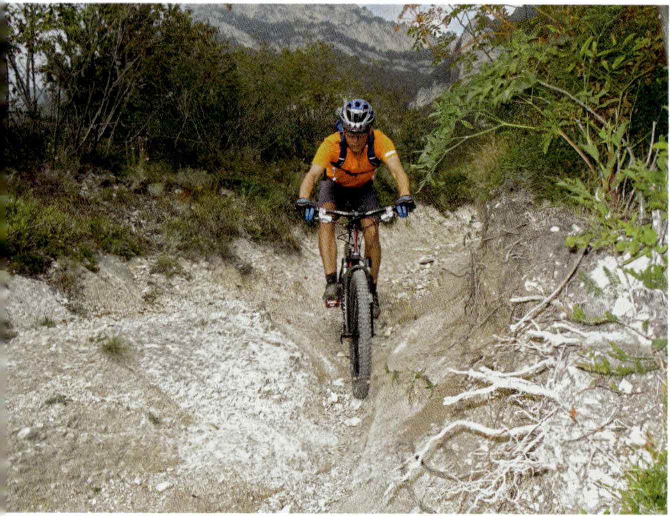

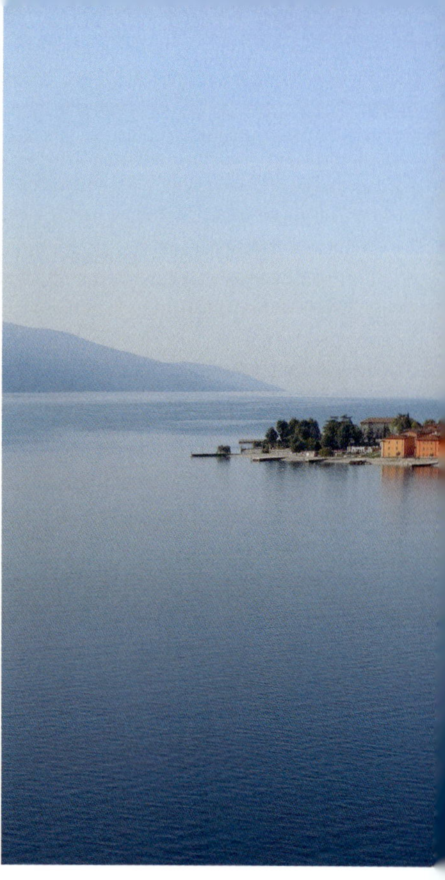

die kleine Plattform, die einen angeblich zum Schaudern bringen soll. Knapp 400 Meter senkrecht geht es hier zum Wasserspiegel des Gardasees hinunter; für Menschen mit Höhenangst ist das nichts. Übrigens gibt es ein ähnliches Pendant auch in Pieve, das wir auf der Rückfahrt durchqueren (man sieht es mit bloßem Auge in nördlicher Richtung). Nach der zweiten Durchquerung von Pieve geht es stetig weiter bergauf. Spätestens in Vesio sollte man sich verpflegen, denn ob die Hütte am Passo Nota geöffnet ist, sieht man erst, wenn man droben ist. Zwischen Passo Nota und Passo Guil befinden wir uns auf der bekannten Strecke der Tremalzo-Abfahrt (siehe auch Tour 2).

Eine Rast machen wir auf jeden Fall an der Baita Segala. Das ist eine Selbstversorgerhütte, die von der Alpenvereinsektion Limone unterhalten wird. Ich setze die spezielle italienische Espressomaschine in Gang, nicht mit Strom, den es hier nicht gibt, sondern auf dem Gasherd. Derweil bereiten die anderen die Brotzeit auf dem Tisch im Freien aus. Wir sitzen in der milden Sonne dieses Maitages und fiebern der Abfahrt entgegen. Los geht's! Ein paar von uns haben Protektoren dabei und legen sie an. Bis zum Passo Guil braucht man die sicher nicht. Danach hängt es von der individuellen Vorliebe und dem Fahrkönnen ab, ob man Schutzkleidung anlegen will oder nicht – schaden kann es sicher nicht. Die Abfahrt auf dem Trail des Weges 117 und später des 103ers war bei meiner ersten Befahrung schon recht knifflig; enge Spitzkehren in sehr steilem Gelände, gepaart mit Geröll und Steinstufen. Inzwischen wurde an der Strecke gearbeitet – auch weil dort ein Mountainbikerennen entlangführt, das örtliche Vereine ausrichten. Die Kurven sind nun rund und die Stufen weg. Das muss aber nicht so bleiben, denn die Erosion gräbt unerbittlich an den Trails am Gardasee.

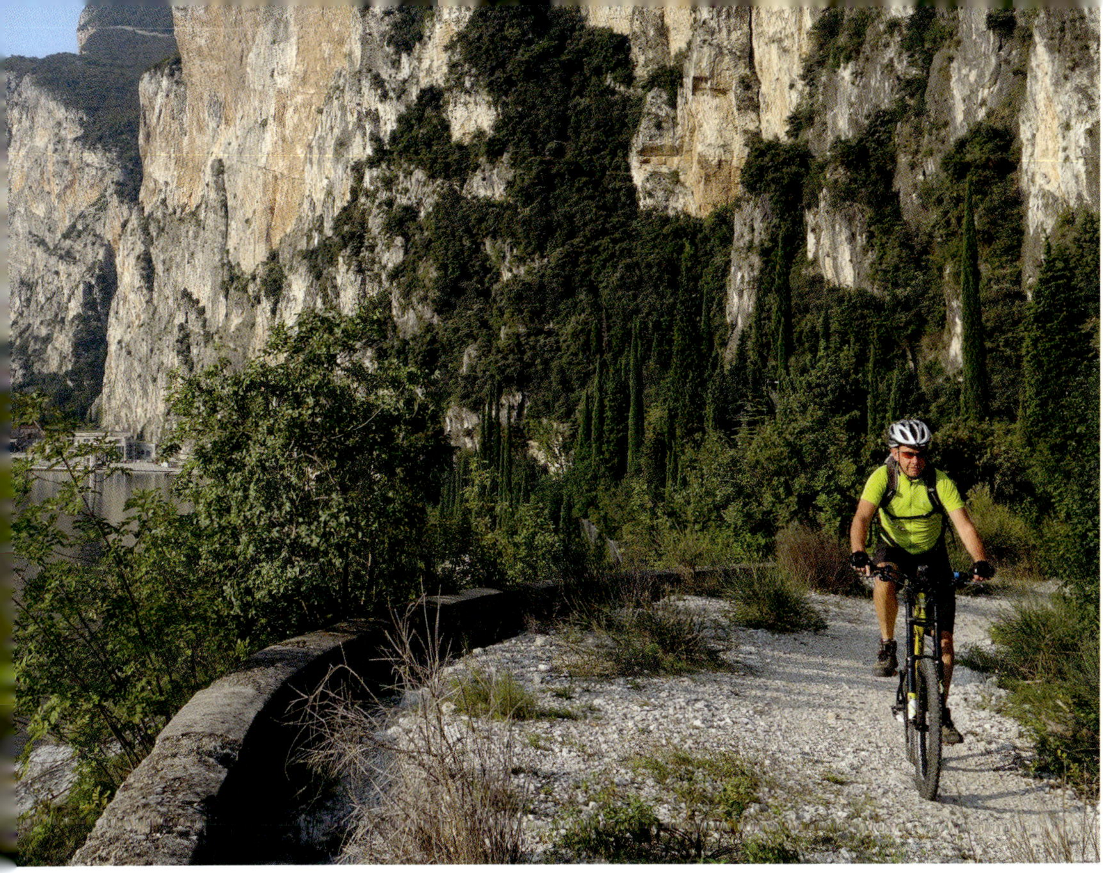

Weiter unten ist der ursprüngliche Karrenweg aus den typisch runden Katzenkopfsteinen wiederhergestellt worden – eine extrem steile und bei nassen Bedingungen eine sehr rutschige Angelegenheit.. Schließlich kommen wir bei den ersten Häusern von Limone heraus. Ein kleines Ristorante lädt uns mit seinem Freisitz ein, die Erlebnisse noch einmal Revue passieren zu lassen.

Traumauffahrt von Campione nach Tignale, die aber schwer zu erreichen ist

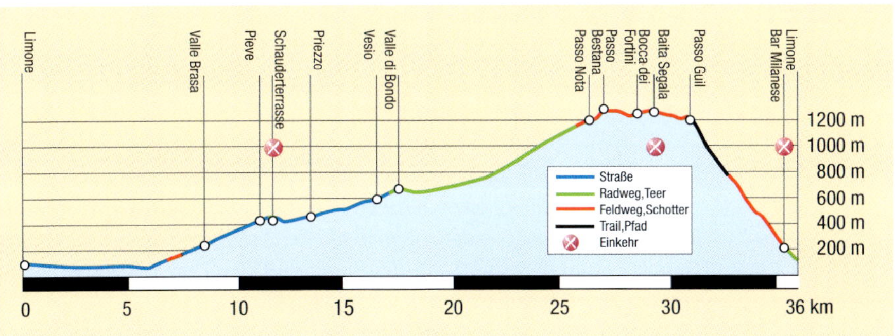

25-1 MONTE CAPLONE ÜBER RIFUGIO PIEMP

Big Five – Part 4: der große, unbekannte Bruder des Tremalzo

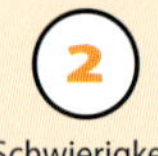

Schwierigkeit

●●●●● (5 von 5)

Erlebniswert

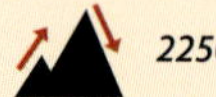

2250

Höhenmeter

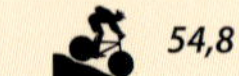

54,8

Streckenlänge (in km)

7½

Zeit (in Std.)

TOURENCHARAKTER

KURZCHARAKTERISTIK

Königstour zum Monte Caplone in Uhrzeigerrichtung

AUSGANGS-/ENDPUNKT

Tremosine (Alpe del Garda)

ANFAHRT

Mit dem Auto ab Limone in Richtung Vesio/Tremosine

KONDITION ●●●●● (5 von 5)

FAHRTECHNIK ●●○○○ (2 von 5)

TRAILS

Ø S0, max. S1

UNTERGRUND

Straße: 19 %
Radweg, Teer: 11 %
Feldweg, Schotter: 68 %
Trail, Pfad: 2 %

HÖCHSTER PUNKT

1874 m, bei der Bocca di Campei

NIEDRIGSTER PUNKT

460 m, Valle San Michele

EINKEHR

Selbstversorgerhütte Rifugio Cima Piemp, Alpe del Garda (Laden und Ristorante) in Tremosine (alpedelgarda.it)

KARTE

Kompass-Wanderkarte 1:35 000, WK 697-1

GPS-TRACK

tour-25-1_Monte_Caplone.gpx

Komplett fahrbar, aber sehr lang – die Auffahrt aus Süden in Richtung Monte Caplone

Zwei Varianten gibt es für diese Supertour am Gardasee. Beide sollte man auch fahren. Nicht an zwei Tagen hintereinander, sondern mit Abstand. Beim zweiten Mal ist die Erfahrung viel intensiver, weil man schon ein wenig davon weiß, was einen erwartet.

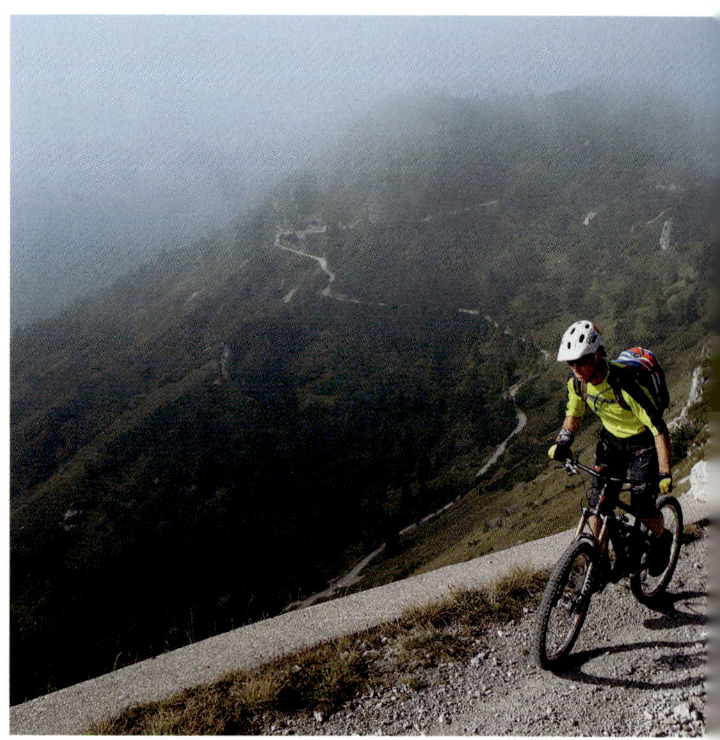

Ich weiß gar nicht, wie lange ich die Monte-Caplone-Touren vor mir hergeschoben habe. Zu weit, zu schwer, zu viele Höhenmeter, das waren meine heimlichen Ausflüchte. Alles Unsinn, wie sich herausstellen sollte. Sicher, wenn man direkt im Norden des Gardasees starten würde, dann wäre das eine Hammertour; nicht von der Fahrtechnik her, sondern von der Gesamtstrecke. Wählt man als Startpunkt jedoch Vesio oberhalb von Limone, so wird daraus eine eindrucksvolle und ohne Stress machbare Tagestour. Dabei kann man sich entscheiden, ob man die Tour im Uhrzeigersinn oder in der Gegenrichtung fahren möchte; imposant sind beide Varianten allemal. Ich vermag für mich keinen Favoriten festzulegen.
Startpunkt ist hier die Alpe del Garda gleich neben dem Abzweig des Weges

ins Valle San Michele. Der tiefe Einschnitt dieses Tals wird also am Beginn der Tour durchquert. Das erfolgt mangels sinnvoller Alternativen auf der Nebenstraße in Richtung Tignale. Dabei passieren wir den Talschluss des Valle Tignalga (siehe Tour 25-2). Der Weg ist bergauf beim besten Willen nicht fahrbar, also fahren wir weiter bis nach Tignale. Wer seinen Urlaub hier verbringt, kann natürlich auch hier in die Monte-Caplone-Runde einsteigen. In Gardola beginnt der Anstieg in Richtung Rifugio Piemp. Das ist eine Selbstversorgerhütte der örtlichen Sektion des italienischen Alpenvereins. Sie ist nicht bewirtschaftet. Der Aufenthaltsraum ist aber immer geöffnet, und es können Getränke gekauft werden (Kasse des

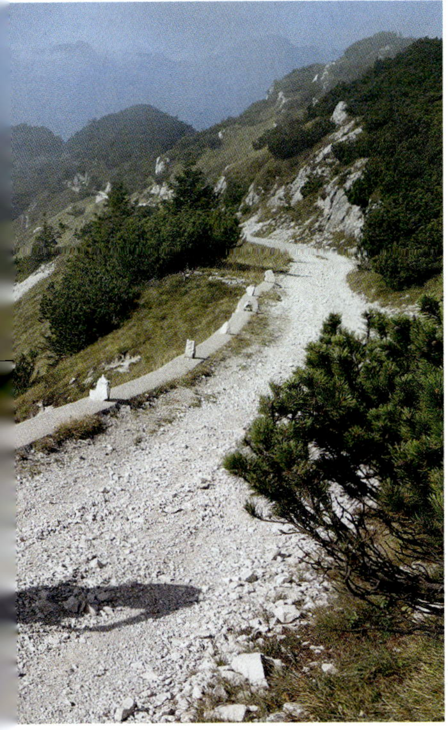

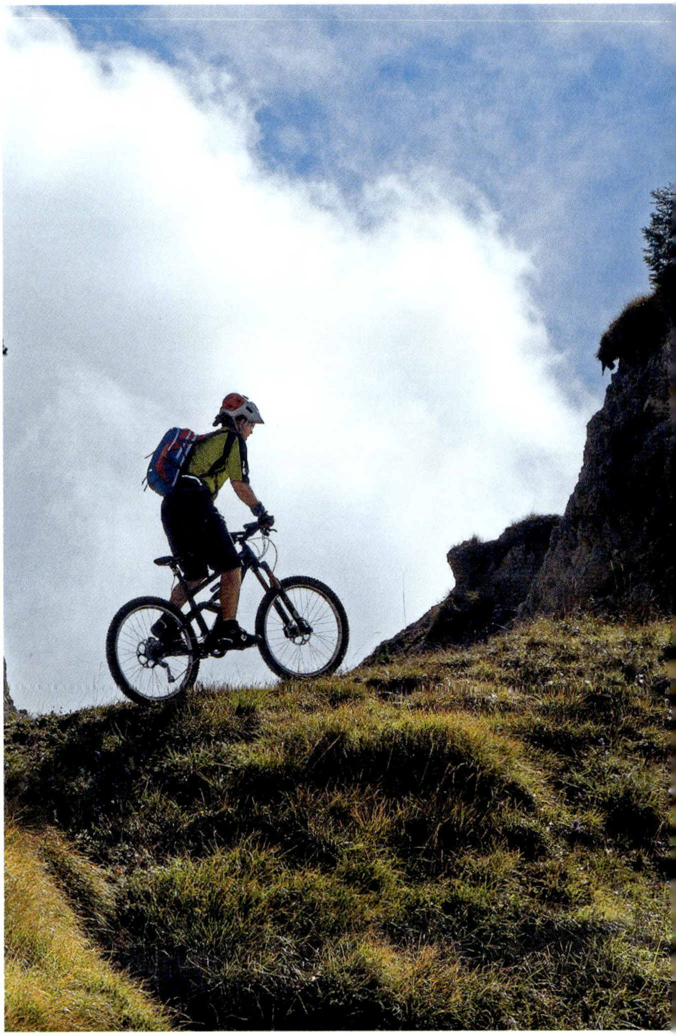

Nebelschwaden am Kamm – aber das Wetter hält.

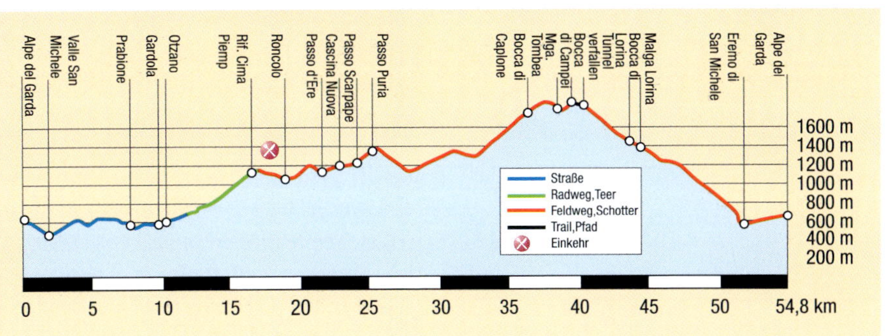

Seite 122: Trailspielerei am Cima Tombea

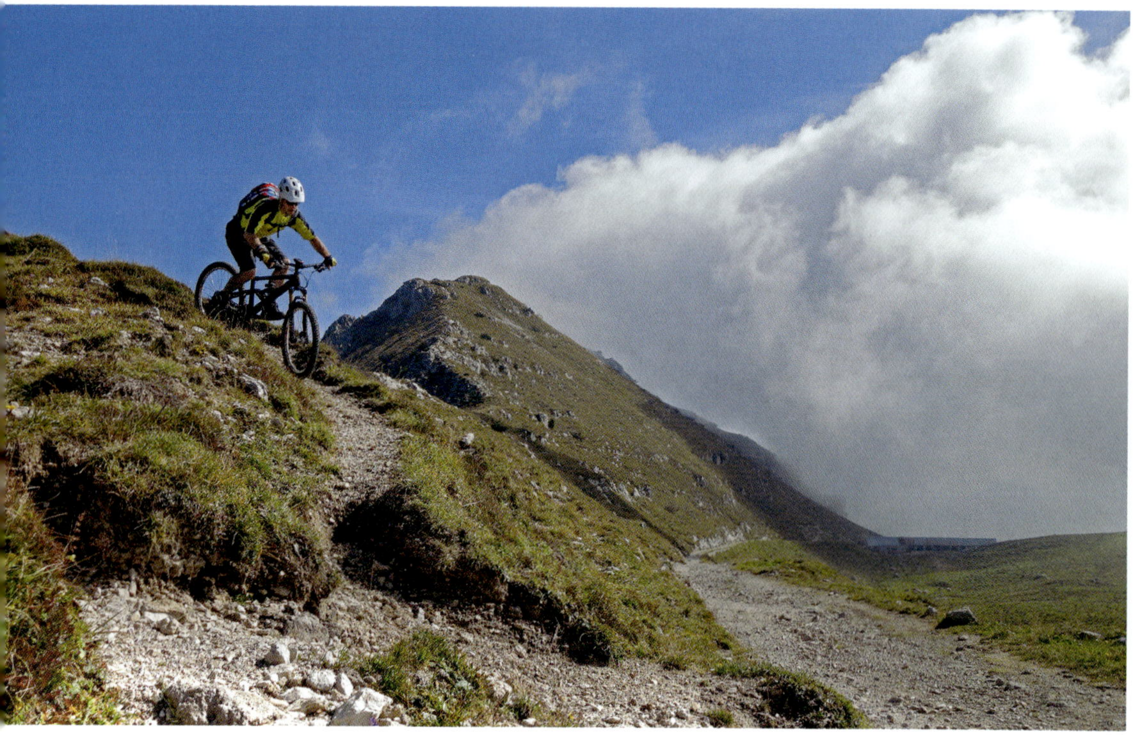

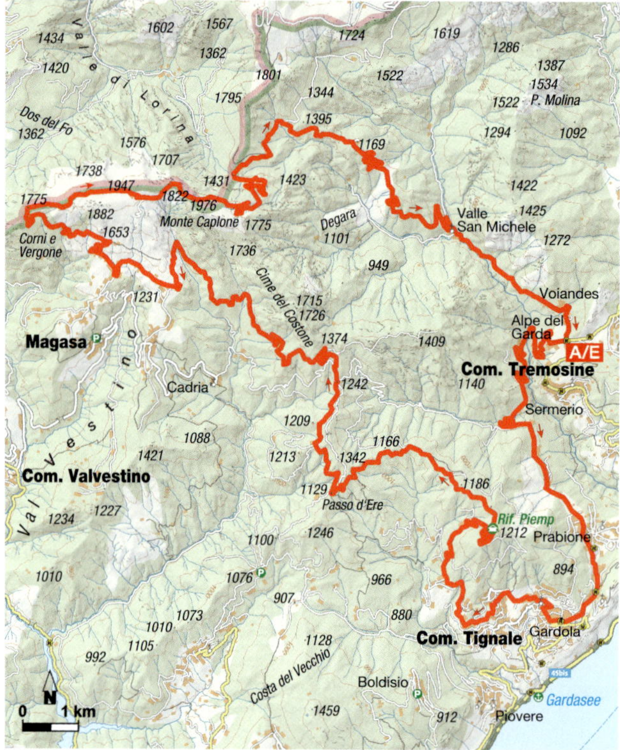

Vertrauens). Vom direkt danebenliegenden Dosso Piemp hat man eine gute Aussicht; die kleine Kletterpartie dorthin lohnt sich also durchaus. Die weitere Auffahrt zur Bocca di Caplone erfolgt auf Schotterpisten über Passo d'Ere, Passo di Scarpape und Passo della Puria und ist eine reine, aber konditionell durchaus anspruchsvolle Fleißaufgabe. Für die meisten Normalmountainbiker sollte die Strecke durchgängig fahrbar sein.

Der Höhenweg von der Bocca Caplone über Malga Tombea zur Bocca Campei ist eine alte Militärpiste und bietet bei guter Sicht fantastische Aussichten in alle Richtungen. Das Leckerli bei der Tour folgt nach der kurzen Kletterpartie über den verfallenen Gipfeltunnel am Monte Caplone. Der folgende Trail ist spektakulär, aber nicht extrem schwierig. Die anschließende Militärpiste über Bocca und Malga Lorina ist sowieso fahrbar. Der tiefste Punkt bei der Rückfahrt liegt bei der Einsiedelei San Eremo im Valle San Michele. Die paar Höhenmeter hinauf zurück zum Ausgangspunkt können sich nach dieser Tour durchaus zäh anfühlen.

25-2 MONTE CAPLONE ÜBER DAS VALLE TIGNALGA

Big Five – Part 4: der große, unbekannte Bruder des Tremalzo

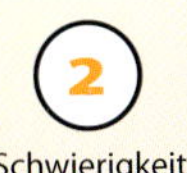

Schwierigkeit	Erlebniswert	Höhenmeter	Streckenlänge (in km)	Zeit (in Std.)
2	★★★★★	2050	47,2	6½

Nach der Einrollstrecke ins Valle San Michele beginnt an der alten Einsiedelei die Auffahrt auf einer Militärpiste. Auf einer Höhe von ca. 1320 Metern gabelt sich der Weg. Nun geht es links weiter in Richtung Bocca Lorina (rechts verläuft der Weg zum Tremalzo). Spätestens jetzt wird es einsam. An der nicht bewirtschafteten Almhütte Malga Lorina gibt es eine Wasserstelle. Hier sollte man seine Vorräte auffüllen, danach gibt es keine sicheren Quellen mehr. Ab der Bocca Lorina wird es steiler. Die Militärstraße wird grober, passiert einige Tunnel und wird schließlich zum Trail. Früher oder später wird man ein paar Meter schieben müssen.

Der verfallene Gipfeltunnel muss auf jeden Fall überklettert werden. Das ist aber unkritisch, reale Absturzgefahr besteht nicht wirklich. Leider habe ich mir bei meiner ersten Tour einen etwas dunstigen Tag mit Hochnebel ausgesucht, so dass ich das grandiose Panorama der umliegenden Gardaseeberge nur punktuell zwischen den Wolkenfetzen erahnen konnte. Bei der nächsten Befahrung war es dann viel besser. Die einsame Fahrt auf der Traverse zwischen Monte Caplone und Cima Tombea hinterlässt einen tiefen Eindruck in mir. Kein Mensch begegnet mir, nur eine Sau kreuzt meinen Weg an der Malga Tombea. Sie ist dort mit ihren Ferkeln unterwegs. Mit einem gewissen Respekt schleiche ich mich vorbei.

Schließlich ist der höchste Punkt erreicht und die erste lange Abfahrt beginnt. Die Schotterpiste ist leicht zu fahren. Schnell bin ich in der Nähe von Pilaster. Hier orientiere ich mich gründlich. Ich habe zwar eine grobe Planung anhand von digitalem und klassischem Kartenmaterial vorbereitet, verlasse mich aber niemals blind darauf. Da ich nicht zu viele Höhenmeter auf Asphalt vernichten möchte, bleibe ich an den Abzweigungen lieber einmal zu viel als zu wenig stehen. In den tieferen Lagen herrscht nun gute Sicht und ich

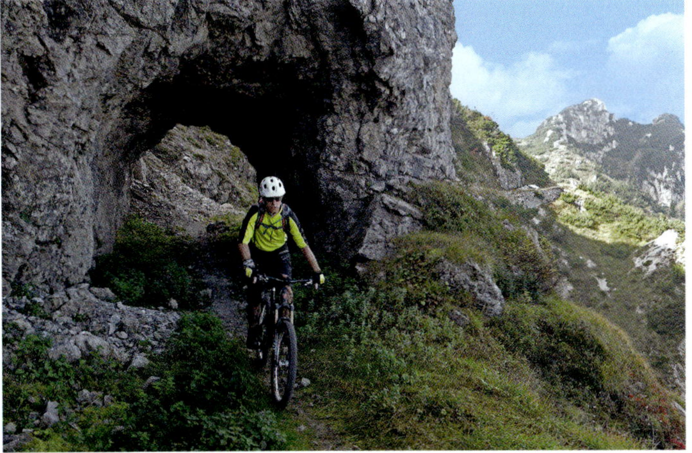

TOURENCHARAKTER

KURZCHARAKTERISTIK
Königstour zum Monte Caplone entgegen dem Uhrzeigersinn

AUSGANGS-/ENDPUNKT
Vesio

ANFAHRT
Mit Auto ab Limone in Richtung Vesio/Tremosine

KONDITION ★★★★★

FAHRTECHNIK ★★☆☆☆

TRAILS
Ø S0, max. S1

UNTERGRUND
Straße: 21 %
Radweg, Teer: 0 %
Feldweg, Schotter: 73 %
Trail, Pfad: 6 %

HÖCHSTER PUNKT
1874 m, bei der Bocca di Campei

NIEDRIGSTER PUNKT
460 m, Valle San Michele

EINKEHR
Alpe del Garda (Laden und Ristorante) in Tremosine (www.alpedelgarda.it)

KARTE
Kompass-Wanderkarte 1:35 000, WK 697-1

GPS-TRACK
tour-25-2_Monte_Caplone.gpx

Immer wieder trifft man auf Tunnels aus dem Ersten Weltkrieg.

Monte Caplone über das Valle Tignalga

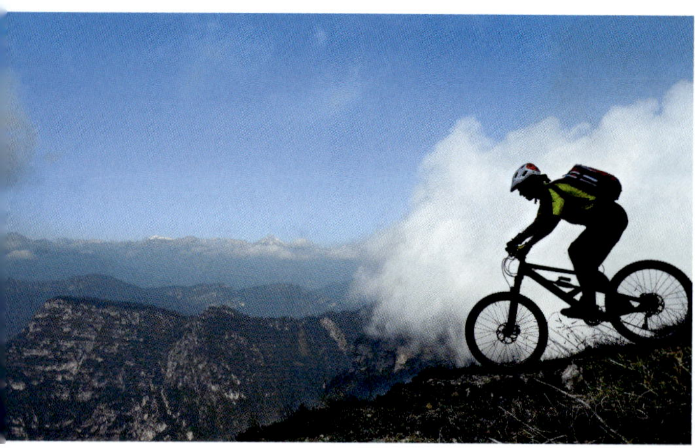

Am Monte Caplone, im Hintergrund die Bergamasker Alpen

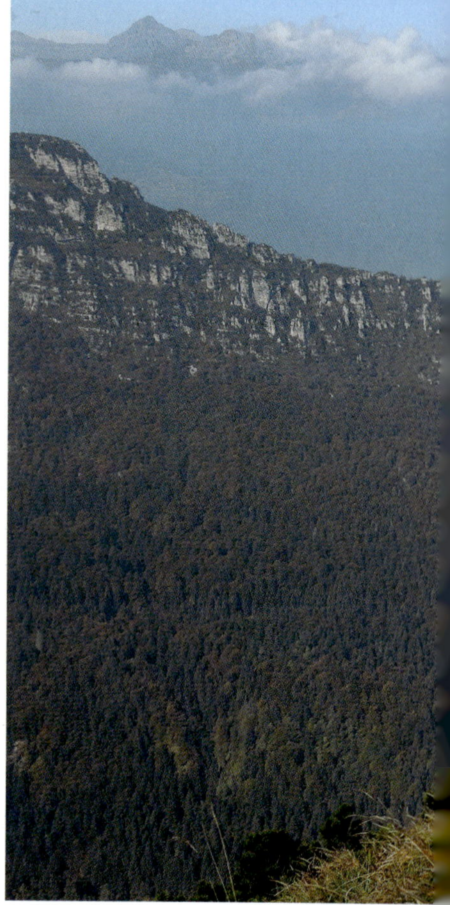

sehe klar. Den Schlenker zum Rifugio Cima Rest spare ich mir; einmal ins tiefe Tal hinab und auf der anderen Seite wieder 250 Höhenmeter hinauf ist an dieser Stelle wirklich nicht nötig. Die bessere Variante ergibt sich aus der Traverse auf Schotter, die sich hier scharf links auf dem Weg 67 hinüber zum Passo della Puria zieht. Allerdings entfällt so eine Rastmöglichkeit; man sollte also selbst etwas zum Essen dabeihaben.

Der krönende Abschluss der Tour ist die Abfahrt durchs Valle Tignalga. Die grobe Schotterpiste ist in einigen Abschnitten durch Erosion zum Trail mutiert, sollte aber für die meisten Mountainbiker fahrbar sein. Der einzige Wermutstropfen ist bei dieser Tourvariante, dass man am Ende der Tour den tiefen Canyon des Valle San Michele durchqueren muss. Das erfolgt mangels sinnvoller Alternativen auf der Verbindungsstraße zwischen Tremosine und Tignale; bei der Caplone-Tour 25-1 steht diese nicht vermeidbare Straßenpassage am Anfang. Der tiefste Punkt liegt bei ca. 460 Metern. Bis zum Ausgangs- und Endpunkt der Tour am Wanderparkplatz in Vesio heißt es, noch einmal rund 200 Höhenmeter bergauf zu bewältigen. Sicher nicht allzu schlimm, aber es fühlt sich zum Abschluss dieser Königstour doch recht zäh an.

Zum Glück gibt es direkt an der Strecke die Alpe di Garda, eine perfekte Raststelle mit Verkaufsstelle der Agrarkooperative und einem Ristorante. Hier startet ja auch die Caplone-Tour 25-1, die in Uhrzeigerrichtung verläuft. Optio-

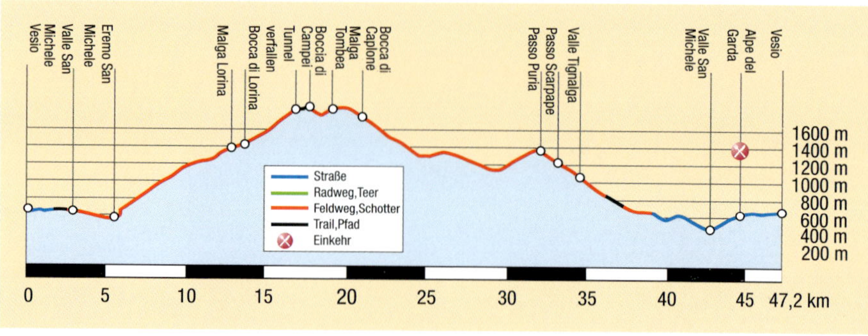

nal kann man hier natürlich auch die eben beschriebene Tour beginnen und beenden. Wie auch immer, die eindrucksvollen Caplone-Touren gehören zu den »Big Five« am Gardasee. Die muss man einfach irgendwann einmal gefahren sein. Und im Gegensatz zum großen Bruder »Tremalzo« trifft man hier nur sehr selten auf andere Biker …

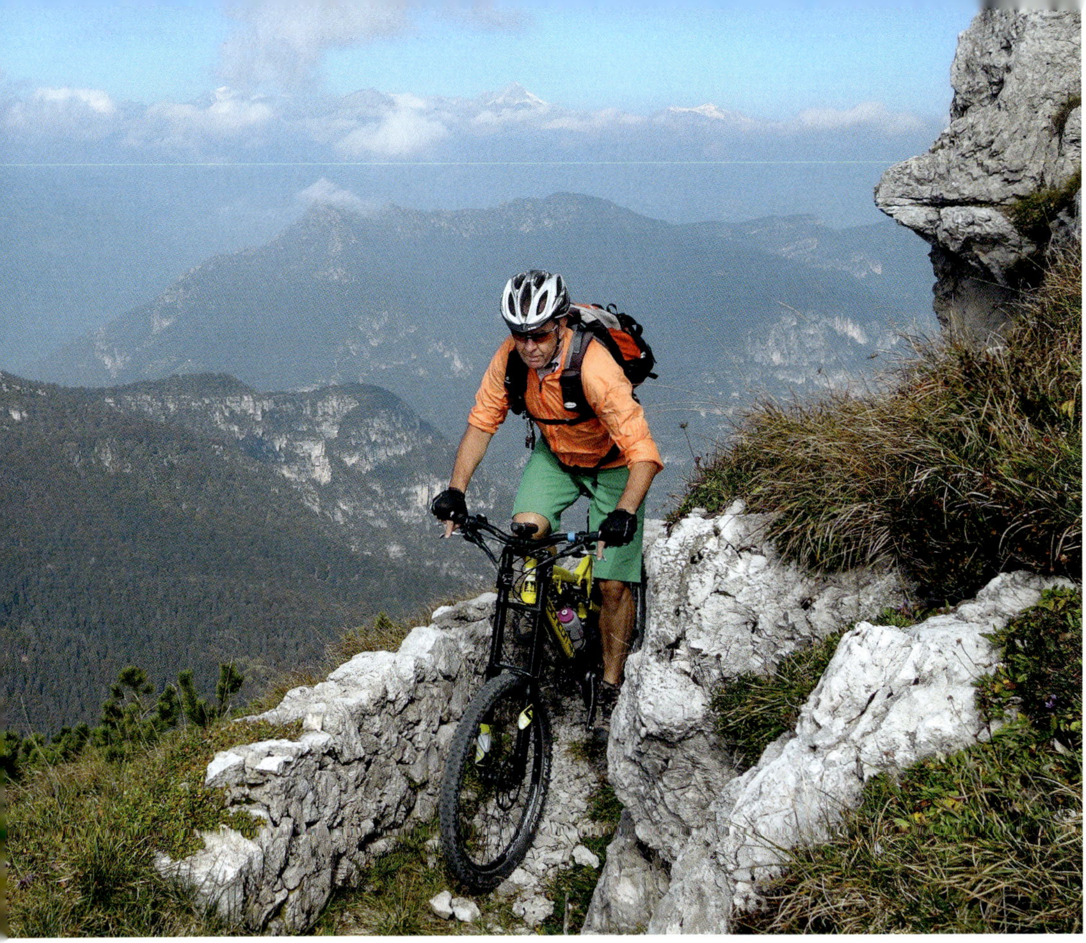

Überreste alter Schützengräben bei der Bocca di Caplone

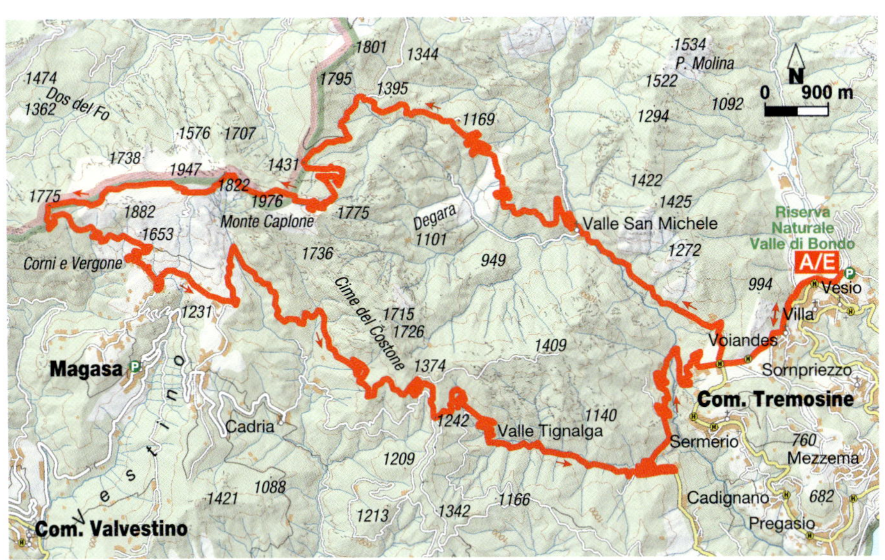

26 MONTE DENERVO

Am Berg der wilden Pfingstrosen

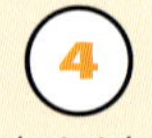
4
Schwierigkeit

Erlebniswert

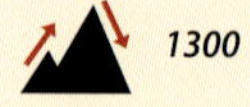
1300
Höhenmeter

23,5
Streckenlänge (in km)

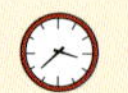
5
Zeit (in Std.)

TOURENCHARAKTER

KURZCHARAKTERISTIK
Einsame, knackige Trailtour, Protektoren sinnvoll

AUSGANGS-/ENDPUNKT
Gargnano

ANFAHRT
Mit dem Schiff nach Gargnano

KONDITION

FAHRTECHNIK

TRAILS
Ø S2 bis S3, eine Stelle S4

UNTERGRUND
Straße: 3 %
Radweg, Teer: 41 %
Feldweg, Schotter: 20 %
Trail, Pfad: 35 %

HÖCHSTER PUNKT
1234 m, Sattel zwischen Monte Denervo und Cima Comer

NIEDRIGSTER PUNKT
67 m, Gardasee

EINKEHR
Bar in Piovere, Rifugio ANA di Gargnano

KARTE
Kompass-Wanderkarte 1:35 000, WK 697-1

GPS-TRACK
tour-26_Monte_Denervo.gpx

Warum der Juni als Urlaubszeit am Gardasee eher selten genutzt wird, kann ich kaum nachvollziehen. Die Tage sind lang, das Wetter ist meist stabil und es ist in der Regel noch nicht so heiß wie im Juli oder August. Außerdem blühen in der Zeit am Monte Denervo die wilden Pfingstrosen, wofür dieser Berg berühmt ist. Also klarer Tipp: wenn diese Tour, dann im Juni.

Gargnano ist ein lohnender Ausgangspunkt für Touren auf der südwestlichen Seite des Gardasees. Der Ort ist überschaubar und vom Biketourismus noch nicht so erfasst wie der Norden. Ein sehr gepflegtes, öffentliches Strandbad kostet nicht einmal Eintritt. Am Abend lässt es sich auf der Promenade trefflich bummeln und am Seeufer speisen. Gemeinsam mit meinem Bikerfreund Matthias verbringe ich hier im Juni eine Woche Bikeurlaub. Wir wollen möglichst viele Trails erkunden. Die Geografie der Umgebung spricht sehr dafür, dass wir fündig werden. Nach einem ersten Beschnuppern der Gegend soll heute »Butter bei die Fische«, wie das gebürtige Nordlicht Matthias sagt.
Der Monte Denervo ragt direkt hinter uns weit mehr als 1000 Meter in die Höhe. Das wird eine ordentliche Bergtour, da sind wir uns sicher. Zum Einrollen geht es die alte Panoramastraße an der Küste entlang nach Piovere. Hier warten die ersten Rampen. Eine alte Bergstraße führt zu der verlassenen Ortschaft Boldis, der Straßenbelag zerbröckelt nach und nach. Der Wald holt sich die Baracken wieder. Verschiedene Pfade zweigen ab, und

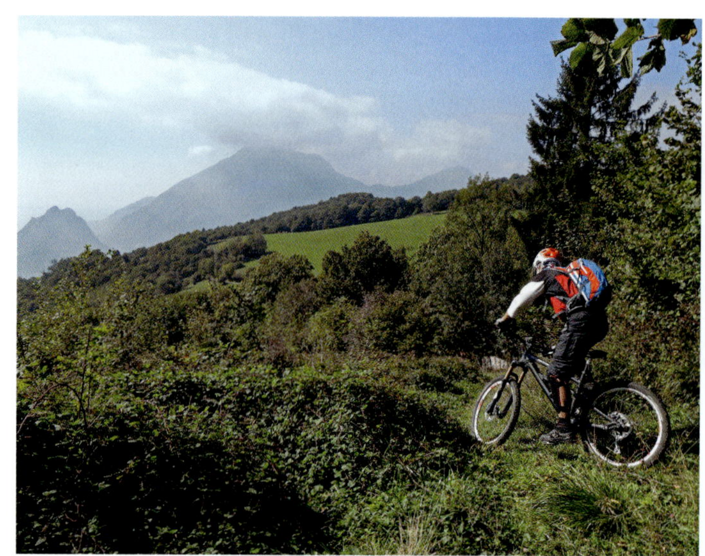

Heraus aus dem Trail am Monte Denervo – in der Nähe des Rifugio ANA di Gargnano

1300 Hm	23,5 km	5 Std.

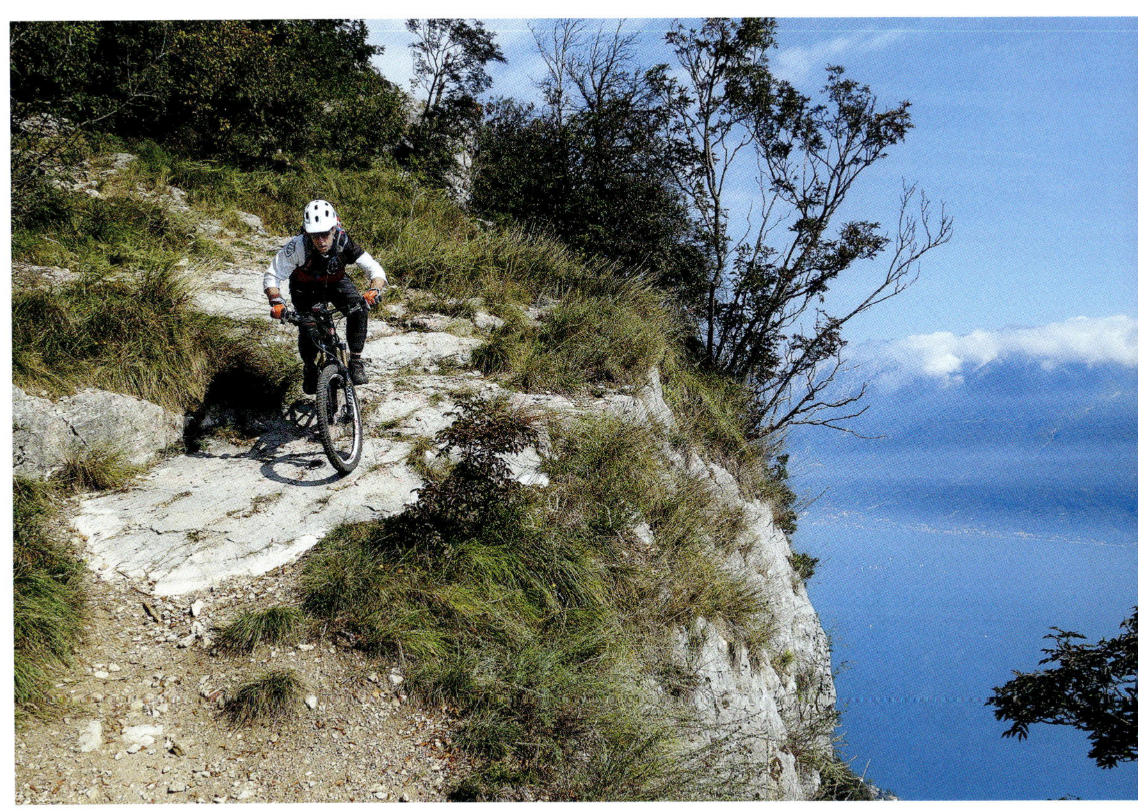

An der Felskante in Richtung Sasso

alle riechen nach Trail. In einer Spitzkehre ist es der Sentiero Nr. 243. Hier könnte man abkürzen und direkt nach Muslone hinabfahren; aber heute geht es noch höher hinauf.

Es ist immer spannend, neue Touren zu erkunden. Das kostet natürlich seine Zeit, da wir an fast jedem Abzweig überlegen, ob wir hier abfahren sollen oder ob es noch ein Stück nach oben geht. Wir entscheiden uns nach ausgiebigem Kartenstudium für den Weg in Richtung Piazze und Premaùr. Auf einer großen Wiese an der Malga Piazze steht ein Haus, das von seiner Größe und seinem Baustil an dieser Stelle etwas ungewöhnlich ist. Es wirkt zwar nicht deplatziert, wir fragen uns aber, wer hier dereinst gewohnt haben könnte. Heute treffen wir hier keine Menschenseele. Das ist etwas schade, da wir niemanden nach dem richtigen Weg fragen können. Wir bleiben an der Flanke des Monte Denervo und geraten auf einen Trail, der uns mit einigem Auf und Ab zur verlassenen Malga Premaùr bringt. Hier ist wieder Wegsuche angesagt, da die Pfade offensichtlich nicht oft begangen werden. Wir orientieren uns zum Bergsattel zwischen dem Monte Denervo und dem Cima Comer hin und finden einen schönen alten Pfad. Bergab wäre der Trail komplett fahrbar. Bergauf wird man je nach Kondition mit kurzen Schiebepassagen rechnen müssen. Da fragen wir uns natürlich immer, ob es das auch wert ist. In diesem Fall lautet die Antwort eindeutig »ja«, denn nach dem Erreichen des höchsten Punktes dieser Tour beginnt eine recht anspruchsvolle Trailabfahrt.

Insgesamt sind das rund 900 Höhenmeter am Stück talwärts, die nur kurz von Straße oder Forstwegen unterbrochen werden. Es rüttelt uns im ersten Abschnitt schon ordentlich durch, bis wir am Rifugio ANA di Gargnano aus dem Wald kommen. Unvermittelt breitet sich das Panorama des südlichen Gardasees vor uns aus. Zeit für eine Rast! Gerade ist dort ein Fest der Alpini im Gange. Köstlicher Duft von Gebratenem zieht mir in die Nase. Auf riesigen Spießen werden die einheimischen Köstlich-

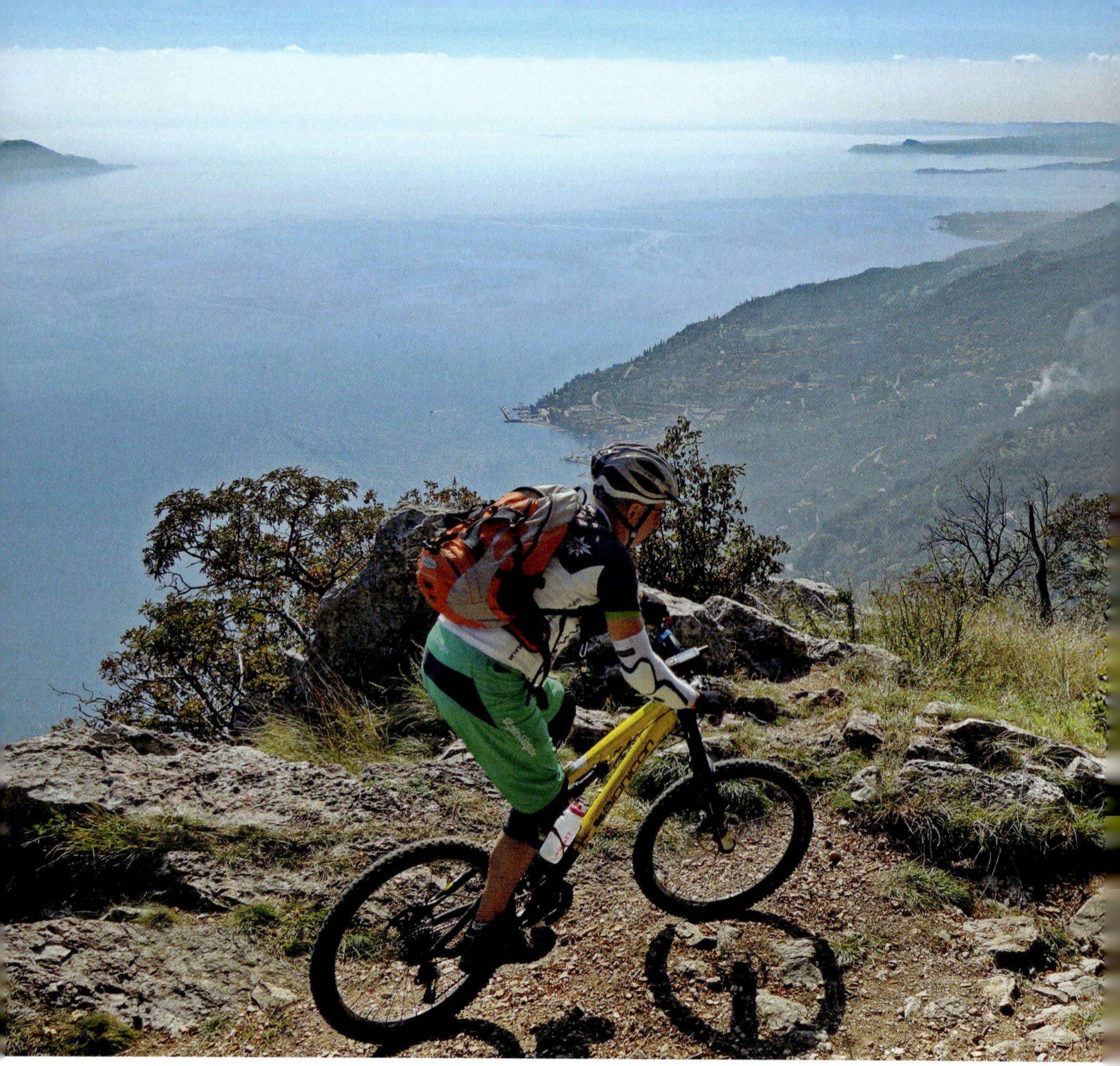

Spektakulärer Trail in der Nähe der Einsiedelei Eremo di San Valentino

keiten gegrillt. Wir dürfen probieren – lecker! Die Stärkung kommt gerade recht, denn der Trailspaß ist noch nicht vorbei. Nach rund 200 Metern auf der Straße biegen wir sofort wieder links ab auf den zweiten Teil des Trails. Jetzt ist es der Weg 31 in Richtung der Einsiedelei Eremo di San Valentino, der unsere ganze Konzentration fordert. Teilweise wird es richtig grob und steil. In der Nähe der Einsiedelei tut sich wieder das Panorama des Gardasees vor uns auf. Gargnano liegt gut 600 Meter unter uns.

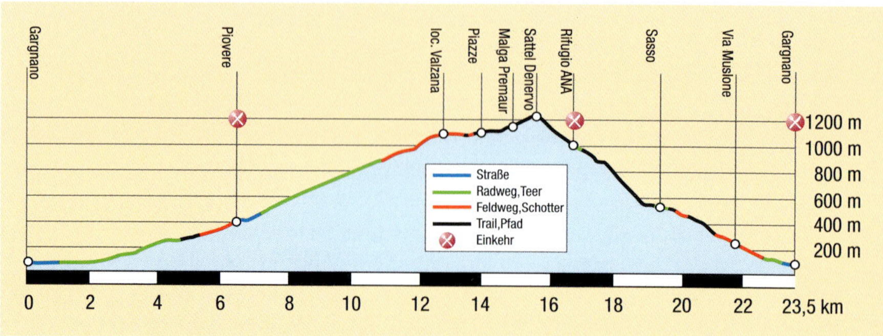

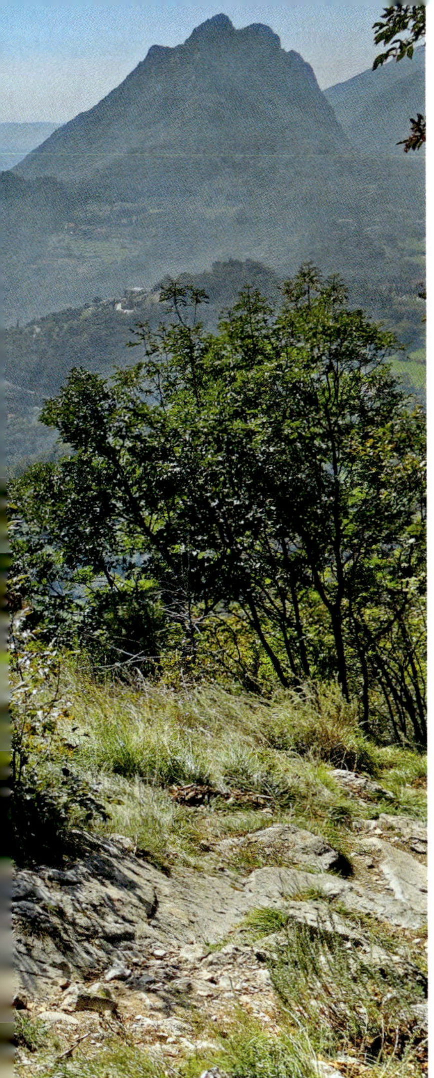

Fast das einzige Mal auf dieser Tour treffen wir hier auf Menschen. Es sind Wanderer aus Deutschland, dabei eine hübsche Blondine. Die Leute bewundern ebenfalls die Aussicht, genau an der Schlüsselstelle des nun verblockten und sehr steilen Trails. Es kommt, wie es kommen muss. Matthias will im Angesicht der schönen Maid sein Können beweisen. Ich stehe schon unten und sehe ihn in eine Querrinne rutschen. Bremsen ist nicht. Die Gabel schlägt durch und er macht einen Abflug nach vorne über den Lenker. Passiert ist nichts, alle freuen sich – außer Matthias! Sein GPS-Gerät hat einen Kratzer auf dem Display, das ist ärgerlich.

Zu unserer Überraschung erscheint nun ein mountainbikender Vater mit seinem Sohn. Sie schieben den Weg hinauf. Wir fragen sie nach der Beschaffenheit des nächsten Wegabschnitts und bekommen zur Antwort, dass der auch mit einem Hollandrad machbar sei. In diesen Worten schwingt eine leise Ironie mit. Das merken wir sofort, denn es geht äußerst grob weiter. Ein alter Karrenweg ist es, typisch für den Gardasee. Der Belag war einmal aus runden Findlingen zusammengestoppelt und ist nun am Erodieren.

Mit einem Fully aber kein großes Problem. Im Örtchen Sasso können wir die Arme und Hände kurz ausschütteln. Weiter geht es auf der Via Crocefisso – dem Kreuzweg – weiter zum Seeufer. Passend dazu ist eine Prozession im Gange, ach ja – heute ist Fronleichnam. Im oberen Teil ist der Kreuzweg eine grobe Schotterpiste mit einigen Trailabschnitten, im unteren dann eine grob gepflasterte Straße. Sie spuckt uns direkt an der Kirche von Gargnano aus. »Was meinst du?«, frage ich Matthias zum Abschluss. »Kann man diese Tour anderen Leuten zumuten?« »Logo!«, erwidert er. »Wem das nicht gefällt, der kann ja auf dem Donauradweg von Passau nach Wien radeln.«

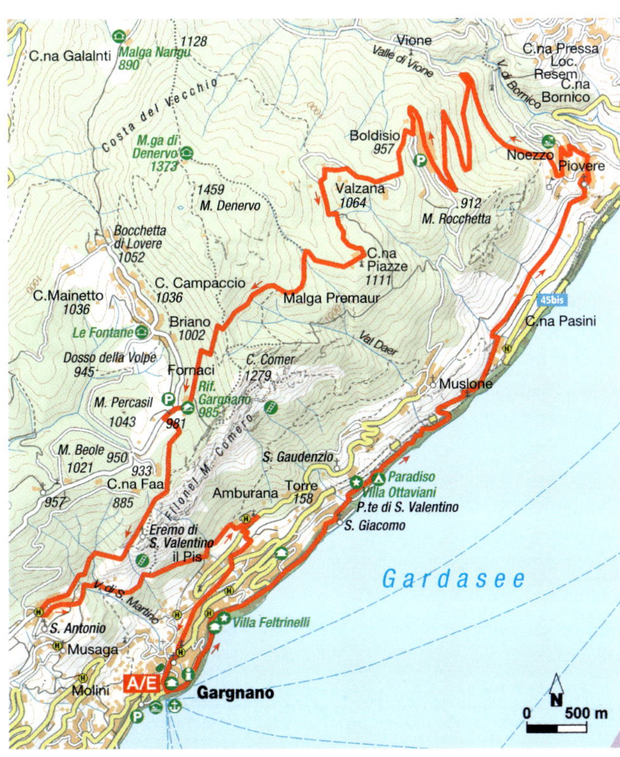

27-1 MONTE PIZZOCOLO – VARIANTE AB SALÒ

Big Five – Part 5: ohne Schweiß kein Preis

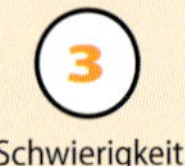
Schwierigkeit

Erlebniswert

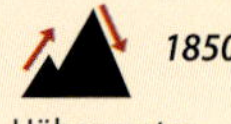
1850
Höhenmeter

49,7
Streckenlänge (in km)

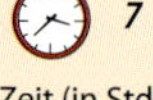
7
Zeit (in Std.)

TOURENCHARAKTER

KURZCHARAKTERISTIK
Königstour am südwestlichen Gardasee

AUSGANGS-/ENDPUNKT
Salò

ANFAHRT
Mit der Fähre von Torri del Benaco

KONDITION

FAHRTECHNIK

TRAILS
Ø S1, maximal S3

UNTERGRUND
Straße: 27 %
Radweg, Teer: 16 %
Feldweg, Schotter: 40 %
Trail, Pfad: 17 %

HÖCHSTER PUNKT
1581 m, Monte Pizzocolo

NIEDRIGSTER PUNKT
66 m, Salò

EINKEHR
Rifugio G. Pirlo allo Spino (täglich geöffnet von Mitte Juni bis Mitte September), sonst am Wochenende und an Feiertagen, Tel. +39/03 65/65 11 77; Ristorante Miramonti in San Michele

KARTE
Kompass-Wanderkarte 1:35 000, WK 694 und 102

GPS-TRACK
tour-27-1_Monte_Pizzocolo_Salo.gpx
Varianten für 27-1 und 27-2:
tour-27var1_Valle_Archesane.gpx
tour-27var2_Prade_Buelino.gpx
tour-27var3a_Buelino_Barbarano.gpx
tour-27var3b_Barbarano_easy.gpx
tour-27var4_Buelino_Fasano.gpx

Wer die Qual hat, hat die Wahl. Diese Umkehrung eines bekannten Spruches passt auf diese Tour hervorragend. Neben zwei Varianten für die Auffahrt gibt es eine Vielzahl von alternativen Strecken bei der Abfahrt. Und wenn die Kraft für den Gipfelsturm nicht ausreichen sollte, kann man immer noch eine klassische Umrundung des markanten Monte Pizzocolos daraus machen

Machen wir uns nichts vor. Auch wenn der Monte Pizzocolo mit 1581 Metern nicht der höchste der Gardaseeberge ist, so ist er doch der mit dem MTB am schwierigsten zu bezwingende. Egal, von welcher Seite man ihn angeht, immer sind es extrem steile Rampen an der Grenze des Fahrbaren, die zum Gipfel führen. Das Bergmassiv des Monte Pizzocolo erhebt sich gewaltig über dem Doppelort Toscolano-Maderno. Es ist gewissermaßen das letzte große Aufbäumen der Alpen, bevor am Südufer des Gardasees die italienische Ebene beginnt. Luftlinie sind es keine fünf Kilometer vom Hafen bis

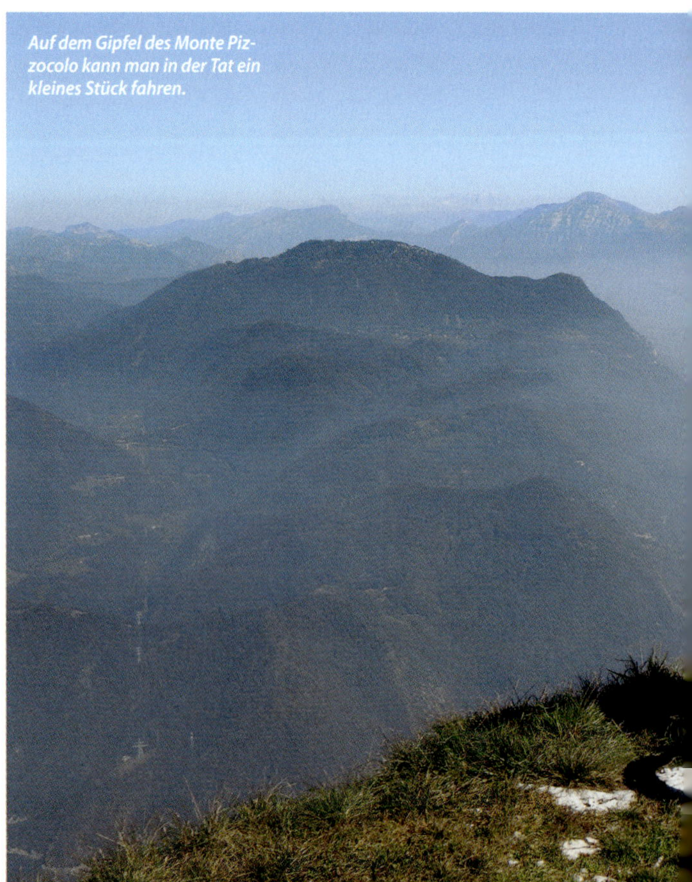
Auf dem Gipfel des Monte Pizzocolo kann man in der Tat ein kleines Stück fahren.

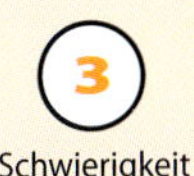

MONTE PIZZOCOLO – VARIANTE AB MADERNO

Big Five – Part 5: Diverse Abfahrtsvarianten stehen zur Wahl

3	✪✪✪✪✪	1890	41,9	6
Schwierigkeit	Erlebniswert	Höhenmeter	Streckenlänge (in km)	Zeit (in Std.)

zum Gipfel und doch liegen gut 1500 Höhenmeter dazwischen. Da wird schnell klar, dass diese Bergtour mit einer ordentlichen Anstrengung verbunden sein wird.

Deshalb will die Tour wohlüberlegt sein und auf jeden Fall sollte klares Wetter herrschen, damit man dann auch etwas vom überwältigenden Panoramablick über den gesamten Lago und die umliegenden Berge hat. Denn nichts wäre sinnloser, als dann oben im Dunst und ohne Sicht zu stehen: verschenkte Zeit – verschenkte Mühe!

An diesem Berg passt das Motto: »Los geht's mit einer Rampe, danach wird es steil.« Ich habe eine Vielzahl von Varianten ausprobiert und dabei eine Menge Schweiß vergossen. Es hat sich herauskristallisiert, dass für die Auffahrt die Variante über San Michele und Il Pirello die wohl sinnvollste ist (weil am meisten fahrbar). Zudem liegt die Auffahrt ab San Michele zu großen Teilen im schattigen Wald – ein Vorteil, den man bei einem der vielen heißen Tage am Gardasee wohl zu schätzen weiß. Starten kann man die Pizzocolo

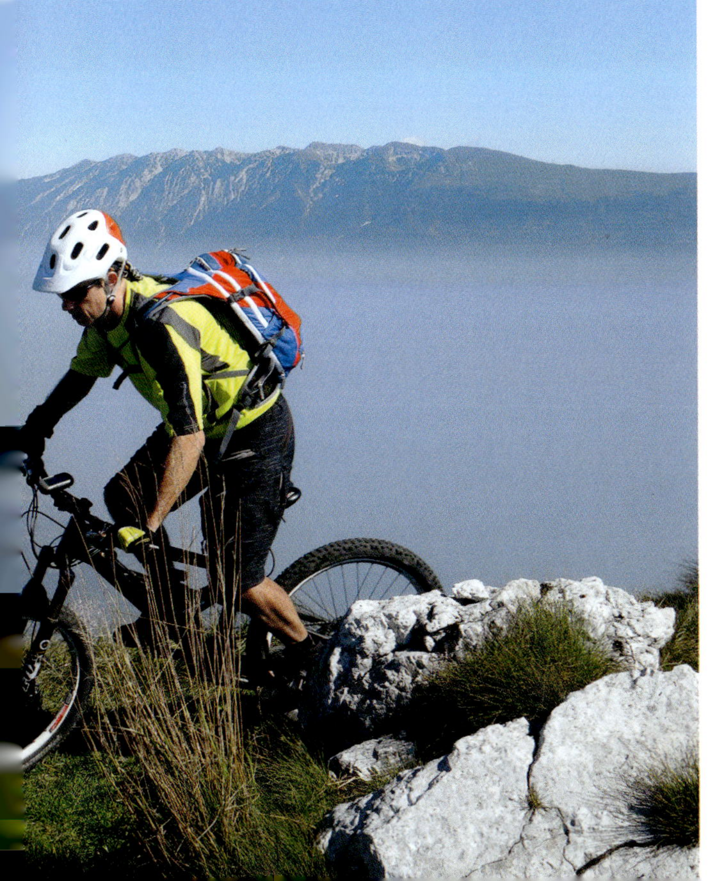

TOURENCHARAKTER

KURZCHARAKTERISTIK
Königstour am südwestlichen Gardasee, Variante mit Start und Ziel in Maderno

AUSGANGS-/ENDPUNKT
Maderno

ANFAHRT
Mit der Fähre von Torri del Benaco

KONDITION ✪✪✪✪✪

FAHRTECHNIK ✪✪✪✪✪

TRAILS
Ø S1, maximal S3

UNTERGRUND
Straße: 15 %
Radweg, Teer: 15 %
Feldweg, Schotter: 50 %
Trail, Pfad: 20 %

HÖCHSTER PUNKT
1581 m, Monte Pizzocolo

NIEDRIGSTER PUNKT
67 m, Maderno

EINKEHR
Rifugio G. Pirlo allo Spino (täglich geöffnet von Mitte Juni bis Mitte September), sonst am Wochenende und an Feiertagen, Tel: +39/03 65/65 11 77; Ristorante Miramonti in San Michele

KARTE
Kompass-Wanderkarte 1:35 000, WK 694 und 102

GPS-TRACK
tour-27-2_Monte_Pizzocolo_Maderno.gpx
Varianten für 27-1 und 27-2:
tour-27var1_Valle_Archesane.gpx
tour-27var2_Prade_Buelino.gpx
tour-27var3a_Buelino_Barbarano.gpx
tour-27var3b_Barbarano_easy.gpx
tour-27var4_Buelino_Fasano.gpx

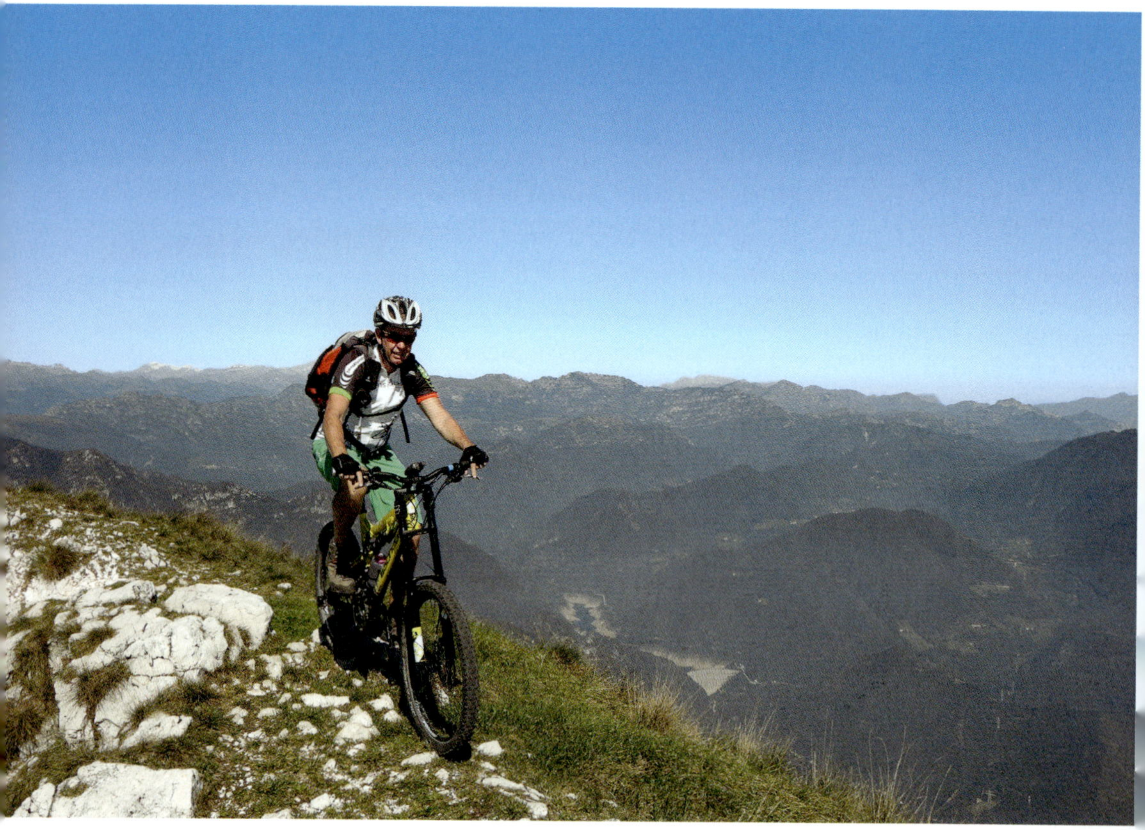

On TOP of the World…

Tour in Maderno oder Salò – wie es einem beliebt. Beide Varianten haben den Charakter einer klassischen Bergumrundung. Für die Abfahrt gibt es mehrere Varianten auf der Seeseite, die zum Teil auch recht heftige Trailabschnitte haben (siehe die Auflistung am Schluss der Beschreibung).

Wenn man in Salò startet, führt der Weg ein kurzes Stück über die manchmal recht stark befahrene Gardesana. Am Abzweig nach Serniga kehrt aber dann Ruhe ein. In einigen Serpentinen schraubt sich das Sträßchen am Monte San Bartolomeo hoch, dem Hausberg von Salò.

Von Maderno aus geht es mit einer recht entspannten Auffahrt nach Maclino los. Hier folgt eine kleine Schotterpassage in Richtung Bezzuglio mit einer ersten Rampe, die zur Einstimmung dient. Weiter geht es auf der Bergstraße nach San Michele. Den Gardasee hat

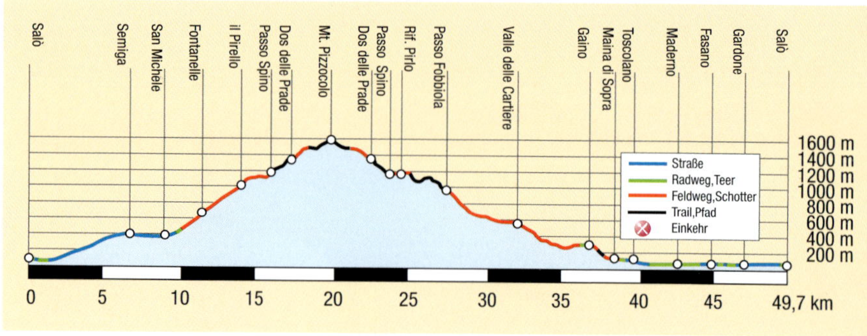

Tour 27-1

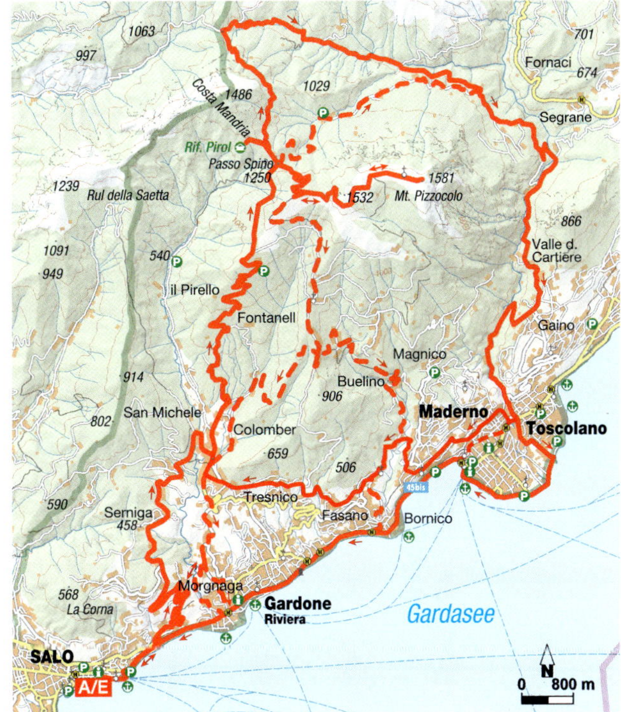

man hier schön im Blick. Ab San Michele ist die Auffahrt dann identisch mit der Auffahrt ab Salò.

In dem kleinen Ort sollte man seine Wasservorräte überprüfen, denn auf dem weiteren Weg sind Wasserstellen rar. Bis Il Pirello führt eine Schotterpiste bergwärts, die durchweg fahrbar sein sollte. Wenn man hier spürt, dass es heute nichts wird mit dem Monte Pizzocolo, so lässt sich an dieser Stelle die Tour auch abbrechen. Der Weg 6 führt als leichter Trail hinüber nach San Urbano, wo man auf einer der beschriebenen Abfahrtsvarianten weiterfahren kann.

Ansonsten geht es ab Il Pirello auf einem groben Karrenweg weiter, die ersten deftigen Rampen zwingen zu kurzen Schiebeeinlagen. Bis zum Passo Spino überwiegen die fahrbaren Abschnitte aber eindeutig.

In der Nähe des Passo Spino befindet sich das Rifugio Pirlo, hier oben die einzige Möglichkeit, sich bei einer Rast zu verpflegen. Bei dieser Tour muss man sich am Passo Spino überlegen, ob und wann man im Rifugio Pirlo eine Rast einlegt. Wenn man die Abfahrtsvarianten 2 bis 4 (siehe Auflistung am Ende der Beschreibung) wählt, muss man das vor dem finalen Aufstieg zum Monte Pizzocolo tun, denn die Abfahrten erfolgen auf der Gardaseeseite des Berges.

Ansonsten kann man den Abstecher zum Rifugio Pirlo auf der Rückfahrt einlegen. Das ist dann eine perfekte Belohnung für die Gipfelbezwingung und die geht wie folgt: Vom Passo Spino führt ein zwar steiler, aber phasenweise doch fahrbarer Saumpfad zum Dosso della Prade (hier beginnen auch die Varianten 2 bis 4 für die Abfahrt). Nun folgt ein flacherer Abschnitt auf dem Bergrücken, der einem ein schönes Panorama auf den Lago gewährt – klare Sicht vorausgesetzt. Der Weg ist zunächst eine gute Schotterpiste. Diese wird später zum Trail. Nach einer Senke beginnt der letzte Teil des Aufstiegs. Ob man sein Mountainbike dabei schiebenderweise mit sich führen will oder nicht, ist Geschmackssache. Bergab ist das ein S2-Trail.

Kurz unter dem Gipfel gibt es eine kleine Selbstversorgerhütte. Freundliche Menschen haben hier Wasserflaschen deponiert. Ein kleiner Obolus ist selbstverständlich, ebenso, dass

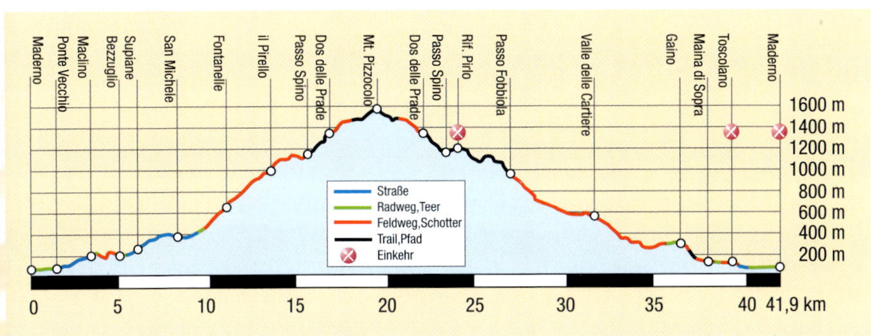

Tour 27-2

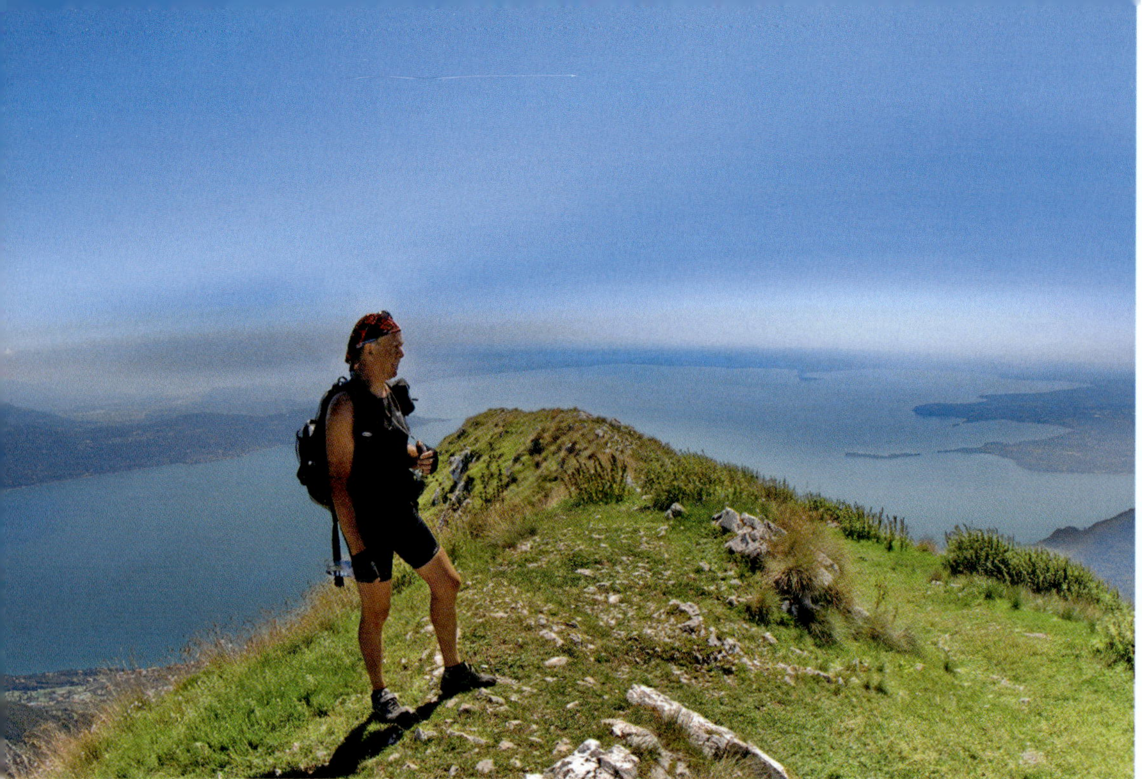

Panorama vom Gipfel des Monte Pizzocolo auf den südlichen Gardasee

man keinen Müll hinterlässt, sondern ihn mit ins Tal nimmt, falls er denn überhaupt anfällt. Auf jeden Fall ist das Gipfelglück am Monte Pizzocolo ein überwältigendes Gefühl, das hart erkämpft ist. Der Berg ragt singulär am südlichen Ende des Gardasees empor – sozusagen das letzte Ausrufezeichen, das die Alpen vor der italienischen Ebene setzen. Steil fallen die Flanken des Berges in alle Richtungen ab, außer in die, aus der wir gekommen sind. Deshalb muss es zunächst auch auf demselben Weg zurückgehen. Am Dosso delle Prade entscheidet man, welche Variante einem für die Abfahrt am genehmsten ist.

Für die beiden Hauptrouten mit Start in Salò bzw. Maderno und die Abfahrtsvariante 1 geht es nun den Trail wieder hinunter zum Passo Spino. Auf dem Weg zum Rifugio Pirlo zweigt dann der Räuberpfad (Sentiero Ladroni) ab. Markiert ist er als Weg Nummer 3. Er zieht sich als schöner Saumpfad an der östlichen Flanke des Monte Spino hin bis zum Passo della Fobbiola. Bei der einzigen vorhandenen Weggabelung muss der linke Abzweig (nach oben) genommen werden. Auch wenn es an dieser Stelle einen kurzen Gegenanstieg gibt, ist es sinnvoll, den Trail nur in dieser Richtung zu fahren (von Süd nach Nord). In der Gegenrichtung müsste man den größten Teil der Strecke schieben. Die Abfahrt erfolgt ab dem Passo della Fobbiola auf einer leichten Schotterpiste durch das Valle di Campiglio zur Ponte Camerate und weiter zum Valle delle Cartiere. Die früher mögliche Passage durch den Canyon im Tal der Papiermühlen ist leider nicht mehr möglich. Nach einem Erdrutsch ist sie gesperrt – ob sie jemals wieder geöffnet wird, ist ungewiss. Zum Ausgleich gibt es aber ab Gaino einen Trail hinunter ins Valle delle Cartiere. Damit ist ein stimmungsvoller Abschluss dieser Königstour garantiert.

Varianten für die Abfahrt:

1. Vom Passo Spino direkt ins Valle delle Cartiere Die Abfahrt vom Passo Spino in Richtung Valle delle Cartiere verläuft durch das Valle d'Archesane und ist eine lange, einfache, aber teils steile Schotterpiste. Technisch völlig unproblematisch empfiehlt sie sich, wenn man spät dran sein sollte oder mit seinen Kräften am Ende ist (GPS-Track tour-27var1_Valle_Archesane.gpx).

2. Dos delle Prade – Buelino Sehr steil und mit viel Aussicht im oberen, kaum bewaldeten Teil nach San Urbano, wunderschön und eine wirkliche Belohnung für die Mühen des Aufstieges.

Im Kirchlein San Urbano treffen sich viele Wege. Wer hier mit seinen Kräften am Limit ist, kann bequem die steile Bergstraße hinunter nach Maderno rollen. Wer noch gut drauf ist und Lust auf Trails verspürt, dem empfehle ich die nachfolgend beschriebenen Varianten 3 und 4. Nach San Urbano folgt ein kurzer Gegenanstieg, und dann ist man schon in Buelino. Das ist ein breiter, ebener Bergkamm mit fantastischer Sicht auf Maderno und den Gardasee, der ca. 800 Höhenmeter unter einem liegt. Eine Jagdhütte und verschiedene Vogelfallen zeugen von der speziellen Jagdleidenschaft mancher Einheimischer. Die einheimischen Jäger frönen hier ihrer Leidenschaft, der Vogeljagd. Dazu kann man nun verschiedene Meinungen haben. Wie dem auch sei, die Varianten 3 und 4 zweigen hier ab (GPS-Track tour-27var2_Prade_Buelino.gpx).

3a. Buelino – Barbaranoschlucht Der Weg 13 führt hinab nach San Michele, zunächst auch auf Schotter, dann wird daraus ein anspruchsvoller, teils sehr grober Trail. In San Michele angekommen, kann man auch hier als leichte Variante auf der Nebenstraße abfahren (entweder nach Maderno oder Salò). Aber es wartet noch ein kleiner Überraschungstrail. Den habe ich lange suchen müssen und bin an dem nicht markierten Abzweig kurz hinter Banale ein paarmal vorbeigerauscht. Schließlich wurde ich doch fündig. Der Trail schlängelt sich am Rande des Barbaranobaches zum Gardasee. Die Ruine einer längst verlassenen Mühle verleiht eine stimmungsvolle, faszinierende Atmosphäre. Ein schmaler Steg krallt sich an die Felswand, sonst wäre die kleine Schlucht nicht passierbar. Sie wirkt wie eine Miniaturausgabe des Toscolano-Canyons. Schließlich erreicht der Pfad die ersten Häuser von Barbarano, einem Vorort von Salò. Der Kreis schließt sich und eine eindrucksvolle Tour geht zu Ende. Die Schlucht hat Abenteuercharakter, auch weil nicht sicher ist, ob der Regen alles weggespült hat und sie nicht mehr passierbar ist. Also im Zweifel vorher vor Ort die Lage checken (GPS-Track tour-27var3a_Buelino_Barbarano.gpx).

3b. Barbarano easy Ab Banale alternativ auf dem kleinen Sträßchen weiter bergabfahren. Über Morgnaga erreicht man die Gardesana

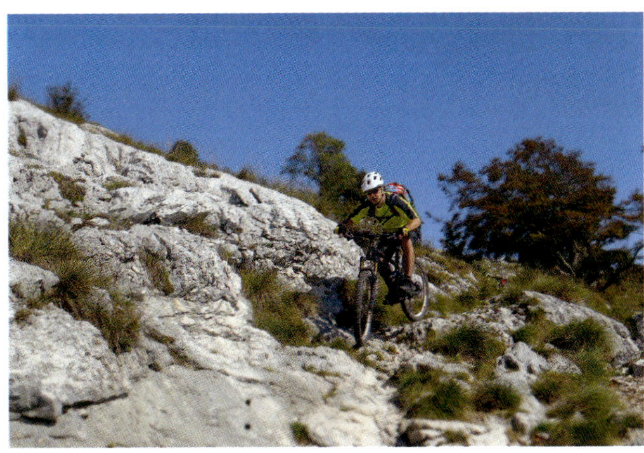

Auf dem Rückweg wartet ein Leckerbissen für Trailfreunde.

und kann nun zum jeweiligen Ausgangspunkt der Tour zurückrollen (GPS-Track tour-27var3b_Barbarano_easy.gpx).

4. Buelino – Fasano Wir fahren in den Trail 23 ein, der hinab nach Vesegna führt und weiter als Schotterpiste bis nach Bezzuglio. Der Ort wirkt teilweise wie an die Bergwand geklebt. Die Abfahrt hinunter nach Fasano erfolgt dann auf steilen, kleinen Sträßchen. Die Trails sind verschwunden, weil alles dicht bebaut ist. Zurück nach Maderno oder Salò geht es nur auf der Uferstraße Gardesana (GPS-Track tour-27var4_Buelino_Fasano.gpx).

Hinweis: Der Monte Pizzocolo wird wegen seiner charakteristischen Gipfelformation von den Einheimischen auch Napoleone genannt. In Süd-Nord-Richtung sieht er aus wie das Gesichtsprofil des liegenden Kaisers Napoleon Bonaparte. Besonders schön zu sehen in der Abenddämmerung von der gegenüberliegenden Seite des Sees aus.

In der verwunschenen Barbaranoschlucht

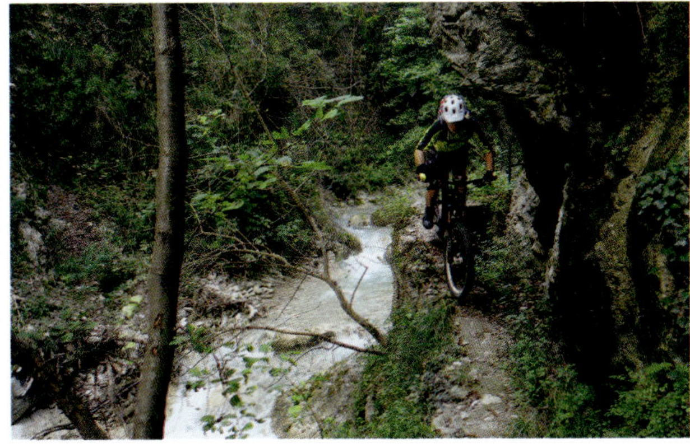

28 SALÒ – GIRO MONTE SAN BARTOLOMEO

Kleine, aber anspruchsvolle Rundtour

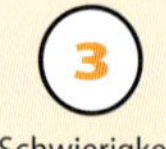

3

Schwierigkeit

Erlebniswert

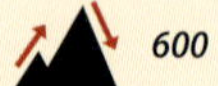

600

Höhenmeter

16,9

Streckenlänge (in km)

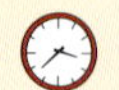

3

Zeit (in Std.)

TOURENCHARAKTER

KURZCHARAKTERISTIK
Panoramareiche Mountainbiketour mit schweren Trailanteilen rund um den Hausberg von Salò

AUSGANGS-/ENDPUNKT
Salò

KONDITION

FAHRTECHNIK

TRAILS
Ø S1, maximal S2

UNTERGRUND
Straße: 38 %
Radweg, Teer: 30 %
Feldweg, Schotter: 15 %
Trail, Pfad: 17 %

HÖCHSTER PUNKT
517 m in der Nähe von Bagnolo

NIEDRIGSTER PUNKT
66 m, Salò

EINKEHR
Trattoria in San Bartolomeo, diverse Bars und Ristoranti in Salò

KARTE
Kompass-Wanderkarte 1:35 000, WK 697-2

GPS-TRACK
tour-28_San_Bartolomeo.gpx
tour-28var_leicht.gpx

Bei dieser Tour muss man das Grobe schon mögen. Auch wenn der Hausberg von Salò in seiner Höhe und Ausdehnung zunächst eher unspektakulär daherkommt, so bietet er dem ambitionierten Mountainbiker doch einen anspruchsvollen Tummelplatz. Eine Vielzahl alter Pfade durchzieht die Bergflanken und ich habe bei dieser Tour nicht den „Weg des geringsten Widerstandes“ gesucht und gefunden.

Das geschichtsträchtige Salò liegt wunderschön eingerahmt in einer Bucht im Südwesten des Gardasees. Hier beginnt das Frühjahr deutlich früher als im Norden. Im Herbst gibt es oft bis in den Oktober noch goldene, spätsommerlich warme Tage. Bike-Tourismus ist in dieser Gegend bisher kaum vorhanden. Die Pisten und Trails im Hinterland hat man meist für sich allein oder teilt sie sich gern mit den wenigen einheimischen Mountainbikern, die der Leidenschaft für diese Sportart frönen.

Diese kurze Tour rund um den Monte San Bartolomeo kann man in der Regel während des ganzen Jahres fahren, denn der höchste Punkt erreicht nur eine Höhe von etwas über 500 Metern. Die Tour beginnt am Hafen von Salò, so dass man die An- und Abfahrt durchaus auch mit dem Schiff erledigen kann. Zunächst geht es entlang der Uferpromenade, die insbesondere an Wochenenden und bei gutem Wetter eine beliebte Flaniermeile ist. Man zeigt sich gern und macht »bella figura«.

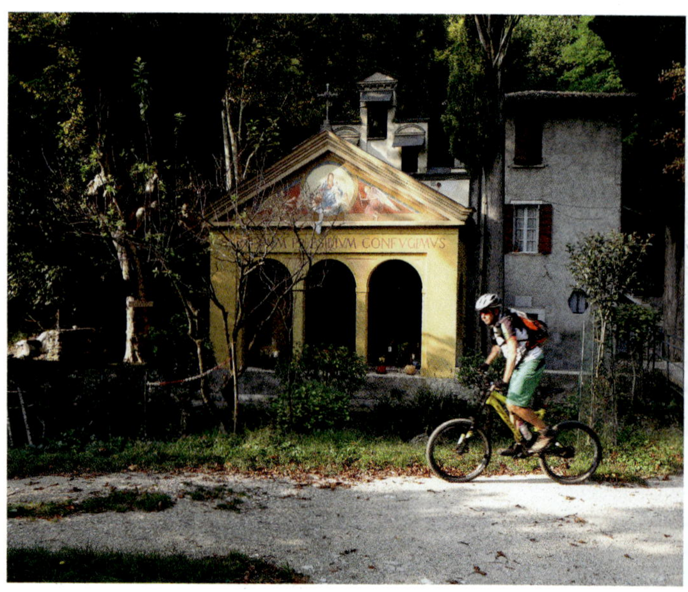

Madonna del Rio

600 Hm	16,9 km	3 Std.

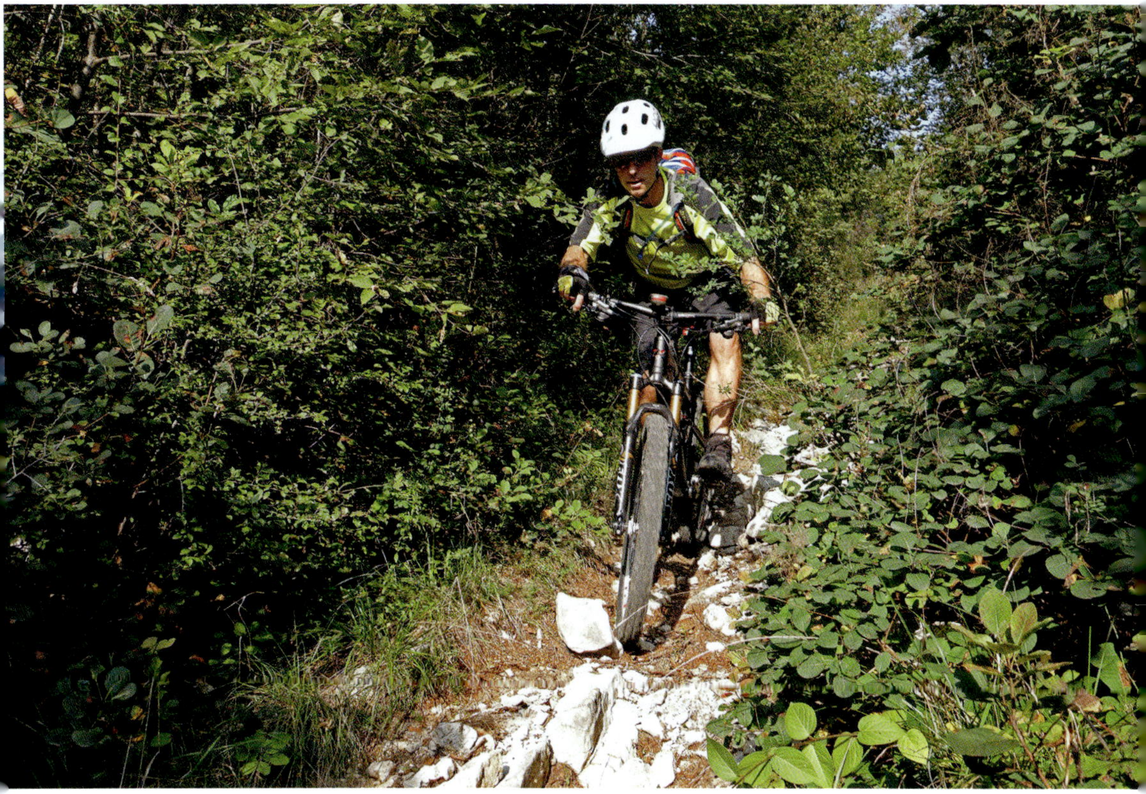

Am Ende der Promenade verläuft parallel zur Hauptstraße eine kleine Nebenstraße, die am Parkhaus vorbeiführt. Dabei ist man den Autoverkehr los. Bei der Einmündung auf die meist sehr belebte Uferstraße Gardesana wird man damit zwangsläufig wieder kurz konfrontiert. Wir müssen die Straße überqueren (offiziell zu Fuß, da Linksabbiegen verboten ist) und dann ein Stück zurückfahren bis zum Abzweig nach Serniga. Das sind zum Glück nur ungefähr 400 Meter, und danach herrscht auf der Nebenstraße wieder Ruhe. Die Straße schraubt sich in vielen Kehren nach oben, bei guter Sicht ist es eine fantastische Panoramatour. Unterwegs passieren wir das offensichtlich seit einiger Zeit aufgegebene Ristorante Seggiovia. Vor langer Zeit gab es hier einen Sessellift, der von Salò aus hochführte und wahrscheinlich genug Gäste brachte. Der Lift wurde irgendwann demontiert und soll dem Vernehmen nach im kleinen Skigebiet bei Polsa/San Valentino am Monte Baldo wieder aufgebaut worden sein. Damit ging wohl auch der Niedergang des Ristorante einher – schade, denn es hat eine sehr schöne Panoramaterrasse.

Bald darauf erreichen wir den Abzweig zum

Trail am Monte San Bartolomeo

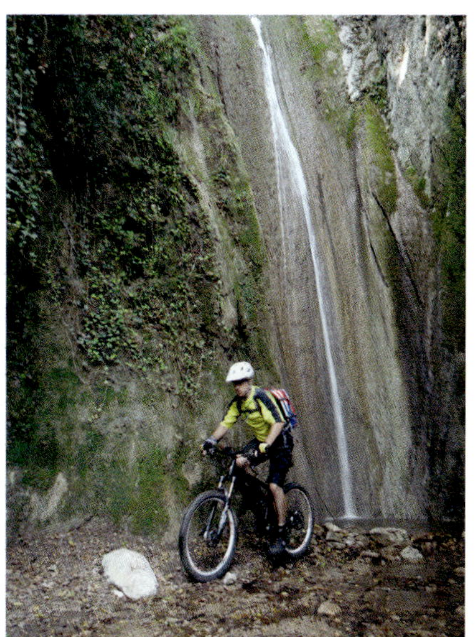

Kleiner Wasserfall in der Nähe der Kapelle Madonna del Rio

Salò – Giro Monte San Bartolomeo

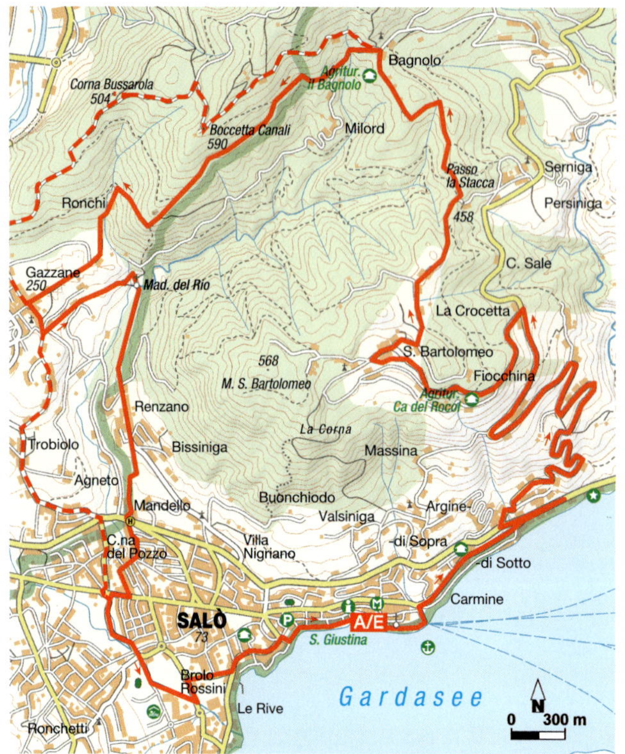

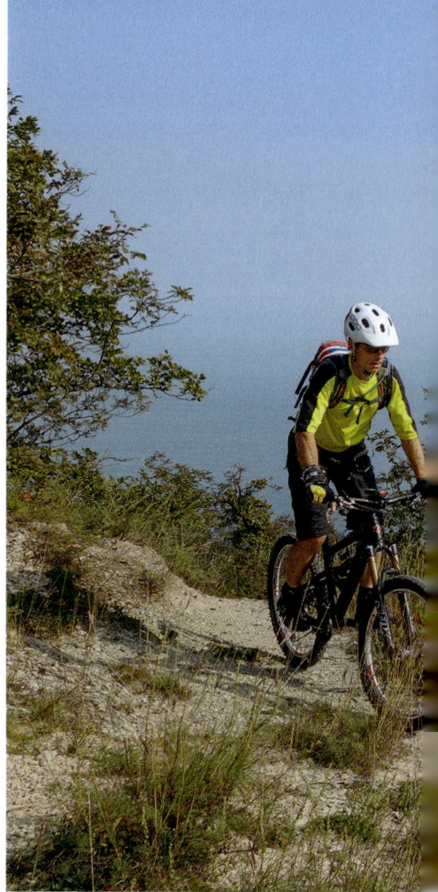

kleinen Örtchen San Bartolomeo. Das erste Stück ist gleich eine ordentliche Rampe. Im Ort gibt es eine kleine Trattoria. Ob man nach der ca. einstündigen Auffahrt seine Energiespeicher schon nachladen muss? Die Häuser in San Bartolomeo dienen anscheinend zumeist als Sommerfrische. Es folgt noch ein Anstieg auf einer kleinen, asphaltierten Nebenstraße. Dann geht es ab ins Gelände, zunächst auf Schotter. Nach dem Passo La Stacca folgt eine erste Traileinlage, ein paar Meter Schiebepassage inklusive.

Kurz vor dem Agriturismo Bagnolo wird aus dem Trail wieder eine Schotterpiste. Nach einem kurzen Anstieg gabelt sich der Weg. Rechts weist ein Schild auf die nächste Ortschaft Gazzane hin. Die bin ich bei meiner ersten Erkundung gefahren. Es ist eine leichte, alternative Route in einem Mix aus Schotterpisten, Karrenwegen und Abschnitten Waschbeton (siehe GPS-Track tour-28_var_leicht.gpx).

Wir entscheiden uns diesmal für die »harte Tour« und fahren zunächst links auf einem Karrenweg bergab. Achtung! Wenn man einen

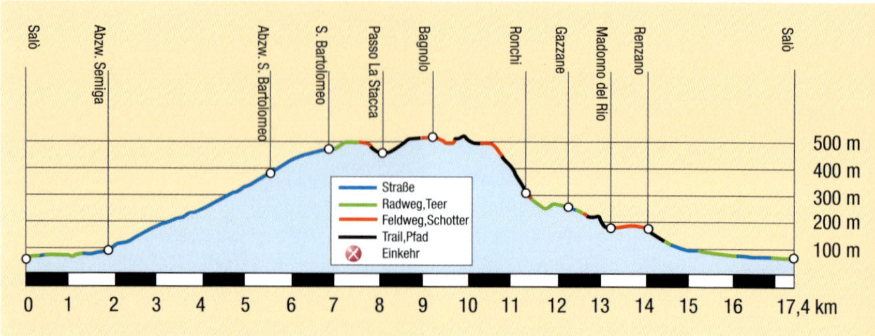

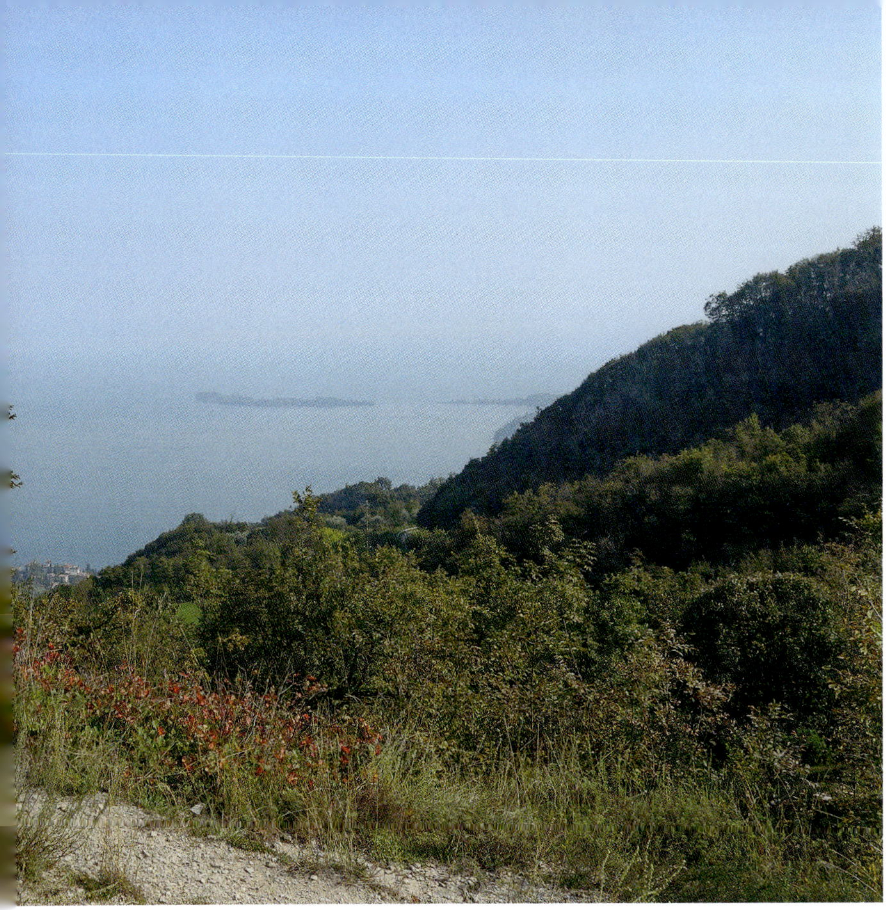

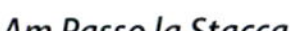

Am Passo la Stacca

Die Uferpromenade von Saló

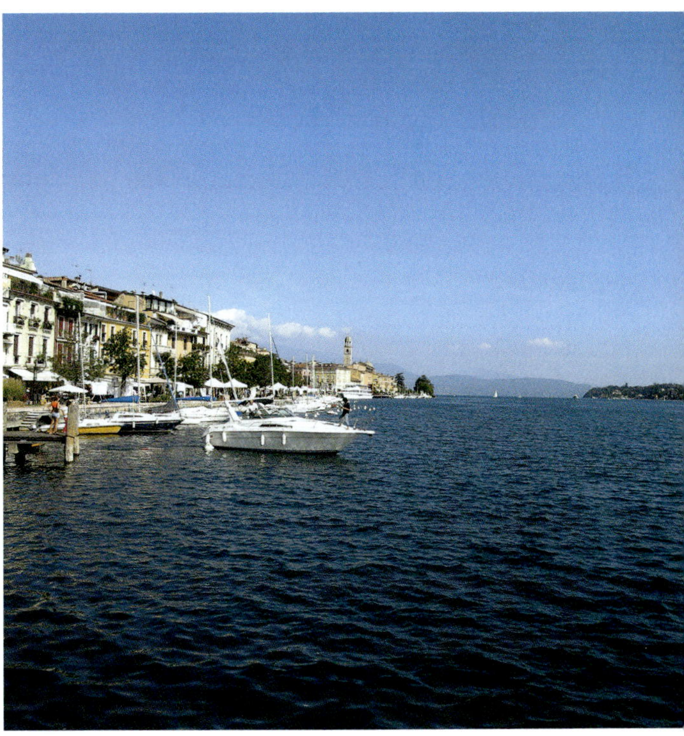

Waschbetonweg erreicht, nicht diesen bergab fahren, sondern rechts auf den Pfad abbiegen. Der wird bald zum interessanten, schmalen Trail (kurze Schiebepassagen). An einem Strommast beginnt eine sehr grobe Passage. Der alte Karrenweg ist teilweise stark ausgewaschen und präsentiert sich sehr anspruchsvoll. Heftige Regenfälle haben offensichtlich immer wieder ihre Spuren hinterlassen.

Bei den ersten Häusern von Ronchi beginnt eine kurze Straßenpassage bis nach Gazzane. Achtung! Hier rollen wir nicht einfach die Straße nach Salò hinunter. Nein, wir biegen bei einem kleinen Parkplatz links ab und erreichen einen verborgenen Trail, der uns zur Kapelle Madonna della Rio bringt. Es folgt eine Schotterpiste bis nach Renzano. Von dort führt uns eine kleine Straße rasch hinab nach Salò.Teilweise führt ein Radweg ins quirlige Ortszentrum. An der Strandpromenade findet sich sicher ein Platz in einem der zahlreichen Cafés, um diese anspruchsvolle kleine Bergtour noch einmal Revue passieren zu lassen.

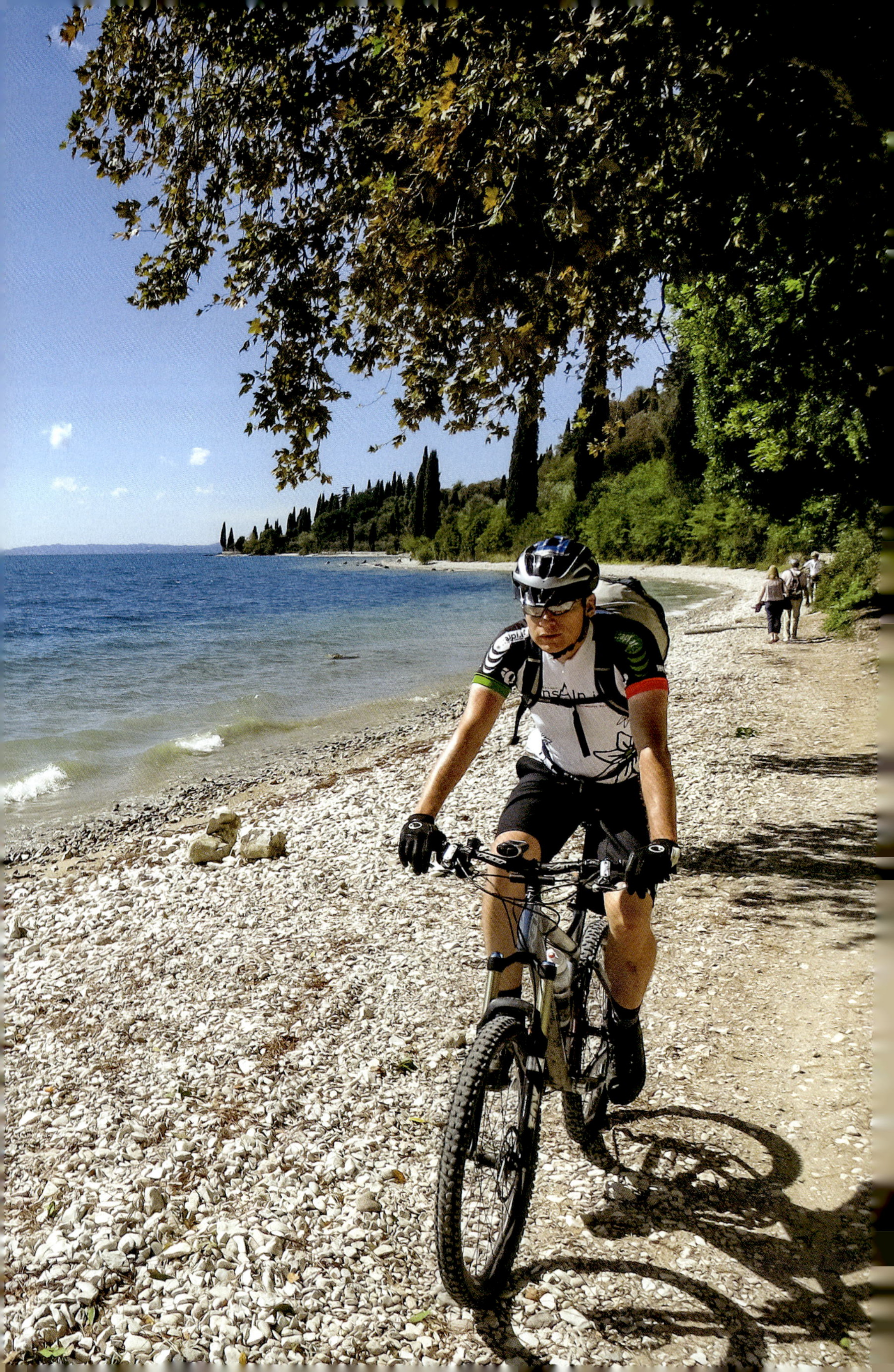

GARDASEE-UMRUNDUNGEN

Die Idee einer Gardasee-Umrundung mit dem Mountainbike geht von folgenden Prämissen aus:

1. weitgehende Vermeidung stark befahrener Straßen wie der Gardesana Ost und West und sonstiger Hauptstraßen
2. keine Befahrung von Straßentunnels mit Pflicht zum Tragen einer Warnweste und Licht am Fahrrad
3. für Mountainbikes geeignete Strecken
4. so nah am Seeufer wie möglich und soweit entfernt wie nötig
5. Wegführung mit hohem Erlebniswert
6. Nutzung des vorhandenen Wegenetzes an Forststraßen, Karrenwegen, Trails und Radwegen
7. möglichst wenige potenzielle Schiebe- oder Tragepassagen
8. weitgehende Vermeidung von ausgesetzten Trails mit Absturzgefahr
9. im Sinne einer sportlichen Herausforderung auch an einem Tag machbar
10. Fahren der Runde im Uhrzeigersinn

Damit sind allerdings immer Kompromisse verbunden. Das ist wohl jedem klar, der sich die geografischen Verhältnisse am Gardasee vor Augen führt. Im Norden erheben sich die Felswände zu weiten Teilen direkt aus dem See. In Richtung Süden gibt es auf der Ostseite erst ab Malcesine flachere Abschnitte in Ufernähe. Auf der Westseite gibt es in Ufernähe zwischen Riva und Limone bis nach Gargnano nur die erst in den 1930er-Jahren gebaute Straßenverbindung Gardesana. Sie spielte auf Grund der gefährlichen Strecke mit ihren langen und vor allem dunklen Tunneln von vornherein keine Rolle bei meinen Planungen. Im Süden ist viel Flachstrecke zu überwinden. Radwege sind im Entstehen, aber nicht überall vorhanden.

Allerdings finden sich ausreichend Nebenstrecken, auch auf Feldwegen und Schotterpisten, sodass der Charakter einer Mountainbiketour gewahrt wird. Nur wenn es überhaupt keine sinnvolle Alternative gibt, führt die Strecke an Hauptstraßen entlang, so zwischen Salò und Maderno. Allerdings gibt es hier das Projekt eines Radweges, der in weiterer Zukunft sogar bis Limone fortgeführt werden soll. Abhilfe ist also in Sicht, wobei man sich keine allzu großen Hoffnungen machen sollte, ob das überhaupt und wenn ja in welchen Zeiträumen geschehen wird.

Prinzipiell lässt sich die Runde von jedem Ort aus starten. Sie ist so konzipiert, dass sie im Uhrzeigersinn befahren wird. Dann ist die Schlussetappe nach Riva/Torbole am eindrucksvollsten, da vom Passo Rocchetta kommend ab Pregasina die alte Ponale-Straße das grandiose Finale darstellt.

In der Urfassung gibt es eine Komplettumrundung (Tour 29-1, Goldrunde) und eine, die den südlichen Teil auslässt, indem man mit der Fähre von Torri del Benaco nach Maderno übersetzt (Tour 29-2, Silberrunde). Andere Kombinationen mit diversen Schiffstransfers sind natürlich auch möglich. Siehe dazu auch Hinweise in der Routenbeschreibung zur Gardasee Umrundung.

Garda Bike Challenge

Die Umrundung des Gardasees an einem Tag ist natürlich eine sportliche Herausforderung für ambitionierte Mountainbiker und Mountainbikerinnen. Wenn man sich die Streckenlängen und Höhenprofile von verschiedenen Bike-Marathons ansieht, wird jedoch klar, dass es zu schaffen ist. Weil diese Umrundung aber nicht ausgeschildert ist, hat man keine Chance, es tatsächlich an einem Tag zu schaffen, wenn man nicht durch einen GPS-Track geführt wird. Vielleicht einigen sich ja auch die drei Regionen, die sich den Gardasee teilen (Trentino, Veneto und Lombardia), mit Hilfe meiner seeumspannenden Idee auf eine engere Zusammenarbeit im touristischen Bereich. Bis dahin wird aber noch viel Wasser den Mincio hinunterfließen. Also bedienen wir uns der Hilfe von GPS-Technologie. Das eröffnet gleichzeitig die Möglichkeit, die selbst gefahrene Strecke aufzuzeichnen und das Resultat in einen sportlichen Wettstreit einfließen zu lassen; weitere Details unter *www.garda-bike-challenge.info*

Uferweg zwischen San Vigilio und Garda

29-1 GARDASEE-UMRUNDUNG KOMPLETT

Garda-Bike-Challenge: Goldrunde

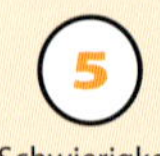

Schwierigkeit

Erlebniswert

4200

Höhenmeter

191

Streckenlänge (in km)

16

Zeit (in Std.)

TOURENCHARAKTER

KURZCHARAKTERISTIK
DIE Traumroute um den Gardasee

AUSGANGS-/ENDPUNKT
Torbole

KONDITION

FAHRTECHNIK

TRAILS
Ø S0, maximal S1 (zwei kurze Passagen S2)

UNTERGRUND
Straße: 25 %
Radweg, Teer: 47 %
Feldweg, Schotter: 18 %
Trail, Pfad: 10 %

HÖCHSTER PUNKT
1274 m, Passo Bestana

NIEDRIGSTER PUNKT
67 m, Gardasee

KARTE
Kompass-Wanderkarte 1:35 000, WK 102, 697-1 und -2

GPS-TRACK
tour-29-1a_Torbole-Torri.gpx
tour-29-1b_Torri-Maderno.gpx
tour-29-1c_Maderno-Torbole.gpx

- **Geht nicht, gibt's nicht.**
- **Der Mensch wächst an seinen Aufgaben.**
- **Wenn du etwas wirklich machen willst, findest du einen Weg. Wenn nicht, findest du eine Ausrede. (Jim Rohn)**
- **Nicht weil es schwer ist, wagen wir es nicht, sondern weil wir es nicht wagen, ist es schwer. (Seneca)**
- **Tue, was du willst, aber nicht, weil du musst. (Buddha)**

Ein bisschen aufgeregt kann man am Start schon sein, wenn man sich das Ziel gesetzt hat, den Gardasee an einem Tag zu umrunden. Doch keine

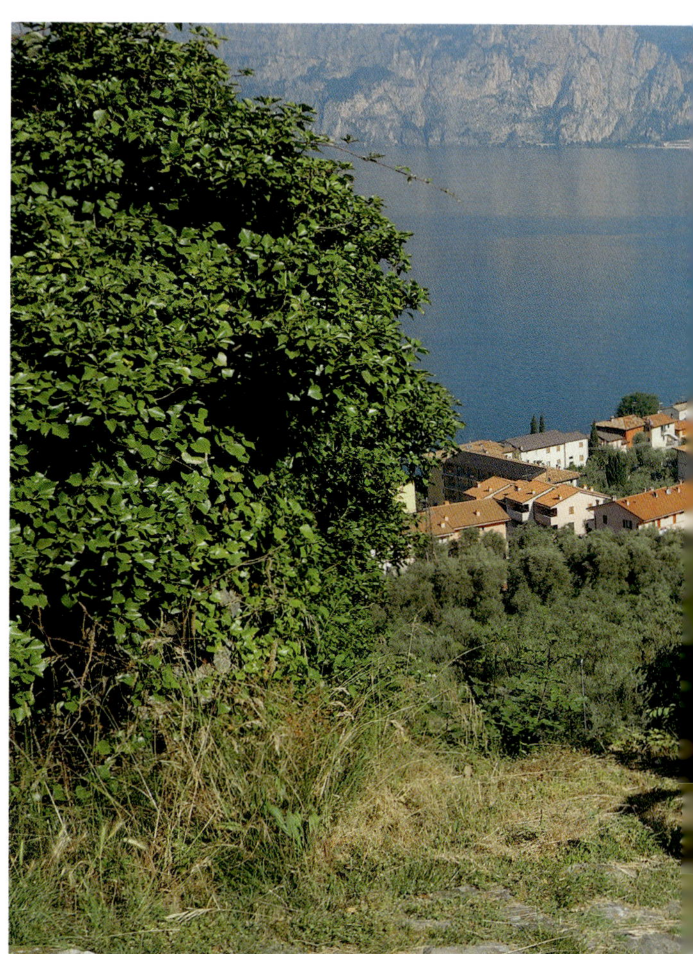

Am frühen Morgen bei Sommavilla; im Hintergrund die Insel Trimelone

29-2 GARDASEE-UMRUNDUNG MIT FÄHRE

Silberrunde: die Light-Variante, die gar nicht so leicht ist …

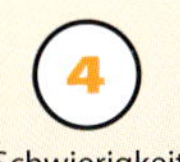

Schwierigkeit	Erlebniswert	Höhenmeter	Streckenlänge (in km)	Zeit (in Std.)
4	●●●●●	3600	117	12

Panik, wenn man unterwegs merkt, dass man sich zuviel vorgenommen haben sollte. Ohne Probleme kann man die Strecke abkürzen, sei es mit Schiffspassagen oder indem Teilstrecken einfach auf Straßen absolviert werden. Da der höchste Punkt der Route »nur« bei 1282 Metern liegt, kann die Strecke auch nahezu während des gesamten Jahres befahren werden. Man muss sich dazu nicht den heißen Hochsommer aussuchen.
Start ist am Strand in Torbole – hier wartet das Empfangskomitee, wenn man eines dabei hat. Dann in Richtung Winds Bar, die Straße überqueren und am Hotel Centrale vorbei, wo auf der rechten Seite gleich der erste lange Aufstieg beginnt. Gut 1000 Höhenmeter am Stück liegen vor uns. Da heißt es

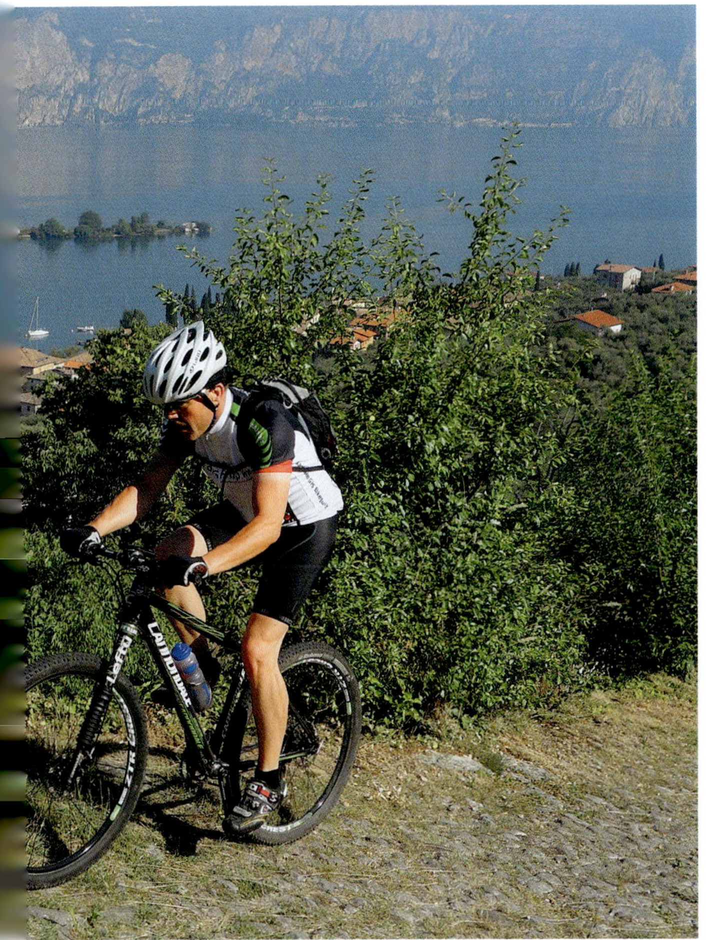

TOURENCHARAKTER

KURZCHARAKTERISTIK
DIE Traumroute um den Lago ohne den südlichen, flachen Teil, zwischen Torri del Benaco und Maderno mit Autofähre

AUSGANGS-/ENDPUNKT
Torbole

KONDITION ●●●●●●

FAHRTECHNIK ●●●○○

TRAILS
Ø S0, maximal S1 (zwei kurze Passagen S2)

UNTERGRUND
Straße: 24 %
Radweg, Teer: 45 %
Feldweg, Schotter: 18 %
Trail, Pfad: 13 %

HÖCHSTER PUNKT
1274 m, Passo Bestana

NIEDRIGSTER PUNKT
67 m, Gardasee

KARTE
Kompass-Wanderkarte 1:35 000, WK 102, 697-1 und -2

GPS-TRACK
tour-29-2a_Torbole-Torri.gpx
tour-29-2b-Schiff.gpx (nur zur Info)
tour-29-2c_Maderno-Torbole.gpx

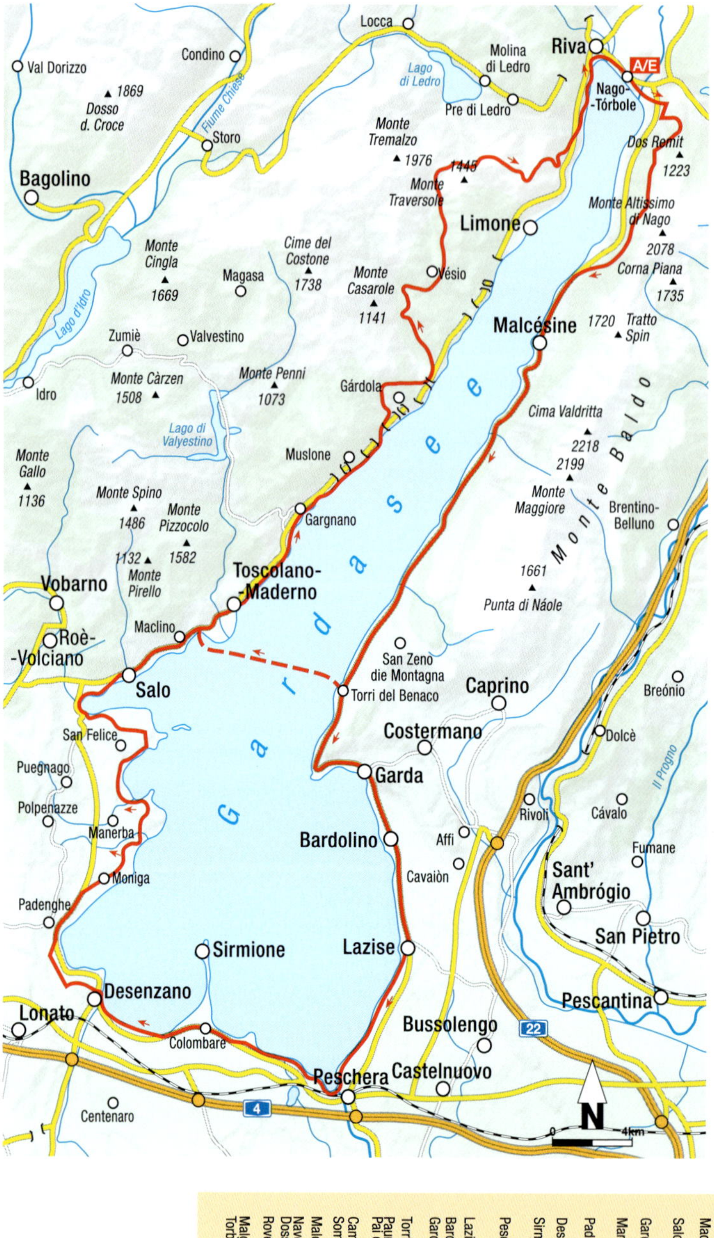

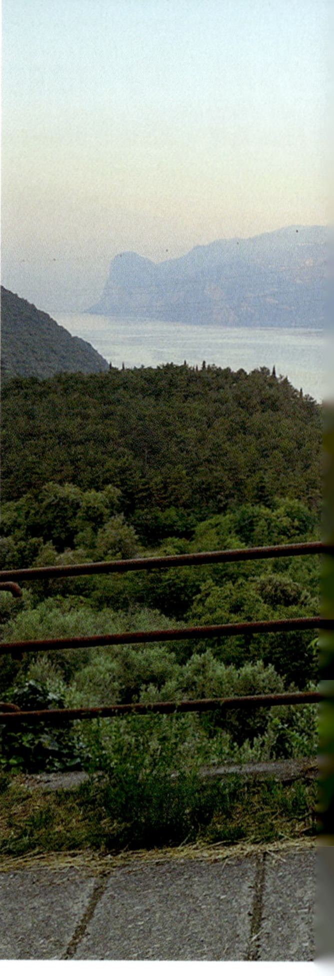

die Kräfte einteilen, auch wenn die Steigung später auf der Monte-Baldo-Straße teilweise moderat ist. Die erreichen wir nach dem Passieren des Sportparks »Busatte«. Danach geht es auf einer steilen Waschbetonpiste durch Olivenhaine auf das Plateau bei Nago.

Hier beginnt die Monte-Baldo-Straße, auf der mitunter Heerscha-

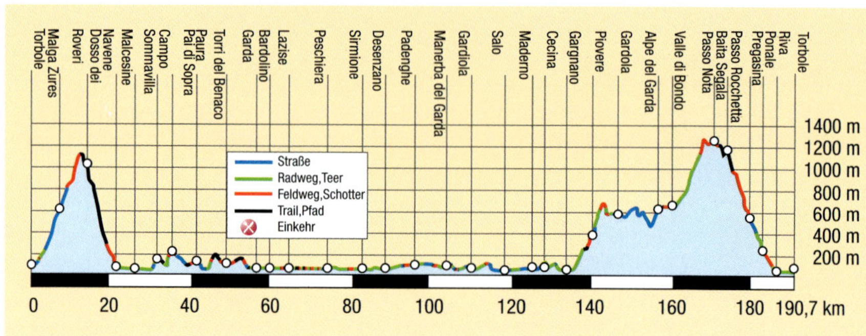

Gardasee-Umrundung – »Goldrunde«

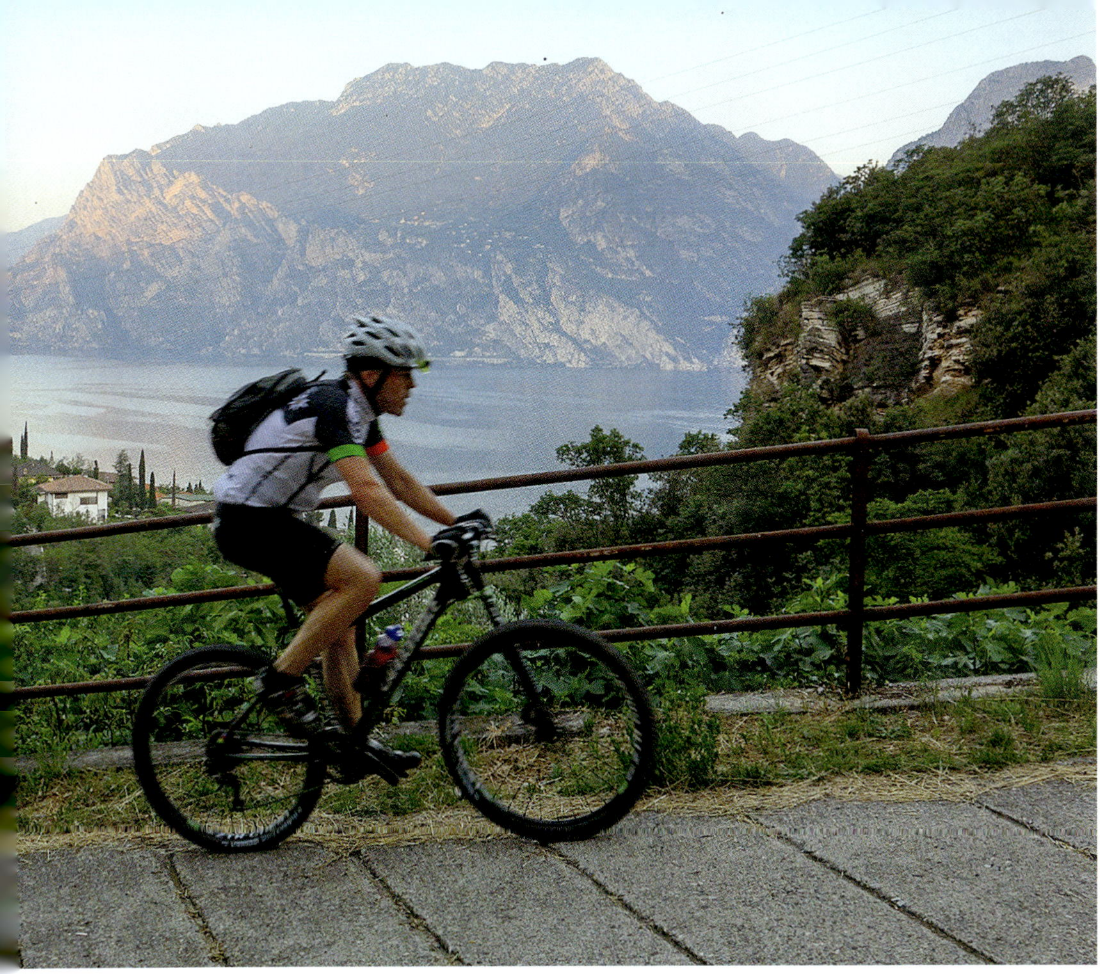

ren von Bikern unterwegs sind. Ein kurzes Flachstück bei der Malga Zures lädt zum kurzen Verschnaufen ein. Weiter geht's bergauf. Immer wollen uns Traumausblicke auf den Gardasee zum Verweilen verführen, doch dafür ist heute leider keine Zeit. Bei den Sendemasten biegt man rechts auf die Schotterpiste ab und verliert ein paar Höhenmeter, die man sich an der Bergflanke des Monte Baldo wieder hart erarbeiten muss. Achtung! An der ersten Weggabel links bergauf fahren! Wenn man die Baita della Selva passiert hat, beginnt eine teils heftige Abfahrt auf einer alten Militärpiste, die sich in vielen Serpentinen bergab in Richtung Navene schlängelt. Knifflige Trailabschnitte mit engen Serpentinen wechseln sich mit grobem Schotter ab. Absteigen ist keine Schande, Hauptsache, man kommt ohne Blessuren unten in Navene an.

Hier beginnt ein entspannter Abschnitt auf dem

Wer die komplette Umrundung an einem Tag schaffen will, muss früh aufstehen: Waschbetonrampe von Busatte nach Nago.

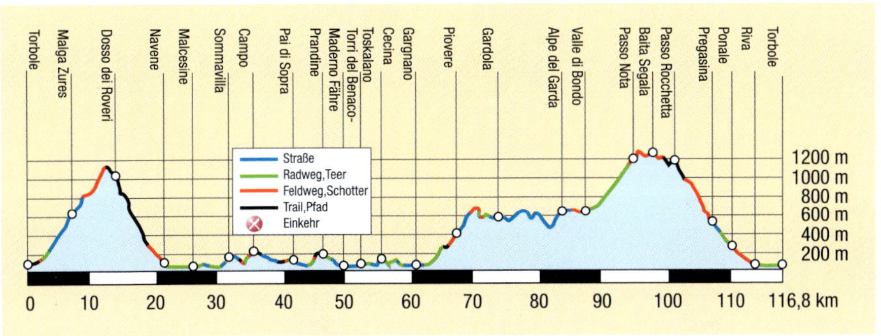

Gardasee-Umrundung – »Silberrunde«

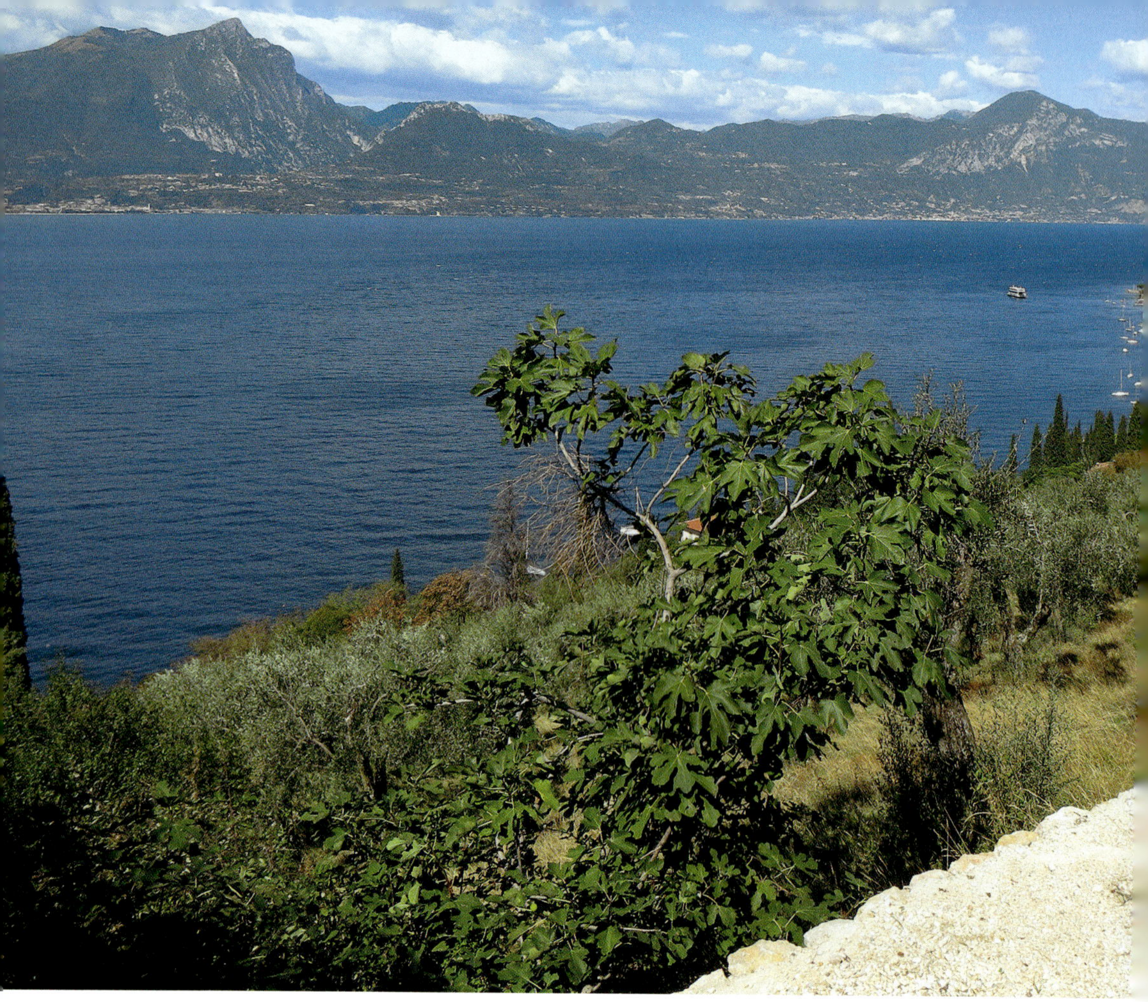

Wunderschöne Passage zum Genießen zwischen Torri del Benaco und Garda

Radweg, der direkt am Ufer des Gardasees verläuft. Malcesine durchqueren wir zügig und bleiben weiter auf dem Uferweg. Eine kurze Steigung bei Val di Sogno, und wir erreichen kurze Zeit später Cassone. Jetzt verlassen wir das Seeufer und fahren die Via Chiesa hinauf in Richtung Sommavilla. Nebensträßchen, Karrenwege und kurze Trailabschnitte wechseln sich ab. Oberhalb von Magugnano folgt eine steile Rampe ins mittelalterliche Dörfchen Campo. Hier oben herrscht eine himmlische Ruhe, obwohl das quirlige Treiben am Ufer des Gardasees keine 300 Meter Luftlinie entfernt ist.

Bis Pai folgt eine traumhaft schöne Strecke mit viel Panorama, die um die hundert Meter über dem Wasserspiegel des Sees verläuft. Leider stellt der Einschnitt des kleinen Val Valzana ein unüberwindliches Hindernis dar. Wir müssen hinunter zum Seeufer und dort ein Stück auf der Straße fahren. Teilweise gibt es einzelne Abschnitte, die man am Strand fahren könnte – das ist hier aber nicht unbedingt sinnvoll. Schließlich verlassen wir nach ca. 2000 Metern wieder die Uferstraße und fahren die Verbindungsstraße nach Crero bergauf. In einer Linkskurve verlassen wir die Straße. Hier ist ein Wegweiser nach Ca Cavrie, dem wir kurz nach rechts folgen. Gleich darauf biegen wir links ab und befinden uns auf einem extrem steilen Karrenweg. Das ist eines der ganz wenigen Schiebestücke auf der Route und auch nur ca. 200 Meter lang.

Die weitere Fahrt auf der sehr schönen Panoramastrecke entschädigt uns vollauf für die kurze Mühe. Torri del Benaco ist bald in Sichtweite. Die Stunde der Entscheidung ist da: entweder weiter auf der großen Runde komplett um den Gardasee oder die Abkürzung mit der Fähre über den Gardasee nach Maderno? Wie man sich auch entscheidet, bereits dieser Abschnitt ist wert, dass man ihn gefahren ist.

Wer zur Fähre will, fährt bei einer Weggabel in

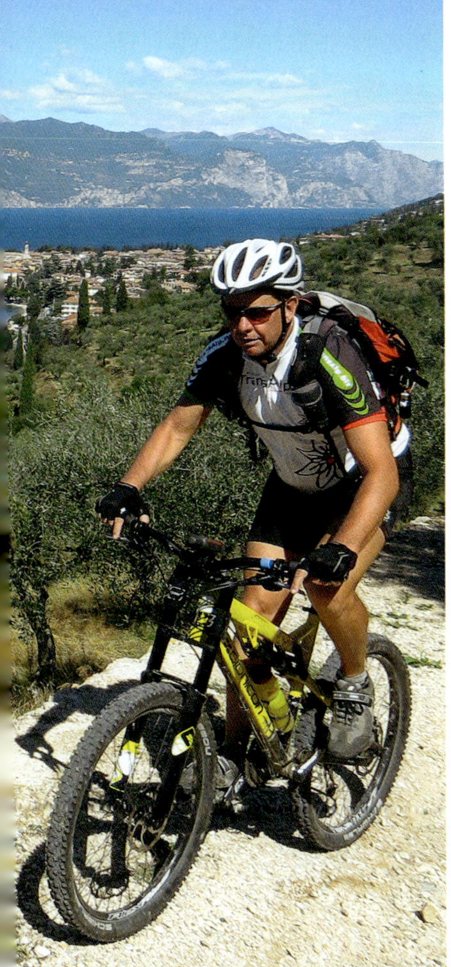

einem Vorort von Torri del Benaco (Villagio Christina) rechts hinab auf Nebenstraßen zur Autofähre (GPS-Track: tour-29-2a_Torbole-Torri.gpx). Diese Autofähre verkehrt ganzjährig, Schifffahrtspläne unter www.navigazionelaghi.it

Wir bleiben auf der großen Route und folgen nun dem Track: tour-29-1b_Torri-Maderno.gpx. Torri del Benaco durchqueren wir sozusagen in der ersten Etage und bleiben auf dem Pilgerweg, der bald wieder in Schotter übergeht. Ein kurzer Trail bergauf endet an einer Holzschranke. Ein paar Meter nach der Infotafel verlassen wir den breiten Weg und folgen rechts dem interessanteren Trail bergab, der später zur Schotterpiste mit schönem Ausblick auf den Gardasee wird. Schließlich erreichen wir die Küstenstraße. Hier links fahren und nach ca. 300 Metern nach rechts zum Ufer des Gardasees abbiegen und am Ufer zurück bis Garda.

Zwischen Garda und Peschiera verläuft unsere Route direkt am Seeufer entlang, ein Traum bei schönem Wetter und guter Sicht. Auch wenn der Uferweg bis Peschiera flach ist, heißt das nicht, dass wir so locker dahinrollen können. Kurz nach Lazise endet die gepflegte Uferpromenade und es beginnt eine zu weiten Teilen naturbelassene Strecke. An ein paar sandigen

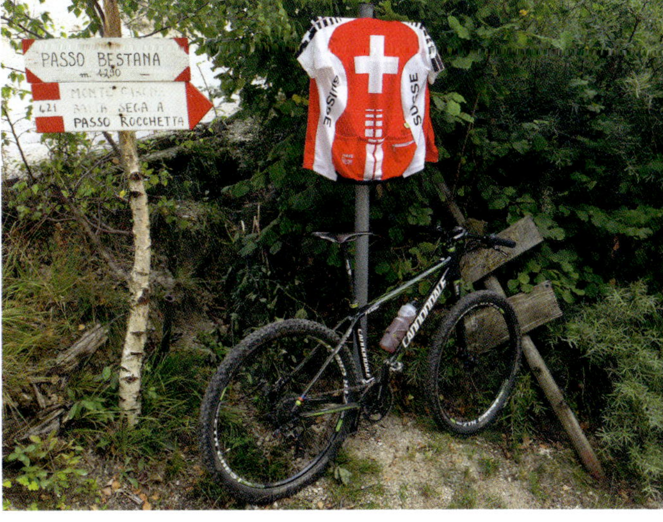

Dirk wartet am höchsten Punkt der Gardasee-Umrundung auf mich und hat Zeit zum Fotografieren…

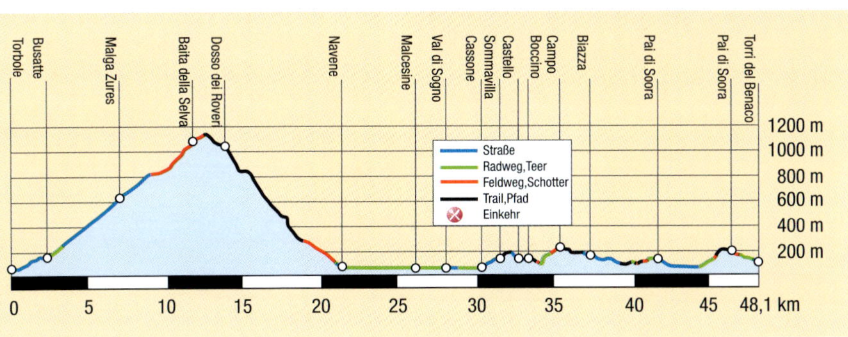

Gardasee-Umrundung – 1. Etappe (ca. 1600 Hm)

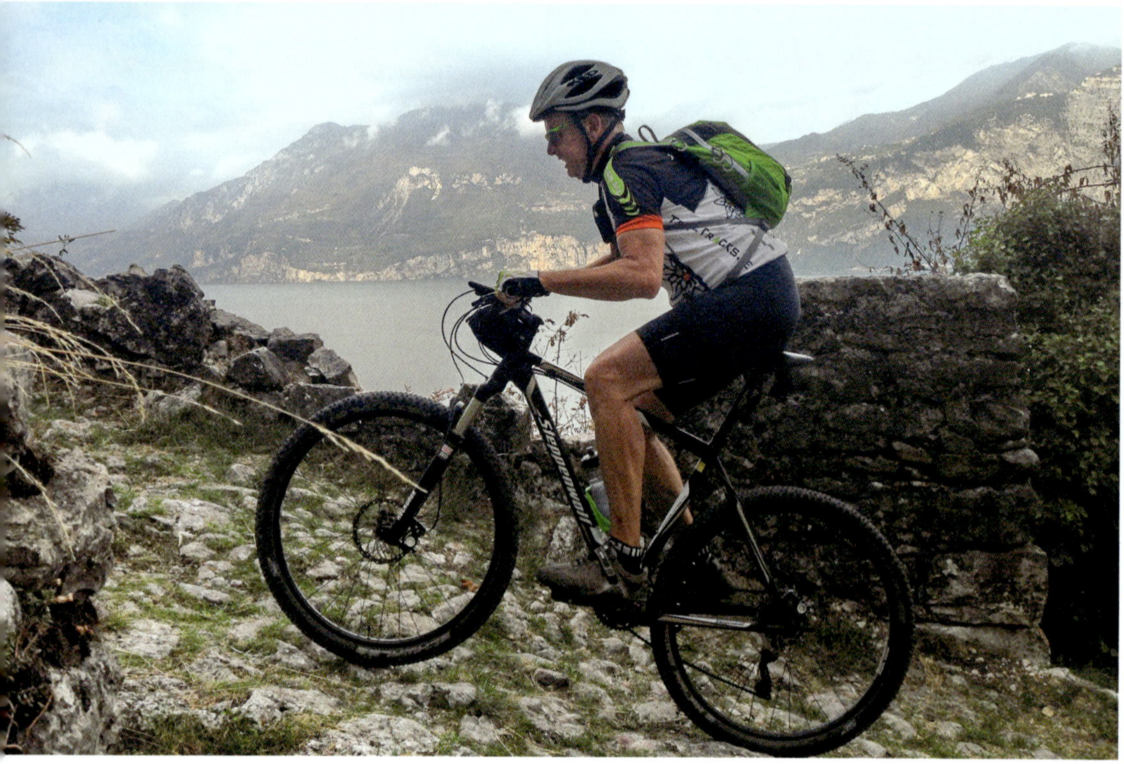

Mühsam nährt sich das Eichhörnchen: steiler Karrenweg bei Sommavilla.

Abschnitten wird man ordentlich in die Pedale treten müssen, um vorwärtszukommen. Bei Casarola passieren wir einen der vielen kleinen Jachthäfen. Wir müssen kurz absteigen und das Rad über die Überführung schieben. In Sichtweite von Peschiera gibt es dann wieder einen Radweg. Die alte Stadt liegt am Südostzipfel des Gardasees und hat eine sehr gut erhaltene Festungsmauer, die die Altstadt komplett umschließt. Wir überqueren den Mincio, den einzigen Abfluss des Gardasees und fahren ins Stadtzentrum. Leider können wir nicht bis Fornaci am Seeufer radeln – es gilt ein Bike-Verbot, das man respektieren sollte. Der Umweg hält sich in Grenzen, und zum Glück gibt es einen Radweg, der parallel zur Hauptstraße nach Sirmione verläuft. Am ersten Kreisverkehr nach der Grenze zwischen den Regionen Veneto und Lombardia fahren wir einen schönen Weg am Seeufer entlang über Punta Gro und sind dann wieder auf dem straßenbegleitenden Radweg nach Colombare di Sirmione. Den müssen wir bis Desenzano auch nicht verlassen.

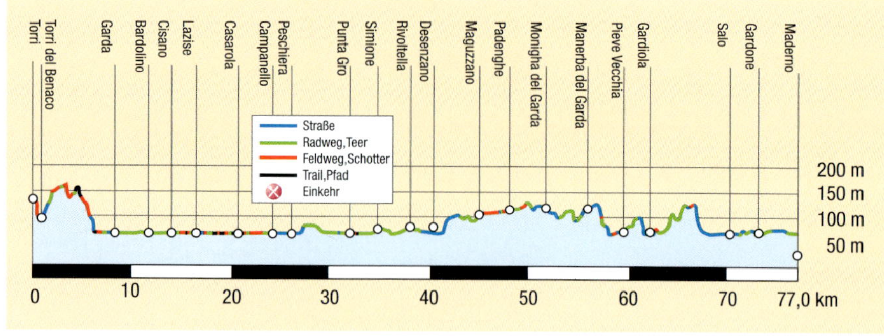

Gardasee-Umrundung – 2. Etappe (ca. 500 Hm)

Durch Desenzano hindurch bleiben wir auf der prächtigen Uferpromenade. Ca. einen Kilometer nach dem Hafen zweigt bergauf eine Nebenstraße durch ruhige Wohngebiete ab. Nach einem Verkehrskreisel müssen wir einen knappen halben Kilometer auf der Hauptstraße in Richtung Salò fahren. Es gibt aber einen Seitenstreifen. Sinn der Übung ist es, einen schönen Radweg zu erreichen. Er passiert dabei die Abtei Magguzano und erreicht schließlich Padenghe.

Hier gibt es ab dem kleinen Gemeindezentrum wieder einen Radweg entlang der Nebenstraße, Orientierungspunkt ist eine Bankfiliale (UniCredit Banca). Nach ein paar Hundert Metern zweigt links ein Feldweg ab (eine sog. strada bianca). Diese leichte Schotterpiste geht in den Radweg nach Moniga del Garda über. Nach dem Ort folgt eine abwechslungsreiche Strecke über Nebenwege und Schotterpisten nach Manerba. Dabei haben wir fast die gesamte Zeit den südlichen Bogen des Gardasees im Blick – einfach traumhaft schön.

In Sichtweite der Rocca geht es fast hinab bis ans Seeufer (Lido di Manerba). Der Fußweg am Strand ist für Radfahrer leider offiziell gesperrt. Es lohnt sich, den kleinen Stichweg zum Hafen Porto Torchio zu machen, um dort zu rasten.

Das nächste Zwischenziel ist Salò, das malerisch in einer Bucht des Gardasees liegt. Bis dahin versuchen wir, so weit wie möglich in der Nähe des Seeufers zu fahren, was wegen zahlreicher Campingplätze nicht durchgehend funktioniert. Die Strecke über San Felice hat dennoch ihren Reiz und verläuft bis Porto Portese auf Radwegen und Nebenstraßen. Die Bucht von Salò liegt nun einladend vor uns.

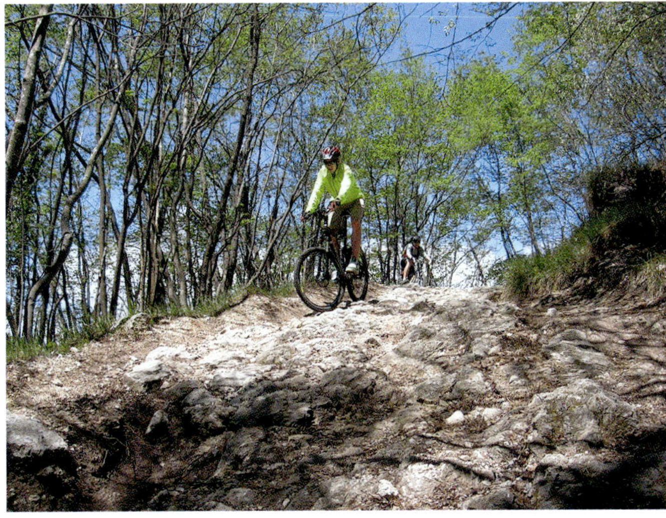

Trailabfahrt am Dosso dei Roveri

Hinter der Stadt, die die Küstenlinie dominiert, erhebt sich der knapp 600 Meter hohe Monte San Bartolomeo. Etwas in nördlicher Richtung folgt dann noch der markante Monte Pizzocolo (1581 m), der Maderno überragt. Das Geländeprofil lässt allerdings am Seeufer nur wenig Raum, so dass wir zwischen Salo und Maderno den einzigen etwas längeren Abschnitt auf bzw. an der Straße nicht sinnvoll umfahren können. In Gardone findet sich eine Mini-Umfahrung, die durch den alten Ortskern am Seeufer führt. In der folgenden Passage kann man auf straßenbegleitende Fußwege ausweichen, falls einem das sinnvoll erscheint. Wir erreichen schließlich Maderno und folgen nun dem dritten und letzten Track dieser Gardasee-Umrundung.

Für die lange Variante ist das der Track: tour-29-1c_Maderno-Torbole.gpx.

Die Verbindung von der Fähre (Torri del Be-

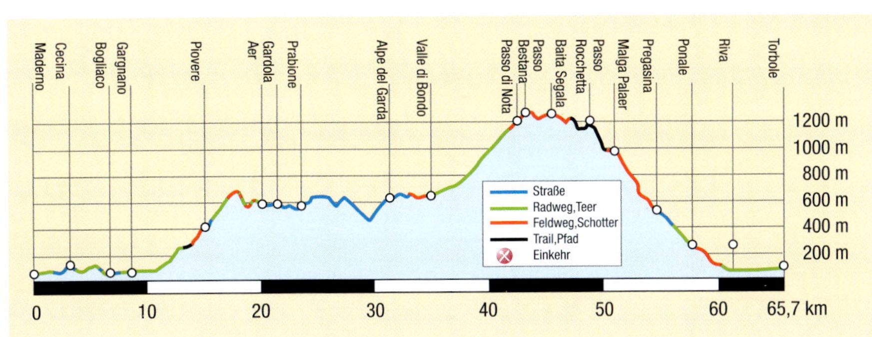

Gardasee-Umrundung – 3. Etappe (ca. 2100 Hm)

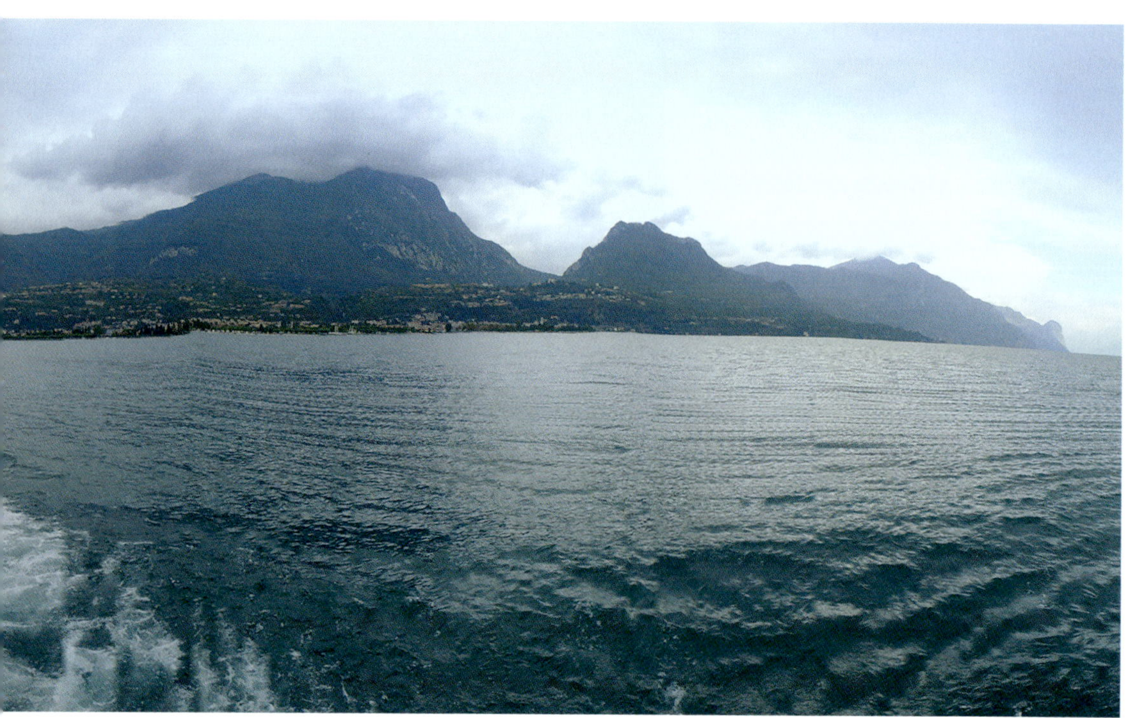

Mit der Fähre von Torri del Benaco nach Maderno mit dem Monte Pizzocolo in Wolken

naco – Maderno) bildet dieser Track ab: tour-29-2c_Maderno-Torbole.gpx.

Die Route führt direkt am Seeufer der Halbinsel entlang. Kurz nach der alten Steinbrücke über das Flüsschen Toscolano treffen beide Strecken wieder zusammen. Der Fluss trennt die beiden Hälften des Doppelortes Toscolano-Maderno.

Tipp: Auch in Maderno kann man die Gardasee-Umrundung unterbrechen und mit der Fähre hinüber nach Torri del Benaco fahren. Mit dem Rad sollte man es auf flacher Strecke bis Malcesine schaffen. Von dort fährt wieder eine Fähre nach Riva oder Torbole. (Schifffahrtspläne: www.navigazionelaghi.it)

Entlang des südwestlichen Seeufers

Wir lassen Toscolano schnell hinter uns und können nach wenigen Hundert Metern von der Hauptstraße nach Cecina abbiegen. Das bringt ein paar zusätzliche Höhenmeter mit sich, vermeidet aber die Hauptstraße. Uns erwartet dafür eine schöne Panoramastraße, die über Bogliaco und Villa wieder ans Seeufer führt. Ein letztes kurzes Stück auf der Uferstraße und wir biegen in die schmalen Gassen von Gargnano ein.

Tipp: Auch in Gargnano kann man mit dem Schiff wieder auf die andere Seite des Gardasees gelangen. (Schifffahrtspläne: www.navigazionelaghi.it)

Nun beginnt einer der schönsten Abschnitte am südwestlichen Ufer des Gardasees. Zwischen Gargnano und Piovere gibt es eine alte Panoramastraße, die vom Charakter her ähnlich ist wie die Ponale-Straße zwischen Riva und dem Ledrotal. Sie ist für den Fahrzeugverkehr gesperrt und windet sich allmählich in die Höhe. An einem Aussichtspunkt tangieren wir die Gardesana. Weiter schraubt sich das kleine Sträßchen nach oben. Kurz vor einem allein stehenden Haus wechseln wir auf den Weg 263. Der entpuppt sich als ein alter Karrenweg und führt nach Piòvere. Das kleine Bergdorf hat von der Struktur her seinen mittelalterlichen Charakter gewahrt, ist aber bewohnt und präsentiert sich penibel sauber und gepflegt. Nun wird die Bergstraße sehr steil. Wir müssen den Canyon des Valle di Piòvere von weiter oben umfahren.

Endlich einmal wieder ein ordentlicher Anstieg, werden manche sagen – andere pfeifen vielleicht schon auf dem letzten Loch. Die gewonnene Höhe verlieren wir wieder bei der folgenden Abfahrt auf einem steilen Karrenweg nach Aer, das zur Gemeinde Tignale gehört. Nun ist es ja nicht mehr weit, denkt man, denn Luftlinie sind es bis Vesio (oberhalb von Limone) nur ca. sieben Kilometer. Wer das glaubt, hat die Rechnung ohne das Valle San Michele gemacht. Das Tal bildet einen tiefen Canyon, der sich von den Ausläufern des Tremalzos zum Gardasee hinzieht.

Es existiert zwar mit der Ponte Sel eine Überquerung, die wohl bis auf die alten Römer zurückgeht. Diese Möglichkeit fällt aber aus, da sie mit einer extremen Schiebepassage verbunden ist, die ich bei meinen Recherchen gewandert bin. Es bleibt als Alternative nur die Straße zwischen Tignale und Vesio übrig, die mit ihrem Auf und Ab noch Herausforderung genug ist, wenn man schon mehr als den halben Gardasee umrundet hat.

In Vesio erreichen wir schließen das Valle di Bondo. Hier wartet der Aufstieg zum Passo Nota auf uns. Wir beißen die Zähne zusammen und sind bei dieser Tour froh, dass die Straße geteert und in leidlich gutem Zustand ist. Die Passage vom Passo Nota hinunter zum Nordufer des Gardasees wird wohl jeder kennen, der sich an dieser Gardaseerunde versucht, da sie eine der spektakulärsten und am meisten befahrenen Strecken am Lago ist.

Auf der Strecke warten einige kurze, aber deftige Gegenanstiege, sodass es sich anbietet, an der Selbstversorgerhütte Baita Segala eine kurze Pause einzulegen. Hier kann man Wasser nachtanken und sich schon langsam mit dem Gedanken vertraut machen, dass es bald geschafft ist. Danach wird die Strecke zum Pfad und später zum schmalen Singletrail, bis am Passo Rocchetta noch eine kurze Schiebestrecke wartet. Das war es dann aber auch an Anstiegen. Mitunter ist hier mit einigem Gegenverkehr zu rechnen, denn nicht wenige Mountainbiker fahren diese Strecke auch andersherum. Ich habe dabei selten jemanden fahren gesehen; die allermeisten haben das Rad geschoben.

In unserer Richtung endet der Wurzeltrail an einer breiten Forststraße. Wir biegen hier scharf rechts ab und sind im Nu an der Malga Palaer. Der weitere Weg bis Pregasina ist leicht, aber steil. An der Bocca Larici wartet noch ein schöner Aussichtspunkt, ehe wir in Pregasina einrollen. Vorsicht, kurz vor dem Ort ist eine Schranke, die manchmal geschlossen ist!

Pause oder nicht, egal – die restliche Strecke auf der alten Ponale-Straße ist einfach und so wunderschön, dass das Lächeln bis Riva kaum vom Gesicht verschwinden wird. Die restlichen Kilometer auf dem Uferradweg bis Torbole gleichen einem Triumphzug. Unglaublich, wir haben tatsächlich die Gardasee-Umrundung an einem Tag geschafft. Lasst uns darauf anstoßen! Wasser, Cola, Bier, Hefeweizen, Prosecco, Champagner – egal, wir haben Durst, prost!

Späte Ankunft – aber Dirk hat es geschafft! Das ist der Beweis.

Lasst uns anstoßen! Wasser, Cola, Bier, Hefeweizen, Prosecco, Champagner – egal, wir haben Durst, prost!

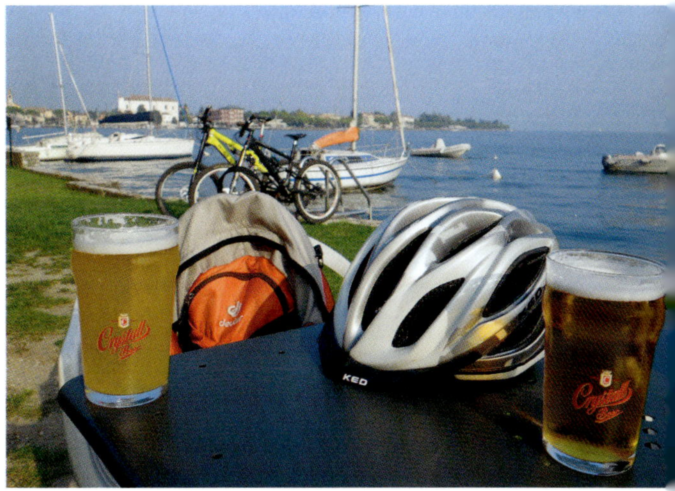

DIE SINGLETRAIL-SKALA (STS)

www.singletrail-skala.de; von Carsten Schymik, Harald Philipp, David Werner

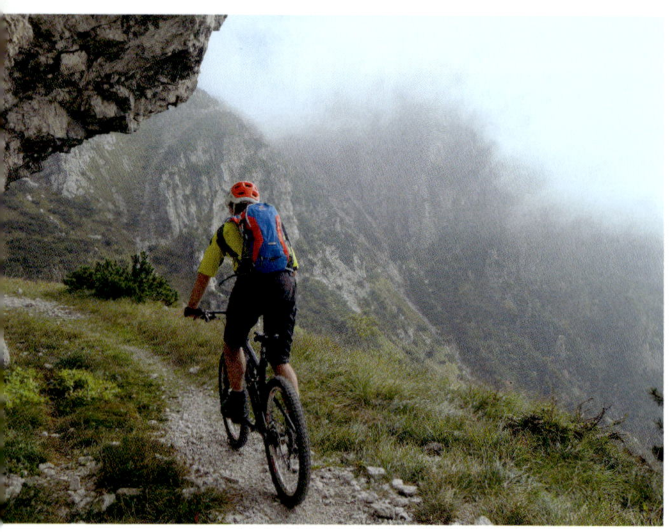

Am Monte Caplone

Diese Einstufung ist lediglich als Orientierungshilfe gedacht und ausdrücklich als nicht wertend zu verstehen! Vor diesem Hintergrund wurde die Singletrail-Skala konzipiert, um möglichst alle fahrbaren technischen Herausforderungen abzudecken und Biker aller Könnensstufen einzubeziehen. Ziel war es dabei nicht, dass sich z. B. aus Akzeptanzgründen die Masse der Biker auch mit den höheren Schwierigkeitsgraden identifizieren muss.

Was ist ein Singletrail?

Unter einem Singletrail versteht man einen schmalen Pfad, der ursprünglich für Fußgänger und Wanderer angelegt wurde. »Single« steht im Englischen für »einzeln«, d. h. zweispurige Wege und Forststraßen zählen nicht zum Begriff »Singletrail« und sind daher in der Skala auch nicht vertreten. (Im englischsprachigen Raum wird für Singletrail der Begriff »single track« verwendet.)

Systematik der STS

Die Singletrail-Skala umfasst sechs Schwierigkeitsrade (S-Grade) von S0 bis S5, wobei für einen durchschnittlichen Biker das untere Skalenende mit »ohne Schwierigkeit« und das obere mit »unfahrbar« gleichzusetzen ist. Die Skala ist nach oben hin offen und beschränkt sich auf die technische Schwierigkeit eines flachen oder bergab führenden Weges. Ein Singletrail kann passagen- oder abschnittsweise durchaus auch unterschiedliche Schwierigkeiten aufweisen. Maßgeblich für die Klassifizierung ist der überwiegende Anteil von Elementen einer S-Kategorie. Ein Weg wird also zum Beispiel als S2 beschrieben mit zwei S3-Passagen. Die Einstufung des Singletrails erfolgt ausschließlich auf Grundlage möglichst objektiver Wegcharakteristika unter idealen Randbedingungen, wie Sonnenschein und trockenem Untergrund. Die Einstufung ist damit unabhängig von fahrtechnisch nicht beeinflussbaren bzw. subjektiven und variablen Faktoren wie z. B. dem Gefahrengrad (Absturzgefahr), dem Wetter (Nässe, Wind, Nebel und Schnee), den Lichtverhältnissen oder der Fahrgeschwindigkeit

Bei der Orientierung nach S-Graden ist daher zu beachten, dass sich der fahrtechnische Anspruch beispielsweise durch schlechte Witterungsverhältnisse nach oben verschieben kann. Bei den Einstufungskriterien werden nachfolgende Aspekte berücksichtigt: Wegbeschaffenheit, d. h. Griffigkeit und Art des Untergrunds, Art der Hindernisse, Gefälle, Kurven-Kategorie, fahrtechnischer Anspruch.

Die Schwierigkeitsgrade

S0 – einfach

S0 beschreibt Singletrails, die keine besonderen Schwierigkeiten aufweisen. Dies sind meist flüssige Wald- und Wiesenwege auf griffigen Naturböden oder verfestigtem Schotter. Stufen, Felsen oder Wurzelpassagen sind nicht zu erwarten. Das Weggefälle ist leicht bis mäßig, die Kurven sind weitläufig. Auch ohne besondere Fahrtechniken sind Wege mit S0 zu bewältigen.

Wegbeschaffenheit: fester und griffiger Untergrund

Hindernisse: keine

Gefälle: leicht bis mäßig
Kurven: weit
Fahrtechnik: kein besonderes fahrtechnisches Können nötig

S1 – leicht

Auf einem mit S1 beschriebenen Weg muss man bereits kleinere Hindernisse wie flache Wurzeln und kleine Steine erwarten. Sehr häufig sind vereinzelte Wasserrinnen und Erosionsschäden Grund für den erhöhten Schwierigkeitsgrad; der Untergrund kann teilweise auch nicht verfestigt sein. Das Gefälle beträgt maximal 40 %. Spitzkehren sind nicht zu erwarten. Ab S1 sind fahrtechnische Grundkenntnisse und eine ständige Aufmerksamkeit nötig. Anspruchsvollere Passagen erfordern dosiertes Bremsen und Körperverlagerung; sie sollten grundsätzlich im Stehen gefahren werden. Hindernisse können überrollt werden.

Wegbeschaffenheit: loserer Untergrund möglich, kleine Wurzeln und Steine
Hindernisse: kleine Hindernisse, Wasserrinnen, Erosionsschaden
Gefälle: < 40 %
Kurven: eng
Fahrtechnik: fahrtechnische Grundkenntnisse nötig, Hindernisse können überrollt werden

S2 – anspruchsvoll

Im Schwierigkeitsgrad 2 muss man mit größeren Wurzeln und Steinen rechnen. Der Boden ist häufig nicht verfestigt, Stufen und flache Treppen sind zu erwarten. Oftmals kommen enge Kurven vor, die Steilheit beträgt passagenweise bis zu 70 %. Die Hindernisse müssen durch Gewichtsverlagerung überwunden werden. Ständige Bremsbereitschaft und das Verlagern des Körperschwerpunkts sind notwendige Techniken, ebenso ein genaues Dosieren der Bremsen und eine ständige Körperspannung.

Wegbeschaffenheit: Untergrund meist nicht verfestigt, größere Wurzeln und Steine
Hindernisse: flache Absätze und Treppen
Gefälle: < 70 %
Kurven: leichte Spitzkehren
Fahrtechnik: fortgeschrittene Fahrtechnik nötig

S3 – schwer

Verblockte Singletrails mit zahlreichen größeren Felsbrocken und/oder Wurzelpassagen gehören zur Kategorie S3. Hohe Stufen, Spitzkehren und knifflige Schrägfahrten kommen oft vor, entspannte Rollabschnitte werden selten. Häufig ist auch mit rutschigem Untergrund und losem Geröll zu rechnen, Steilheiten über 70 % sind keine Seltenheit. Passagen im 3. Schwierigkeitsgrad erfordern zwar noch keine Trial-Techniken, eine sehr gute Bike-Beherrschung und eine ständige Konzentration sind aber Voraussetzungen zum Bewältigen von S3. Exaktes Bremsen und eine sehr gute Balance sind ebenfalls notwendig.

Wegbeschaffenheit: verblockt, viele große Wur-zeln/Felsen, rutschiger Untergrund, loses Geröll

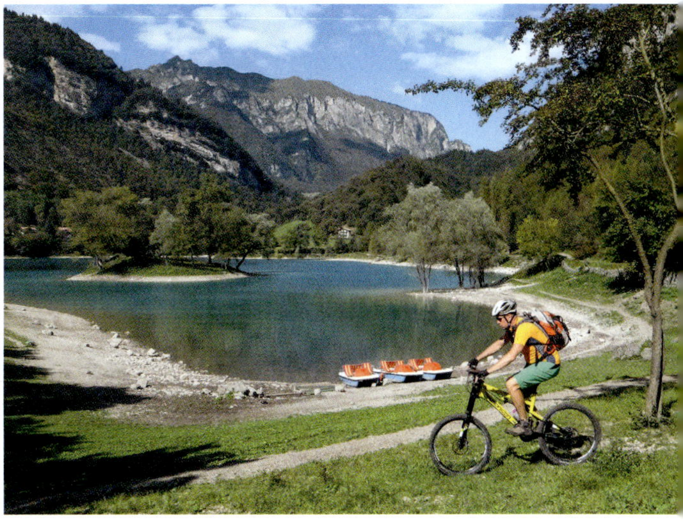

Unterwegs am Tennosee

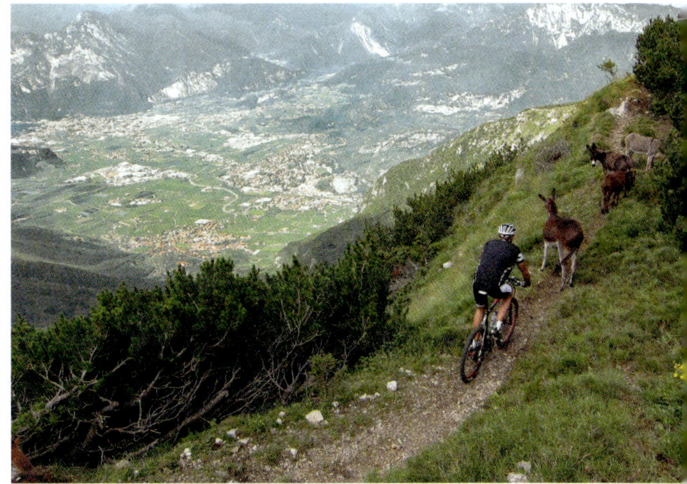

Schmale Trails mit Doppelnutzung erfordern doppelte Aufmerksamkeit!.

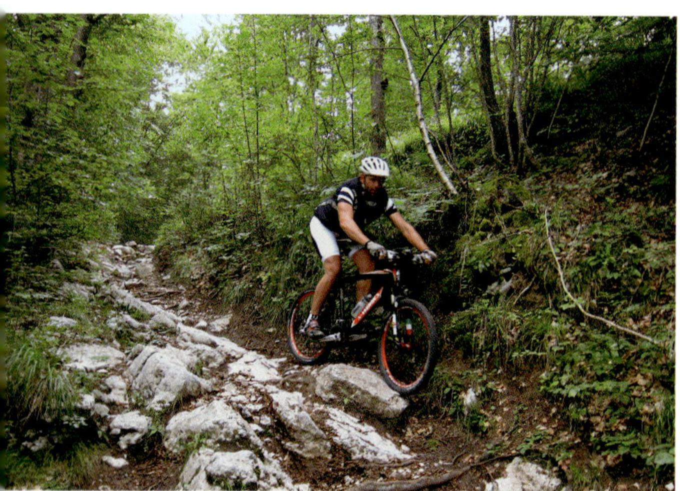

Mulatteria zwischen Malga Vallestre und Pianaura

Hindernisse: hohe Absätze
Gefälle: >70 %
Kurven: enge Spitzkehren
Fahrtechnik: sehr gute Bike-Beherrschung nötig

S4 – extrem schwer

S4 beschreibt sehr steile und stark verblockte Singletrails mit großen Felsbrocken und/oder anspruchsvollen Wurzelpassagen, dazwischen liegt häufig loses Geröll. Extreme Steilrampen, enge Spitzkehren und Stufen, bei denen das Kettenblatt unweigerlich aufsetzt, kommen häufig vor. Um in diesem Grad fahren zu können, sind Trial-Techniken wie das Versetzen des Vorder- und Hinterrads (z. B. in den Spitzkehren) absolut notwendig, genauso wie eine perfekte Bremstechnik und eine exzellente Balance. Nur Extremfahrer und Ausnahmebiker können S4 bewältigen; selbst das Hinabtragen des Rads auf diesen Passagen ist häufig nicht ungefährlich.

Wegbeschaffenheit: verblockt, viele große Wurzeln/Felsen, rutschiger Untergrund, loses Geröll
Hindernisse: Steilrampen, kaum fahrbare Absätze
Gefälle: >70 %
Kurven: ösenartige Spitzkehren
Fahrtechnik: perfekte Beherrschung von Bike- und Trialtechniken nötig, wie z. B. das Versetzen des Hinterrads in Spitzkehren

S5 – unfahrbar

Der Schwierigkeitsgrad S5 wird charakterisiert durch blockartiges Gelände mit Gegenanstiegen, Geröllfeldern und Erdrutschen, ösenartigen Spitzkehren, mehreren hohen, direkt aufeinanderfolgenden Absätzen und Hindernissen, wie z. B. umgefallenen Bäumen – alles oft in extremer Steilheit. Wenn überhaupt, ist wenig Auslauf bzw. Bremsweg vorhanden. Hindernisse müssen z. T. in Kombination bewältigt werden. Nur eine Handvoll Freaks versucht, diese Passagen zu bewältigen. Hindernisse müssen teilweise übersprungen werden. In Spitzkehren ist das Versetzen kaum noch möglich. Selbst das Tragen des Bikes wird hier fast unmöglich, da man sich beim Gehen festhalten oder gar klettern muss.

Wegbeschaffenheit: verblockt, mit Gegenanstiegen; rutschiger Untergrund, loses Geröll; der Weg ist eher ein Wandersteig
Hindernisse: Steilrampen, kaum fahrbare Absätze in Kombination
Gefälle: >70 %
Kurven: ösenartige Spitzkehren mit Hindernissen
Fahrtechnik: exzellente Beherrschung spezieller Trial-Techniken nötig, das Versetzen des Vorder- und Hinterrads ist nur eingeschränkt möglich.

Beispiele

Im Folgenden wird der Gebrauch der Singletrail-Skala zur Charakterisierung von Singletrails anhand von einschlägig bekannten Singletrails der Gardaseeregion demonstriert.

Trail nach Mori

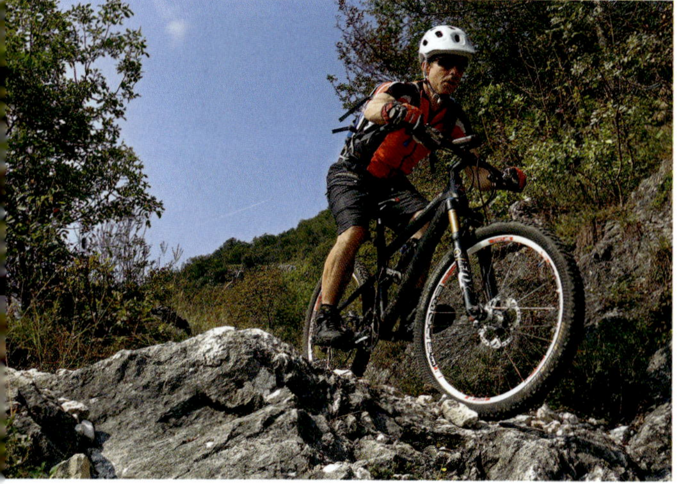

Um einen Singletrail zu beschreiben, sollte zumindest der durchschnittliche und der maximal zu erwartende S-Grad angegeben werden. Eine ausführlichere Beschreibung wäre wünschenswert, wenn auch nicht zwingend notwendig. Sie kann jedoch den jeweiligen S-Grad belegen und beispielsweise über den Gefahrengrad, die Häufung von Höchstschwierigkeiten oder die Art der Hindernisse informieren.

Gardasee, Sentiero 112

Durchschnittlicher S-Grad S3, maximaler S-Grad S5

»Im oberen Teil S2 (im ausgesetzten Gelände) mehrere S3-Passagen und eine S5-Stelle in sehr exponiertem Gelände (steile Treppe in brüchigem Fels), danach bleibt der Trail meist im S2-Bereich bis auf einige Passagen und mehrere Spitzkehren, die mit S3 zu bewerten sind. Der Weg ist meist sehr ausgesetzt und erfordert Schwindelfreiheit. Unten im Wald sehr verblocktes Gelände im S3-Bereich, zwei S4-Passagen, keine Absturzgefahr mehr.«

Gardasee, Sentiero 102 (bis zur Dalcoebene)

Durchschnittlicher S-Grad S2, maximaler S-Grad S3

»Der Weg beginnt im oberen Teil in einer steilen Schotterrinne im S4-Niveau, man kann diese aber auch umfahren. Danach geht der Weg im S1- und S2-Bereich am Hang entlang weiter, recht ausgesetzt. Zwei S3-Passagen sind bis zur Dalco-Ebene zu erwarten. Insgesamt reicht S2-Niveau zum Befahren aus, man muss dann allerdings mit einigen Tragepassagen rechnen, und Schwindelfreiheit ist notwendig.«

Gardasee, Sentiero 601

Durchschnittlicher S-Grad S2, maximaler S-Grad S3

»Der Trail bewegt sich vorrangig auf S2-Niveau. Auf dieser Abfahrt werden ca. 2000 Höhenmeter abgebaut, weshalb sie unter anderem eine gewisse Grundkondition und anhaltendes Konzentrationsvermögen voraussetzt. Anfangs handelt es sich noch um einen breiteren Weg, der sich jedoch zu einem Singletrail verjüngt. Oberhalb der Baumgrenze gibt es eine längere Passage auf S3-Niveau. Sie ist nicht sonderlich steil, führt jedoch über Felsbrocken und größeres, loses Gestein. Auf den flacheren Abschnitten hat der Trail S1 bis S2 Charakter. Ab Monte Varagna bewegt man sich über 1000 Höhenmeter durchgehend im Bereich S2. Zwischendurch gibt es einen höheren Felsdrop, welcher jedoch umfahren werden kann. Bei Spiaz della Giola nahe Malga Zures fährt man kurzzeitig einen Forstweg entlang, bevor man wieder auf einem S2-Pfad in den Wald abtaucht. Der untere Teil des Weges weist größtenteils S3-Niveau auf.«

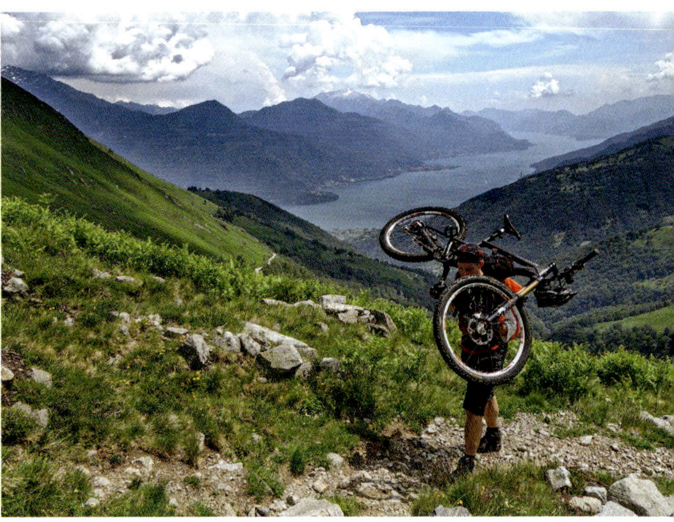

Längere Tragepassagen erfordern eine sinnvolle Tragetechnik

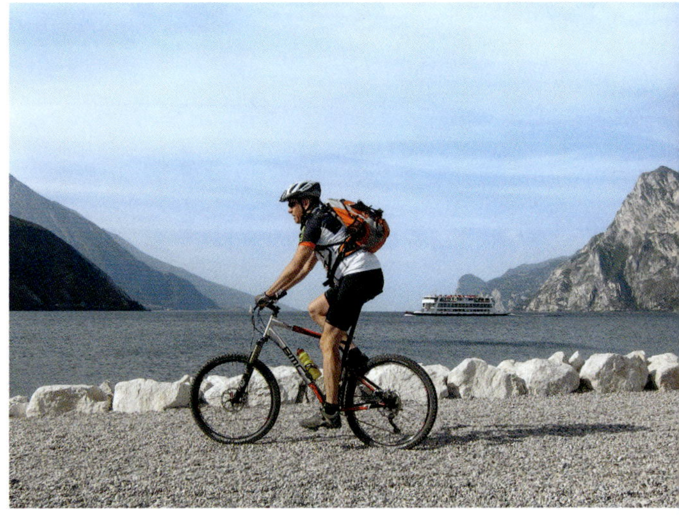

Morgenstimmung am Gardasee

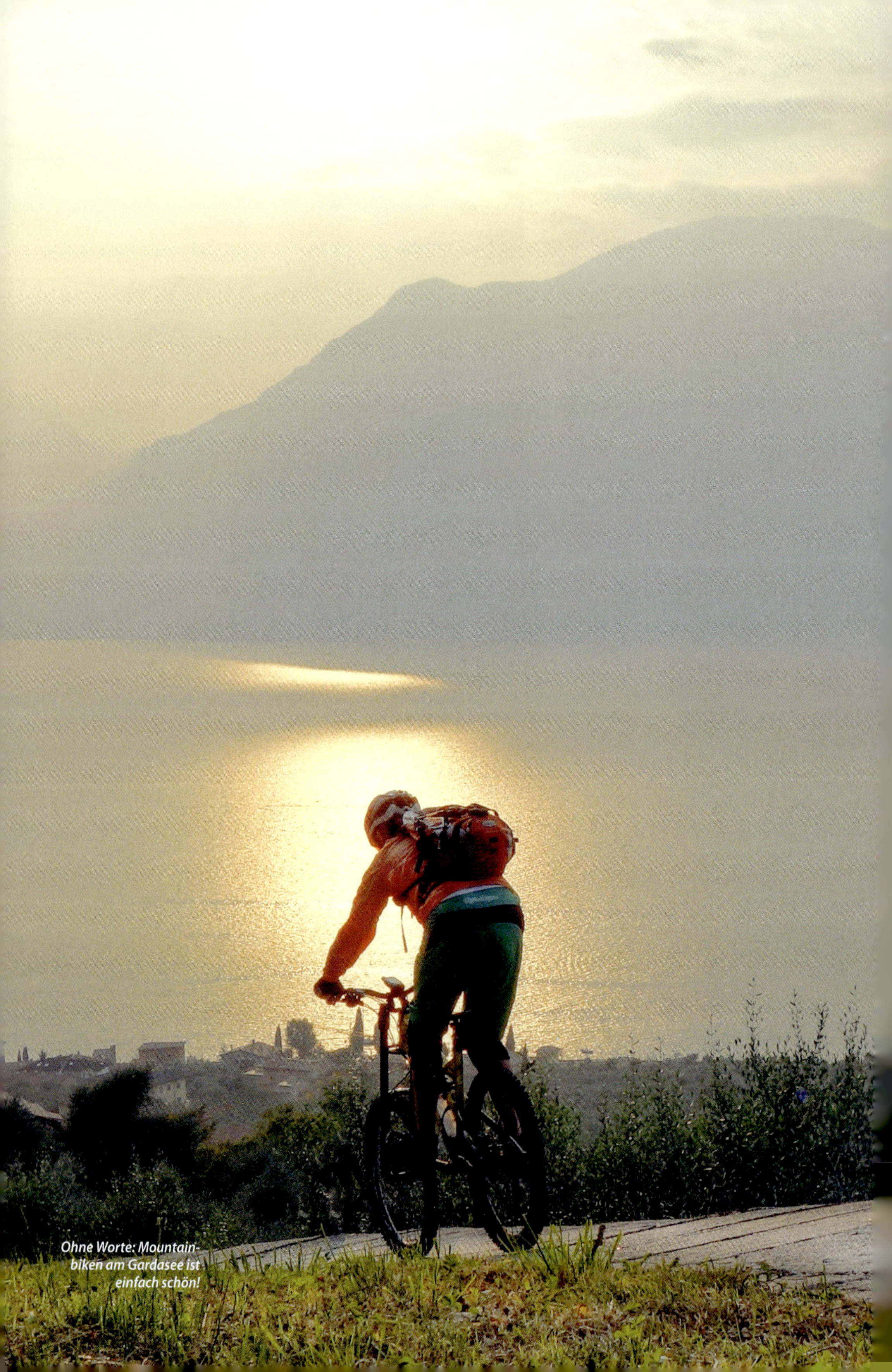
Ohne Worte: Mountainbiken am Gardasee ist einfach schön!

Ebenfalls erhältlich ...

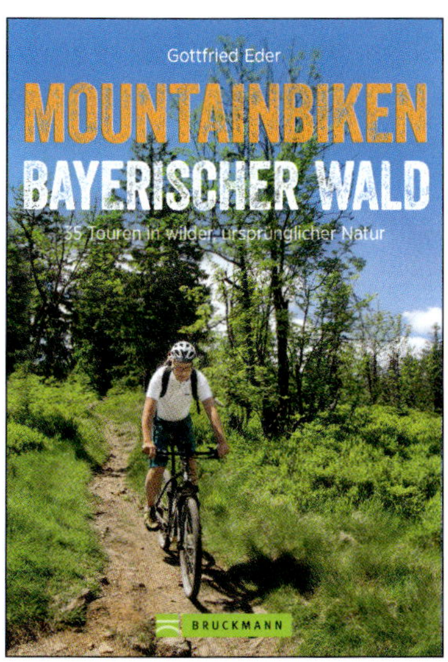

ISBN 978-3-7654-5280-2

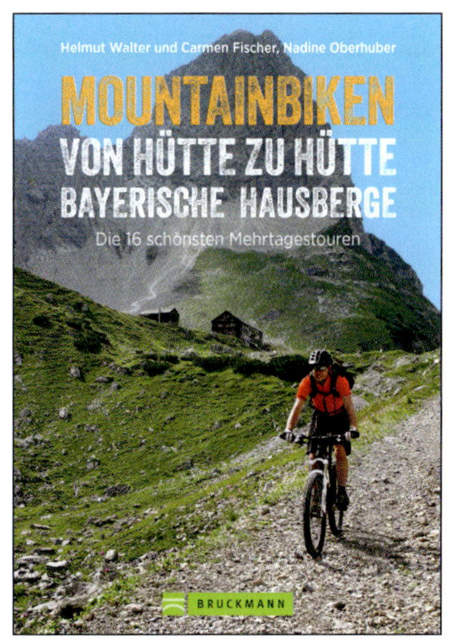

ISBN 978-3-7343-1291-5

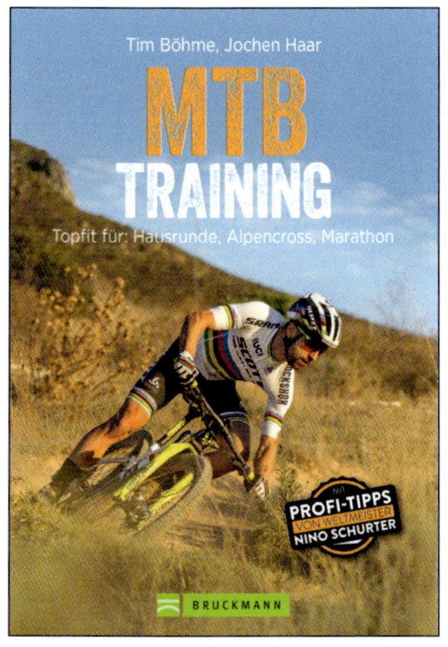

ISBN 978-3-7654-5634-3

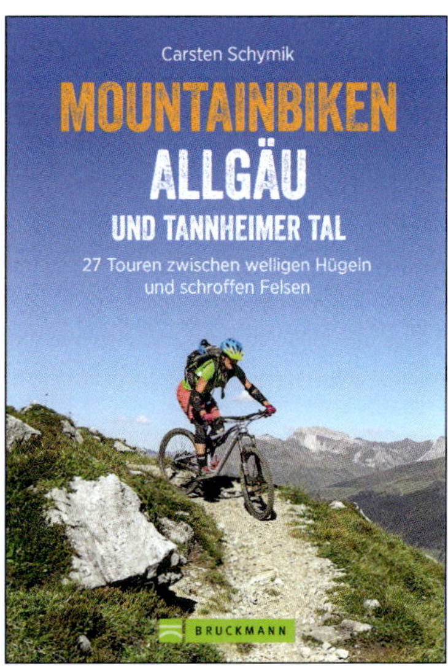

ISBN 978-3-7343-2141-2

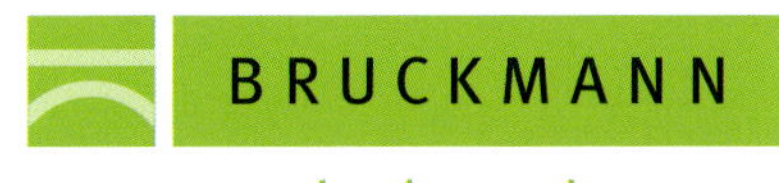

www.bruckmann.de

Impressum

Danke für Rat und Unterstützung an
Matthias und Viktoria Neumann, Albert Krementz, Angelica und Alessandro Tonelli, Mirko Marchi, Simone Albrecht, Tino Philippeit, Antje Leinhoß, Nadine Kirchner, Dirk Kersken, Stephan Hölger, Björn Hänssler, Daniel Dziedzina, Gabi und Ewald Weber, Nadia Formaggioni, Manfred Thaler, Benedikt Braun, Tomasz Pawłusiewicz, Thilo Weimar, Frank Suxdorf, Silvio Rigatti, Manuela Girelli, Massimo Tonelli, Erich Zäch, Stefan Hammel (www.sportsinteam.de) – und ganz besonders an Alexander Krzepinski

Verantwortlich: Dr. Johannes Abdullahi
Redaktion/Layout: Andreas Kubin
Umschlaggestaltung: Ulrike Huber
Repro: LUDWIG:media
Kartographie: Bruckmann Verlag GmbH, Heidi Schmalfuß
Herstellung: Alexander Knoll
Printed in Slovenia by Florjancic

Sind Sie mit diesem Titel zufrieden? Dann würden wir uns über Ihre Weiterempfehlung freuen.
Erzählen Sie es im Freundeskreis, berichten Sie Ihrem Buchhändler oder bewerten Sie bei Onlinekauf. Und wenn Sie Kritik, Korrekturen, Aktualisierungen haben, freuen wir uns über Ihre Nachricht an Bruckmann Verlag, Postfach 40 02 09, D-80702 München oder per E-Mail an lektorat@verlagshaus.de.

Unser komplettes Programm finden Sie unter 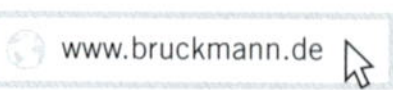

In diesem Buch wird aus Gründen der besseren Lesbarkeit das generische Maskulinum verwendet. Weibliche und anderweitige Geschlechteridentitäten werden dabei ausdrücklich mitgemeint, soweit es für die Aussage erforderlich ist.

Empfehlung der Redaktion
Sie sind auf der Suche nach weiterführender Literatur? Dann empfehlen wir Ihnen den Titel »MTB-Training« von Tim Böhme und Jochen Haar.

Bildnachweis: Alle Bilder im Innenteil stammen vom Autor außer: Dr.-Ing. Alexander Krzepinski 4, 23, 32, 33 u., 36, 59, 60, 65 o., 85 o., 90, 94, 97 o., 102, 107 o., 109 o., 125, 132, 136, 153 o., 156; Tino Philippeit 2, 15; Matthias Neumann 5 u.,10, 39 u., 40, 41 u., 43, 89 li.,109 u, 146; Dirk Kersken 37 o., 147, 148, 155; Gabi Weber 78; Thilo Weimar - www.thiloweimar.eu 88, 89 u; Albert Krementz 134; Mirko Marchi 45, 46.

Umschlagvorderseite: Monte Altissimo di Nago (Foto: Andreas Albrecht - Rider: Lukas Haminger)
Umschlagrückseite: Am Strand bei Riva am Gardasee

Die Deutsche Nationalbibliothek verzeichnet diese Publikation in der Deutschen Nationalbibliografie; detaillierte bibliografische Daten sind im Internet über http://dnb.d-nb.de abrufbar.

Infanteriestraße 11a
80797 München
ISBN 978-3-7343-2142-9